그린출판사 사회복지 시리즈 2

인간행동과 사회환경

HUMAN BEHAVIOR AND THE SOCIAL ENVIRONMENT

박영숙 · 천정환 · 김주연 · 박상규 · 강영실 · 신소정 · 김수정 · 황희숙 · 문영희 공저

도서출판 그린

서 문

사회복지란 사회문제의 해결 및 사회적 욕구 충족을 통하여 사회구성원들의 삶의 질을 향상시켜 행복한 삶을 누릴 수 있도록 하고자 하는 사회적 노력으로 사회복지의 대상은 사회구성원 즉 인간이다. 따라서 사회복지를 실천함에 있어 인간에 대한 철저한 이해는 필수적이며 인간에 대한 이해로서 인간이 가지고 있는 문제와 욕구 그리고 인간을 둘러싼 환경에 대해 정확하게 사정하여야 한다. 그리고 이를 바탕으로 인간의 문제를 해결해 주고 욕구를 충족시켜 줌으로써 인간의 사회적 기능과 잠재력을 향상시키고 보다 나은 수준의 삶을 살아갈 수 있도록 원조해야 한다.

인간을 이해함에 있어서 반드시 염두해 두어야 할 것은 바로 인간과 환경과의 관계이다. 이들을 서로 분리해서 보면 안되며 서로가 서로에게 영향을 주고 받는다는 차원에서 하나의 통합된 총체로 이해해야 하는 것이다. 인간이란 환경에 속해 있는 존재이므로 인간에 대한 정확한 이해를 위해서는 인간을 둘러싼 다양한 환경과의 상호작용을 이해해야만 한다. 결국 인간에 대한 이해는 다양한 환경적 맥락 속에서 이뤄져야 하며, 따라서 적극적이고 능동적 주체로서의 인간과 환경과의 관계를 '환경 속의 인간(person in environment)'이라는 관점으로 이해해야 한다.

『인간행동과 사회환경』이라는 과목은 인간의 행동과 발달에 대한 이해를 돕고자 한 것으로 바로 '환경 속의 인간'이라는 관점에서 출발하고 있다. 이 과목을 통해서 사회복지학도들의 인간과 인간 행동 그리고 인간을 둘러싼 다양한 사회환경에 대한 과학적 이해를 도모하고 사회복지사의 전문성을 향상시켜 사회복지실천의 적용에 도움이 되고자 하는 것이다.

본 서는 이러한 기본 목적에 충실하고자 하였으며 그 내용을 총 3부 17장으로 구성하였다. 먼저 제1부는 인간행동의 발달과 사회복지로 제1장에서 인간행동에 대한 이해와 사회복지에 대해 소개하고 있으며 제2장부터 제7장까지는 인생의 全발달단계와 그에 따른 사회복지실천으로서 제2장에서는 태아기·영유아기 발달과 사회복지, 제3장에서는 아동기 발달과 사회복지, 제4장에서는 청소년기 발달과 사회복지, 제5장에서는 청년기 발달과 사회복지, 제6장에서는 중장년기 발달과 사회복지 그리고 제7장에서는 노년기 발달과 사회복지로 구성되었다.

제2부는 성격이론과 사회복지로 심리학자들의 인간관과 주요개념 그리고 인간의 성격이론 및 사회복지실천에 있어서의 적용점들이 소개되어 있다. 즉 제8장에서는 프로이트와 사회복지, 제9장에서는 피아제의 인지발달이론과 사회복지, 제10장에서는 에릭슨의 심리사회이론과 사회복지, 제11장에서는 아들러의 개인심리이론과 사회복지, 제12장에서는 인본주의 이론과 사회복지 그리고 제13장에서는 이상행동 이론과 사회복지로 구성되었다.

제3부는 사회체계와 사회복지로 인간을 둘러싸고 있는 다양한 환경체계 이론들이 소개되어 있다. 즉 제14장에서는 사회체계이론, 제15장에서는 생태학적 이론, 제16장에서는 가족체계 및 집단체계, 제17장에서는 조직체계·지역사회체계·문화체계로 구성되었다.

본 서의 저자들은 이 과목이 인간을 대상으로 실천 행위를 하는 사회복지사가 되기 위해서 가장 먼저 다루어야 할 기초과목이고 사회복지사 자격시험에서도 필수과목으로 지정되어 있는 만큼 각자 맡은 부분들에 대해 최선을 다하고자 하였다. 이에 제1장과 제13장은 김주연 교수, 제2장과 제3장은 김수정 교수, 제4장과 제5장은 문영희 교수, 제6장과 제7장은 강영실 교수, 제8장과 제12장은 박상규 교수, 제9장과 제11장은 박영숙 교수, 제10장은 천정환 교수, 제14장과 제15장은 신소정 교수 그리고 제16장과 제17장은 황희숙 교수가 맡아 집필하였다.

본 서는 2008년 대왕사를 통해서 이미 발간된 바 있으며, 기간만료에 따라 새로이 그 내용을 수정 보완하여 개정판을 내게 되었다. 본 서가 사회복지사를 꿈꾸는 많은 사회복지학도들에게 도움이 될 수 있기를 바라며 끝으로 본 서가 나오기까지 여러모로 애써주신 그린출판사 직원여러분들께 진심으로 감사를 드린다.

차 례

제1부 인간행동의 발달과 사회복지

제1부

인간행동의 발달과 사회복지

CHAPTER 01

인간행동의 이해와 사회복지

1. 인간발달의 관점

인간의 발달이란 시간에 따라 일어나는 신체구조, 사고, 행동의 변화를 가리킨다. 이러한 변화는 점진적으로 진행되고 축적되며, 그 결과로 신체의 확장, 복잡한 활동 수행 능력의 증가 등을 가져온다(Specht, R. & Craig, 1982:2). 비렌과 우드러프(Birren & Woodruff, 1973)도 발달은 덜 분화된 상태에서 더 분화된 상태로, 덜 복잡한 유기체로부터 더 복잡한 유기체로, 능력과 기술의 낮은 단계에서 높은 단계로 진행해 나가는 과정이라고 정의하였다.(Greene, R. R. & Ephross, 1991:20) 예를 들면 운동능력의 발달은 유아로 하여금 초기에 자신의 의지와 상관없이 움직이던 팔과 다리를 나중에는 의도적인 뻗치기, 쥐기, 기기, 걷기 등을 할 수 있도록 해준다. 또한 유아기에는 눈앞에 보이는 구체적 대상만을 인식할 수 있으나 청소년기에 이르면 사고의 발달로 현실에서 직접 관찰하지 않더라고 정신세계 내에서 인과관계를 추론하는 추상적인 사고가 가능하다. 뉴만과 뉴만(Newman, B. M & Newman, 1991:4)은 인간의 발달에 관해서 다음과 같은 기본전제들을 제시하였다.

① 인간의 성장과 발달은 삶의 모든 기간에 걸쳐 일어난다. 그러므로 인간발달은 모체 내에서 수태되었을 때부터 죽을 때까지의 긴 인생과정에서 일어나는 변화를 다 포함한다.
② 인간의 삶이란 시간에 따라 진행되면서 지속성과 변화를 보인다. 다시 말해서 과거에 이루어진 발달로 이미 형성된 구조 속에서 현재의 경험이 융합되어 변화가 일어나므로 인간의 발달에는 지속성과 변화가 있다고 보아야 한다. 이러한 지속성과 변화에 기여하는 과정을 파악하는 것이 인간발달의 이해에 중요하다.

③ 인간을 전체로서 이해해야 한다. 왜냐하면 우리는 일상생활에서 인간으로서의 여러 기능이 통합된 방식으로 활동하기 때문이다. 즉, 육체적, 인지적, 사회적, 정서적 능력 및 이러한 것들의 상호관계 내에서 주요한 인간발달을 연구해야 한다.

④ 인간의 발달과 행동은 그에 관련된 상황이나 인간관계의 맥락에서 분석되어야 한다. 왜냐하면 인간은 환경에 적응하는 고도의 능력이 있으므로 행동양식이나 그 변화는 흔히 그것이 일어난 물리적, 사회적 상황을 반영하고 있기 때문이다.

그러므로 인간 발달의 연구는 모체 내에서 수태되었을 때부터 죽을 때 까지 의 긴 인생과정에서 일어나는 변화를 그 대상으로 한다. 또한 과거의 발달로 이미 형성된 구조 속에 현재의 경험이 융합되어 변화가 일어나므로 발달의 지속성이 있다고 보아야 한다.

인간의 발달과정은 생물학적 요소와 환경적 요소에 의해서 추진된다고 할 수 있다. 생물학적 요소는 인간이 지배할 수 없으며 주로 육체적 발달을 주도하는 요인으로서 성장률이나 태아기의 성장과 같은 성숙에 영향을 미친다, 성숙이란 유전인자에 포함되어 있는 계획에 따라 전개되는 유기체의 형태, 조직, 복잡성, 통합성, 기능상의 변화를 가리킨다. 유전인자에 계획되어 있는 대로 크기. 복잡성. 기능이 정점에 이를 때까지 계속해서 증가하는 것을 성장이라고 하며 정점에 이른 이후에 일어나는 변화를 흔히 노화라고 부른다. 환경적 요소는 인간의 환경에 존재하며 삶의 각 단계에서 새로운 기회를 부여하고 새로운 책임을 요구하는 가족의 기대, 학교, 직장과 같은 사회문화적 요소들을 말한다. 이러한 환경적 요소들이 인간의 발달을 이끄는 기본적인 과정은 학습과 사회화라고 할 수 있다. 학습은 경험과 훈련에 의해 가치관, 태도 등을 형성하면서 기술을 습득하고 지식을 얻는 과정을 말한다. 사회화는 개인이 자기가 속한 사회적 집단-가족, 지역사회, 민족-에 그 구성원으로서 자연스럽게 동화되어 가는 과정으로 그 안에서 통용되는 사회적 기대, 관습, 가치, 신념, 역할, 태도등 을 배우는 것을 포함한다. 인간의 발달은 태아기의 성장과 같이 주로 생물학적 요인에 의해서 이끌어지는 과정도 있으나, 대부분 생물학적 요소와 환경적 요소의 지속적인 상호작용을 포함하며 전적으로 한 요소에 의하여 일어나는 발달은 없다. 버거와 페데리코(Berger & Federico, 1991)도 인간발달은 내부적 요소와 외부적 요소의 결합에 의하여 형성된다고 주장하였다. 그들에 의하면 인간의 삶은 전 생애에 걸친 일종의 마스터 플랜에 따라 진행되며 그러한 계획은 생물학적 요소, 심리적 요소, 사회구조적 요소, 그리고 문화적 요소로 구성된다고 하였다.(이인정 외:2002 재인용)

에릭슨(Erikson, E, H. 1963)에 의하면 인간의 삶은 육체적 체계, 자아 체계, 사회적 체계의 세 가지 주요 체계로 구성된다. 육체적 체계는 감각, 운동, 호흡, 순환, 내분비, 신경체계 등과 같이 생물학적 유기체로서 기능하는 데 필요한 체계를 말한다. 육체적 체계는 유전적으로 인도되는 성숙과 더불어 영양, 일조량, 질병이나 사고, 운동량과 같은 환경적 자원의 결과로서 발달하고 변화해 나간다. 자아체계란 사고와 추리의 중심이 되는 과정으로서 기억, 인식, 판단, 언어, 문제해결 능력 등을 포함 한다. 자아체계를 구성하는 요소들도 인간의 전 생애에 걸쳐 발달하고 변화하며 유전적 요인과 교육적 경험의 영향을 받는다. 사회적 체계는 개인이 맡은 사회적 역할, 가족구조, 그가 속한 사회의 관습, 문화양식 등과 같이 그것을 통하여 인간이 사회에 통합되는 과정을 말하며 전 생애에 걸쳐 변화한다.

에릭슨은 이러한 육체적 체계, 자아 체계, 사회적 체계의 상호작용 결과로 이루어진 내적 경험이 인간발달 연구의 초점이 되어야 한다고 주장 한다. 그리고 개인과 그를 둘러싼 사회적 환경간의 지속적인 상호작용의 중요성을 강조한다.

2. 인간행동의 개념

현대사회는 과학기술과 물질문명의 발전으로 전통사회에 비해 매우 빠르게 변하고 있다.

특히 과학기술의 발달은 국가적으로 괄목할 만한 산업발전과 경제성장을 가져 다 주었으며, 더불어 개인적으로 생활의 풍요로움과 편리함을 제공하였을 뿐만 아니라 심지어는 생활의 사고방식과 삶 자체를 바꾸기도 하였다. 이러한 변화의 결과는 전통적인 삶의 모습들을 사라지게 하였고 이기적이고 사무적인 냄새가 물씬 풍기는 시대를 살아가는 상실과 변화의 시대로 만들어 버렸다. 상부상조의 미덕이 우리나라 최대의 미풍양속이던 때를 생각하면 지금의 시대는 너무나 각박한 사회가 되어버린 것이다. 지식기반사회, 다원화사회, 고령사회, 복지사회 등으로 표현되는 현대사회의 여러 현상들 중에서 복지사회는 국가와 정부가 추구해야 할 최대정책일 뿐만 아니라 국가의 의무이기도 하다. 특히, 헌법에 명시되어 있는 국민의 행복추구권은 복지에 대한 국가의 책임과 의무를 구체적으로 표현하는 중요한 형태라고 볼 수 있다. 이러한 이념에 따라 우리나라의 사회복지분야도 그동안 많은 인력들을 배출하여 복지현장의 여러 분야에서 활발하게 활동하여 왔다. 이러한 변화와 시대적 사명감을 가지고 과거와는 달리 현대사회의 인간행동에 대한 특징을 새롭게 인식하는 것도 중요한 과제라고 볼 수 있다.

인간행동에 대한 이해는 사회복지실천에서 중요한 위치를 차지하고 있으며 사회복지실천의 대상인 클라이언트의 상황을 이해하고 직접적으로 그들의 욕구와 문제를 해결하는 데 도움이 된다. 인간행동의 이해는 사회복지실천과정에서 사회복지사가 알아야 하는 클라이언트에 관한 모든 사항을 사정할 수 있게 하며, 인간의 행동발당 및 사회체계와 관련된 다양한 사회복지실천의 관점을 제공하고 있다.

사회복지 교과과정에서의 필수과목이라 할 수 있는 인간행동과 사회 환경은 사회복지 전공자들이 사회복지를 실천하기 위한 지식을 제공하는 기초과목이다. 그러므로 예비 사회복지사들은 인간행동과 사회 환경에 관한 지식을 습득하여 사회복지실천과 자신들의 삶에 어떻게 작용 하느냐를 계속적으로 깊이 연구해야 한다.

이 과목을 통해 습득한 지식과 자산에 대한 이해와 더불어 자신과 타인의 생활에서 얻은 경험들, 다른 사회복지 과목, 그리고 안성 및 교양까지도 통합하도록 전력을 다해야 할 것이다. 또한 인간의 삶과 사회복지를 실천함에 있어서 개개인을 계속적으로 인내하여 발전시킬 수 있는 유기적 통일체로 이해하고 지식의 중요한 원천들을 모두 종합하도록 노력해야 한다.(Schriver, 2001)

초기 사회복지실천은 개별사회복지사의 전신이라고 할 수 있는 자선조직협회에서 활동했던 우애방문자들에 의해 이루어졌으므로 사회복지실천은 개별사회사업으로 시작되었다. 그러므로, 초기 사회복지실천은 전문사회복지사로서 체계적 훈련을 받지 못하였고, 클라이언트의 문제해결을 위해 전문적 지식과 기술도 습득하지 못한 상태에서 클라이언트의 의식주 해결에 중점을 두었다. 이후 1992년에의 『개별사회사업이란 무엇인가』라는 리치몬드의 저서를 계기로 개별사회사업이 이론화되고 사회복지실천이 전문화되었다.

리치몬드의 개별사회사업의 정의에 의하면 개별사회사업의 기본적 조건은 다음과 같다.(전재일 외, 1997)

첫째, 개인과 사회 환경 간의 조정이다. 즉 개인과 그를 둘러싼 사회 환경과의 관계를 중요시하여 개인과 사회 환경 간의 부조화를 의도적으로 조정하는 것이다.

둘째, 개별적으로 행해지는 조정이다. 다시 말해서 사회복지사에게 제시하는 문제의 개별성을 잘 고려하는 조정이다.

셋째, 개별사회사업 과정은 결과를 예측하는 의식적 조정이다. 개별사회사업 과정은 전반적으로 과학이 실증하는 법칙과 성과를 기반으로 한 합리성 위에 전개하여야 된다.

넷째, 개별사회사업의 궁극적 목표는 성격의 발달이다. 클라이언트의 문제는 성격의 발달을 통해 클라이언트의 적응능력을 강화하여 해결해야 한다. 개인을 둘러싼 사회 환경도 매우 중요하지만 동시에 개인의 내면 강화도 중요하다. 즉 적응은 개인과 사회 환경의 일정조건을 동시에 달성하는 것이다.

이와 같이 사회복지실천이 전문화되면서부터 인간과 사회 환경 그리고 성격발달이라는 명제를 다루어왔다. 따라서 사회복지실천을 하기 위해서는 인간의 성장과 발달, 사회 환경 그리고 성격이론이 가장 기초적인 지식으로 자리 잡게 된 것이다.

사람은 출생과 더불어 죽을 때까지 다른 사람들과의 관계 속에서 생활한다. 출생 직후 보모나 부모 등의 양육자의 보살핌이 없었다면 유아기, 아동기, 청소년기를 맞이할 수 있었을까?

인간의 행동이란 타인과의 상호작용을 통해서 이루어지는 사회화 과정으로 효과적인 행동에는 그 관계에 참여하는 개인들에게 매우 중요한 역할을 해준다.

인간의 행동이란 넓은 의미로는 대인관계이고, 좁은 의미로 인간에 관련된 문제의 행위를 말하고 있다.

그러나 무엇보다도 현대인의 공통적으로 겪는 마음의 병은 '고독'이다. 각자의 마음속에 가지고 있는 '외롭다', '혼자이다', '의지할 곳이 없다', '나를 알아주는 사람이 없다' '쓸쓸하다' 등의 감정은 고독을 불러일으키고, 일부에서는 우울증과 자살까지 이어 지는 병리적인 현상을 보이고 있다. 바쁘게 살아가는 현대인들은 다원화되고 삶의 태도가 정신적으로 여유가 있으며, 전자통신기술의 발달로 사람들 간의 만남의 방법은 증가되었고 짧은 시간에 많은 사람을 만날 수 있게 되었다. 그러나 만남의 질이 참 만남의 장보다는 스침의 만남 수준에 머무는 것이 인간관계에서의 고립을 가져오는 문제점이라고 볼 수 있다.(신종우 외, 2008)

3. 인간행동이해의 유형

사회복지학의 궁극적 목적은 인간의 제 문제를 해결하여 행복을 추구하도록 도와주는 것이다. 따라서 인간의 문제를 해결하기 위해서는 인간행동에 관한 이해가 선행되어야 하며, 또한 인간의 행동은 개인의 성격에 의해 결정되므로 개인 성격을 이해하여야만 가능하다. 그러므로 사회복지분야에서의 성격에 관한 관심은 인간행동을 이해하기 위한 것이다.

1) 감정

우리는 다른 사람과의 만남 속에서 여러 가지 감정을 느낀다. 때로는 기쁨과 편안함과 사랑스러움을 느끼기도 하고, 때로는 슬픔과 불안함과 미움과 질투를 느끼기도 한다. 대인감정 은 대인관계의 만족도를 결정하는 가장 중요한 심리적 요인이다. 기쁨, 평안함, 사랑스러움 등의 긍정적 감정을 많이 느끼게 되는 인간관계는 만족스럽게 느껴져 그 관계를 지속하거나 더욱 심화시키게 된다. 반면 슬픔, 불안함, 미움 등의 부정적 감정을 많이 느끼게 되면 그 인간관계는 불만스럽고 고통스럽게 느껴지며 갈등이 계속적으로 존재함을 의미한다.

인간의 감정은 크게 3가지 요소, 즉 정서적 체험, 신체 생리적 반응, 그리고 행동경향성을 포함한다. 감정은 환경의 변화에 대한 적응적 반응의 한 형태로서 흔히 기본감정과 복합감정으로 구분된다. 기본감정은 모든 인간에게 공통적으로 나타나는 원형적 감정을 뜻하는 반면, 복합감정은 기본감정의 조합에 의해 파생되는 감정을 뜻한다.

감정표현은 문화에 따라 달라질 수 있으며 개인에 따라 차이가 있다.

사람들은 감정표현의 정도에 따라 실제 감정보다 과장해서 표현하는 외현 형과, 반대로 축소해서 표현하는 내면 형으로 구분할 수 있다. 여성은 대체로 외현 형에 속하고, 남성은 내면 형에 속하는 경향을 보인다고 한다. 동양문화권의 사람들은 감정표현을 억제하는 내면 형이 많은 반면, 서구문화권에는 감정을 잘 드러내는 외현형의 사람이 많다. 특히 한국사회는 유교문화권으로서 감정표현을 억제하는 경행이 있으나 현대에 접어들면서 세대 간의 차이를 나타내고 있는 듯하다. 젊은 세대는 기성세대에 비해 좀 더 적극적인 감정표현을 하는 경향이 있다.

2) 행동

우리는 사람을 만나는 동안 마음속에서 많은 심리적 과정이 일어난다. 그러나 이러한 과정은 내면적 현상으로서 표현하지 않으면 겉으로 드러나지 않는다.

인간관계에서 상대방에게 표현되어 직접적인 영향을 주는 것은 행동이다. 이러한 행동은 특정한 상황에 대한 인지적 판단과 감정에 의해 결정된다. 행동은 매우 다양하게 나타나지만, 이를 몇 가지 유형으로 나누어 살펴보면 다음과 같다.

먼저, 행동은 상대방에 대한 호의성 여부에 따라 호의적 행동, 중립적 행동, 적대적 행동으로 나누어 볼 수 있다. 행동의 호의성 여부는 타인에 대한 행동방식을 결정할 뿐만 아니라 타인의 개인행동을 지각하는 가장 중요한 차원이기도 하다. 호의적 행동은 상대방에 대한 긍정적 평가 시에 나타나는 행동으로서 상대방에 대한 호감, 관심, 배려를 표현하는 다양한 행동을 말한다. 상대방에 대한 긍정적 피드백을 주어 호감을 표현하는 인정과 칭찬의 행동을 나타내고, 상대방에 관해 더 많은 정보를 알기 위한 호기심과 관심을 표명하는 행동이 나타난다. 우 리는 다양한 행동을 통해 우리의 감정과 태도를 표현하고, 또한 상대방은 이러한 행동의 관찰과 그 의미해석을 통해 우리의 의도를 파악하여 반응하게 된다.

이러한 반복적인 과정 속에서 대인관계의 상호 작용이 일어나게 된다.

둘째, 행동은 상대방의 행동에 대한 영향력에 따라 통제적 행동과 비통제적 행동으로 나눌 수 있다. 대인관계에서 한 사람이 상대방의 행동에 어떠한 영향을 미치는가의 정도를 대인 권력이라고 하며 대인행동마다 이러한 권력의 정도가 표현된다. 통제적 행동은 상대방으로 하여금 어떤 행동을 하도록 하거나 또는 하지 않도록 지시하고 통제하는 행동을 의미한다.

즉 통제적 행동은 대인 권력이 강하게 포함되어 있어서 타인의 행동에 강력한 영향을 미치는 행동이며 비통제적 행동은 상대방의 행동에 대한 영향력이 없는 행동으로서 대인 권력이 거의 나타나지 않은 행동을 뜻한다. 이러한 통제적 또는 비통제적 행동은 호의성의 정도에 따라 여러 가지로 구분될 수 있다.

셋째, 상대방에 대한 감정경험을 표현하는 시기에 따라 즉각적 반응과 유보적 반응으로 나누어 볼 수 있다. 어떤 사람은 특정한 감정을 경험하면 즉시 그 자리에서 표출해 버리는가 하면, 또 다른 사람은 감정을 즉시 표출하지 않지만 가슴속에 담아두었다가 서서히 표출하는 사람이 있다. 전자는 즉각적 행동패턴을 지닌 사람인 반면, 후자는 유보적 행동패턴을 지닌 사람이다. 즉각적 행동은 상대방에게 즉시적인 피드백을 주기 때문에 상대방에 대해 솔직하게 감정을 전달하여 불필요한 긴장과 오해를 불식 시킬 수 있는 장점이 있다.

그러나 이러한 즉각적 행동패턴이 때로는 경솔하고 충동적인 행동으로 비춰질 수도 있다.

반면, 유보적 행동은 대응행동의 결과에 대해 이성적으로 판단하는 신중한 행동이 될 수 있지만 표출되지 않은 불쾌한 감정이 가슴 속에서 증폭될 수가 있으며 감정표출 시기까지 긴장이 장기화되어 관계에서 서로 부담이 될 수 있다.(신종우 외, 2008)

4. 인간행동발달이론과 사회복지

1) 정신역동이론

정신역동이론이란 행동을 유발하는 역동적·구조적·생득적인 내적요인의 이해를 통해서 인간행동을 파악하는 이론이다. 여기에는 Freud의 정신분석이론, Erikson의 심리사회이론, Jung의 분석심리학이론 등이 있다. 정신분석이론은 인간의 정신세계 중에서 무의식에 초점을 두어 무의식적인 성적·공격적 충동에 의해 발생하는 갈등을 파악하고 분석한 이론이다. 이것은 사회복지실천에서 클라이언트의 행동을 이해하는데 있어서 초기 아동기의 부모와의 경험의 중요성을 강조하고 있으며, 클라이언트가 가지고 있는 내면적인 문제를 정확히 사정할 수 있는 기틀을 마련하였다. 또한 정신분석이론은 자아의 방어기제를 통해 클라이언트의 행동을 이해하는데 유용하게 활용되고 있다.

심리사회이론은 자아의 발달과 기능에 큰 관심을 갖고 인간행동의 발달에서 사회적·문화적 요인을 중요시하면서 점성원칙에 의해 지배되는 인간의 전 생애를 통한 발달변화를 강조한 이론이다. 이것은 사회복지실천에서 전 생애를 통한 인간행동의 발달에 관심을 갖게 하였으며, 인간행동의 발달에서 클라이언트에게 영향을 미치는 중요한 타자들(significant others)의 역할에 대해 주목하도록 하였다. 특히 심리사회이론은 청소년기의 자아정체감 확립의 중요성을 강조하여 청소년과 함께 일하는 사회복지사에게 정체감 확립에 기여할 수 있는 주변상황을 조성하도록 하고 있다.

분석심리학이론은 무의식의 본질에 주된 관심을 두면서 성격 기능의 다양한 체계를 포괄하는 이론이다. 이것은 사회복지실천에서 클라이언트로 하여금 자신의 무의식에 대한 관심을 통해서 성격의 안정과 발전을 기할 수 있게 하며, 반대의 성에 대해 이해와 화합을 촉진하여 가족관계의 원활함을 기할 수 있게 한다. 특히 분석심리학이론은 인간의 성격발달에서 중년기의 중요성을 강조하고 있어서 사회복지사에게 중년기의 위기와 문제에 대해서도 관심을 갖게 한다.

2) 행동주의이론

행동주의이론은 인간의 행동이 환경에 의해서 좌우된다고 보고, 조작적 조건형성이나 관찰학습을 통해서 인간행동이 습득될 수 있다는데 초점을 둔 이론이다. Skinner의 조작적 조건형성이론과 Bandura의 사회학습이론이 여기에 속한다. 이러한 행동주의이론은 사회복지실천에서 상당히 유용하게 활용되고 있다. 조작적 조건형성이론의 원리를 활용하여 행동의 변화를 추구하는 기술인 행동수정은 아동복지, 장애인복지, 정신보건사회복지 등 다양한 분야에서 활용되고 있다. 행동수정은 관찰이 가능한 클라이언트의 문제행동을 대상으로 정적 강화, 부적 강화, 소거, 변별, 적응, 충만, 체계적 둔 감화, 토큰경제 등 다양한 기법을 활용하여 문제행동을 수정한다.

사회학습이론은 사회적 상황 속에서의 행동의 학습에 관심을 갖고 있으며, 인간행동의 습득에서 관찰학습의 중요성을 크게 강조한 이론이다. 이것은 사회복지실천에서 클라이언트가 접하는 환경의 중요성을 인식하게 하여 환경의 변화를 통해서 그들의 문제를 해결할 수 있게 한다. 즉 사회학습이론은 클라이언트가 문제행동과 접할 수 있는 기회를 차단하고 바람직한 행동과 접할 수 있는 기회를 증진시켜 그들의 문제를 해결하는데 기여할 수 있게 한다.

3) 인본주의이론

인본주의이론은 인간이 건전하고 자발적이며, 자신의 행동에 대해 책임을 지고, 합리적이고 건설적인 방향으로 나가는 미래지향적 존재라고 보고 이론이다. 여기에는 Rogers의 현상학이론과 Maslow의 자아실현이론이 있다. 현상학이론은 인간마다 현실을 달리 지각하며 개인의 주관적인 경험이 행동을 지배한다고 보며, 자기 자신에 대한 개인적인 견해를 강조한 이론이다. 이러한 인간에 대한 관점은 사회복지실천에서 클라이언트가 자신의 문제를 인식하고 스스로 해결해나가도록 하는데 유용하게 활용될 수 있다. 즉 클라이언트중심치료(client-centered therapy)를 통하여 공감적 이해와 수용을 바탕으로 클라이언트의 자기가치감과 자기이해를 증진시켜 사회적 기능을 향상시킴으로써 클라이언트의 문제를 해결할 수 있게 한다.

자아실현이론은 인간이 자신의 잠재력을 최대한 발휘할 수 있는 환경이 조성되면 성격의 성숙을 포함한 자신의 성장과 발전을 기할 수 있는 존재이며, 인간행동이 자신의 욕구를 추구하려는 동기에서 나타난다고 보는 이론이다. 이러한 관점은 사회복지실천에서 클라이언트의 욕구와 문제를 해결하는데 기여할 수 있다. 즉 사회복지사가 클라이언트에게 자신의 잠재력을 최대한 발휘할 수 있는 환경을 조성해 주어 자신의 사회적 기능을 향상시킬 수 있게 하며, 성장 동기를 유발시켜 그들의 욕구와 문제를 스스로 해결할 수 있게 하는데 기여할 수 있다.

4) 인지발달이론

인지발달이론은 인간이 환경과의 적응을 통해서 자발적으로 인지구조를 발달시켜 합리적인 사고를 갖게 된다고 보는 이론이다. Piaget의 인지발달이론과 Kohlberg의 도덕성발달이론 등이 여기에 속한다. 인지발달이론은 아동의 사고발달에 초점을 둔 이론으로서 인간의 인지와 사고과정에 초점을 두고 있지만, 사회복지실천에서도 활용할 수 있는 이론이다. 이것은 사회복지실천에서 아동과 함께 일하는 사회복지사들에게 유용한 이론으로서, 아동을 이해하고 그들에게 인지발달을 촉진할 수 있는 환경을 조성해주는 지침이 될 수 있다.

도덕성발달이론은 인간의 도덕성발달이 인지발달 수준에 따라 단계별로 이루어진다고 보는 견해이다. 이것은 아동과 청소년의 도덕교육의 방향과 내용을 설정하는데 크게 기여하였다. 한편 인지발달이론은 인간으로 하여금 인지발달을 통하여 다양한 문제를 해결할 수 있는 능력을 갖추게 한다. 이것은 의사결정에서 의식적인 사고과정을 중요시하기 때문에, 사회복지실천에서 클라이언트가 환경에 대해 이해하고 합리적인 사고과정을 통해서 자신의 문제를 스스로 해결할 수 있는 기반을 조성하는데 기여할 수 있다.

5) 사회체계이론

사회체계이론은 인간이 상호작용을 하며 상호의존적인 관계를 맺고 있는 구조를 설명한 이론으로서, 인간이 체계에 의해 영향을 받으며 체계를 변화시킨다고 보는 견해이다. 여기에는 Bronfenbrenner의 생태학이론과 Bertalanffy의 일반체계이론이 있다. 사회체계이론은 사회복지실천의 초점을 개인의 행동에서 벗어나 사회 환경으로 전환시킴으로써 인간을 보다 폭넓은 입장에서 이해하는데 기여하였다.

생태학이론은 인간이 환경의제 요소들과 끊임없이 상호교류를 하면서 그들의 물리적·사회적 환경을 변화시키며, 환경과의 지속적인 상호적응 과정을 통하여 환경에 의해서 변화된다는 것이다. 이것은 사회복지실천에서 클라이언트와 사회 환경과의 상호교류를 통하여 그들의 성장과 발전을 촉진하고, 그들의 생활상의 욕구와 문제를 해결해 나가는 것과 깊은 관련성을 가지고 있다. 즉 생태학이론은 사회복지실천에서 클라이언트의 다양하고 복합적인 욕구와 문제를 해결하기 위하여 사회자원을 동원하여 활용할 수 있게 한다.

일반체계이론은 체계가 여러 부분으로 이루어져 있으며, 부분들 간의 상호작용과 상호의존적 관계를 통해서 체계의 한 부분의 변화는 전체로서의 체계와 체계 내의 모든 부분에 영향을 미친다는 것이다. 이것은 사회복지실천에서 클라이언트와 상호작용을 하는 체계의 다양성을 강조하므로 통합적 관점에서 그들을 볼 수 있게 하였다. 즉 일반체계이론은 클라이언트의 행동이 한 가지에 의해 일어나는 것이 아니라 여러 가지 원인에 의해 일어난다는 폭넓은 시각을 제공하였다. 이것은 사회복지실천에서 문제해결을 위해 함께 일할 사람들을 사회사업의 네 가지 기본체계로 분류하여 다양한 부류의 사람들 및 여러 가지 지역사회 자원들과 함께 일하는 기틀을 마련해 주고 있다.

5. 인간행동과 사회복지실천

"인간이란 무엇인가?" 라는 물음보다 더 현실적인 물음은 "인간은 무엇으로 사는가?" 일 것이다. 다시 이러한 물음은 더 구체적인 물음으로 연결되는데, 이를테면 "남자는 무엇으로 사는가?" 또는 "여자는 무엇으로 사는가?" 또는 "여자는 무엇으로 사는가?"이다.

이에 대한 답은 아마도 추상적이고도 구체적인 여러 답들이 나올 수 있겠으나, 이해하기는 그리 어렵지는 않을 것이다. 왜냐하면 이러한 물음의 밑바닥에는 누구나 행복하게 살고 싶은 욕망이 깔려 있기 때문이며, 나의 욕구나 바람 또는 경험을 토대로 대답하기가 쉽기 때문이다. 그런데 오늘날처럼 나의 행복뿐 아니라, 우리 모두의 행복인 최대과제 복지에 관심을 가진 시대는 일찍이 없었다고 할 만큼 현대인들은 매우 복지 지향적이다. 그리고 이를 위한 사회행동도 다발적이다. 그것은 인간의 생존권과 생활권에 대한 인식의 향상 및 이와 관련된 권리의식의 증대에서 비롯되는 바가 크지만 더 깊게 생각해 보면 인간 개개인으로서는 어찌할 수 없는, 곧 사회가 해결하지 않고서는 역부족이라는 점을 파악했기 때문이라고 할 수 있다. 나아가 나만의 문제가 아닌 우리들의 문제라는 데 인식을 같이하고 있기 때문이다. 여기에서 오늘날 인간들이 당면하고 있는 문제, 즉 사회 전반적인 문제는 사회성과 보편성을 같이 지니고 있음을 알 수 있다.

여기에서 사회성과 보편성은 사회문제의 규정과 관련된다. 즉 사회성이란 개인의 욕구나 기대충족이 어려운 사건과 상태가 특정문제에 직면한 개인의 책임에서 보다는 상대적으로 사회제도나 구조상의 결함과 실패로 인하여 야기되는 경우를 말하며, 보편성이란 사회문제가 지닌 부정적인 영향이 특정 개인에 한정된 것이 아니라, 사회구성원 전체에 보편적으로 미칠 수 있음을 의미한다.

그렇다면 이러한 문제는 왜 발생하며 지속적인가? 그 해결책은 없는가? 이에 대한 답 또한 인간이란 무엇인가? 라는 물음처럼 어려운 질문이되, 철학적-현실적 측면을 모두 포함하고 있다. 그리고 이에 대한 답은 의외로 아주 간단하고 명료할 수 있다. 곧 문제나 갈등이 없는 사회는 없다. 죽음이나 현 사회의 붕괴만이 문제(갈등)의 종말을 가져온다. 라는 식이다. 그러나 이 답은 역설적이며 진실한 답이 될 수는 없다. 다만 우리의 문제인 사회문제를 어떻게 생각하고, 어떻게 대처해야 할 것인가에 대한 태도나 현실을 예시하고 있을 뿐이다. 그러므로 산업사회 이후의 사회적 과제는 사회문제에 대해 지혜롭게 대처해 나가는 것이라 할 수 있으며, 여기에는 분명히 사회문제의 발생예방을 포함하지만, 근본적으로는 완전하게 막을 수도 없다는 한계를 지닌다. 다만 적절한 예방책을 강구하지 못함으로 인하여 야기되는 손실을 최소화할 수 있도록 하자는 것이다.

이러한 관점에서 오늘날 사회문제는 범세계적인 화두가 되었으며, 사회과학의 관심이 집중되고 있는 분야이기도 하다. 다시 말하면 사회복지학은 사회문제의 해결이 직접적인 목표이지만 다른 사회과학들도 분야와 영역에 따라 직·간접적인 목표가 되고 있다는 점이다. 즉 가장 근접하다고 볼 수 있는 사회학으로부터 시작하여 행정학, 경영학, 법학. 교육학 등 다양하다. 최근에는 철학도 그 관련성이 높아지고 있는데, 기본적으로 인간의 문제는 인간의 가치에서 비롯되고, 원칙 중심의 보편적인 가치에 의해 해결의 실마리를 찾을 수 있기 때문이다.

1) 사회 환경속의 인간행동

"고인 웅덩이의 물은 결국에는 썩게 마련이다", "물은 항상 새롭게 흐른다"라는 속담이나 말들은 정도의 차이는 있지만 거짓이 아니라 참이다. 이참이 시사 하는 것은 변화는 생존과 번영의 힘이라고 볼 수 있으나 그 변화의 방향이 잘못되었거나 변화의 수준을 넘었을 경우에는 오히려 역효과를 초래할 수 있다.

왜냐하면 변해야 할 것이 있지만, 변화하지 말아야 할 것도 있기 때문이다. 그것은 인간됨의 정의와 관련되며 예외 없는 원칙이 될 수도 있는 것이다. 대표적인 에로 우리나라의 경로효친사상을 들 수 있다.

결과적으로 잘못된 평가를 받은 과거의 지도자, 그 지도자에 의해 역사는 어쨌든 변화되었다고 보지만, 멀리 볼 때에는 결코 진정한 의미의 좋은 변화는 아니었다.

역으로 역사의 진행과정에서 자연스럽게 발생된 문제가 그 사회의 공동 노력에 의해 적절한 수준으로 해결되지 못한다면 더 할 수 없는 어려움에 처하게 된다. 그야말로 거대한 사회문제는 그 사회의 기반을 흔들 만큼 강력하게 다가오는데 흔히 폭동, 혁명으로 표현되기도 한다. 그 힘에 의해 그 사회는 불안정한 상태에서의 안정화를 도모하게 된다.

이렇게 볼 때 중요한 것은 사회의 변화를 예의주시하는 가운데, 그 사회구성원의 변화된 욕구와 요구의 유형, 내용, 수준을 파악하는 것이라 할 수 있다.

실제로 한 사회의 특성은 몇 가지 수렴되는 현상으로 집약되어 정리될 수 있다. 이러한 저변에는 그 현상에 대한 사회적 수용 내지 합의가 내재하고 있으며, 객관적이고 사실적인 근거에 의해 더욱 설명력을 지닌다. 이를테면, 각종 사회조사에 나타난 통계치가 바로 그 내용을 잘 대변하고 있다. 따라서 사회복지학 관련 전공자들은 전반적인 사회통계에 대한 개괄적 지식을 갖추고 있어야 한다. 예를 들면 한국의 아동상황(한국아동단체협의회, 2001), 2002 여성통계년보(한국여성개발원, 2002), 사회통계조사보고서(통계청, 2002) 등이다. 이와 같이 객관적 자료에 근거하여 한 사회의 변화를 알 수 있고, 그 변화가 어떠한 특성으로 표현된다는 것은 사회적 통계에 의하여 일목 정리되고 한 눈에 알 수 있게 된다.

오늘날의 사회를 일컬어 현대사회라 칭하고, 이 현대사회는 과거에 비해 급변하였고 나아가 앞으로는 더욱 급변할 것이라고 말하면서 미래는 불확실성의 시대라고 이야기한다.

이렇게 볼 때, 변화는 과거와 현재와 미래의 연속선상에 있음을 알 수 있다. 곧 변화란 가까운 또는 다소 먼 미래가 우리의 실생활에 직·간접적으로 영향을 미쳐서 지금의 상태와는 다른 양상을 나타내는 것을 말하며, 이는 곧 미래사회를 예측하는 것과 관련된다는 개념적 정의에서도 잘 나타나 있다.(이소희, 2002) 그러기에 21세기를 앞두고 사회 각 분야에서는 앞으로 도래할 21세기의 모습을 정보화, 세계화, 평생학습 사회화, 고령화 등으로 표현해 왔던 것이며, 변화의 대 추이를 예고하면서 21세기 생활양식에서 고정관념의 탈피와 관점의 전환을 요구하고 있었던 것이다. 과연 예측한대로 우리는 변화된 사회에 살고 있으며, 개인적으로나 사회적으로 패러다임 전환을 요구받았고, 그 욕구에 부응한 사람들은 변화의 소용돌이에 떠밀려가지 않고 적어도 변화의 물결을 타고 있다.

문제는 잔잔한 물결 정도의 변화가 아니라 강력한 급류처럼 변화하는 것이다. 즉 컴퓨터 기술을 기반으로 한 고도의 정보통신기술은 인간행동에서의 급격한 변화를 초래하고 사회 환경 또한 급변시키고 있다. 즉 우리 사회의 의사소통의 형태를 단숨에 변화시킨, 통상적인 용어로 핸드폰과 문자메시지, 이메일의 사용 양태가 그 단적인 예로서, 인간적인 차원적 환경 차원에서는 지역을 초월해 버렸다.(한국청소년복지학회, 2002). 이에 따라 이 두 가지의 물리적 의사소통 수단의 일시적인 부재는 사람들로 하여금 '불안, 초조'를 낳게 한다. 다른 한편, 이 두 가지 수단이 인가의 정신과 육체를 속박하여 안절부절 하지 못하는 행동으로 이어지기도 한다. 이 정도가 되면 근사한 몰입이 아니라, 서글픈 중독일 수 있다. 이미 우리 사회에서 약물 중독만큼이나 보편화된 용어가 바로 인터넷 중독(이소희 외, 2003)임을 고려한다면 기술이 인간행동에 미치는 영향력의 크기를 가늠할 구 있다. 생명공학기술은 또 어떠한가? 이미 또 하나의 바벨탑으로 인지되는 동물 등의 복제기술이 인간의 존재에 대한 의미를 숙고하게 하지만, 남성 성기능 향상 제품인 비아그라와 사전 피임약제 등은 인간의 성행동을 인위적으로 통제할 수 있는 마술로 등장하여 인간과 이 세계를 현혹시키고 있다.

그런데 변화하는 사회에서 변화에 부응하지 못한 사람들은 어떻게 되며 그 책임은 누구에게 있는가? 만약 이렇듯 부적응 적이고 역기능적인 사람이 많다면 그 사회는 한마디로 문제 사회라고 볼 수 있을 것이다. 그리고 이러한 문제에 대한 해결의 방향을 찾아나가지 못한다면

사회구성원들의 고통은 심각할 것이다. 예를 들어, 사회적 약자이기 때문에 그들의 욕구와 요구를 표출시키는 데 제한점을 지니고 있는 소외계층에서의 정보격차 문제(이소희, 1997)를 들 수 있으며, 다른 예로서는 고령화 사회에 대비한 사회적 지지망의 부족과 결핍이다. 이미 부양지지를 상실한 고령의 노인문제는 심각한 사회문제로 떠오르고 있다.(한국가족복지학회, 2001)

그런데 인간행동과 사회 환경에 대한 맥락적 이해에서도 우리는 '인간'과 '환경' 중 어디에 초점을 둘 것인가는 사회복지 종사자들에게 매우 중요하다고 보았다. 마찬가지로 이러한 사회문제의 해결에서도 사회문제화 됨에 있어서의 책임 소재의 파악이 더없이 중요하다.

더구나 사회문제가 보편성과 사회성을 지니고 있으며, 이의 해결은 사회 정책적 수단이 고려되어야 하므로 더욱 그러한 것이다. 일반적으로 사회문제의 발생 원인도 양극적 관점, 곧 행위자 책임과 체계 책임으로 대별하고 있지만(Eitzen, & Zim, 1994), 사회문제와 그 해결에 대한 허설도 적지 않다(Horton, 1997).

행위자 책임론을 강조하면 사회문제에 대한 국가의 책임, 즉 제도화에 대한 요구를 약화시키고 기득권층을 보호하려는 듯한 왜곡된 인식을 강화시킨다. 그리고 그 해결방법은 개인의 인식변화나 행동수정에 의존하므로 사회복지실천에서의 기술적 접근과 이의 발달에 치중하게 된다. 반면에 체계책임론을 강조하면 개인의 삶에 대한 책임을 지나치게 무시하게 되고, 만병통치약과 같은 국가 의존 양상이 심화된다.

이러한 허설로는,

- 사회구성원들은 사회문제가 무엇인가에 대해서는 잘 동의한다.
- 사회문제는 비정상적인 상황으로 야기된 결과이다.

- 사회문제는 도덕적으로 바람직하지 못한 사회구성원에 의해 발생한다.
- 사회문제는 지나치게 표면화시킴으로써 발생한다.
- 사회구성원 모두는 그 사회문제가 잘 해결되기를 바란다.
- 사회문제는 특별하게 개입하지 않아도 시간이 흘러가면 해결되기 마련이다.
- 사회문제의 원인과 그 실태를 파악하면 문제는 잘 해결될 수 있다.
- 사회문제는 제도화된 장치를 통하지 않고서도 해결될 수 있다.

우리나라가 지향하는 정책 가치는 자유민주주의와 시장경제이다. 그리고 이러한 정책 가치에서는 복지 분야에 따라 차이가 있지만, 대체로 사회구성원들의 복지에 대한 책임 수준이 국가의 그것보다 높다. 다시 말하면 국가가 주체가 되는 복지제도에서의 질적 수준은 사회주의를 지향하는 국가에 비해 낮다는 것이다.

바로 이점이 오늘날 우리 사회가 당면한 주요한 사회적 갈등의 하나이다. 높은 국민의 복지 요구를 충족하기에는 복지재정이 뒷받침되고 있지 못하다는 것이며, 이는 복지재정 확보에 대한 국가 의지의 결여라기보다는 오히려 자유민주주의 시장경제체제가 지니는 구조적인 문제의 비중이 더 높다는 것이다.

대기업인 H자동차 노조에서의 임금관련 부분의 요구는 대기업 대 중소기업 차원의 격차를 넘어서 계층 초월적인 상대적 결핍감 및 허탈, 박탈감을 낳았다고 보고 있다. 이들 기업에서의 재직기간 대비 평균임금 수준은 평균의 샐러리맨이 인정하는 수준을 훌쩍 넘었다는 데 문제가 있다. 그런데 정작 문제가 되는 것은 이에 대응을 어떠한 관점에서 풀어야 하는가이다. 직설적으로 말하면 해당기업의 임금이 너무 높은 것인가? 아니면 일반 직장인들의 임금이 상대적으로 너무 낮은 것인가? 그 책임은 누구에게 있는가? 이를 시장경제원리에서 찾아야 하는가? 아니면 국가의 복지제도 개편에서 찾아야 하는가 등이다.

중요한 것은 개인은 사회의 주인으로서 사회의 유지와 발전을 도모하는 원동력이라는 사실이다. 따라서 개인의 변화에 대한 도저의식을 가지고 적극적으로 대응할 때, 사회문제의 해결은 보다 용이해질 수 있으며, 이는 부분적으로 체계론적 책임론에서도 사회구성원들의 개인적 특성을 중요하게 고려하는 점을 미루어 볼 때도 그렇다.

다만, 오늘날의 사회는 거대한 역사적 흐름에 의해 주도되는 것인 만큼, 개개인의 역량을 결집한 시너지 효과를 창출할 때, 사회구성원들이 지향하는 우리들이 추구하는 복지국가의 실현을 앞당길 수 있을 것이다. 이렇게 하기 위해서는 사회구성원들의 개별적 욕구와 요구를 면밀히 파악하여 총체적·통합적으로 준비하는 것이 필요하며, 여기에서 기본적으로 고려해야 할 것은 인간발달의 단계를 특성별로 파악하면서 가족체계를 중시하는 것이다.

2) 인간행동과 사회복지 과제

"변화는 세금과 죽음처럼 피할 수 없다"는 말은 진리라 할 만큼 불변의 속성을 지니고 있다. 이 변화는 자연의 이치이자, 복잡하고 불확실한 사회에서는 하나의 규범적 가치를 지닐 만큼 영향력이 크다. 그러나 깊이 생각해 보면 이 변화를 야기한 자는 바로 우리들이다. 따라서 중요한 것은 우리가 기여자로 작용한 사회변화라는 급류에 휩쓸리지 않고, 우리들이 복지를 위한 과녁을 바라보며 급류를 타듯 사회적 흐름을 타는 것이다.

이렇게 함에 있어서 변화하는 사회의 특성을 인간행동의 변화와 관련지어 조망하고, 구체적 계획을 세워 실천해야 한다. 구체적으로 말하면 환경 속의 인간에 대한 집중 탐구이다. 곧 정보화, 세계화, 평생학습 사회화, 고령화 사회 등으로 변화한 사회에서는 필연적으로 가치관의 변화, 가족의 변화, 직업세계변화, 국제정세의 변화, 자연환경의 변화를 유발하기 마련이다. 이를테면 결혼 전 숙방여행이 부끄러움 없이 이루어지고, 무자녀 가족, 한 가족, 독거 가족은 말할 나위가 없으며, 계속해서 출산율이 저하되고 있으며, 독신주의가 성행하고 있다. 이에 반해 건장한 노인들에 대한 노인 부양비는 젊은이들의 인식 여부에 관계없이 실제적으로는 그들의 어깨를 짓누르고 있다. 이제는 일생동안 서너 차례의 직업 전환을 하지 않으면 생존하기 어렵게 되었으며, 이에 따라 평생학습은 필수과제가 되고 있다.

이러한 예들은 곧 사회문제이고, 이러한 문제는 해결되어야 하는 당위성을 지니고 있으며 이렇게 하기 위해서는 사회문제의 내용을 분석해야하며, 이 분석의 틀로서 이론을 알고 사용해야 한다. 어떠한 이론이 이러한 사회문제를 가장 잘 설명하는가? 구조기능주의 이론인가? 갈등이론인가? 상호 작용 이론인가? 이 역시 다양한 인간발달이론처럼 단 하나의 이론으로 사회문제를 설명할 수도 없으며 실천을 위해한 가지 이론만으로 실용적으로 활용할 수도 없다.

1) 구조기능주의 이론은 사회의 기본은 행위자들- 즉 개인, 집단, 조직체제 사이의 상호 작용이라고 본다. 그리고 구조란 그 상호 작용이 무질서하게 이루어지는 것이 아니라, 일정한 틀을 갖추고 있음을 의미한다. 기능이란 이러한 상호 작용의 결과는 그 행위자들로 이루어진 사회를 위해 필요한 기능을 수행하고 있다는 것을 의미하며, 구조기능주의 이론이 제시하는 사회문제의 대책은 주로 개인과 사회제도 그리고 규범체제 등에 개입하는 것이다.

2) 갈등이론은 사회의 동태적 측면에 주목하여 사회 내에 다양한 갈등이 존재함을 중요시한다. 즉 구조기능이론이 안정과 균형을 강조한다면, 갈등이론은 변화와 불안정을 강조한다. 곧 사회 내에서 갈등은 피할 수 없다고 보며, 사회가 질서를 유지하는 이유는 균형과 합의보다는 힘 있는 자들에 의한 강제에 있다고 본다. 따라서 갈등이론이 제시하는 사회문제의 대책은 사회제도의 전면적인 개편이 아니라, 단편적인 보완과 개선에 의해 가능하다는 것이다.

3) 상호 작용이론은 인간이 의미를 이해하는 능력을 해위의 일차적인 결정요인으로 삼고 있으며, 사회가 인가에게 영향력을 행사할 뿐 아니라, 인간도 사회에 영향력을 행사한다고 보는 상호 작용 결과의 관계라고 본다. 따라서 상호 작용 이론이 제시하는 사회문제의 대책은 주로 개인에게 초점을 맞추고 있으며, 개입의 대상이 사회구조보다는 개인의 현재 상태를 재구성하고 설계하는 것이다.

따라서 앞으로는 과거에 발생되었던 문제, 오늘 발생하고 있는 문제 및 내일 발생 가능한 문제들을 대상으로 하여 각각의 사회문제이론이 지니는 유용성과 제한점을 심층적으로 검토해야 하며, 이와 관련한 대안들이 정책 의제로 상정되어 사회적 합의를 도출해 낼 수 있어야 한다.

과연 우리 모두의 복지는 실현될 수 있을 것인가? 이 불확실하고 복잡한 현대사회에서 누가 붓을 잡고 어떠한 작품을 그릴 것인가 하는 것이 관건이다. 도화지가 그림을 그려주지는 않는다. 역시 인간복지의 주체 자는 인간이다. 따라서 인간복지를 위해서는 우리 인간은 인간복지의 기본적 전제와 그 실천에 대해 함의해야 한다. 물론 이에 대해서는 다양한 논지가 제기될 수 있을 것이나, 자연보호, 인간존중, 세계공존의 지향점은 주의 깊게 고려할 수 있을 것이다(이소희, 2000). 그리고 이러한 지향점에 따라 개인과 각 교육기관, 민간복지기관 및 국가는 그의 위치와 역할에 합당한 과제를 수행해야 할 것이다. 구체적으로는 개인의 경우, 자신과 가족과 이웃을 위한 과제가 있을 것이며, 교육기관은 특별히 정보산업 교육, 창의성 교육, 인성교육, 기술윤리 교육 등을 강화해야 할 것이다. 그리고 민간시설의 복지단체 및 시민단체에서는 권리교육과 함께 사회구성원으로서의 책임교육의 선구자가 되어야 할 것이며, 특정 이념에 치우치지 않는 사회복지관으로 인간복지정책의 감시와 평가자의 역할을 성실히 수행해야 할 것이다. 그리고 무엇보다 국가는 오늘날 인간복지의 마지막 파수꾼으로서 기술지향이 아닌, 인간복지향의 복지정책을 입안하고 구현하는 섬김과 돌봄의 역할을 다해야 할 것이다.(신종우 외, 2008)

CHAPTER 02

태아기·영유아기 발달과 사회복지

1. 태아기발달과 사회복지

1) 태아의 발달단계

한 인간의 탄생은 정자와 난자가 수정하는 순간에서부터 시작된다. 생물학적, 의학적으로 정상적인 임신기간은 약 280일(40주)이다. 이 기간에 태아는 모체의 자궁에서 성장하고 발달하는데, 태내에서의 태아의 발달은 출생이후의 다른 어떤 발달단계보다 빠르며, 또한 모체를 둘러싸고 있는 유전적, 신체적, 정서적, 정신적 환경, 영양상태 등에 의해 영향을 받게 된다. 여기에서는 태아의 발달단계를 크게 배태기(胚胎期, germinal period), 배아기(胚芽期, embryonic period), 태아기(胎兒期, fetal period)의 세단계로 나누어 살펴보고자 한다. 일반적으로 임신기간 전체를 태아기로 간주하기도하나 엄밀하게 보면, 태아기는 임신 9주 이후부터 출산까지의 기간을 의미한다.

(1) 배태기

수정란이 자궁벽에 착상하기 전까지 기간 즉, 수정 후 14일간의 기간으로서 발생기, 배란기 또는 난체기라고도 한다. 임신 직전의 마지막 월경 시작 일로부터 14일 후 난소에서 배출된 난자는 정자와 만나 수정이 된다. 이 수정란은 0.2mm의 단세포로서 자체의 영양으로 급속한 세포분열을 시작한다. 수정란은 난관내의 융모운동과 난관수축운동으로 난관 속을 지나 점차로 자궁내로 이동한다. 수정 후 7~10일 후에 자궁 내에 도착하여 내막의 표면에 착상하는데, 착상이후부터 실제 임신이 이루어졌다고 할 수 있다. 배태기는 수정란이 자궁에 착상되기 이전의 초기 임신시기이다. 배태기에는 태아가 특히 상처받기 쉬우며 심장결함, 귀머거리, 구개열 등 대부분의 출생결함이 일어난다. 따라서 이 시기에는 임산부의 각별한 주의가 요구되지만 임신자체를 깨닫기 어려운 기간이기도하다(권민균 외, 2005).

(2) 배아기

배아기는 수정란이 착상한 이후 태아의 골격이 형성되고 주요기관과 조직이 발달하는 단계로서 수정 후 3~8주를 말한다. 배아(embryo)는 자궁벽으로부터 영양을 섭취하며 성장한다. 배아기는 인간발달과정에서 성장속도가 가장 빠른 시기이며, 착상에 의해 모체와 연결되어 있기 때문에 모체를 둘러싸고 있는 환경에 의해 영향을 받기 시작하는 시기이다. 이때 임산부가 약물을 잘못 복용하거나 건강 상태가 좋지 않을 때는 태아에게 중증기형을 유발할 수도 있다.

배아의 발달은 머리 부분부터 이루어지며 머리가 전신의 절반정도가 되고 눈, 코, 입, 귀도 형태를 알아볼 정도로 형성된다. 태아의 키는 2.5cm 정도, 몸무게는 약 4g 정도까지 성장한다. 심장과 소화기관이 원초적인 형태로 나타나고 두뇌와 신경계의 기본 구조도 나타난다. 팔과 다리가 될 부위도 생겨난다. 기관별로는 순환계가 가장 빨리 발달하며 분당 65회 정도로 심장이 박동하게 된다. 뇌, 신장, 간과 식도가 발달하기 시작하고 위에서 소화액이 분비되기 시작한다. 얼굴도 발달하기 시작하고 이빨과 혀가 나타난다. 팔 끝에 손과, 손가락, 그리고 다리에는 무릎, 발목, 발꿈치가 분명해지며 생식기도 발달한다(권민균 외, 2005).

임산부는 임신 1~3개월 동안 호르몬 분비의 증가로 인해 임신이전과 구별되는 신체적, 정서적인 증상을 경험하는데, 보통 피로, 졸음, 유방확대, 잦은 소변, 식욕의 변화, 입덧, 구토증, 빈혈 등을 호소한다. 이러한 증상들의 강도와 기간은 임산부에 따라 차이가 있다.

(3) 태아기

태아기는 임신 9주 이후부터 출생까지의 기간을 말한다. 태아(fetus)의 신체기관, 근육, 신경계가 조직화되고 연결되기 시작하고 몸이 빠르게 성장하면서 외형적으로 인간의 모습을 갖추게 되는 시기이다. 태아기는 임신 3개월 이후부터 출산까지의 긴 기간을 망라하므로 여기에서는 개월에 따라 변화하고 성장하는 태아의 상태를 살펴보고자 한다.

임신 3개월 이르면 태아는 머리에 비해 동체와 팔다리가 더 발달하고 머리가 몸 전체의 3/1정도를 차지하고 키는 약 9cm, 몸무게는 15g 정도가 된다. 뇌세포가 완성되며, 심장도 거의 완성되어 심장박동기를 사용하여 태아의 박동소리를 들을 수 있다. 또한 생식기가 형성되어 성별의 구별이 가능하다. 팔다리를 자유롭게 움직이며 파악반사(grasp reflex)와 바빈스키반사(Babinski reflex)를 나타낸다(권중돈 외, 2006).

임신 4개월부터 태아의 몸무게는 약 90g, 키는 18cm까지 급속하게 자라며 모체의 태반이 완성되어 탯줄을 통해 양수를 공급받으면서 영양분, 산소, 배설물 등을 교류하기 시작한다. 태아는 태반과 탯줄로 연결되면서 모체와 불가분의 관계에 놓이게 된다. 태반은 태아에게 산소와 영양 등을 공급해 줄 뿐만 아니라 모체로부터 탯줄로 들어오는 혈류를 여과하는 역할을 한다. 이러한 작용은 혈액내의 세균과 영양에 관계없는 물질로부터 태아를 안전하게 보호한다. 태반은 5개월 정도가 되어야 완성되므로 그 이전에는 유산의 위험이 크다(권민균 외, 2005).

임신 5개월 말부터 태아는 하루에 2~3cm 정도의 급성장 하며, 완전한 한 인간으로서의 면모를 갖추게 된다. 머리카락과 손톱도 나고 피부에 털도 나며, 손발의 움직임이 활발해지고 모체의 자궁이 복강까지 올라오면서 임산부가 태동을 느끼기 시작한다. 임신6개월경에는 감각수용기의 발달로 촉각에 민감해지고 근육움직임에 의한 접촉을 인식할 수 있게 된다. 그리고 쓴맛에 반응하여 혀를 내밀기도 하며, 망막과 대뇌를 연결하는 신경섬유가 생성되어 빛에도 반응을 보인다. 임신 25주가 되면 영양분의 흡수와 배설, 엄지손가락빨기, 휴식 등이 가능하지만 이시기에 출생하면 생존가능성은 없다.

임신7개월부터 출산까지 태아는 약 50cm까지 자라게 되며 몸무게는 3.2kg까지 성장하며, 중추신경계의 성숙도 함께 이루어진다. 30주정도가 지나면 신경계의 조절능력이 생기고 출생하더라도 조산아보육기(incubator)에서의 생존이 가능해진다. 일반적으로 체중이 1.5kg 이상이면 생존이 가능해지고 2.3kg이상이면 조산아 보육기에 의존하지 않고 양육이 가능하다.

9개월 말에는 태반이 퇴화하기 시작하고 어머니의 항체가 태아의 혈액에 유입되어 출생 후 몇 개월 동안 태아는 질병에 대한 저항력을 갖게 되지만 어머니와의 혈액 중 유해성분이 태아의 혈액을 파괴할 수도 있다. 태반은 900g 이상 커질 수 없고 태아의 머리는 자궁경부의 최대확장치 이상으로는 커질 수 없기 때문에 38주가 되면 태아는 출생하게 된다. 분만예정일은 최후 월경이 있었던 날에서 3월을 빼고 최후 월경시작일에 7일을 더하여 산출할 수 있으며, 예정일 전후하여 2주 정도를 정상적 분만으로 본다(권중돈 외, 2006).

[그림 2-1] 태아의 발달과정

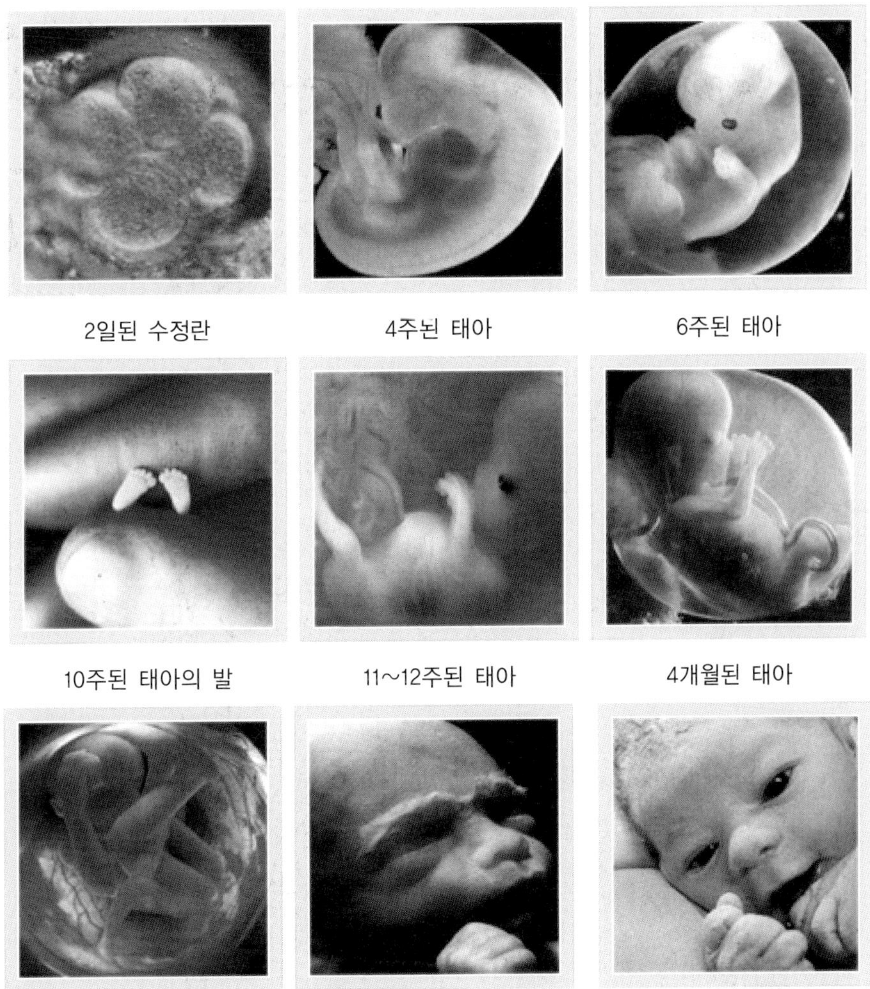

2일된 수정란 / 4주된 태아 / 6주된 태아

10주된 태아의 발 / 11~12주된 태아 / 4개월된 태아

5개월된 태아 / 6개월된 태아얼굴 / 갓태어난 아기모습

자료 출처: www.prolife.or.kr/mm2_life/mm2_01.php

2) 태아발달에 영향을 미치는 환경요인

태아의 발달에 영향을 미치는 요인은 모체를 둘러싸고 있는 내외적인 환경요인으로서 유전적 요인, 정서적 요인, 신체적인 요인 등이 있다.

(1) 유전요인

수정란의 경우 절반정도는 유전인자나 염색체의 이상을 갖고 있는 것으로 추정되며(Plomin, DeFries, & McCleam, 1990) 이들의 대부분은 임신 초기에 바로 자연유산이 된다. 그러나 유전인자나 염색체이상을 갖고 태어난 경우도 있으며, 이 경우 전 생애에 걸쳐 장애를 겪게 된다.

일반적으로 정상유전인자는 비정상유전인자에 비해 우성이기 때문에 우성인자에 의한 유전병은 드물다. 그러나 우성인자에 의한 유전병은 열성인자와는 달리 보균상태로 머물지 못하고 반드시 유전병을 일으키게 된다. 먼저 우성인자에 의한 대표적인 질병은 헌팅톤 병(Huntington disease)으로서 이는 35~40세 전에는 증상이 나타나지 않으므로 자신도 모르게 자녀에게 유전병을 전해줄 수 있다. 헌팅톤 병이 발병하면 인성의 변화, 우울, 기억 및 운동능력 상실, 뇌세포파괴로 인한 정신적 손상 등의 증상이 나타나며 결국 사망하게 된다(Berk, 2000). 이외에도 우성인자에 의한 결함은 짧은 손가락(short-finger gene)과 성장장애(maturation-achardroplasia)가 있다.

대부분의 유전적 결함은 열성인자에 의한 것이며 건강해 보이는 사람도 열성인자를 보유하고 있을 수 있다. 부모 모두 결함이 있는 열성인자를 갖고 있을 때 자녀가 결함을 나타낼 확률은 25%이다. 자녀세대에서는 결함이 나타나지 않을 수 있으나 손자녀세대에서 결함이 나타날 수도 있다. 열성인자로 인한 대표적인 결함은 아미노산 대사 장애로 인해 지능장애와 신경계의 손상을 일으키는 페닐케토뉴리아(Phenylketonuria)이다. 이외에도 피부나 머리카락, 눈동자에 정상적 색소가 결핍된 알비니즘(Albinism), 효소의 결핍으로 뇌세포가 급속히 파괴되고 시력과 청력을 상실하게 되는 테이색스병(Tay-sacks), 주로 흑인에게서 나타나는 낭초성 섬유증(Cystic fibrosis) 등도 열성인자에 의한 결함에 속한다.

염색체이상에 의해서도 태아의 결함이 발생할 수 있다. 대부분의 염색체 결함은 생식세포가 감수분열 되는 과정에서 생겨난다. 염색체의 수나 조합의 이상으로 인해 나타나는 결함을 상염색체와 성염색체로 나누어 살펴볼 수 있다. 상염색체의 결함으로 나타나는 대표적인 증상은 다운증후군(Down syndrome)이다. 다운증후군은 가장 흔한 염색체이상증후로서 정자나 난자가 감수분열할 때 23쌍의 염색체 중 21번째 염색체가 한 쌍(2개)이 아니라 3개가 되어 전체 염색체수가 47개인 경우이며 산모의 연령이 높을수록 발생률이 높다. 이는 나이든 여성의 난자가 노화하여 질이 떨어질 가능성이 높기 때문이다. 다운증후군이 있는 아동들은 심한 정신지체현상을 보이며 병에 대한 저항력이 약하여 심장병이나 백혈병, 호흡기질환 등에 걸리기 쉽다. 외모적으로 뒤통수가 납작하고 목이 짧으며 혀가 튀어나오고 코가 낮아서 몽고인을 연상하게 되므로 몽고리즘(Mongolism)이라고 부르기도 한다.

성염색체 이상에 의한 장애는 사춘기까지 잘 나타나지 않는다. 성염색체이상의 가장 흔한 유형은 남성이 X염색체를 두 개 이상 갖는 클라인펠터증후군(Klinefelter's syndrome)이다. 외형적으로는 정상인 남성에서 크게 벗어나지 않으나 여성과 같이 유방과 엉덩이가 발달하고 고환이 미성숙하여 정자를 만들지 못하므로 생식능력이 없다. 여성이 성염색체이상인 경우는 터너증후군(Tuner Syndrome)으로서 X염색체가 하나이고 XO 배열을 나타내는 것이다. 이 경우 전체 염색체수가 45개이며 여성호르몬이 부족하여 사춘기가 되어도 2차 성징이 잘 나타나지 않고 생식능력이 없다(권민균 외, 2005).

(2) 정서적 요인

과거부터 우리 선조들은 임산부가 경험하는 정서 상태가 태아에게 큰 영향을 끼친다고 하여 임신순간부터의 태교를 중요하게 여겨왔다. 임산부가 정서적으로 불안하면 부신호르몬의 분비가 촉진되며 이는 태반을 통해 태아에게 직접적인 영향을 미치게 된다(권민균 외, 2005). 임산부가 정서장애를 가지고 있거나, 불안이 심하거나, 큰 충격을 받았거나 좌절을 겪었거나 혹은 원치 않은 임신을 한 경우에는 그렇지 않은 임산부에 비해서 임신기간 중 자연유산, 조산이나 난산의 가능성이 높아진다. 또한 이러한 임산부에게서 태어난 유아는 지나치게 활동적이거나, 많이 울고, 잠을 잘 자지 않으며, 젖도 잘 안 먹는 등 여러 가지 문제를 보일 수 있다(최옥채 외, 2005).

(3) 임산부의 영양 상태

임산부의 영양 상태는 태아 발달에 결정적인 영향을 미친다. 임산부가 영양부족이 심했던 시기가 바로 태아의 신경계 발달 특히, 뇌의 발달이 이루어지는 시기와 맞물린 경우에는 더 큰 상처를 받게 되며, 여러 가지 장애를 가진 유아를 출생할 가능성이 높아진다(Kail & Cavanaugh, 1996; 최옥채 외, 2005).

임신 초기에는 양적으로보다는 질적으로 균형 있는 영양소가 필요하며 임신 후기에는 양적으로도 많은 영양분이 요구된다. 임산부의 하루 섭취량은 임신전보다 300~500cal정도 증가시키는 것이 바람직하며, 철분, 칼슘, 비타민 등의 섭취도 꾸준히 공급해주어야 한다. 또한 기형아 방지를 위하여 임신 전부터 꾸준히 엽산을 섭취할 것을 권장하고 있다(권민균 외, 2005).

(4) 약물복용

임산부가 술, 담배, 신경안정제, 항생제, 마약 등을 복용하는 것은 태아에게 부정적인 영향을 미친다. 흡연 시 담배의 니코틴은 태반을 비정상적으로 만들어 영양분이 잘 전달되지 않도록 하고, 또한 태아의 혈류에 일산화탄소 농도를 상승시켜 중추신경계를 손상시켜 저체중아로 출생할 가능성을 높인다. 이 외에도 미숙아, 수면 중 호흡곤란, 유산, 영아사망, 아동암 발생 등의 가능성도 높다. 또한 신체적으로 이상 없이 출생한 것 같아도 주의집중이 안되고 낮은 지능지수를 갖는 등의 행동문제를 보일 수도 있다(Fergusson, Horwood, & Lynskey, 1993; Fried & Watkinson, 1990; 권민균 외, 2005). 임산부가 술을 많이 마시게 되면 태아가 안면기형, 체중미달, 중추신경계의 장애를 초래하는 태아알코올 증후군(fetal alcohol syndrome)에 걸릴 가능성이 높아진다. 상습적으로 흡연하는 경우에는 조산이나 저체중아를 낳을 확률이 높으며, 중독성이 강한 마약을 과도하게 복용하는 것은 선천성 기형이나 정신지체를 초래할 가능성이 높아진다. 그리고 일사에서 쉽게 복용할 수 있는 카페인, 아스피린, 감기약, 항생제 등도 임신기간 동안에는 매우 주의해서 사용하는 것이 최선의 예방책이라 할 수 있다(서봉연·이순형, 1986).

(5) 임신연령

일반적으로 이상적인 임신 연령은 16~35세이며, 16세 이하와 35세 이상에서의 출산은 선천성 결함의 가능성을 높인다. 예를 들어, 45세 이상의 임산부는 20세 혹은 21세 임산부에 비해서 다운증후군을 일으킬 확률이 40배나 더 높다(Dill & McGillvary, 1992; Lefrancois, 1999; 최옥채 외, 2005). 의학의 발달로 고연령이 태아에 미치는 영향이 감소하고는 있으나 한편으로 노산인 경우 자연유산, 난산, 임신중독증, 다운증후군, 그리고 미숙아 출산 등의 비율이 급격히 높아지고 있다(권민균 외, 2005).

(6) 질병

임신 중 5% 정도의 여성은 어떤 종류로든 바이러스에 감염된다. 임신 전후에 풍진에 감염될 경우 태아의 시각, 청각, 정신지체 등에 심각한 장애를 유발 할 수 있다. 따라서 모든 여성은 임신 전에 필수적으로 풍진감염을 예방해야 한다. 매독, 임질 등의 성병도 기형아를 출산하는 원인이 될 수 있다. 임산부가 임질에 걸린 경우 출산과정에서 태아가 임질균에 감염될 수 있으며 출생 직후 신생아의 눈에 페니실린을 떨어뜨리지 않으면 시각장애가 일어날 수 있다. 매독은 태반을 통해 태아에게 전달되어 청각장애, 대뇌손상, 치부장애 및 태아사망을 일으킬 수 있다. 최근에는 태반이나 출산과정 중 접촉을 통해 AIDS에 감염된 신생아들이 늘고 있으며, 태내에서 AIDS에 걸린 신생들은 증상이 나타난 후 5~8개월 밖에 생존하지 못하는 경우가 늘고 있다. 이외에도 임산부가 당뇨병이 있는 경우 사산을 하거나 호흡기 이상과 저혈당 등의 문제를 갖고 태어날 가능성이 높다. 또한 임산부가 날고기나 덜 익은 고기를 먹거나 감염된 고양의 배실물을 만지면 주혈원충병(toxoplasmosis)에 걸려 태아의 눈과 뇌에 손상을 일으킬 수 있다. 따라서 임신을 계획하거나 임신 중인 여성은 스스로 질병에 감염되지 않도록 위생과 환경에 주의를 기울여 질병감염을 예방해야 할 것이다.

3) 태내진단

자궁안의 태아에게 이상이 있을 경우 의학적인 진단을 통하여 장애를 가진 태아를 유산시키거나 치명적인 상태로 질환이 진행되기 전에 조치를 취하고 분만방법을 준비할 수 있다. 태내 진단이 필요한 경우는 35세 이상의 산모이거나, 염색체이상이 있는 태아를 임신한 적이 있거나, 부모 한 쪽 또는 친인척 중에 염색체 이상 또는 유전질환이 있거나, 초음파검진에서 기형이 발견되거나, 유전학적 설문조사에서 의미 있는 답변을 얻은 경우 등이다.

태내진단을 위한 대표적인 검사유형으로는 초음파검사(ultrasound), 양수검사(amniocentesis), 융모막검사(Chorionic Villus Sampling:CVS) 등이 있다. 초음파검사는 임산부의 복부에 초음파를 투시하여 자궁내부의 사진을 찍는 기법이다. 임신 전체기간에 사용할 수 있으며 초음파를 통해 태아의 해부학적 모양, 호흡, 심장운동, 혈관박동, 태아혈류상태 등을 관찰하여 태아가 건강한지, 자궁 내에서 위험한 상태인지를 구별할 수 있다. 양수검사는 염색체이상을 판별하기 위하여 시행하며 임신 15~18주에 산모의 양수소량을 주사기로 추출하는 방법이다. 검사시간은 15~25초 정도로 융모막검사에 비해 간편하고 산모에게 통증도 크지 않으나 융모막검사보다 검사시기가 늦어서 태아에게 심각한 결함이 있을 경우 유산의 결정에 어려움을 줄 수 있다. 융모막검사는 카세터(catheter)라는 기구를 자궁 안에 넣어 융모를 추출하여 염색체이상을 검사하는 방법이다. 임신 2개월 정도에 검사를 실시할 수 있다. 그러나 단점은 시술이 어렵고 유산이나 태아에게 사지기형을 유발할 수도 있다는 것이다(권민균 외, 2005).

4) 태아기의 발달과 사회복지실천

한 개인의 탄생은 부모가 될 개인들에게만 의미 있는 일이 아니라 사회구성원의 새로운 유입을 의미하기 때문에 사회적으로도 매우 의미 있는 일이다. 따라서 사회는 아동이 태어나서 자라는 환경이 바람직하고 좋은 환경이 될 수 있도록 조성할 의무가 있다. 한 개인의 운명을 결정짓는 중요한 계기는 이미 임신의 순간부터 시작된다. 모체의 자궁에서 인간의 형체를 갖추어가는 태아는 완전히 모체에 의존하여 성장하고 발달한다. 따라서 이 시기에 태아의 성장과 발달은 태아를 하나의 살아있는 생명으로서 소중하게 다루는 부모의 관심과 애정, 모체의 유전적, 정서적, 신체적 환경 등에 의해 영향을 받게 된다. 그러므로 이 시기에 가장 중요한 것은 안전하고 건강한 임신과 출산이라고 할 수 있다. 따라서 사회복지사는 건강하고 안전한 임신과 출산에 필요한 사회 환경이 조성될 수 있도록 클라이언트를 도와야 한다. 임신 및 출산과 관련하여 사회복지적인 개입이 필요한 분야는 다음과 같다.

첫째, 아이를 출산하려는 부모의 출산과 임신에 필요한 육체적·정신적 조건을 형성해야 한다. 부모는 출산과 임신에 대한 지식을 알아야하며, 아기로 인하여 자신의 삶이 변화하고 새로운 의무가 생긴다는 것을 이해하고 이를 수용하는 긍정적 자세를 가져야 한다. 또한 부모의 임신시기와 연령, 과거 임신경력, 유전인자 및 건강상태, 약물중독여부, 영양상태 등이 태아에게 영향을 미치므로 이러한 요인들에 대한 고려와 의학적인 검진과 조처가 필요하다. 이를 위하여 임신과 출산을 위한 상담 및 부모교육프로그램, 그리고 의료체계 등이 갖추어져야 한다.

둘째는 임산부에 대한 정서적인 배려가 중요하다. 임신과 출산으로 인하여 모체는 직접적인 심리적, 신체적 변화를 경험하게 된다. 이러한 새로운 변화에 직면하여 임산부는 커다란 스트레스를 경험할 수 있으며 이로 인하여 임신사실을 부정적으로 인지하게 된다면 이는 태아의 정서적, 신체적 발달에 나쁜 영향을 미치게 될 것이다. 따라서 가족과 배우자의 정서적이고 심리적인 지지와 임산부의 스트레스에 대한 이해는 임산부의 정서적인 안녕에 절대적으로 필요할 것이다. 만약 임산부에게 스트레스가 만연한 환경에서 가족이나 배우자의 지지가 용이하지 않다면 사회복지사는 임산부가 처한 스트레스환경을 파악하고 이를 제거할 수 있도록 개입해야 한다.

셋째는 낙태와 관련된 사회적 이슈를 들 수 있다. 낙태는 여러 가지 이유에서 발생하고 있는데 태아의 이상에 의한 낙태는 허용될 수밖에 없으나 사회적으로 용인되지 않는 낙태상황은 사회복지사의 개입이 필요하다. 특히, 사회적으로 문제가 되고 있는 것은 청소년가출 및 성에 대한 개방풍조로 인한 십대들의 임신, 비혼인여성들의 임신, 남아선호에 의한 태아성별의 감별 등으로 인한 낙태의 발생이다. 임산부가 임신을 원하지 않거나, 태아에게 유전질환이 발견되거나, 태아와 산모의 상태가 위험하여 낙태를 선택해야 할 때에는 적절한 시기에 시행하도록 도움을 주어야 한다. 낙태를 원하는 클라이언트를 원조할 때 사회복지사는 낙태로 인한 심리적인 부담을 이해하고 다양한 정보와 대안, 그리고 가능한 서비스를 제시하여 임산부와 가족이 현명한 판단을 내릴 수 있도록 도움을 주어야 한다.

넷째는 임신과 출산을 지지할 수 있는 사회복지정책들이 구축되어야 한다. 건강한 태아가 출생할 수 있도록 의학적인 검진체계가 갖추어져야 하며, 임신과 출산이 경제적인 부담이 되지 않도록 지원해야 한다. 특히, 빈곤한 가족이나 이미 아동이 있는 가족을 경제적으로 지원하는 것은 임신과 출산을 긍정적으로 독려하는데 매우 유용하다. 이를 위하여 세금감면, 임신 및 출산비 지원, 출산이후의 가사지원 등이 구축되어야 할 것이다. 또한 근로여성에 대한 지원정책으로서 임산부에 대한 휴가와 휴직체계가 갖추어져야 하고 기업에서도 임신한 여성사원에 대한 업무량, 근무시간 조절 등을 통한 배려가 필요하다. 과도한 업무와 장시간 근무는 임산부에게 정서적 스트레스를 발생시킬 수 있으며 또한 신체적으로도 부종이나 질환 등을 유발할 수 있는 계기가 될 수 있기 때문이다.

2. 영아기발달과 사회복지

영아기는 출생에서 만 두 살까지의 기간을 말한다. 이시기는 전체 생의 주기에서 약 2%에 해당하는 짧은 기간이지만 출생이후 가장 급격하게 발달하는 시기 중의 하나이다(권민균 외, 2005). 이시기에 영아는 신체적으로 아주 빠른 성장을 하고 동시에 기본적 운동기능과 언어습득 및 개념형성 같은 인지능력을 발달시키면서 양육자와의 애착관계를 통하여 사회성 발달의 기초를 이루어간다. 출생 직후부터 1개월까지는 신생아기로 구분하고 그 이후를 영아기로 구분하여 살펴보고자 한다.

1) 신생아기의 발달

신생아는 출생 직후부터 1개월까지의 아기를 말한다. 신생아의 3%가 출생 시 장애를 가지고 태어나며(Masters, Johnson, & Kolodny, 1995), 또한 아기가 정상체중 이하로 태어나는 것은 성인이 된 이후의 건강상태에도 나쁜 영향을 미치는 것으로 알려져 있다. 그런데 우리나라에서 고령출산이 늘어나면서 2.5kg이하 저체중아의 출생률이 매년 증가하고 있다. 1993년 저체중아는 출생아 천 명당 25.64의 발생률을 기록했고 1997년은 32.54, 2001년 39.48, 2004년에는 41.33으로 나타나 지속적으로 증가하고 있음을 알 수 있다(아동백서, 2006). 이는 또한 신생아의 사망률을 높이는 원인이 되고 있다. 조산아의 경우에는 중앙신경체계가 발달하지 못해 자기조절기능이 떨어져 외부환경으로부터 쉽사리 과도하게 자극을 받거나 과민반응을 보이게 된다. 조산아를 위해서는 '마사지치료(massage therapy)'가 효과적이다. 매일 마사지를 해주게 되면 몸무게증가, 수면시간증가운동능력발달, 과민반응완화 등과 같은 효과를 낼 수 있는 것으로 나타났다(Field, 2000; 이윤로, 2006).

갓 태어난 신생아는 젖을 먹는 시간외에는 계속적으로 잠을 자는 것으로 보이지만 신체적인 성장을 하면서 사회성을 형성하기 위한 능력을 보여준다.

(1) 신체발달

신생아의 피부는 붉은 색을 띠고 쭈글쭈글하며 끈적끈적한 태지와 솜털로 덮여있다. 머리부분이 가슴둘레에 비해 크고 신장의 1/4정도이며 몸통은 짤막하고 허리와 무릎을 구부리고 있다. 신생아의 평균키는 약 51cm이고 평균체중은 약 3.4kg이지만 남아가 여아에 비해 몸무게나 키가 약간 더 큰 편이다. 신생아는 생후 며칠 동안 수분이 빠지기 때문에 체중이 5~10% 정도 감소하나 약 5일째부터는 체중이 늘기 시작한다. 출생 후 3~4일이 자나면 신생아는 황달에 걸릴 수 있으며 피부와 안구가 노랗게 변한다. 이는 간의 미성숙 때문에 일어나는데 대개는 1주일이 지나면 회복된다. 신생아의 머리에는 여섯 개의 천문이 있는데 피부 바로 아래 단단하고 탄력 있는 막으로 덮여 열려 있다 두개골의 뼈와 뼈 사이를 이어주는 결체조직에 의해 만들어진 천문들은 두개골을 유연하게 하여 출생 때 산도를 통과하기 쉽도록 한다. 여섯 개의 천문 중에 대천문과 소천문은 외부에서도 쉽게 알 수 있다. 앞이마 위에 있는 대천문은 생후 18개월경에 닫히고 머리 뒤쪽에 있는 소전문은 생후 1년 이내에 닫힌다.

신생아의 심장박동은 어른보다 빠르고 속도는 1분에 120~160회 정도이며 출생 후 4~5일이 지나면 약간 느려진다. 출생즉시 신생아는 허파벽에 있는 공기주머니를 팽창시켜서 산소를 흡인한다. 출산할 때의 아기울음은 최초의 호흡으로 1분당 35~45회 호흡하며 어른의 두 배이다. 신생아의 체온은 성인보다 약간 높은 평균 37~37.5C 이다. 신생아는 체온조절이 잘되지 않기 때문에 실내를 따뜻하게 유지할 필요가 있으나, 신생아의 체온이 어른보다 높기 때문에 옷은 너무 두껍지 않고 편안하게 입히는 것이 좋다.

출생 후 하루나 이틀 동안은 하루에 4~5회의 태변을 배설하며 그 빛깔은 검은 녹색을 띠며 끈끈하다. 이는 태중에서 양수를 삼켜 직장에 괴어있던 것이다. 하루에 18회 정도의 소변을 보며 요산염이 많기 때문에 기저귀가 황갈색이 되기 쉽다. 신생아는 출생당시 이미 소화효소를 분비하고 있어서 젖을 소화할 수 있으나 위의 모양이 수직이어서 토할 수 있다. 젖은 하루에 2~3시간 간격으로 7~8회 먹인다. 몇 주가 지나면서 수유간격이 길어지며 이는 개인차가 있다. 첫 1~2일에 산모에게서 나오는 초유는 태변의 배설을 촉진하며 면역체를 함유하고 있다(권민균 외, 2005).

신생아는 출생 후 2일이 지나면 동공반사를 할 수 있고 15일이 되면 색체구별이 가능해지며, 흰색, 녹색, 적색, 청색의 순으로 반응을 보인다. 출생 직후에는 귓속에

양수 등 점액질이 있기 때문에 청각반응을 잘 나타내지 않지만 며칠이내에 청력이 예민해지면서 출생 후 4주가 되면 어머니의 음성을 식별할 수 있게 된다. 촉각은 출생이전부터 상당히 발달되어 있으며 특히 입주위, 손바닥, 발바닥 주위의 감각이 예민하다. 생후 2주일이 지나면 맛의 차이를 식별하며 우선 단맛을 선호하고 쓰거나 신 것은 내뱉고 얼굴을 찡그린다. 후각은 출생 직후에는 완벽하진 못하지만 어머니의 젖내를 맡을 수 있으며, 자극적인 냄새에 반응을 보인다(권중돈 외, 2006).

(2) 반사행동

신생아는 어떤 특정 자극에 대해 무의식적인 반사 동작을 한다. 이것은 선천적으로 타고난 반사행동이라고 할 수 있다. 다음의 표는 신생아의 대표적인 반사행동을 나타낸다.

반사행동은 아기의 성장발달을 평가하는데 지침이 될 수 있다. 반사행동은 아기의 뇌가 성숙해짐에 따라 행동을 의식적으로 통제할 수 있게 되면서 시간적으로 순차성을 갖고 사라진다. 만약에 출산과정에서 뇌손상이 있었다면 반사행동이 약하거나 전혀 나타나지 않을 수도 있으며 반사행동이 정상적으로 사라져야 할 시기에도 지속해서 나타날 수 있다. 가령, 뇌성마비의 조기징조의 하나는 목강직반사, 모로반사, 파악반사가 계속 나타나는 것이다(Barabas & Taft, 1986). 그러나 반사행동에는 개인차가 있기 때문에 다른 원인과 함께 종합적으로 검토해야 한다(권민균 외, 2005).

〈표 2-1〉 신생아의 반사행동

반사유형	자극	반응	사라지는 시기	중요성
찾기반사	입주변의 뺨을 건드린다.	자극을 준 쪽으로 머리를 돌린다.	3주	젖꼭지를 찾게 한다.
빨기반사	입에 손가락을 댄다.	손가락을 규칙적으로 빤다.	영구적	젖을 빨게 한다.
수영반사	물속에 아기의 얼굴을 담근다.	수영동작으로 손을 휘젓고 발을 안으로 비튼다.	4~6개월	물속에 빠졌을때 생존하는데 도움을 준다.
바빈스키 반사	발바닥을 건드린다.	발가락을 부채처럼 펴고 발을 안으로 비튼다.	8~12개월	알려지지 않음
모로반사	아기의 등을 수평으로 받힌 채 갑자기 머리를 떨어뜨리거나 또는 갑자기 큰 소리를 낸다.	팔과 다리를 벌리고 손가락을 펴며 무엇을 껴안으려는 자세를 한다.	6개월	진화과정에서 어머니에게 매달리도록 한다.

반사유형	자극	반응	사라지는 시기	중요성
파악반사	아기의 손바닥을 손가락으로 누른다.	어른의 손가락을 자동적으로 쥔다.	3~4개월	자발적인 잡기를 훈련한다.
걷기반사	아기의 팔밑을 잡고 평평한 곳에 맨발이 닿게 한다.	걷는 것처럼 발을 교대로 움직인다.	2개월	자발적인 걷기를 준비시킨다.
눈깜박임반사	아기의 눈에 밝은 빛을 비춰준다. 머리가까이에서 손뼉을 친다.	눈꺼풀을 빨리 닫는다.	영구적	강한자극으로부터 보호한다.
목강직반사	등을 바닥에 대고 눕히고 머리를 한쪽으로 돌린다.	한 쪽 팔은 머리가 향하고 있는 방향 앞으로 펴고 다른 팔은 구부린다.	4개월	자발적인 빨기를 준비시킨다.

자료 출처: 권민균 외, 2005.

2) 영아기의 발달

영아기는 신생아기 이후부터 만 2세까지의 시기를 말한다.

(1) 신체발달

출생 후 첫 1년간은 신체와 뇌의 성장이 급속도로 이루어지므로 제 1성장급등기(first growth spurt)라고도 한다. 영아기에는 다른 신체부분이 성장함에 따라 2돌 무렵에는 머리가 신장에서 차지하는 비율이 1/5이 된다. 개인에 따라 차이가 있지만 신장은 출생 직후의 약 1.5배, 체중은 약 3배정도 성장하고 출생 후 첫 1년 동안에는 몸통이 가장 빠르게 성장하며 1년 이후부터는 다리가 가장 빠르게 성장한다.

생후 6개월경에 아래 앞니부터 젖니가 나기 시작하여 치아가 발달하는데 1년까지 6~8개의 앞니가 나고 24~30개월 사이에 20개의 젖니가 모두 형성된다. 영아의 골격은 성인의 골격보다 작고 수고 적으며 유연하다. 사춘기까지 뼈가 단단해지는 경화(硬化) 또는 골화(骨化) 현상이 나타나게 된다(정옥분, 2004).

영아기는 인간의 신체동작을 위한 기초운동발달이 활발하게 일어나며 이는 신체성장, 뼈와 근육의 성장, 신경계의 성숙의 결과로 획득된다. 운동기능은 대근육운동과 소근육운동으로 나누어질 수 있다. 기기, 서기, 걷기, 뛰기 등은 팔, 다리, 몸통 등은 대근육을 사용하는 운동으로서 대근육운동이라고 한다. 소근육운동은 손으로 물건잡기, 손가락으로 글씨쓰기 등과 같이 소근육을 이용하는 운동을 말한다. 영아는 대근육을 이용하여 엎드려서 머리들어올리기(2개월), 그르기(3개월), 혼자서 앉기(6개월), 손잡고 계단오르내리기(16개월), 달리기 및 혼자서 계단오르내리기(24개월)의 순으로 이행운동(locomotor)을 발달시킨다(Hetherington & Parke, 1993). 소근육을 이용한 협응운동(coordination)은 생후 5개월의 영아도 초보적인 시각과 운동기능 간의 협응이 가능하고 6개월 정도에는 매달려 있는 물건을 팔을 뻗어 잡을 수 있으며, 8~9개월경에는 자기에게 던져지는 물건을 잡으려 하지만 놓치는 경우가 많다. 그리고 10개월에는 엄지와 집게손가락으로 물체를 잡을 수 있고 첫돌을 지나면 자기에게 던져지는 물건을 제대로 잡을 수 있다(권중돈 외, 2006). 영아는 순차적으로 발달하는 운동능력을 통하여 독립적으로 성장하고 주변사람들과 사람들과 접촉하며 자신을 둘러싸고 있는 세계를 탐색한다. 따라서 새로운 운동기능이 발달할 때마다 양육자가 영아와의 의사소통과 놀이를 통하여 적당한 자극과 명령을 주는 것은 영아의 운동발달과 정서를 지지할 수 있다.

(2) 뇌의 발달

출생 시 영아의 뇌무게는 성인 뇌의 25%, 생후 첫 1년 사이에 성인의 66%, 2세경에는 75%, 5세경에는 90% 정도에 이르게 된다(송명자, 1995). 출생시에 반사운동과 소화, 호흡, 수면, 배설 등의 생물학적 기능을 담당하는 뇌간과 중뇌는 이미 기능하며, 생후 6개월에는 대뇌피질의 운동 및 감각영역의 발달로 반사운동이 사라지고 의도적인 운동이 발달하게 된다. 2세경에는 운동 및 감각영역을 관장하는 뇌의 발달수준이 비슷해지며, 감각 및 운동영역을 통합하는 뇌의 발달은 보다 늦게 이루어지고 언어생성영역과 문제해결영역은 아동기 그리고 청소년기까지 지속적으로 발달한다.

신생아는 태어날 때 약 1천억 개의 신경세포와 이들 신경세포의 결합으로 형성되는 50조 개 이상의 시냅스를 가지고 있다. 이 때 두뇌의 기본적인 신경회로는 부모에게서 물려받은 유전자에 의해 이미 결정되어 있다. 출생 초기 몇 달 동안 시냅스의 수는 1천조 개 이상으로 늘어난다. 시냅스의 형성은 생후 2개월에 운동피질에서 시작된다. 이때 영아들은 모로반사와 찾기반사를 중단하고 의도적인 동작을 배우기 시작한다. 3개월에 시각피질의 시냅스 형성이 절정에 이르면서 아기의 눈은 물체에 초점을 맞출 수 있다. 기억내용을 분류하고 보관하는 역할을 하는 뇌의 해마상 융기는 8~9개월경에 기능이 완전하게 발달한다. 생후 6~12개월에는 논리적 사고와 예견기능을 담당하는 전두엽피질에서 성인의 두뇌보다 배나 많은 에너지를 소모할 정도로 시냅스 형성이 빠르게 진행된다. 16개월에서 24개월 사이에 어휘가 폭발적으로 증가하면서 시냅스연결도 폭발적으로 증가한다. 시냅스의 연결은 태아기 때부터 이미 이루어지기 시작하며 출생 후에도 계속되는데 생후 1년 동안 급속히 증가한다. 시냅스밀도가 증가하면 저장용량과 정보처리능력도 향상된다고 한다(권민균 외, 2005).

(3) 감각 및 지각 발달

대뇌의 발달로 감각 및 지각기능은 2세경이 되면 운동기능과 유사한 수준에 이르게 된다. 감각이 주위환경의 여러 가지 자극을 감각기관을 통하여 받아들이는 것이고 지각은 이러한 감각에 의미를 부여하고 해석하는 과정이다(정옥분, 2004).

영아의 청각은 출생 후 얼마 후에 성인수준에 도달하는 것으로 알려져 있다(송명자, 1995). 출생 후 2주가 지나면 사람의 목소리와 다른 소리를 구분하고 3주경에는 낯선 사람의 목소리를 구분하고, 생후 4~6개월에는 소리 나는 방향을 정확하게 알 수 있다. 생후 1년 정도에는 작은 소리에도 예민하게 반응하고 소리의 고저도 식별하게 된다. 영아는 출생 직후 초점을 고정하지 못하나 1개월경에는 사물에 초점을 맞추고 응시하는 것이 가능해진다. 생후 2~3개월 정도에 삼원색의 기본색깔을 구분하고 4~5개월경에는 시각조절능력도 성인수준에 도달한다. 생후 1년경에는 시력이 1.0 정도가 된다. 영아는 시지각(視知覺)에서 전체보다는 부분을, 정지된 것보다는 움직이는 물체를, 흑백보다는 컬러를, 직선보다는 곡선을, 단순한 도형보다는 좀 더 복잡한 도형을, 다른 사물보다 인간의 얼굴을 선호하며, 그중에서 눈을 가장 선호하는 것으로 알려져 있다. 영아기의 후각은 다른 감각에 비해 출생초기부터 상당히 발달되어 있으며, 생후 1주일 정도가 지나면 어머니와 다른 여성의 젖내를 구분하고 독한 냄새에는 고개를 돌리는 반면, 단맛이 나는 향기 쪽으로 얼굴을 돌리는 반응을 보인다. 미각은 태내에서도 어느 정도 기능을 하는데 출생 직후 단맛이 나는 액체를 더 오래 빨고 표정으로 맛의 기호를 나타내다가, 2~3개월경에는 특정한 맛에 대한 기호가 발달한다(권중돈 외, 2006). 촉각은 출생 이전부터 상당히 발달되어 있다. 신생아는 특히 입, 손바닥, 발바닥 주변의 촉각에 민감하며, 신체온도보다 낮은 온도에 민감하다. 영아는 또한 출생 때부터 고통을 느끼며, 연령이 높아짐에 따라 신경조직이 발달하여 통증에 대해 더욱 민감해진다(권민균 외, 2005). 6개월이 지나면 촉각을 사용하여 주위물체를 탐색하기 시작하고 1세경에는 손의 감촉만으로도 익숙한 물체를 알아볼 수 있다(권중돈 외, 2006).

(4) 인지발달

피아제(Piaget, 1952)는 인간이 출생 이후부터 성인기로 성장하는 과정에서 단계적으로 인지하고 학습하는 능력을 갖추게 되며, 영아기는 감각운동기(출생~2세)에 해당한다고 하였다.

영아는 빠르게 인지를 발달시키면서 반사행동으로부터 의식적인 행동을 발전시키게 된다. 영아의 인지발달은 뇌의 발달과 함께 이루어지는 감각기관과 운동기능의 발달 및 통합에 의해 복합적으로 이루어지며, 어머니를 비롯하여 주변사람들과 접촉하고 사회적 관계에 반응하면서 더욱 발전하게 된다. 특히 영아는 양육자인 어머니와의 상호관계에 대한 인지적인 반응을 통하여 최초의 사회적, 정서적인 유대감까지 경험하게 되는데 대표적인 인지반응으로서 대상연속성 또는 대상불변성(object permanence)을 들 수 있다. 2세 이전의 영아는 대상이 시야에서 사라지면 그 대상을 바로 잊어버리게 된다. 예를 들면, 이시기의 영아는 양육자인 어머니가 눈앞에 보이지 않으면 대상이 사라졌다고 생각하여 울음을 터트리게 된다. 그러나 영아가 24개월 정도가 되면 실체대상이 눈앞에 보이지 않아도 사라지지 않는다는 것을 인지한다. 이를 통하여 볼 수 없고 들을 수 없는 어떤 대상의 이미지를 생각하고 그 이미지를 활용하여 간단한 문제를 해결할 수 있다(Santrock, 1999; 최옥채 외, 2005).

(5) 언어 발달

언어 이전의 기간에 영아는 출생 후 약 1개월까지 분화되지 않은 울음을 운다. 이 시기의 울음은 반사적인 울음으로서 배가 고파서 우는 것인지, 혹은 고통이나 공포 때문에 우는 것인지 식별할 수가 없다. 1개월이 지나면서 분화된 울음이 나타나는데, 어머니는 영아의 울음소리의 음조와 강도로 영아가 배가 고픈 것인지, 고통스러운 것인지 식별할 수 있다. 한편, 옹알이는 출생 후 2개월부터 시작되는데, 이것은 영아에게 일종의 음성적 놀이이면서 동시에 언어연습이다. 이러한 옹알이는 의사소통의 분명한 형태는 아니지만 언어발달의 기반을 형성하기 때문에 매우 중요하다. 6개월부터는 점차 영아가 스스로 소리를 만들어 반복적으로 내는 자기소리 모방이 나타난다. "마마" 혹은 "바바"와 같은 반복적인 소리를 내어 의사전달을 위한 음을 내기 시작한다. 8개월이 되면 자기 소리와 타인의 소리를 구분하게 되고, 타인의 소리를 그대로 따라하는 반향음 내기가 시작된다. 생후 9개월에서 2세 사이는 언어획득의 과도기로서 "엄마", "아빠" 혹은 "아빠 좋아"와 같이 짧은 단어로 의사소통을 한다. 영아의 언어습득은 성별과 개인차가 존재한다. 예를 들어, 일반적으로 여아가 남아보다 더 빨리 말하는 경향이 있으며, 소수가족보다는 대가족, 그리고 형제가 많은 가정의 영아들이 언어습득이 빠르다(최옥채 외, 2005).

(6) 정서발달

정서란 외적 자극에 대한 인간의 사고 및 감정적인 반응과 행동을 말하는 것이다. 영아는 출생 직후, 흥미, 혐오, 그리고 불쾌감을 표현할 수 있다. 또한 놀람, 분노, 슬픔과 같은 정서는 3개월에서 4개월 이내에, 그리고 공포는 6~7개월 사이에 나타난다. 그리고 수줍음, 질투, 자부심, 그리고 수치심 등과 같이 자아인식을 반영하는 정서는 훨씬 뒤에 나타나는 경향이 있다. 브릿지스(Bridges)에 의하면, 영아의 정서는 2세가 끝날 무렵에 성인에게서 볼 수 있는 거의 모든 정서가 나타난다(최옥채 외, 2005).

영아는 울음과 웃음을 통해서 정서를 나타내는데, 예를 들어, 배고픔을 알리는 울음, 화가 나서 우는 울음, 고통이나, 좌절을 알리는 울음 등을 구분하여 표현할 수 있으며. 출생 직후에는 반사적 미소(reflex smiling)를 짓다가 4주 정도가 되면 자신이 직접 보거나 이야기 듣는 사람에게 반응하면서 사회적 미소(social smiling)를 짓게 된다. 출생 후 3개월 반이면 자신이 아는 사람과 소리에 반응하면서 선택적인 미소(selective smiling)를 짓게 된다. 한편, 웃음(laughing)은 4개월에 시작되는데, 자라면서 더욱 자주 웃고 웃을 대상을 적극 찾는다. 웃음은 어떤 면에서 영아가 놀라거나 예측할 수 없는 상황에서 긴장을 해소하는 수단으로 활용하기도 한다(Lefrancois, 1999: 최옥채 외, 2005).

또한 3개월이 되면 분노의 감정이 분화되고, 5~6개월이 되면 혐오감과 공포감이 분화되며, 12개월이 되면 성인에 대한 애정이 더욱 강해지고 18개월에는 아동에 대한 애정과 질투의 감정을 나타내며, 19개월경에는 환희의 감정을 나타낸다(김태련·장휘숙, 1998). 18개월 정도가 지나면 영아는 부정적인 정서를 숨길 수도 있다(권중돈 외, 2006).

(7) 사회적 발달

영아의 사회성 발달은 자신을 양육하는 사람에 대한 인지와 애착관계로부터 시작되며 다양한 요인들에 의해 복합적으로 영향을 받게 된다. 영아가 어떠한 사회적 관계를 경험하고 형성해 가는가는 앞으로의 성장단계에서 성격발달과 정서발달에도 중대한 영향을 미치는 것으로 알려져 있다. 영아의 사회성 발달에 영향을 미치는 중요한 요인으로서 애착관계, 분리불안 등을 살펴보고자 한다.

영아는 생후 6~8개월이 되면서 애착관계를 형성하게 되는데, 대부분 어머니가 그 대상이 지만, 아버지에게 애착을 보이기도 하며, 나중에는 형제, 자매, 조부모, 그리고 친척 등으로 확대되기도 한다. 애착의 정도는 12개월 전후에 절정에 달했다가 18개월이 되면서 다른 사람에게 확대되어간다. 이러한 애착은 부모가 영아에게 필요한 자극을 주고, 영아가 필요한 신호를 보낼 때 신속하게 반응함으로써 길러진다. 이때 부모가 부적절하게 자극을 주거나 따뜻하게 대해 주지 않으면 애착이 형성되는 기간이 오래 걸리고 강도가 약할 뿐 아니라 때로는 애착형성에 장애가 나타난다(최옥채 외, 2005). Harlow와 Zimmerman의 원숭이 대상 연구를 통하여, 애착형성에서 수유보다는 신체적인 접촉이 더욱 중요하다는 것을 알 수 있다(정옥분, 2004; 권중돈 외, 2006).

Ainsworth(1973)는 4단계로 애착형성을 설명하고 있는데, 첫 단계는 출생~3개월까지로 영아는 빨기, 젖찾기, 파악반사 등을 통해 계속 대상에 머물러 있으려한다. 두 번째 단계는 3~6개월경으로 영아는 친숙한 사람에게 애착을 보이면서 낯가림을 시작하게 된다. 세 번째 단계는 7개월부터 걸음마 시기까지로 영아가 능동적으로 타인과의 신체접근을 추구하며, 9개월경에는 불리불안(separation anxiety)이 나타나게 된다. 분리불안은 친숙한 사람과의 분리에 대해 불안감을 가지는 것으로서 특히 부모와 떨어지는 상황에 불안감을 나타낸다. 이러한 분리불안은 20~24개월경이 되면 대상영속성이 형성되면서 사라지게 된다. 안정된 애착을 형성한 영아는 불안정한 애착을 형성한 영아에 비해 분리불안을 덜 보이는 경향이 있으며 주변 환경을 능동적으로 탐색한다(권중돈 외, 2006).

3) 영아기 발달과 사회복지실천

영아는 생의 발달단계에서 가장 어린 시기에 있으므로 신체적 또는 유전적 장애를 안고 태어나더라도 장애상태를 제대로 파악하는 것은 어렵다. 또한 이 시기에 치료가능한 장애요인을 발견하지 못하고 시기를 놓치게 되면 영아의 전 생애가 장애로 인한 고통을 수반하게 될 것이다. 따라서 이시기에는 시간적으로 되도록 빨리 장애를 발견하고 개입하는 것이 중요하다. 영아기의 신체발달과 관련하여 중요한 문제는 선천성질병과 장애발생 문제이다. 영아가 유전적 또는 출산과정의 문제로 인하여 선천적 질병, 신체적 장애, 또는 인지발달장애를 가지고 태어난 경우에는 생존에 필요한 기능을 수행하는 것만이 아니라 인지 및 정서발달, 부모와의 상호작용에도 많은 제한을 가지게 된다. 사회복지사는 장애를 가진 영아와 부모를 돕기 위하여 장애에 대해 대응할 수 있도록 지지서비스를 제공하여 부모의 고통과 가족 내의 갈등을 완화하고 장애아의 발달을 도와야 한다. 이를 위해 부모와의 상담서비스를 제공하며, 영아의 운동발달상태를 평가하고 적절한 의학적 서비스를 받을 수 있도록 의뢰한다. 또한 영아가 평균이하의 지적기능과 적응행동상의 결함을 보이는 정신지체일 경우 조기치료와 훈련을 받을 수 있도록 도와야 한다. 부모에게는 자조집단, 부모교육프로그램에 참여할 수 있도록 하고 언어발달장애를 가진 영아에 대해서는 의학적 진단을 통하여 원인을 밝혀내고 조기에 언어치료를 받을 수 있도록 해야 한다.

영아의 심리정서적 발달과 관련하여 감각 및 지각의 발달문제를 들 수 있다. 영아는 모성과의 애착관계를 형성할 때 청각, 촉각, 시각적인 자극과 접촉을 활용한다. 따라서 감각 및 지각의 발달에 장애가 있는 경우 신체발달은 물론 심리사회적 발달에도 부정적 영향을 미치게 된다. 사회복지사는 영아의 감각 및 지각발달에 이상이 의심될 경우 정확한 의료적 진단과 치료를 받을 수 있도록 의료기관에 의뢰하고 부모를 위한 정서적 지지상담을 실시할 수 있다.

영아의 사회성발달과 관련하여 부모간의 애착관계에 관심을 기울여야 한다. 영아는 출산이후 전적으로 양육자의 애정과 보살핌에 의존하여 생활하게 된다. 따라서 영아의 욕구에 즉각적이고 안정적으로 반응하는 양육자의 손길에 따라 인간에 대한 기본적인 신뢰감을 형성하게 되고 이후의 사회적 관계에도 영향을 미칠 것이다. 어머니가 우울증 등으로 인하여 영아와의 신체접촉이나 애착관계형성을 거부하는 경우에는 상담과 심리치료를 받을 수 있도록 한다. 그리고 영아의 사회적 반응이 부족하고 고립적이며 환경에 단조로운 반응을 반복적으로 보이는 등 자폐증의 증상을 보이는 경우에는 조기진단과 치료를 받을 수 있도록 원조해야 한다(권중돈 외, 2006).

3. 유아기 발달과 사회복지

1) 유아기의 발달

유아기는 만 3세부터 6세까지의 시기를 말하며, 유아기에서 만 3~4세를 걸음마기라고 하며, 5~6세까지는 학령전기라고 한다. 이시기는 가정이 중심 환경이지만 신체적, 인지적 성장을 이루면서 자아중심적인 사고가 발달하고 아동보육시설에 다님으로써 주변 환경으로 관심과 생활영역이 확대되는 시기이다.

(1) 신체발달

유아의 키는 매년 평균 7cm씩, 몸무게는 2~3kg씩 증가하여, 6세가 되면 키는 112cm, 몸무게는 20kg 정도가 된다. 유아기 동안에 남아와 여아는 몸통이 길어져서 유아기 말이 되면 대부분의 유아들은 머리가 더 이상 커 보이지 않게 된다.

유아가 5~6세가 되면 유치가 빠지면서 영구치가 나오게 된다. 영구치가 나오면 치아건강에 신경을 써야하며, 손가락을 빠는 행동 등은 치열이 고르지 않도록 하는 등 치아발달에 나쁜 영향을 줄 수 있다.

유아기에도 뇌와 신경계는 계속적으로 발달하며, 3세가 되면 뇌의 크기는 어른의 3/4 정도가 되며 5~6세가 되면 어른 크기의 90%가 된다. 뇌의 성숙은 아동의 인지능력발달에도 영향을 준다. 읽는 것을 학습시키면 아동은 글자를 눈으로부터 뇌로 투입하고, 글자의 투입은 뇌의 신경체계들을 통하여 전달되어 글자의 흑백의 코드를 알아낸다. 글자의 산출은 아동의 입을 통해 메시지로 전달되고 이러한 언어적 조직화과정을 통하여 유아들은 스스로 말할 수 있게 된다(권민균 외, 2005).

유아들은 뛰고 넘어지고 다시 일어서는 등의 움직임과 운동을 통하여 대근육을 발달시키며, 장난감으로 만들기, 구슬 엮기, 낙서나 그림, 가위로 종이를 자르는 활동 등을 통하여 소근육을 발달시키게 된다. 이러한 활동은 첫째로 신체적 안정성을 발달시킨다. 안정성이란 신체의 각 부분을 효율적으로 움직일 수 있고, 바른 자세를 형성하며, 균형을 유지할 수 있는 능력을 말한다. 둘째는 이동능력을 발달시킨다. 유아는 걷기, 뛰기, 뛰어오르기, 미끄러지기 등의 운동능력을 통하여 공간적으로 다양하게 몸을 이동할 수 있다. 이 시기의 운동능력의 발달은 이후의 더욱 정교하고 복합적인 이동능력발달의 기초를 형성하게 된다. 셋째는 조작적 능력을 발달시킨다. 유아들은 주변에 있는 여러 가지 사물을 접하면서 각각의 특성에 따른 다양한 조절방법을 배우게 된다.

유아는 또한 자조기능(self-help skills)을 발달시킨다. 2세경에는 대소변가리기를 할 수 있으며, 혼자서 음식을 먹을 수도 있다. 3세경에는 숟가락과 젓가락을 효율적으로 사용할 수 있고 혼자서 옷을 벗을 수 있고, 4세경에는 옷을 입을 수 있으며, 5~6세가 되면 혼자서 입고 벗으며, 단추나 지퍼를 열고 닫을 수 있다. 6~7세경에는 오른손으로 식사를 할 수 있게 된다(이윤경 외, 2003; 권민균 외, 2005).

(2) 인지발달

유아에게서 나타나는 지각발달을 보면, 부분적 형태특성에만 관심을 기울이며, 상하보다는 좌우의 전도지각(顚倒知覺) 능력의 결핍으로 형태를 판별하는데 많은 오류를 범한다(Elkind, 1974). Elkind의 실험에서 당근, 배, 오렌지로 만든 새를 본 걸음마기 말엽의 유아는 각각 당근, 배, 오렌지로 착각하며 부분지각만 발달하고 전체에 대한 지각능력이 발달되지 않았음이 나타났다. 전도지각의 발달에서도 3~4세경에는 형태를 변별하는데 오류를 범하는 것으로 나타났다. 그러나 4세경에는 바라보는 위치가 바뀌어도 형태는 그대로 유지된다는 형태항등성(shape constancy) 지각능력이 성인과 유사한 수준으로 발달하며, 거리에 따라 크기가 변하지 않는다는 크기항등성(size constancy)은 영아기부터 발달하지만 8세경에 가서야 완전해진다.

Piaget에 의하면 걸음마기의 인지발달은 전조작기 사고단계 중에서도 전개념적인 사고단계에 속한다. 이 시기는 영아기에 발달한 도식이 내적표상으로 전환되는 시기로서 사물을 상징적으로 조작할 수 있지만 성숙한 개념을 활용하지는 못한다. 전개념적 사고는 상징적 사고, 자기중심적 사고, 물활론적 사고, 인공론적 사고, 전도추리가 특징적이다. 상징적 사고는 더 이상 자신의 행동이나 감각에 의존하지 않고 정신적인 표상을 만들어내는 추상능력으로서 이의 발달로 유아는 모방, 상징놀이, 언어기술의 획득이 가능해진다. 자기중심적 사고는 우주의 모든 현상을 자기중심적으로 생각하는 것으로 다른 사람의 관점을 고려하지 못한다. 물활론적 사고는 생명이 없는 대상에게 생명과 감정을 부여하는 것이다. 인공론적 사고는 자기중심성의 특별한 형태로 세상의 모든 사물이나 자연현상이 사람의 필요에 의해서 자신의 목적에 맞도록 쓰려고 만들어진 것이라고 믿는 사고이다. 전도추리는 한 가지 특정한 사건으로부터 다른 특정 사건을 추론하는 것이다(권중돈 외, 2006).

(3) 정서발달

유아가 3~4세가 되면서 즐거움, 사랑, 분노, 공포, 질투, 좌절감 등과 같은 자신의 감정을 다루고 적절한 방식으로 표현하며 충동과 사회적 요구 간의 균형을 취할 줄도 알게 된다. 또한 이시기의 유아는 모든 현상에 대해 호기심을 느끼게 되는데 이를 제지하면 죄책감이 형성된다. 이러한 죄책감은 특정대상이나 상황에 대한 불합리한 두려움으로 발전하는 경우도 있는데, 유치원, 어둠, 동물 등에 대한 공포감을 경험하는 경우가 많다. 아동이 5~6세가 되면 자신의 감정을 감추거나 가장하는 여러 가지 방식을 사용하며 심지어는 부정적 감정을 감추기 위하여 거짓말을 하기도 한다. 이것은 불안을 감소시키려는 노력으로서 자아방어기제를 사용하는 방법을 학습하는 것이라 할 수 있다(이인정·최해경, 1995; 최옥채 외, 2005; 권중돈 외, 2006).

(4) 대소변 훈련과 자율성

걸음마기 이후 유아는 최초로 힘든 과제를 요구받게 된다. 바로 대소변훈련(Toilet Training)이 시작되는 것이다. 일반적으로 남아보다 여아가 대소변을 더 빨리 가리게 되지만, 그 정확한 시기는 유아의 성숙도와 부모의 태도 등에 따라 많은 개인차가 있다. 만약 유아가 5세가 될 때까지 대소변을 가리지 못하는 경우에는 세심한 관심을 기울이고, 전문가의 도움을 받아야 한다. 프로이드에 의하면 어머니가 유아에게 대소변을 일찍 가리도록 강요하면서 실수를 엄격하게 다루거나, 이와는 반대로 유아의 대소변에 지나치게 관심을 나타낼 때 유아는 항문에 고착된 성격을 형성한다고 하였다. 전자의 경우에는 유아가 깔끔하지 않으면 견디지 못하며 반듯하고 완전한 것을 강박적으로 고집하는 융통성이 없는 성격으로 자라며, 후자의 경우에는 자신의 소유물을 모으는 데 열중하는 수전노 같은 성격으로 자란다는 것이다. 그러나 중요한 것은 대소변 훈련에 임하는 부모의 자세나 양육태도가 유아의 성격발달에 더욱 영향을 미친다고 할 수 있다(최옥채 외, 2005).

또한 대소변가리기는 유아의 자아통제 및 자율성을 시험받는 최초의 사회적 요구이다. 유아는 사회적으로 바람직하다고 여겨지는 방식으로 대소변을 처리해야하는데 이때 기다림 없이 바로 자신의 생리적 욕구를 해결하던 상황에서 벗어나 정해진 장소에서 대소변을 처리해야하는 것이다. 유아가 즉각적인 생리적 욕구를 참아내고 대소변을 가리는 일에 성공하게 되면 유아는 자기의 몸을 자유로이 통제할 수 있어서 자신의 일을 스스로 잘 할 수 있다는 생각을 하게 된다. 즉, 이러한 생각에서 자율성이 획득된다. 그러나 운동발달이 미숙하거나 대소변 통제가 제대로 되지 않아 실수를 하여 주위 사람, 특히 부모로부터 꾸중을 듣거나 비난을 받게 되어 수치심과 의심이 생기면 자율성 발달에 장애를 받을 수 있다(최옥채 외, 2005).

걸음마기는 제 1의 반항기라고도 한다. 이시기의 유아는 혼자서 무언가를 해보려는 욕구가 강해지고, 주변환경을 통제하려고도 한다. 그러나 유아의 미숙한 행동에 대한 부모나 형제의 행동제한과 통제 역시 이 시기에 강해지게 된다. 이때 유아가 자신의 욕구가 좌절되거나 무능력하다고 느끼면 분노나 반항의 감정을 드러내면서 고집을 부리는 행동을 자주 하게 된다. 이시기의 자기주장적이고 반항적인 행동은 자율성이라는 심리 기제를 발달시키는데 기여한다.

(5) 사회성발달

걸음마기에 이르면 유아는 부모나 형에게 반항을 시작하므로 훈육을 통해 행동의 제한이 가해진다. 훈육은 사회적으로 바람직하다고 여겨지는 방식으로 유아의 행동을 가르치는 것으로서 사회성을 증진시키는 방법 중의 하나이다.

또한 유아의 사회성발달은 놀이를 통해서도 이루진다. 놀이를 통해서 운동기술을 숙달시키고, 성취감을 키우며, 사회적 관계를 알게 되고, 타인의 역할을 수용하게 되며, 현실에서 경험한 좌절을 해소할 수 있다. 따라서 유아는 놀이를 통해서 실제 상황에서 겪는 어려움을 극복하는 연습을 하고, 곤란을 스스로 극복하고자 노력하며, 이러한 과정을 통해서 내적인 힘을 키운다고 할 수 있다. 주위 사람들로부터 강화를 받는 놀이는 점점 더 자주 하게 되며, 강화를 받지 못하는 놀이는 차츰 줄어들게 된다. 일반적으로 유아가 연령이나 성에 맞는 놀이를 할 때는 주위에서 묵인이나 칭찬을 받음으로써 그 행동이 긍정적으로 강화되며, 그렇지 않을 때에는 놀이행동을 놀리거나 금지시킴으로써 그 놀이행동이 감소된다(최옥채 외, 2005).

유아는 또한 도덕성을 발달시킨다. Piaget는 인간이 타율적 도덕성에서 자율적 도덕성을 발달시킨다고 하였는데 유아기는 타율적 도덕성을 발달시키는 시기라고 할 수 있다. 이 시기의 유아들은 규칙을 어떤 권위자에 의해 주어진 고정불변의 것으로 반드시 지켜야 한다고 간주하며 행동의 옳고 그름을 자신이 입게 되는 손해의 양이나 처벌여부에 따라 판단하게 된다(권중돈 외, 2006).

그리고 유아는 부모나 주위 사람들에 대한 동일시과정을 통해서 그들의 가치, 태도 그리고 선악의 행동기준을 받아들이게 된다. 유아는 어떤 상황에서 자기의 행동이 이 기준에 적용해 보았을 때 일치하지 않으면, 죄책감(guilty feeling)과 불안(anxiety)을 느끼게 된다. 이것은 부모를 통해서 그가 속한 사회나 문화집단의 규칙과 기준을 학습하는 사회화과정(socialization process)의 일부라고 할 수 있다. 이러한 양심은 나이가 들면서 점차 보다 포괄적이고 이상적인 형태로서 양심과 이념으로까지 발전한다(최옥채 외, 2005).

유아는 2세정도가 지나면 남녀에 관련되는 명칭을 알게 되며 점차 성별의 차이에 대해 알려고 하며(권중돈 외, 2006) 4~5세 정도가 되면 남성과 여성 간의 신체적으로 차이를 알게 되며, 자신의 성에 적합한 행동과 사회적 관계에 관심을 갖게 된다. 동성의 친구들과 어울리며, 성에 맞는 옷차림, 놀이, 성역할 등에 대한 사회적 기대를 의식하고 이에 따라 행동하고자 한다(최옥채 외, 2005). 유아의 양육자나 주변사람들이 사회문화적으로 규정되고 있는 성역할을 유아가 행동했을 때 잘했다고 칭찬을 하고 다른 성을 행동했을 때, 훈육을 하거나 처벌을 가하는 과정을 통해 유아는 자신의 성역할을 내면화하게 된다.

2) 유아기발달과 사회복지실천

첫째, 유아의 운동발달과 관련하여 주의력결핍 및 과잉행동장애, 공격적 성향에 관심을 가져야 한다, 유아가 이러한 행동을 보일 경우 사회복지사는 학교에 입학하기 전 치료될 수 있도록 임상적인 프로그램을 마련해야 한다. 또한 부모의 과잉보호로 인하여 옷 입기 등과 같은 부분동작능력의 발달이 미숙하게 이루어진 경우에는 일생생활동작능력 훈련프로그램을 실시하고(권중돈 외, 2006) 부모에 대한 양육프로그램을 실시할 필요가 있다.

둘째로 유아에게서 자폐증, 언어장애, 야뇨증 등과 같은 장애가 보일 경우 원인에 따른 임상적 개입과 치료가 필요하다.

셋째는 보호자가 직장으로 인하여 유아를 낮 시간동안 보호할 수 없을 때 이를 지원할 수 있는 아동시설이 제공되어야 한다. 아동보호시설에서는 아동에게 정상적인 성장에 필요한 영양공급을 비롯하여 정서적인 발달, 사회성발달 등을 위한 프로그램을 실시해야 하며, 특히 학령전기의 아동에게는 앞으로 초등학교에 입학하여 적응할 수 있도록 학교입학을 위한 프로그램을 실시할 필요가 있다.

넷째는 아동학대문제에 관심을 가져야 한다. 아동학대는 유아기뿐만이 아니라 아동기 전반에 걸쳐 사회복지사가 관심을 가져야 하는 문제로서 이에 대한 예방이 중요하고 사례가 발견된 경우 즉각적인 개입이 이루어져야 한다. 특히, 아동보호시설이나 유치원등의 아동복지시설에서 아동학대가 발생하지 않도록 아동복지시설종사자에 대한 학대예방교육프로그램이 정기적으로 실시되어야하며 유치원에 다니는 아동들에 대해서는 성폭력교육프로그램이 실시되어야 하며, 부모교육을 통하여 가정 내의 아동학대를 예방해야 한다.

CHAPTER 03

아동기 발달과 사회복지

아동기(childhood)는 만 7세부터 12세까지의 시기로서 아동이 공적 기관인 학교에 입학하여 조직적인 생활과 또래생활을 경험하는 시기로서 학령기라고도 한다. 이시기에 아동의 신체적인 성장은 계속되며, 또한 다양한 학습활동을 통하여 지능의 발달이 급속히 이루어지고 아동기 말에는 2차적인 성징이 나타나기도 한다. 에릭슨(Erikson)은 자율성과 유능성이라는 성격요소가 이 시기에 발달한다고 하였으며 피아제(Piaget)는 구체적 조작단계로서 인지발달이 이루진다고 하였다.

1. 신체발달

아동의 신체발달은 완만하지만 신체적으로 매우 활발한 활동을 한다. 아동은 외모적으로 팔다리의 성장이 몸통의 성장보다 빨라서 팔다리가 유난히 길어 보이는 모습으로 바뀌고 유아기 때의 귀여운 아기 모습에서 벗어나서 된다. 아동의 키는 1년에 6cm 정도씩 성장하여 145cm 가량 자라며, 몸무게는 2.7kg씩 증가하여 35~38kg 정도에 이른다. 아동기 초기에는 남아가 여아에 비해 신체적인 성장이 빠르지만 11~12세경에는 여아의 신체적 성숙이 남아에 비해 더 빨라지면서 사춘기가 남아보다 여아에게서 약 2년 정도 먼저 시작된다.

6세경부터 젖니(유치:乳齒)가 빠지기 시작하여 1년에 약 4개정도씩 영구치로 대처되는데 13세경에는 거의 영구치가 자리를 잡는다. 아동기에는 뼈의 성장이 근육이 성장보다 빠르게 진행하기도 하면서 아동 중에서 10~20%정도가 성장통(成長痛)을 경험하기도 한다. 12세경이 되면 뇌 중량이 성인의 95%정도에 이르게 되며 이는 아동의 인지 및 지능발달을 촉진한다.

아동기에는 새롭게 발달하는 운동기능은 없지만, 운동기술이나 근육의 협응이 더욱 정교해지면서 운동의 속도, 정확성, 안정성, 호응성, 역량 등이 더욱 발달한다. 이 시기에는 장난감보다는 자신의 신체를 이용한 달리기, 던지기, 뛰기 등의 활동이 활발해지고, 여러 사람이 함께 하는 단체운동에 적극적으로 참여하면서 또래와의 관계, 팀원으로서의 역할과 책임, 사회적 규칙 등을 경험하기도 한다(권중돈 외, 2006).

2. 인지발달

피아제에 의하면, 아동기는 구체적 조작기로서 이 단계에서 보존(conservation), 분류(classification), 조합(combination), 서열화 등의 개념들이 점차로 발달한다고 하였다. 먼저 아동은 실재하는 대상의 형태가 바뀌어도 길이, 무게, 부피 등은 변하지 않고 그대로라는 보존개념을 획득하게 된다. 예를 들어, 이 시기의 아동은 찰흙의 모양을 새롭게 빚어도 무게는 바뀌지 않았다는 것을 인지한다는 것이다. 분류는 대상들이 어떤 관계있는 규칙을 가지고 있음을 인식하고 공통적으로 가진 차원에 맞추어 물체를 종류별로 분류하거나 통합할 수 있는 능력을 말한다. 조합은 수를 조합하는 능력으로서, 일정한 수의 사물이 있으면 그것을 펼치든 모으든 또는 형태를 바꾸든 수는 같으며, 더하기, 빼기, 곱하기, 나누기와 같은 셈을 할 수 있는 능력을 말한다. 서열화는 대상을 크기의 순서대로 나열할 수 있는 능력을 말한다(권중돈 외, 2006; 권민균 외 2005).

또한 아동은 자아중심성에서 벗어나 다른 사람의 시각에서 사물을 보는 능력을 발달시키며, 다른 사람을 이해하고 공감하는 능력도 더욱 향상된다. 이에 따라 아동은 자신도 외부세계의 한 부분으로 존재한다는 것을 인지하고, 외부세계는 자신의 활동과는 무관하게 존재한다는 사실을 알게 됨으로써 주체와 객체를 분화할 수 있게 된다. 그리고 아동들은 더욱더 복잡한 사고를 할 수 있게 된다. 다양한 변수를 고려하여 상황과 사건들을 파악하고 조사하고 자신과 다른 시각에서 사건을 평가하는 융통성 있는 사고를 하며 집중력도 향상된다. 더욱이 아동은 실제적으로 사건을 대표하는 상징들을 많이 사용한다. 수학적 계산을 이해하고, 그것을 언어를 통해 표현하는 능력이 크게 향상된다. 이와 더불어 기억력도 정교해진다. 그러나 구체적 조작기에 아동의 인지가 상당히 발달하였다고 해도 여전히 제한적이다. 사건을 다양한 관점에서 바라볼 수는 있지만, 이 관점은 여전히 구체적인 수준에 머물러 있다. 즉, 아동은 여전히 구체적으로 보고, 듣고, 냄새 맡고, 만지는 것을 중요시하고 그들의 초점은 생각이 아니라 사물에 있다(Zastrow & Kirst-Ashman, 2001; 최옥채 외, 2005). 이시기에 학교는 아동에게 학습을 제공함으로써 아동의 지능 및 인지발달을 자극하고 지지하는 대표적인 역할을 한다. 아동들은 학교에서 읽기, 쓰기, 셈하기 등을 배우며 환경과 문화에 대한 지식을 배우고 인지능력과 지능을 발달시키게 된다.

3. 사회성발달

아동기의 사회성발달에 영향을 미치는 영향요인으로서 학교환경, 또래집단, 단체놀이, 대중매체 및 컴퓨터게임 등을 들 수 있다.

이시기 아동의 사회적 발달을 촉진하는 대표적인 사건은 초등학교 입학이다. 아동은 학교에 입학함으로써 보다 더 규모가 큰 사회조직에 참여하고 이를 통해 보다 확대된 지역사회환경을 경험하게 된다. 또한 교사나 친구들과 접촉함으로써 인간관계의 규범과 다양성을 경험하게 된다. 먼저 교사를 통하여 사회적인 규율과 규칙이 있음을 배우게 되며, 그것이 이행되거나 이행되지 않을 때 이에 합당한 상벌이 주어질 수 있음을 배우게 된다. 또한 친구를 사귈 수 있는 기회를 가지면서 친구와의 우정, 협동, 경쟁, 협상 등을 습득하기도하고 또래집단의 가치관, 동질감, 우정 등을 경험함으로써 정서적 안정감이나 지도력 등을 발달시키기도 한다.

교사는 아동의 사회화과정에 매우 큰 영향을 미치는데, 저학년일수록 교사의 영향력이 크게 미친다. 또한 교사의 행동이나 지도방법에 의해서 아동은 사회적으로 바람직하게 여겨지는 행동규범을 학습하게 되며, 교사의 행동을 긍정적으로 인지하는 아동일수록 긍정적 자아개념을 형성하기도 한다.

아동기 친구관계발달의 특징을 살펴보면, 7~8세에는 동성친구하고만 어울려 놀며 특별히 마음에 드는 친구와 절친한 관계를 형성한다. 9세경에는 집단을 형성하여 함께 행동하기를 좋아하는데 강한 연대성과 소속감을 거친 또래집단을 만들어 조직적인 활동을 하기를 좋아한다, 이러한 집단을 짝패집단이라고 하며, 이 집단 내에서 외모, 성숙도, 운동기술, 학업성취도, 지도력 등에 따라 서열이 형성된다(권중돈 외, 2006). 또래친구집단은 또래와의 상호작용을 통해서 집단소속감, 자아존중감, 타인으로부터의 지지, 집단 내의 규범, 의사소통기술습득 등을 경험하도록 함으로써 긍정적인 발달을 촉진하는 효과가 있다. 그러나 한편으로는 집단소외감, 차별, 또는 일명 집단따돌림의 원인이 되기도 한다. 또래집단으로부터 거부당한 아동은 자존감에 심각한 손상을 입을 수가 있으며 우울증에 걸리거나 심한 경우 자살을 하기도하고, 성인이 되어서도 타인과의 상호작용이나 의사표현에 장애를 나타내고 사회적으로 부적응할 수도 있다. 또한 또래집단은 아동비행을 학습하거나, 최근의 성개방적인 사회 환경의 영향으로 점차로 증가하고 있는 아동집단성폭력의 역할 같은 부정적인 측면이 있다.

한편, 이 시기에 친구를 선택하는 경향은 학년에 따라 조금씩 다르다. 저학년의 경우에는 집이 가깝고, 앉는 자리가 가깝고, 가족끼리 교류가 있는 또래를 친구로 선택하는 경향이 강하지만, 고학년으로 갈수록 친절, 온화함, 호감, 장래목표, 희망 등과 같이 내면적이고 성격적인 특성에 따라 친구를 선택하는 경향이 있다(최순남, 1995). 또래집단의 영향력은 첫째, 함께 보내는 시간이 많을수록 크며 둘째, 부모와의 의사소통이 적을수록 크며 셋째, 집단 내의 응집력이 클수록 높은 경향이 있다(최옥채 외, 2005).

이 시기의 아동들은 또한 집단놀이(group play)에 비하여 규칙과 팀워크가 중요한 사회적 놀이로서 단체놀이(team play)를 즐기게 된다. 아동은 단체놀이를 통해서 개인의 목표가 단체의 목표에 종속된다는 것을 배우게 된다. 즉, 단체목표를 위해서 개인목표의 성취를 유보시키고, 의기투합하여 협동하며 약한 성원들을 돕는 것이 중요하다는 것을 깨닫게 된다. 또한 단체놀이에서 아동은 각자에게 부여된 지위와 역할을 충실히 수행해야하는 분업을 통하여 승리를 보장받을 수 있다는 사실을 인식하게 된다. 이러한 과정에서 아동은 각자가 더 잘할 수 있는 역할이 있다는 것을 배우게 된다. 그리고 아동은 단체놀이를 통해서 경쟁의 본질과 승리의 중요성을 학습하게 된다. 특히, 단체놀이에서 패배하는데 결정적인 기여를 한 아동은 다른 아동들로부터 비웃음거리가 되는 경험을 통하여 실패에 뒤따르는 사회적 비난을 회피하기 위해 더욱 노력하고, 서로 협력하는 유용한 경험을 배우게 된다(Newman & Newman, 1991; 최옥채 외, 2005; 권중돈 외, 2006).

대중매체 역시 아동기의 사회성 발달에 영향을 미치는 중요한 요인이다. 대부분의 아동들이 텔레비전을 시청하지만 특히, 사회경제적으로 낮은 계층의 아동들이 그렇지 않은 아동들보다 텔레비전을 더 많이 시청하는 것으로 나타났다(Huston et al., 1989). 이 때 텔레비전에서 내보내는 폭력적이고 공격적인 장면들이 아동기의 성격이나 행동발달에 영향을 줄 수 있다. 즉, 아동들이 텔레비전에서 본 공격적인 행동을 모방하여 현실에서 그대로 흉내낼 수 있으며, 폭력을 통하여 공격적인 감정을 노출하면서 쉽게 통제력을 잃고 더욱 쉽게 폭력적으로 될 수 있다. 또한 반복적인 폭력장면에의 노출은 아동으로 하여금 이 세상을 바라보는 인식의 틀을 변화시키고, 나아가 가치와 신념체계를 바꾸어 놓을 가능성을 높이고 그들이 성장한 후에도 폭력적으로 변할 수 있다. 텔레비전시청은 아동의 성역할고정관념을 강화하는데 영향을 주기도 한다. 최근 들어 사회적 분위기가 많이 변하고는 있지만 아직도 여성들을 수동적·순종적·감정적인 이미지와 대상으로 표현하거나, 폭력성을 남성의 특성으로 미화시키는 경우가 많다(최옥채 외, 2005).

최근에는 개인용 컴퓨터와 게임방 등을 이용하여 여과 없이 무방비한 상태로 인터넷을 접속하거나 인터넷게임 등을 하면서 아동들이 폭력적이고 선정적인 내용을 적절한 지도·감독이나 규제 없이 쉽게 학습하는 경우가 많다. 결국, 이러한 대중매체와 컴퓨터 및 인터넷게임 등의 접근용이성은 아동의 성격 및 사회성발달에 부정적인 영향을 미칠 수 있다.

4. 아동기발달과 사회복지실천

아동기는 학교생활을 시작함으로써 사회적으로 활동영역을 넓혀가는 시기이면서 동시에 사회참여를 위한 기초적인 준비단계가 시작되었다고 할 수 있다. 따라서 사회복지사는 이시기의 아동이 적절한 영양섭취를 통하여 신체적인 성장과 인지발달을 도모하면서 학교생활에 무리 없이 적응하고 학습장애 없이 성장할 수 있도록 도움을 주어야한다. 아동의 정상적인 성장과 발달을 지원한다는 것은 아동이 신체적, 심리정서적, 인지적, 사회적 발달을 균형적으로 이루어갈 수 있는 환경을 조성하고 아동에게 문제가 발생하면 즉각적으로 개입하여 이를 해결한다는 것으로써 이를 위하여 학교사회복지사의 전문적인 역할이 활성화되어야한다. 첫째, 아동들의 신체성장과 관련하여 영양섭취 문제를 살펴보아야한다. 영양섭취와 관련하여 먼저 최근에 크게 증가하고 있는 비만아동들을 주목할 수 있다. 서울시교육청의 조사에 따르면, 서울시 초등학생의 비만아동비율은 2004년 9.5%에서 2007년 12.9%로서 해마다 증가하고 있는 것으로 나타났다(중앙일보, 2008.01.17, 13면). 아동비만은 당뇨병, 고혈압, 관절약화 등과 같은 신체적인 질병을 유발하기도 하지만, 또 다른 측면에서는 부정적인 외모이미지로 인한 열등감, 정신적 불안정 등의 심리정신적인 문제를 초래하고 아동의 학업부진, 가족의 스트레스 등을 결과할 수도 있다. 따라서 사회복지사들은 비만아동의 문제에 개입하여 비만아동과 그 가족을 위한 영양섭취 교육프로그램, 비만예방을 위한 프로그램 등을 제공할 수 있다.

아동의 영향과잉문제 뿐만 아니라 빈곤가정의 결식아동문제도 중요하다. 통계청의 '2007년 사회통계조사'에 따르면 생활고로 인해 한 해 동안 한 끼라도 굶어 본 초등학생의 비율은 0.9%이며, 소득이 낮을수록 결식비율이 높았으며, 월소득이 1백만원 미만인 가구에서는 5.4%로 나타났다(통계청, 2008). 빈곤가정 아동의 정상적인 신체성장을 도모하고 심리적 박탈감을 예방하고 감소시키기 위하여 사회복지사는 이들의 영양섭취상태를 정기적으로 조사하고 공적인 지원이 이루어질 수 있도록 제안하며 적절한 프로그램을 마련하여 결식아동을 지원해야 할 것이다.

[그림 3-1] 서울지역 초등학생 비만아 비율

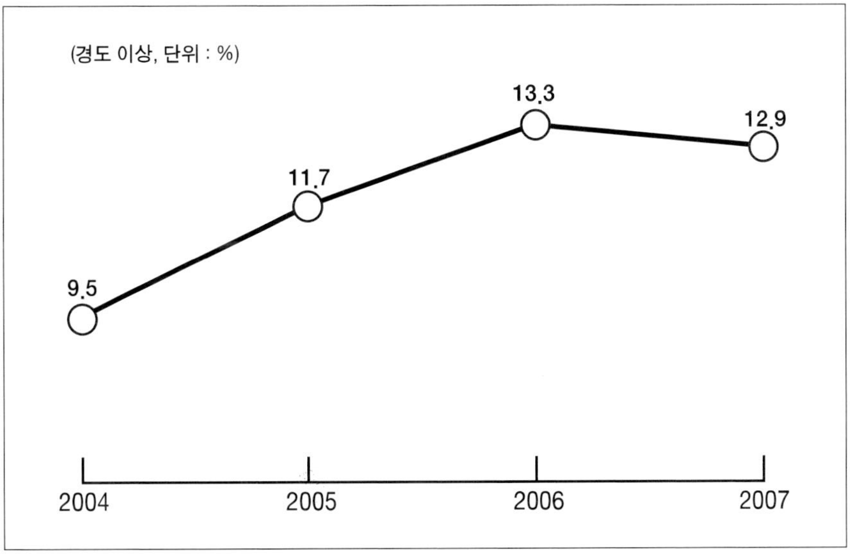

주: 경도비만이란 표준체중보다 20% 이상 초과인 비만
자료 출처: 서울시교육청, 중앙일보, 2008. 1. 17.

둘째, 학교등교거부와 학습장애의 문제를 들 수 있다. 학교는 아동이 최초로 경험하는 가장 조직적인 사회체계이다. 따라서 부모에게서 떨어져 학교에 가는 것 자체가 아동에게 심리적으로 큰 부담이 되기도 하고 학교환경에서 일어난 사건들이 불안감을 초래하여 등교를 거부하는 경우도 있다. 따라서 사회복지사는 어떤 원인에 의하여 아동이 등교를 거부하는가를 파악하고 상담과 치료를 통하여 아동의 불안감을 해소하고 학교적응을 도울 수 있다.

아동이 학습장애를 보이는 원인은 다양한 측면에서 발생한다. 우선 지능적으로 정상적인 아동이 읽기능력이 매우 제한적이며, 주의집중력이 낮으며, 과잉행동, 언어문제, 충동성 등을 나타낼 경우 학습장애라고 할 수 있다. 또한 빈곤한 가정의 아동 중에도 학습장애를 보이는 경우가 있는데 이는 학습을 지극할 수 있는 양육자의 관심과 여력이 부족하여 학습을 따라가지 못하는 경우이다. 신체적인 장애에 의해서도 학습장애가 나타날 수 있다. 예를 들면 시력이나 청력의 저하, 잠재된 질병으로 인한 기력저하 등이 원인이 되어 학습장애가 일어날 수 있는 것이다. 학습장애는 개입이 빠를수록 개선효과도 높고 쉽게 개선이 가능하다. 따라서 사회복지사는 어떤 원인에 의하여 학습장애가 나타나는가를 밝히고 상담, 교육프로그램, 자원연결 등을 통하여 도움을 주어야 한다.

넷째, 아동학대의 문제를 들 수 있다. 아동학대는 성적인 학대를 비롯하여 폭력 등의 다양한 유형으로 나타나고 있으며, 가정에서도 일어날 수 있고 보호아동이 거주하고 있는 아동시설에서도 발생할 수 있다. 아동학대는 아동의 정상적인 성장을 저해할 뿐만 아니라 비인간적인 행위이며, 범죄라고 할 수 있다. 아동이 학대를 당하고 있을 경우 아직 어리기 때문에 자신이 학대받는 상황에 저항하지 못하고 고스란히 학대를 참고 지내는 경우가 많다. 따라서 사회복지사는 학대당하는 아동을 발굴하고 치료하는데 도움을 주어야 한다. 이를 위하여 아동학대방지 및 신고센터, 학대아동을 위한 쉼터, 상담 및 치료, 아동학대예방프로그램도 운영되어야 한다.

다섯째, 비행아동의 문제를 다루어야 한다. 최근 아동들의 스트레스증가와 사회환경의 영향으로 아동의 음주 및 흡연률, 아동의 가출, 비행발생률, 특히 여아들의 비행발생률이 지속적으로 증가하고 있다. 이외에도 아동성폭력, 집단폭행, 집단따돌림의 등의 문제도 계속적으로 증가하고 있으며, 한 종류의 비행을 저지른 아동이 다른 종류의 비행까지 복합적으로 저지르는 경우도 증가하고 있다. 아동비행은 비행이라는 행위 자체로 심각한 사회적 이탈행위이지만 생의 발달측면에서 아동기의 정상적인 성장을 방해하며 도덕심발달을 저해하고, 성인기로까지 범죄가 연결될 수 있다는 점에서 반드시 해결되어야할 아동문제이다. 아동비행을 치료하고 예방하기 위하여 사회복지사는 비행아동의 원인에 따른 개입이 가능한 교정프로그램을 계획해야 한다.

CHAPTER 04

청소년기 발달과 사회복지 *

청소년기와 청년기는 변화와 적응이라는 단어가 가장 잘 어울리는 시기이다. 청소년기의 종료 시점에 관한 기준은 이보다 더욱 불분명하다. 이는 투표, 결혼, 음주, 소비 행위 등을 허용할 수 있는 대상으로서의 미성년자 및 성년자 구분 기준이 각 실정법마다 동일되어 있지 않는 점을 보면 쉽게 알 수 있다(사회복지대백과사전, 1999: 11).

이 장에서는 청소년의 생물학적, 심리적, 사회환경 측면을 다룰 것이며 각 장의 목적은 청소년 시기를 보다 더 잘 이해할 수 있는 이론적 틀을 제공하고자 한다.

1. 생물학적 발달

1) 신체적 성숙(身體的 成熟)

청소년기 는 아동기에서 성인기로 전환되는 과도기이다. 많은 문제와 혼란으로 가득찬 시기로 인식되기도 하는 청소년기는 흔히 사춘기와 함께 시작되는데, 이시기를 특징짓는 기본적인 발달적 변화로는 사춘기의 시작을 의미하는 생리적 변화, 이전의 시기에 비해 더욱 발달된 인지적 능력의 변화, 사회관계 속에서 새롭게 획득하는 개인의 역할 변화 등 세 가지를 들 수 있다. 우리나라의 경우 아동을 18세 미만의 자로 규정하고 있으며, 청소년보호법에서는 청소년을 9-24세로 규정하고 있으며 20세가 되어야 각종 선거에서 투표권을 부여한다.

영아기 이후 아동기 동안에 이루어지는 신체의 성장비율은 매년 점진적으로 감소하지만 사춘기의 시작과 함께 시작되는 청소년기 동안에는 키, 몸무게, 근육 그리고

* 청소년기에 사용한 전반적인 자료는 2006년 서강대학교 신학전문대학원 사회복지학과에서 사용한 강선경교수님의 강의안을 대부분 사용하였음을 밝힌다.

신체비율에서 급격한 변화가 일어나는데, 이러한 경향을 제 2차 성장등급(secondary growth spurt)이라 한다. 청소년기의 성장비율은 이전 시기보다 두 배 정도 빨라진다.

일반적으로 여자의 사춘기가 시작되는 시기는 8세에서 14세경까지로 평균 10-11세이고, 남자의 경우는 10-16세경으로 남녀 평균 12-13세이며, 여자가 남자보다 약 2년 정도 빨리 시작된다. 그러나 이러한 사춘기의 경험에는 개인차가 있어서 모든 사람이 사춘기의 시작 및 성숙을 동시에 경험하는 것은 아니다. 특히 가족의 생활수준이 높은 경우에는 자녀가 사춘기를 경험하는 시기가 더 빨라지는 경향을 보이는데, 이는 더 좋은 영양 섭취와 건강관리에서 비롯된다. 그러나 유럽과 북미 지역에서는 과거로부터 지속되어 온 사춘기 시작의 조기화 경향이 더 이상 나타나지 않는 안전 상태를 보이는 것으로 보고되고 있다.

청소년기 동안에는 신장 및 체중의 증가와 더불어 다양한 신체변화가 나타난다. 남자는 어깨가 넓어지고 근육이 발달하여 남성다운 체형으로 변모하고 여자는 골반이 넓어지고 피하지방이 축적되어 여성다운 체형으로 변모한다. 또한 남녀 무두에서 팔과 다리에 비해 손과 발의 크기가 더 빠르게 성장하며, 머리에 비해 입술, 코, 귀가 더 빠르게 자리기 때문에 전체적인 체형은 약간 어색해 보인다.

2) 성적 성숙(性的 成熟)

청소년기의 성적 발달은 이차적인 성 특징들의 발달로 대표되는데 남자의 경우는 고환과 음경이 커지고, 음모와 턱수염이 나고 변성이 되며, 정자를 생산하게 됨에 따라 몽정을 경험하게 된다. 여자의 경운은 자궁과 질이 커지고 음모가 나며, 유방의 발달과 초경을 경험하게 된다, 유방이 커지면서 원추형으로 변화하며, 유방의 발달과 아울러 음모와 겨드랑이의 체모도 발달하게 된다. 10-16세 사이의 소녀는 초경을 하게 되는 충격적 변화를 경험하게 된다. 이러한 소녀의 월경은 단순한 생리적 현상이라기보다는 성적성숙의 표시로서 임심이 가능하고 신체적으로는 어머니가 될 수 있다는 것을 증명해 주는 것이다. 그러므로 청소년기의 소녀는 생리를 통하여 여성이 되었다는 자부심을 가짐과 동시에 많은 불편함과 당혹감을 경험하기도 한다.

청소년기에 일어나는 소년의 성숙을 보면, 약 12세경에 고환과 음낭이 확대되며 음모도 출현하게 되며, 음경은 13세부터 커지기 시작하여 약 2년 동안 확대된다. 이러한 외부생식기관의 발달과 아울러 내부 생식기능도 발달하게 되는데, 14-15세 정도가 되면 사정이 가능해진다. 그러나 소녀가 생리현상에 대하여 양가감정을 보이는 것과 마찬가지로 소년들도 사정에 대한 불안과 자신의 성적 성숙에 대한 기대감을 동시에 갖게 된다.

한편 청소년기 동안에 개개인이 보이는 성숙의 차이는 이 시기의 부적응 문제와 관계가 많은 것으로 알려지고 있다. 일반적으로 성숙을 일찍 경험하는 소녀들이나 늦게 경험하는 소년들은 어려운 부적응 문제를 겪게 될 가능성이 많은 것으로 나타나고 있다. 조기 성숙한 소녀들은 다른 동년배 혹은 동급생들에 비해 키가 크고 사춘기적인 발달 특징을 더욱 선명하게 나타내는데, 미국의 경우를 보면 이렇게 조기에 성숙한 소녀들은 더위 연령의 청년들로부터 데이트나 사귀자는 사회적 압력을 받게 될 가능성이 더 높다. 반면에 인도와 같은 나라들에서는 많은 결혼이 중매를 통해서 이루어지기 때문에 조기 성숙에 따르는 문제를 겪게 될 가능성이 적다. 한편 성숙이 늦은 소년들의 경우에는 다양한 양상을 보인다. 이들은 학급 내에서 다른 소년들에 비해 신체적인 발달이 뒤지기 때문에 무시를 당하거나 비웃음을 받기 쉬운데, 이는 수치심을 느끼는 요인이 된다. 일반적으로 청소년들은 친구나 선생님 등을 통해 성에 고나한 정보와 지식을 획득하게 되며, 대부분 이 시기를 거치면서 불안감과 성적 쾌감을 동시에 경험하게 된다.

3) 운동 발달(運動 發達)

급격한 신체 발달과 더불어 운동능력의 발달도 현저하게 나타난다. 운동 발달은 근육 및 신경계의 발달과 밀접한 관련성을 지니고 있다. 청소년기에는 근육조직의 증가와 아울러 근육의 증가도 함께 이루어지는데 대체로 소년의 근육발달이 소녀보다 앞서게 되므로 소년의 운동능력 또는 운동에 대한 흥미가 상대적으로 낮다. 즉 소년의 경우에는 기민성, 속도, 균형, 던지기, 뛰기 등의 전신운동 기술이 계속적으로 발달하는 반면 소녀의 경우에는 오히려 감소되는 경향을 보인다. 이와 같이 청소년기의 운동발달에 있어서 성에 따르는 차이는 근육발달의 차이도 있지만, 심장, 폐 등의 내부기관의 발달 차이, 소녀의 월경에 수반되는 전신적 변화, 사회적 관습의 제약, 신체적 미에 대한 개념 차이 등에 기인하고 있다. 청소년기의 운동발달은 성격발달과도 밀접한 관련성이 있는 것으로 알려지고 있다. 즉, 운동신경이 발달되면 활발한 성격을 가지며 모든 일에 자신감을 가지고 행동을 하게 되지만 운동능력의 발달이 지연되면 긴장감, 열등감 등과 같은 부정적 정서를 경험하게 되고, 가정생활이나 사회생활에서 부적응적 행동을 보이는 경향이 있다.

4) 신체적 발달의 영향

청소년기의 급격한 신체적 발달은 자신과 타인에 대한 지각의 변화를 일으키기 때문에 심리사회적 발달에 많은 영향을 미친다. 하지만 같은 청소년이라 하여도, 소년과 소녀가 이러한 신체적 발달로 인하여 받게 되는 영향은 각기 다르다. 소년의 경우 신체성장에 걸 맞는 과업을 수행할 수 없을 때 실망하므로 일시적으로 부정적 자아개념이 형성되며, 사정능력의 발달과 체모의 발달로 성인 남성으로서의 만족감을 느끼지만 몽정불안이나 여드름 등으로 인하여 좌절감을 경험하기도 한다. 소녀의 경우에는 체중증가로 인한 신체 이미지가 부정적으로 변화하는 것을 방지하기 위하여 무리한 식이요법을 실시하기도 하며, 성장에 필요한 열량에 대한 걱정으로 심한 체중감량을 시도한다. 그리고 가슴 발육과 생리적 시작으로 영성으로서의 성숙을 자랑스러워하는 동시에 불편함과 당혹감을 갖기도 한다.

신체적 성장에 때라 소년과 소녀가 받는 영향이 다른 것처럼, 신체적 성장속도에 있어서의 차이도 서로 다른 영향을 미친다. 신체적 성숙이 빨리 이루어진 조숙한 소년은 지도력을 발휘하고 학교생활이 안정적이며 지적, 사회적 탐색기회가 더 많기 때문에 인지능력과 사회적 대처기술의 발달이 빨리 이루어진다. 조숙한 소녀의 동년배의 소녀들과 잘 어울리지 않고 성에 대해 일찍 관심을 갖기도 하지만 발달적 긴장을 더 잘 해결하기 때문에 성인기가 되었을 때 문제 해결능력이 상대적으로 더 높다. 그러나 성장이 늦은 소년과 소녀 모두 느린 신체 발달에 대해 좌절감을 느끼고, 타인으로부터 어린아이 취급을 받는 경우가 많기 때문에 심리사회적 발달이 더 늦어지는 공통점이 있다.

5) 사회복지실천에서 고려해야 할 요인

급격한 신체구조의 변화로 인하여 청소년들은 일시적 신체불균형현상을 경험하며, 이로 인하여 부정적 신체 이미지를 형성할 가능성이 크다. 따라서 사회복지사는 청소년기의 부정적 신체 이미지로 인하여 야기될 수 있는 여러 가지 심리적 문제나 증상을 다루어야한다. 특히 사회에서 요구하는 미적 기준에 도달하기 위하여 많은 청소년들이 식이요법을 하는 경우가 많은데, 설사약이나 전해질을 분해하는 약물을 장기적으로 과다 복용할 경우 영양불균형상태의 야기는 물론 생식 기능에도 장애를 초래할 수 있다. 더 심한 경우에는 음식섭취를 거부하는 신경성식욕부진증 이라는 정신신체증상을 보일 수도 있다.

그러므로 사회복지기관에서는 의료기관 등과 연계하여 청소년기의 신체변화에 대한 이해를 위한 교육프로그램, 식이요법지도, 몸매관리 프로그램 등을 개발, 실시함으로써 청소년들의 건전한 신체발달을 지원할 필요가 있다.

사회복지기관에서는 청소년을 대상으로 성에 대한 올바른 이해와 가치관 형성을 위한 프로그램을 실시할 필요가 있다. 먼저, 청소년들의 성에 대한 이해를 도모하기 위하여 학교나 성교육 관련기관과의 협력을 통해 성교육을 실시할 필요가 있다. 이러한 성교육에는 성적 성숙과정, 성에 대한 기초지식, 피임방법, 임신과 중절, 성병과 같은 성의 부정적 결과, 성적 충동의 적절한 조절 등이 다루어져야 한다. 그리고 청소년복지 사업을 담당하는 사회복지사는 초경불안, 몽정불안, 자위행위, 이성으로부터의 성적 요구 등과 같은 성으로 인하여 야기되는 심리적 문제를 해결할 수 있는 상담을 수행할 필요가 있다.

청소년기의 대표적인 성문제라고 할 수 있는 미혼부모문제와 성폭력문제에 대한 개입도 필요하다. 사회복지사는 미혼부모와의 상담을 통하여 출산에 대한 의사결정, 자녀양육계획, 자신을 버린 이성에 대한 원망과 자책감 등에 대한 상담을 통하여 미혼부모의 심리적 적응과 미래 생활계획의 수립을 지원하여야 하며, 필요에 따라서는 미혼모 전문기관에 의뢰할 수 있어야 할 것이다.

성폭력문제에 대처하기 위해서는 성폭력상담소와 보호시설의 확대설치 등과 같은 사회복지정책적 대책이 수립되어야 한다. 그러나 일선 사회복지 기관에서는 성폭력 피해자와 가족 그리고 가해자를 위한 치료적 접근을 강화할 필요가 있다. 성폭력 피해자를 위한 개입에서는 피해 상황에 대한 기초조사를 실시하고 병원에서 정밀한 신체검사를 받게 하며, 신체 및 심리적 상해를 치료해 주고 보호시설을 알선하며, 지속적인 관리를 통하여 사회적 적응 과정을 원조하여야한다. 성폭력 피해자 가족을 원조하기 위해서는 가족상담 또는 가족치료를 통하여 피해자에 대한 가족의 지원을 이끌어내고, 가족의 재적응을 지원하여야 할 것이다. 이러한 피해자의 그 가족에 대한 개입뿐만 아니라 가해자에 대해서도 성폭력의 재발은 방지하고 정상적 사회생활을 할 수 있도록 임상적 개입을 할 필요가 있다.

2. 정서적 발달

사춘기에 접어들면, 그때까지 유대(紐帶)가 강했던 부모형제 자매들로부터 벗어나 심리적 자립을 시도하게 되므로 갈등과 대립이 현저하게 나타난다. 주위로부터 소원(疎遠)해 지고 적응이 곤란해지게 되니 이해하기 어려운 화풀이나 부모에게 짜증을 부리게 된다. 그뿐 아니라 부모들이 자식들을 항상 어린이 취급하는 등 성장에 대한 불인정에 실망하게 되고 생활양상의 급변을 일으킨다. 즉 머리모양서부터 복장까지 외관상의 변화뿐 만 아니라 편식 밤늦은 외출 팝 음악이나 만화 탐닉(耽溺: 빠져버림) 등의 생활양태의 변화인데, 이런 변화에 대하여 부모들은 지나친 반응을 하고 간섭과 잔소리를 하게 된다. 친구관계가 증가하고 독립적이고 자기 확인을 하게 되며 이유 없는 반항을 하게 되는 시기이다. 친구관계에 있어 동성친구들끼리의 우의(友誼)가 강해지고 친교(親交)와 신뢰가 두터워지고 질투와 긴장 또한 많아지니 친구끼리 부모를 속이고 동반자살 하는 일탈현상(逸脫現像)도 일어나며 또는 격동적 반항도 하는데 이런 격동기적 행위는, 기성세대의 권위 또는 사회와의 불화음으로 생기는 반사회적 비행과는 구별되어야 할 것이다.

동성끼리의 친교는 남녀 혼성교제로 이어지는데 이때 남자와 여자와의 두드러진 정서적 차이가 나타난다. 남녀 교제에 있어 남자아이들은 다소 외설적인 그림이나 물건들을 기호(嗜好)하며, 성에 대한 은유적(隱喩的)인 말을 즐기며, 여자아이들의 유방에 마음이 쏠린다는 것이다. 때로는 매우 거칠고 대담한 언행을 하지만 막상 사람을 대하게되면 몹시 수줍어하고, 낭만적인 정신적 사랑을 꿈꾸는 경향이 있는데 반하여, 여자아이들은 일관성 없는 발달을 하며 생식(生殖:Reproduction)에 관한 관심이 많고 성(性)경험에 대해 민감하고 성경험을 하면 수치감(羞恥感)보다는 대담해지기도 하는가 하면, 순애적(純愛的:Platonic)인 연애에만 사로잡혀 생식은 전혀 생각하지 않는 것도 있다는 것이다. 이런 혼성교제 단계에서 청소년들은 1대1의 이성교제로 전개되고 사랑의 열망으로 진지(眞摯)한 인간관계에서 성으로 받아드려지고 되고 성적(性的) 쾌락으로 병행되게 된다는 것이다.

1) 청소년의 성

성욕(性慾:sexual drive)은 성적 관심, 성에 대한 공상 성행위를 하고 저 하는 욕구를 말한다. 성욕에는 남녀의 차도 없고 개인별 차이도 없지만, 단지 성욕을 주관적으로 의식하는 데는 개인 차(差)가 있고, 반드시 본능적인 것은 아니다. 성 호르몬과 성욕과의 관계에 대하여는 아직 밝혀진바 없다.

성욕은 소속사회에서의 성에 대한 문화 전통적 종교적 영향 그리고 가정에서의 성에 대한 교육 생활환경에 따라 좌우된다. 청소년기는 성욕이 가장 발달되는 시기인 동시에 이성(異性)에 관한 흥미가 가장 고조되는 시기이다.

그런데 우리 사회에서는 가정과 학교에서 모두 성에 대해서는 알지 않는 것이 바람직하다고들 생각하고 있으며, 공부만 열심히 하는 지적(知的) 발달만을 기대한다. 그런데 근간 우리 사회와 문화가 성의 홍수를 이루고 여러 사회화문제가 야기(惹起)되자 성교육의 필요성을 절감(切感)하고 형식적이나마 성교육을 시키고 있는 실정인 것 같다.

스포츠신문에서부터 상품의 외장(外裝:포장) 만화 잡지 포르노 음반 비디오테입 신문이나 뉴스의 광고까지 음란물이 주위를 뒤덮고 있으며 심지어 이들을 상대로 한 상품도 판매되고 있는 실정이니 청소년들은 이와 같은 극단적인 성의 양극화현성 즉 성금기적(誠金奇籍)인 문화와 성적 방종적(性的放縱的)인 문화 속에서 갈등하고 성적(性的) 백치아(白痴兒)로서 방황하게 된다. 어떤 학자들은 말하기를 성(性)금기적(禁忌的) 문화는 필연적으로 다른 한편에서 성의 상업화가 이루어져서 성의 문란을 가중시킨다고 말하기도 한다. 즉 성 금기(性禁忌)는 행위 하는 성이 아닌 음란한 잡지나 비디오 등을 본능 성으로 대리만족 하게 되거나 매매춘(賣買春)등 판매하는 성이 성행하게된다는 것이다. 청소년의 비행적(非行的) 성양태(性樣態)는 병드는 사회를 만들게 된다. 그러므로 그들에게 성에 대한 윤리가치 태도를 올바르게 하는 것이 절실하다고 하겠다. 그러기 위해서는

① 성은 몰라도 되는 것이 아니라 잘 배우고 올바르게 인식토록 하여야 할 것이다.

2) 성을 과거와 같이 전통적 관념에서 벗어나 순결만을 고집할게 아니라 성을 인격적인 관계 속에서 표현하고 스스로 책임져야한다는 것을 철저히 가르치고 그런 사회풍토를 조성해야 할 것이라는 것이 성 교육론자들의 주장[1])이다.

2) 청소년들의 성의 특징 및 문제점.

① 변해지는 자신의 신체에 대한 호기심과 염려, 근심

② 생리적인 호르몬의 작용과 정서적 발달에 따른 성적 욕구와 폭발적인 성적 충동 그리고 자발성 이 억압되고 통제되며, 또한 자제능력이 부족하다. 성 충동 뿐 아니라 모든 행동에서 자신을 책임질줄 모른다. 가정과 사회에서 의타적으로 양육되어 자립심 없고 극기력이 부족한 나약한 의존자(依存者)인 마마보이들이 많다.

③ 성과 생식보건에 대한 지식이 부족하다. 학교교육의 내용이나 부모와의 상담이 그들이 요구에 부응하지 못한다. 그래서 선후배나 친구들 간의 그릇된 성 지식의 교환으로 위험한 성이나 성폭행 내지 성범죄를 범하게 된다.

④ 각계에 노출된 성의 사회환경이 청소년들의 미숙한 윤리도덕관과 가치를 혼동케 한다.

⑤ 성범죄의 무방비와 성적 조숙(早熟)과 비례한 정신적 미숙(未熟) 주입식 지식교육만 강조되고 가정과 사회에서 인성교육 내지 순결교육의 기회부족이다. 아직 도덕적 의사결정능력이 부족하고 그 기회가 없다.

⑥ 학술적으로 성은 발산시키는 것이지 승화(昇華:Sublimation)시킬 수는 없다고 하지만, 사회생활을 위한 인격도야를 위하여 그렇게 노력은 해야 하는 것이 사람의 도리다. 그런데 그렇게 인생을 공부해야 되는 청소년들에게 그들이 각기 사생활을 통하여 성적충동을 승화시킬만한 오락시설 이나 젊은이를 위한 건전한 유희시설이 전혀 없다. 그러므로 성인 오락실등, 성의 무방비지대를 출입하게 되므로 좋은 것은 못보고 해악이 되는 것을 모방하게 된다.

---

1) 혼전 성 관계를 안 하도록 하는 것이 모두의 바람이지만, 앞으로는 무조건 금기시하는 것도 무리이고, 책임을 상대방에게 전가시키는 치졸한 속성도 없애야한다. 원초적 본능에서의 성행위라던가 성 관계가 서로를 수단화하지 않고 또한 쾌락 쪽으로만 흐르지 않게 하는 것이 더없이 중요하다. 성을 금기시하던 가톨릭에서도, 신학자들이 1976년 보수적 견해를 탈피하고 〈자신을 해방하고 타인을 풍족하게 해주고 사회적 책임을 수반하고 생을 풍요롭게 하는 데에 이바지하는 성이라면 어떠한 형태를 띠든지 도덕적인 것으로 간주 할 수 있다〉고 설명한 것은 시대사류(時代蛇類)에 알맞은 참으로 좋은 교훈이라고 생각 된다 .금지된 성적인 욕망은 자아(自我)를 우회(迂廻)하고 속임으로서 만족을 얻으려 하게 된다. 또한 성적(性的)갈등은 성적욕망을 부정(否定)하고 억압하고 변형하여 왜곡된 신경증으로 변하기도 한다.

3) 성 충동(性 衝動: Sexual Impulses)

성 충동이란 어떤 동기유발에 의해 성적으로 흥분되고 무의식적으로 성적욕구(性的慾求)가 일어나는 것을 의미한다. 이렇게 성 충동을 자연스런 생체현상임에도 불구하고 자아(自我)의 아름다운 부분으로 받아들여지지 않고 비인간적이고 더러운 것으로 생각되어 왔다. 그렇게 소외당하고 억압되어도 성충동이 소실되지 않는 것은 유사 이래 성만큼 인간에게 큰 쾌락을 가져다주는 것이 없기 때문이다. 사회와 문화 속에서 성욕이 이렇게 부정(不貞)하고 부도덕한 것으로 교육받아 왔음으로 성욕의 내적 요소와 경험적 요소와의 상호작용으로 말미암아 성적 갈등이 생기게 되는 것이다, . 그렇더라도 성욕은 어떤 방법으로든지 그 돌파 구를 찾게 마련이어서 이때까지 어느 사회에서도 제약과 법규로서 통제하지 못하고 있다. 성 충동이나 성 욕구가 발동되었을 때 행위에 대한 실행이나 성취와 금기에 대한 식별은 인격적인 문제이므로 인격적으로 미성숙한 청소년들은 성년들보다 더 많은 갈등과 죄의식을 갖게 되므로 성의 억압이 심하게 나타나기 마련이다. 사회적으로 억압되는 성은 성 부전(性 不全)의 요인이 되기도 한다.

도덕적으로 엄한 가정이나 종교적으로 규범이 강한 집안에서 자라난 사람들은 어려서부터 성 충동에 대한 부정(否定)으로 말미암아 성적 갈등이 심화되며, 이렇게 억압받은 성과, 애정이 곁든 애무(愛撫)의 경험이 없이 자라난 사람은 성적 공상이 많아지기도 하며 또는 후에 성행위에 장애가 오기 쉽다.

반면 성에 대하여 난잡한 환경에서 자라난 사람들은 도덕 불감증에 걸리기 쉽다. 억압당하는 성욕은 성의 욕구를 자제(自制)하며 승화(昇華)하는 힘이 생기지만, 그 정도가 지나치면 도리어 성에 대한 갈등과 불안 죄악감 공포가 생기게 마련이다. 성 행위에 대하여 무의식적으로 죄악감이나 불안한 마음을 갖게 됨으로 자신도 모르게 성적 쾌락을 일부러 피하게 되고 자신이 성적 자극을 받는 것이나, 상대를 흥분하게 하는 것을 피하게 된다. 이런 일이 계속되면 성의 기피, 성 금기, 성의 죄악시로 이어져서 종내에는 불감증, 발기부전 등, 성의 부전 내지 불능으로 이어지게 된다.

기성세대들도 성적 욕망과 사회환경 종교 문화적 갈등으로 성에 대한 무의식적 갈등이 많은데, 자라나는 청소년들은 기성세대들 보다 더 많은 갈등을 경험하게 마련인 것이다. 무의식의 욕망이 외부로 드러나지 않게 하는 저항이 억압이다. 신체적으로 완성한 성의 성숙과 더불어 정서적으로 성에 대한 호기심과 충동이 최고에 달한 청소년들에게 음란물들이 만연된 사회에서 그들을 위하여 성교육이니 성의 윤리 운운하는 것은 마치 불을 보고 이것저것 소방기구들을 준비하는 것과 비슷한 이치가 아닐까 한다.

성욕은 인생 초기에서부터 나타나서 무의식에 머물면서 의식되지 않은 채로 인격 발달과 성적(性的) 장애에 많은 영향을 미친다. 남자아이는 자신의 성기를 만져보고 싶어 하고 부모의 성기를 보고 싶어 하며 어머니를 독점하고 싶어 한다. 또 여자아이들은 남자들의 성기를 보고 싶어 하고 만져보고 싶어 하며 자기 성기를 보여주고 싶어 한다. 그런데 이럴 때마다 수치심과 죄의식이 생기고 그럼으로써 갈등하고 피하려는 마음이 생긴다.

프로이드가 말하였듯이 구순기(口脣期)는 빠는 쾌감이 집중되고 관대함과 의존성이 나타나며, 항문기(肛門期)에서는 통제와 복종의 문제가 나타나며 성적 쾌감은 항문에 집중된다고 하였다. 또 남근기(男根期)는 성욕이 성기에 집중되며, 성생활의 대부분의 갈등이 이시기에 나타난다고 하였다. 또한 외디푸스(Odeipus)시기는 이성(異姓)인 부모를 성욕의 대상으로 삼고, 동성(同姓)의 부모에는 욕구불만, 죄의식, 불안, 갈등 등을 갖게 된다고 한다. 또 어린 남자아이가 근친상간적 성욕을 억제하는 것을 거세불안(去勢不安:Castration Fear)이라고 하였다. 그리고 이런 갈등은 동일시(同一視:Assimilation:Identification)라는 기전(紀傳)을 통해서 근친상간적 소망을 억제하고 승화한다고 프로이드는 말하였다. 그러나 외디푸스 갈등이 없는 경우에도 성기능장애를 보는 경우도 있다. 프로이드는 또 성적 갈등의 원인이 인생 초기의 근친상간적 체험 때문이라고 하였다. 그리고 그는 억압과 저항에 대해서도 기술하였지만, 현재 프로이드의 구강애와 항문애는 별로 인정을 받지 못하고 있는 듯하다.

인간에게는 3차적(三次的) 욕구가 있다고 하였으니 (1)기본적 욕구, (2)사회문화적 욕구 (3)실존적(實存的) 욕구다. 그 1차적 욕구는 의·식·주(衣食住)의 기본적 욕구로서 이것이 충족되지 않을 때는 이 1차적 욕구에만 집착하지만 이런 기본적인 욕구가 어느 정도 해결되면 다시 차원 높은 사회적 욕구를 갈망하게 되며, 사회 문화적 욕구인 2차적 욕구가 충족되고 포화상태에 이르면 그 속에서 생활의 실증을 느끼고 다시 삶의 의미를 잃게 되기 쉽다. 이런 사회문화의 대중적 문화 상황에서는 기계적 또는 피동적 생활 속에서 삶의 실존(實存)의 의미를 추구하게 되니 이것이 3차적 욕구이다. 근래에는 인간의 욕망을 5단계로 구분하여; (1) 생리적(生理的) 욕망: 자기

생명체 자신을 유지하기 위한 식욕, 성욕, 수면욕 등 (2) 소유욕(所有慾); 재물욕, 지배욕, 권력욕 (3) 인정욕(認定慾):애정욕, 과시욕(誇示慾), 명예욕 등 (4)자아실현욕(自我實現慾); 도덕적으로 가치 있는 삶을 추구하려는 욕망이나 사회적 가치를 실현하려는 욕망의 단계, 그 다음이 (5) 고차원적 욕망인 자기추월욕(自己超越慾)으로 구분하기도 한다.

그런데, 동물은 본능적으로만 살아갈 수 있지만, 인간은 본능적으로 동물보다 빈약하게 태어남으로 그 결함을 보충하여야 살 수 있기 때문에 태어나면서부터 항상 새로운 획득작용(獲得作用)을 필요로 하는 학업, 습득 그리고 경험이 필요한 생물학적 존재임을 잊어서는 안 된다. 그 비근한 예로서, 동물들은 출생 몇 시간 후부터 스스로 일어나서 어미의 젖을 빨지만, 인간은 1년간 수유(授乳)하고 보육(保育)하여야 겨우 일어서서 걸을 수 있으며 오랜 교육기간의 학업을 통하여 삶을 자립할 수 있다.

그러므로 성에 대하여도 충동이나 욕구대로만 행하려 들기 전에 성에 대하여 알고 배워야 한다. 비록 인간형성은 이지적(理智的), 기계적, 합리적으로만 이루어지는 것은 아니고 오히려 때로는 신비적, 우발적 충동적인 체험에서 인간성 회복의 계기가 될 수도 있다지만, 성에 있어서는 순간과 이기주의, 찰나주의(刹那主義) 속에서 인간성은 소생되지 않는 것이다. 그러므로 욕구를 총합된 인격으로 실현하고 승화하고 조정(調整)하고 통제할 수 있는 태도와 지혜가 필요한 것이다. 무조건적으로 성적 욕구만을 충족시키려드는 것을 쾌락원칙(快樂原則)이라고 하며, 인간은 내면에서 욕구를 계속 발산하기를 요구하고 또 욕구를 충족시키는 공상(空想)에 빠지기도 한다. 그렇지만 본능의 쾌락원칙은 문명사회에서는 어느 정도 항상 억압되고 또한 억제되어야 하는 것이다.

4) 성적 공상(性的 空想: Sexual fantasy)

성적 공상이란 현실 실생활에서 하지 않는 성적 상황을 실제에 있는 것처럼 경험하거나, 혹은 아직 경험하지 못한 성 행동을 상상으로 경험하게 되는 현상이다. 인간은 누구나 무의식적으로나 의식적으로 가끔 공상(空想)에 잠기고 또한 성적인 환상(幻想)에 잠겨 기성천외의 백일몽을 꾸기도 한다. 또한 정도의 차이는 있지만 강간, 근친상간, 가학성음란, 살인 등 비도덕적인 환상(幻想)을 가질 수 있다. 그러나 이러한 환상은 그 자체가 행위를 실현시키는 것은 아니지만 죄의식을 느끼게 해준다. 그런데 인간에게는 개인마다 2가지의 죄의식(罪意識:guilt)이 있다. 하나는 성숙한 죄의식(Matured guilt)이고 또 하나는 미숙한 죄의식(Immatured guilt)이다.

성숙한 죄의식의 소유자는 스스로를 잘 통제하여 동일한 상황에 대하여 이성적(異性的)으로 잘 반응할 수 있고, 성적인 흥분도 죄의식 없이 받아들여 소화시키고 자책감을 느끼지 않는다. 그러나, 미숙한 죄의식의 소유자는 그런 용납될 수 없는 환상 때문에 자신을 심하게 자책하고 혼란에 빠진다. 더 심하면 적개심이 표출되어 우울 상태에 빠지는 경우도 있다. 인간이 사고(思考)할 수 있는 범위는 무한함으로, 사회적으로 용납될 수 없는 일이라도 단지 그것이 사고나 환상에 그치면 문제가 되지 않는다. 그러나 그런 사고나 환상이 실제의 행동으로 표출되면 그는 사회적 기준에 의한 심판을 받게 된다. 대부분 자위행위를 할 때 성적 공상을 함께 한다.

이런 공상은 성행위에 대한 의혹이나 긴장을 해소시킬 수 있다. 그러나 부정적인 시각도 있다. 즉 에로틱한 공상을 하게 되면 대인관계에 손상을 초래하고 성적(性的)장애를 일으킬 수도 있기 때문이다. 다시 말해서 자기가 상상하는 어떤 특수한 감흥(感興)따위를 실생활에서 성상대자(Sexual partner)에게 요구하게 되기도 하는데 이에 대하여 성상대자는 잘 반응할 수 없게 되므로 여러 가지 지장이 초래된다.

기혼의 성인들의 성적 공상은 배우자가 아닌 성 상대를 염원하는 공상이 으뜸이라는 통계가 나왔다. 이런 상상은 새로운 느낌을 추구하는 인간의 원초적 본능이며 동물에서도 동일하다는 것이다.

5) 청소년이 지켜야할 성(성에 대한 청소년의 준칙)

① 성에 대하여 올바르게 배우고, 인식을 바로 하라. 친구나 선후배에게서 듣는 정보에 현혹되지 말고 궁금한 것은 선생님이나 성 상담기관의 도움을 받아라. 대학가족계획협회 등에서는 항시 성 상담실에서 무료로 상담에 응하고 있으며, 또한 성 상담자를 교육하여 자격증을 수여하고 있다.

② 성 충동은 자연스런 생리현상이지만 충동대로 행하려들지 마라. 사람은 마음대로 행도 좋은 것과 그렇지 않은 것이 있다. 사회라는 공동체 안의 한 구성원으로 살고 있음으로 관습이나 법, 도덕 또는 윤리규범을 따라야 하므로 마음 내키는 대로 행동할 수는 없는 것이다. 즉 자기가 하고싶은 일 이라도 사회적 시인(是認 : Social approval)이 필요하며 사회적 비난(非難 : Social disapproval)이 되는

일은 해서 안 된다. 그러므로 성충동이 발동하면 스스로 조절하고 자제할 줄 알아야 한다. 개인주의는 건전한 사회의식을 전제로 한 것이지 결코 내 마음대로 행하는 것이 개인주의 혹은 개인의 자유가 아니다.

③ 성은 상대(性相對 : Sexual partner)가 있어야 하므로 반듯이 상대방의 자유스런 의사결정에 의한 동의를 얻어야 한다. 내 욕구가 중요하면 상대방의 자유의사도 존중해야 하는 것이다. 상대방을 유혹해서 동의(同意)없는 강요로서 행하는 성은 폭행이다.

④ 자위행위(自慰行爲)를 하게 될 때는 불안감 수치심 또는 갈등으로 고민하지 말라. 죄악이나 그 외, 부정적 정서가 수반되기도 한다. 그러나 자위행위가 정상적인 수단은 아니지만, 그렇다고 비정상적이라고도 할 수 없다. 다만 습관화되거나 지나치게 행하지 않도록 자기 승화에 노력하고 특히 위행(危行)에 유념하여야 한다.

⑤ 성행위는 단지 행의 욕구충족의 방편뿐이 아니며 어디까지나 인간관계의 표현이며 수단임을 명심하라. 삶의 첫 경험은 자기 인생에 지대한 영향을 끼친다는 사실을 명심하고 첫 경험은 매우 신중하게 숙고한 후 행하라.

⑥ 성행위에는 반듯이 책임이 뒤따른다. 임신 출산 등 사회적 책임을 미리 각오하여야 한다.

⑦ 성에 대한 지나친 호기심을 가지 말라. 음란물에 탐닉하게 되면 성 불구(性 不具)가 되는 수도 있다.

⑧ 모방심리로 어른스러워지려고 서두르지 말라.

⑨ 상대방의 사랑을 확인하는 수단으로 혹은 그 과시수단으로 성행위를 하지 말라. 남녀관계에 있어 사랑의 상호작용은 항상 동일한 감정을 갖지 않는다는 것과 또한 사랑이란 서로 이해하고 받아들이는 넓은 여유가 필요하다는 것을 명심하라.

⑩ 먼저 자기 생활에 충실 하라.

3. 사회적 발달

1) 또래 집단

청소년기 전기의 소년들은 또래집단의 인정을 받고자 하는 욕구가 매우 강하다. 청소년들은 심리적으로 어떤 집단의 성원이 되기를 추구하는 경향이 있으며 자기가 속한 집단에 의하여 자신을 정의하고자 한다(이인정·최해경, 2008:107). 이때는 가정에서 보내는 시간은 줄어들고 친구들과 보내는 시간이 증가하면서 부모들과 접촉하는 시간이 점차로 줄어든다. 행동에는 일관성이 없어서 의존심과 자립심과 같이 서로 양립할 수 없는 욕구가 강하게 나타나는 것이 특징이다(엄신자, 2008:103).

또래집단이 청소년들에게 미치는 영향력은 매우 큰데, 이것은 이 시기가 되면 집에서 떨어져 밖에서 많은 시간을 보내게 되며 친구들과의 대화가 일상활동이 되기 때문이다. 청소년들을 대상으로 한 대규모 조사에 의하면 부모보다는 또래친구들이 청소년 비행의 더 큰 게 요인으로 나타났다(Papalia & Olds, 1981).

청소년이 특정한 또래집단을 선택하는 것은 사회경제적 계층, 부모로부터 물려받은 가치관, 거주지역과 학교의 성격, 특수한 능력이나 재질, 자신의 성격 등 여러 가지 요인에 의하여 결정된다고 한다(Zastrow & Kirst-Ashman, 1987: 246-247;이인정·최해경, 2008 재인용). 일단 한 집단에 속하면, 그 집단의 구성원들은 사회적 활동, 공부방식, 이성교제, 취미활동 등 삶의 다양한 측면에서 서로 영향을 미치게 된다.

청소년기의 또래집단의 경험은 성인의 집단활동의 전초적 경험이라고 볼 수 있다. 또래집단의 경험을 통해서 청소년들은 집단의 조직을 평가하고 조직 내에서 자신의 위치를 평가하는 기술을 배우게 된다. 이러한 사회적 기술이 후에 사회적 집단 내에서의 기능에 대한 기초가 되는 것이다(이인정·최해경, 2008:107-108).

2) 이성 관계

청소년기에는 이성관계가 새로운 관심의 대상이 되기 시작한다. 이와 같은 이성관계에 대한 관심의 증가는 성적인 성숙과 사회적 기대의 결과이다. 다시 말해서 청소년 이성교재의 시작은 실질적 성숙의 정도 이상으로 가족이나, 학교, 친구로부터 오는 사회적 기대의 영향을 받는다. 이 시기의 이성교재는 성역할에 대한 동일시를 명확하게 해주고 이성과의 만남을 통해 인정과 애정을 주고 받는 과정에서 남자 또는 여자로서의 자신을 가치있게 여기는 것을 배우게 되며 성(sexuality)에서 느낄 수 있는 즐거움을 경험하게 해준다.(이인정·최해경, 상게서).

3) 사회복지실천에서 고려해야 할 요인

(1) 청소년 비행

청소년기에 사회복지실천에서 가장 관심을 가져야 할 문제는 청소년 비행[2]이다. 청소년 비행은 대개 청소년기 초에 시작되며 이에 적절하게 대처하지 못할 경우에 비행과 범죄의 경력이 이어진다.

우리나라는 청소년보호법을 시행하여 청소년 문제를 예방, 해결하고자 시도하고 있으나 청소년 유해환경의 증가로 청소년 비행의 문제는 점점 더 심각해지고 있다.

사회복지사들은 사회복지관이나 청소년기관을 통해 상담서비스를 제공하고 보호관찰 프로그램에서 사회복지관에 의뢰된 비행청소년들을 지도하며 법원에서 교정복지사로 활동하기도 한다. 또한 아직 초기 단계지만 비행예방을 위해 인근 학교와 연계하여 학교사회복지도 실시하고 있다. 또한 청소년 비행은 흔히 가족문제에 의해서 일어나는 경우가 많으므로 가족관계 개선을 위한 가족상담과 가족치료도 제공한다. 인터넷 중독과 인터넷 범죄를 예방하기 위한 교육과 청소년들에게 해로운 인터넷 사이트에 대한 감시활동도 필요하다(권중돈·권중배, 2005;이인정·최해경, 2008:109-111에서 재인용).

(2) 십대 임신과 미혼부모 문제

최근 우리나라에서도 십대 임신과 미혼부모 발생이 새로운 사회문제로 대두되기 시작했다. 미국은 십대 임신 발생률을 9% 정도로 추산하는 데 이것은 다른 나라보다 월등하게 높은 수치이다(Zastrow & Kirst-Ashman, 2007). 우리나라는 정확한 비율을 알 수는 없으나 전국의 중고등학교 여학생을 대상으로 이루어진 한 조사(장순복 외, 2001)에서 보면 0.5%의 십대 임신 발생률이 확인되었다.

십대 임신은 청소년에게 신체적 질환이나 정신적 질환, 학업 중도, 빈곤 등 주요한 삶의 영역에서 장기적인 문제를 초래할 위험성이 높다. 즉, 임신기간 동안 적절한 의료적 도움을 받지 못해서 미혼모나 아기의 건강에 위협이 될 수 있는 의학적 문제들이 발생할 수 있다. 또한 이들은 고등학교까지 학업을 마치지 못하는 비율이 높

2) 청소년 비행은 청소년 범죄와 유사한 의미로 간주되기 쉽지만 실제로 범죄뿐 아니라 무단결석, 가출, 음주, 유흥업소 출입 등 신본에 어긋나거나 규범을 위반하는 행동을 포함한다. 최근에는 인터넷 중독과 인터넷 관련 범죄도 새로운 문제로 대두되고 있다.

고 빈곤과 복지 혜택에 의존하는 비율도 높으며 스스로 기르기로 결정할 경우 자녀 양육에 대한 특별한 지원이 필요하다.

또한 십대 미혼부 가운데는 80% 이상이 역시 십대인 것으로 알려져 이들에 대한 관심도 필요하다(Zastrow & Kirst-Ashman, 2007). 십대부모가 낳은 아기들도 지속적인 돌봄의 어려움으로 방치되거나 학대받을 가능성이 있다.

사회복지사는 청소년 임신과 관련해서 이를 예방하기 위해 성, 피임, 임신에 따르는 위험과 책임에 관한 교육과 정보를 제공할 수 있다. 청소년 미혼모에 대해서는 임신, 유산, 출산, 아기를 기르거나 입양하는데에 대한 결정에서 상담, 정보제공, 의뢰, 자원 연결 등의 도움을 제공할 수 있다. 또한 미혼모의 진로, 미혼부와의 관계, 원가족과의 관계 등에 대해서도 상담과 도움을 제공해야 한다(이인정·최해경, 2008:111-112).

4) 청소년 자살(suicide)문제

죽음은 인간에게 가장 엄숙한 사건이다. 더구나 스스로 목숨을 끊는 자살이라는 사건은 그 엄숙함을 더한다. 자살이란 본래 심리적·제도적·사회적·경제적·문화적·종교적인 여러 요인들이 얽혀 있는 복잡한 현상이기 때문에, 자살사건에서 한두 개 원인만을 분석해 내기는 어려운 일이다. 하지만, 자살은 고의적으로 자신에게 부과한 엄연한 죽음이다. 이러한 자살은 함부로 저지르거나 의미가 없는 행동이 아니라 오히려 개인에게 심한 고통을 주는 위기나 어려움을 탈출하려는 시도이다. 따라서 청소년들은 자신의 어려움을 호소하고 도움을 요청하는 방법으로 대다수의 수가 한번쯤은 시도한다.

우리나라의 자살율을 10만당 8.5명으로 높은 편이다. 중·고교생 44%가 자살충동을 느껴본 경험이 있다는 조사결과가 나왔다[3]. 최근 잇따른 중고교생의 집단자살, 펴보지도 못한 꽃들의 꺾임은 더욱 애처롭고 여러 생각에 잠기게 한다.

---

3) 울산대사회학과 전성표(前聖杓)교수는 울산시청에서 열린 '울산 청소년들의 의식 구조와 생활실태' 토론회에서 울산시내 중, 고교생 3백 27명과 요(要) 보호 청소년 68명 등을 대상으로 한 조사결과를 발표했다.(1999.5) 조사결과 중·고교생의 44.3%와 요보호 청소년의 38.8%가 자살충동을 느껴 본 적이 있다고 답했다. 또 여학생 응답자 1백78명 중 50%인 89명, 남학생의 32%인 82명이 자살충동을 느껴보았다고 응답했다. 중·고교생 18명과 요보호 청소년 6명은 실제로 자살을 시도해 본 경험이 있다고 말했다.

그러므로 청소년기와 청년기에 자살하는 것은 특별히 주의를 기울일 필요가 있다(김규수 외, 2002).

"자살" 연구로 유명한 프랑스 사회학자 뒤르껭은 자살유형을 세 가지[4]로 제시했다. 프로이드는 좀 더 심리학적 설명을 내세우면서 그것은 "좌절공격"의 원리에서 그 공격을 외부가 아니라, 자기 자신에게 가하게 되는 "180° 돌아선 살인"이라는 것이다[5].

근래 자살한 청소년들의 자세한 개인적 사정을 알 길이 없지만 신문에 보도된 바만으로도 그 몇몇 사정들이 위 사회학적, 심리학적 설명에 부합되는 점들이 많다는 것을 알 수 있다.

무엇이 청소년들에게 그렇게 극적이지만 위험한 행위를 하게 하는가? 많은 연구문헌들은 "전형적인" 청소년 자살이 오랜 내력의 스트레스와 아동기에서 확대된 개인적 문제들에서 기인한다고 제안한다(de Wilde et al., 1992). 불행하게도 몇몇 십대 청소년들의 이러한 문제들은 가정불화, 학교에서의 어려움, 여자친구 및 남자친구와의 문제들이 청소년시기 동안에 점점 더 증가 한다. 또한 개인적 사건들은 청소년들로 하여금 고통이 자기에게만 있고 어는 누구도 이해할 수 없다고 생각하도록 한다는데 문제가 있다. 이러한 문제들에 대처하려는 노력이 실패함에 따라 많은 십대들은 부모 권위에 대해 반항하고, 사회적인 관계에서 물러나며, 가출과 같은 극단적인 행위를 하게 한다. 이러한 행동들은 점진적으로 사회적인 고립을 가져오게 되고 그들의 경험은 좌절과 고민을 가져와 결국엔 자살이라는 결정타가 될 수 있다(Garland & Zigler, 1993; King, 1997;Wayne Weiten·Margaret A. Lloyd/김정희 외 옮김, 2004: 307에서 재인용).

---

4) 첫째는, 이타적 자살로서, 어떤 사회관습이나 도덕규칙에 따르는 자살이다. 죄를 할복으로 갚는 일본의 '하리 키리', 죽은 남편 송장 장작더미에 몸을 던지는 옛 인도의 '숫티'가 그 예다. 이 유형은 전통사회에 많다.
둘째는, 이기적 자살이다. 사람이 주변 사회와 유대(紐帶)가 너무 적고 희박할 때 저질러지는 자살이다. 고독, 소외, 살의 무의미감 등이 빚은 자살이다.
셋째는, 아노미적 자살이다. '아노미'란 무규범 상태, 즉 실직, 파산, 사랑하는 삶의 죽음 등의 사건으로 지금까지 의지해 왔던 생활규범들이 갑자기 무너지는 상태를 말한다.

5) 정신분석이론에서는 살인, 우울증, 자살은 다 비슷한 원인을 갖는다. 어쩌다 생기는 지나치게 강한 공격심을 자제하지 못하고 곧바로 밖으로 표출하면 살인이 되고, 그것을 지나친 양심으로 억제하면 정신적 자해인 우울증이 된다. 그 증세는 심한 무목적감, 무의미감, 무력감, 소외감 그리고 의욕상실이다. 그리고 공격심을 자신에게 돌리면 자살이 되는 것이다.

우리의 제일의 관심은 어떻게 자살을 예방할 수 있는가에 있다. 그러나 슬프게도 다른 병과는 달리 문자 그대로의 뜻에서의 자살예방의 방책은 별로 뚜렷한 것이 없다고 말할 수밖에 없다. 예방해야 할 자살 후보자들이 자살결행 전에는 잘 표출되거나 판명되기 어렵기 때문이다.

미국에는 병원, 대학, 복지기관에 병설된 '자살예방센터'가 있다. 자살 후보자들이 고민하다가 전화로 최후의 호소를 할 수 있도록 직원들이 24시간 대기하고 있는 곳이다. 이런 센터나 정신병원에서 여러 경로로 표출되고, 판명된 '자살병자'를 치료하는 요법도 많이 연구되고 있다고 한다. 그러나 자살예방센터나 그 정신치료는 한국에서도 있음직한 일이다(혹 이미 있을지도 모르지만). 그러나, 그것은 이미 자살 후보자로 표출·판명된 극히 일부에만 손을 뻗을 수 있을 뿐이다. 또 그것은 주로 정신의학의 전문소관 사이기 때문에 여기 논의의 범위를 벗어난다.

우리의 관심은 사회와 학교, 그리고 가정에서의 넓은 예방책이다. 그러나 어떤 이의 반대로 우리가 자살현상을 '실종적-사회적-심리적-대안적 사건'이라고 믿는다면, 명백히 그 원초적인 예방이란 엄청나게 복잡한 것이 된다. 그것은 인간의 불행을 예방한다는 것과 같은 일이 된다. 인간성에 관한 어떤 학자들은 자기 파괴의 충동은 누구에게나 있으며, 삶 그 자체의 속성은 아닐지라도 아마 인간문명 자체의 불가피한 대가라고 믿고 있다. 이런 견지에 선다면, 자살의 예방은 좋은 정신건강을 배양하고 삶의 질을 향상시키는 활동에 우선적으로 관심을 갖게 될 것이다.

여기에서 우리가 논의하려는 것은 행복, 정신건강, 삶의 질이라는 일반적인 넓은 논의는 아니고 그렇다고 특정적인 자살예방이라는 좁은 논의도 아닌 그 중간 지대에서, 앞서 언급한 자살행동의 몇 특징은 참작하면서, 특히 가정과 학교 기타 청소년 유관기관의 유의해야 할 몇 가지 제안을 하려는 것이다(문영희, 2005).

① 친근한 인간유대

프로이드는 '사랑'과 '일'을 인간의 두 중대사로 보았다. 여러 가지 정신장애의 원인을 살펴보면 그 어느 하나에서 잘못된 것에 귀결된다는 것이다. '사랑'은 인간과의 유대고, '일'은 사물과의 유대를 말한다.

위에 본 것처럼, 이타적 자살을 제외하고 이기적 자살의 경우, 그 자살충동은 주변 사람들과의 정적(情的) 유대의 단절, 그로 인한 우울증 속의 고독, 소외에 기인하고, 그리고 최후의 순간 죽음의 충동과 삶의 충동의 갈등 속에서도 한 가닥 구원마저 호소할 곳 없는 상상에서 결행으로 옮겨진다. 그렇다면 한 자명한 결론은, 주변에 마음을 주고받는 어떤 친근한 사람(부모건 친구건 애인이건 선생님이건)이 있었더라면 자살이란 일어날 수 없으리라는 것이다.

인간유대는 양방통행이다. '나를 지극히 아껴주는 사람'이 있기만 해도 또는 반대로 '내가 지극히 아끼는 사람이 있기만 해도, 자살충동은 일지도 않고 어쩌다 일어난다 하더라도, 쉽게 가라앉으리라는 짐작을 능히 할 수 있다. 그렇다면 부모나 교사나 청소년 지도단체가 해야 할 일은, 자살방지를 위해서만 아니라 일반적인 정신건강을 위해서도, 일상생활에서 우울증의 경향, 외톨이로 지내는 경향이 있는 아이들을 주의 깊게 살피고, 그들이 어떤 인간유대를 형성하도록 도와주는 일일 것이다. 우울증의 아이는 대개 조용하고 말이 없기 때문에 보통 때 '문제아'로 잘 드러나지 않는다는 어려움이 있다. 그러나 더 큰 어려움은 애당초 이렇게 '주의 깊게 살펴주는 부모나 가족이나 교사'가 없었던 것이 문제의 원인인데, 그 원인 상태가 쉽게 '살펴주는 상태'로 바뀌지기 어렵다는 데 문제가 있다.

인간유대에서 아주 절친한 관계에서부터 그저 면식만 있는 관계에 이르기까지 여러 '친근도'의 유대가 있을 수 있다. 어느 친근도의 유대건 다 고독 해소에 도움이 된다. 아주 절친한 관계가 아니고 그저 얘기를 주고받는 관계, 자리를 같이 하고 일을 같이 하는 관계도 소속감도 동시에 정서적 문제의 해소와 해결의 기회를 줄 수 있다. 그리고 그런 사람들, 친구들 중에 '다행히 앞서 말한 자살의도 암시행동을 예사롭지 않다고 알아주는 사람이 있을 수도 있다.

이런 견지에서는 학교 안에서 또는 지역에서 청소년들이 여러 집단활동, 클럽활동, 사회활동 등 사교·친교의 기회를 풍부히 마련해 줄 필요가 절실하다. 이 점에서 담임교사 및 사회복지사의 역할이 요망된다. 그런 사교·친교활동의 기회가 특히 한국의 중·고교 학생에게는 입시준비에 몰린 이른 바 보충수업 등으로 "방과후와 방학을 박탈하는" 상황 때문에 그 기회가 희박하다. 혹독한 입시준비교육 자체의 해독 때문에만 아니라 한국의 중등학교는 근본적으로 "정신질환 발생적"인 풍토 속에 있다.

이런 넓은 사교·친교의 기회가 희소하면, '동병상련'으로 문제 학생은 문제 학생끼리 우연 또는 우연히 결합하며 문제가 '감염'되고 가중될 수 있다는 것에도 우리는 유의해야 한다. 집단자살, 집단가출, 집단윤락, 집단폭행 등이 그 예다.

② 친근한 사물유대

사람은 사람들의 세계와만 아니라 사물의 세계와도 강한 유대를 맺을 수 있다. "인간의 삶의 뜻"은 사람의 세계와의 유대에서도 찾지만 사물의 세계와의 유대에서도 찾는다. 도기 만들기에 심취해 있는 도공, 연구에 몰두하고 있는 학자, 사업에 분주한 기업가, 작곡에 몰입해 있는 음악가, 또는 어떤 명상에 잠겨있는 종교가 등은 사물세계와의 어떤 강한 유대 속에 산다. 이 세상에 하고 싶은 일이 많고, 그 일에 심취해 있고, 그 일을 밤낮 추구하는 사람에겐 아마도 자살충동이란 생각할 수가 없는 일일 것이다. 일의 추구 자체가 삶이며, 삶의 한 순간 한 순간이 아까운 사람들이기 때문이다.

반대로 자살의 전조인 우울증은 아무 일에도 의미가 없고 애착도 없고 흥미도 관심도 없는, 세상만사가 "귀(鬼)치 않은" 상태를 말한다. 그것은 곧 삶 자체에 관심이 없다는 상태다.

이런 추리에서 우리는 한 가지 예로 학교와 가정에서의 두 가지 원칙을 제안할 수 있을 것이다. 첫째는 우선, '학교 공부'-수학, 영어, 과학, 역사-가 재미있고 유익하고 심취할 수 있는 것이 되도록 가르치는 일이고, 둘째는 정과시간 외에 학생들의 다양한 과외활동, 과외공부 아닌 정말 과외활동-예컨대 수영, 축구, 아이스하키.. 미술, 음악, 공작.. 실험, 조사, 답사 등을 할 수 있도록 그 시설과 기회와 프로그램을 마련해 주는 일이다. 그 속에서 학생들이 자신의 취미에 맞고 심취하고 애착을 가질 수 있는 '일'을 개발해 가고, 그럴수록 '삶의 애착'을 더해갈 수 있다. 그러나 문제는 한국의 학교 특히 중· 고등학교에서는 이 두 가지 원칙이 다 무참하게 파괴되어 있다는 데에 있다.

한국의 중등학교 교과과정은 아마도 세계에서 제일 많고 너무 어렵다. 한 조사에 의하면 학생 중 공부내용은 90%이상 이해하는 학생은 10% 내외밖에 안 된다. 그 교과과정은 대부분의 학생에게 '성취와 희열'을 위한 것이 아니라, '실패와 좌절'을 위한 교육과정이다. 그것도 학습내용이 학생의 삶에 그리고 사회에 지니는 의미는 도외시하고, 그저 시험성적 분위기, 그것도 시험성적 하향을 인적 하향의 열등감, 모멸감으로 몰아가는 살벌한 경쟁 풍토 속에서 진행된다. 이 모두는 대부분의 학생들을 실패와 좌절의 연속에서 오는 심한 무의미감, 무력감에 빠지게 한다. 그것은 한 조사에서 중· 고등생의 80%가 한두 번 이상 자살충동을 느꼈다는 사실의 큰 원인이고, 또 매년 백 수십 명, 작년에도 180명의 중·고등학생이 "성적이 나빠서", "학교가 싫어서"등의 이유로 자살하는 현상의 큰 원인이다. 그리고 자주 보도되는 중등학생의 자살, 가출, 윤락, 폭력사건의 큰 원인이라고도 해야 한다. 이 점에서도 한국의 학교는 "정신질환 발생적"이다.

일본의 고등학교 학생들도 우리처럼 입시지옥에 시달린다. 그러나 그들은 아침 9시에 등교하여 3시에 정과수업은 끝나고, 그 후 6시까지 방과후는 학생 각자가 여러 활동에서 선택한 클럽활동부에서 선·후배와 같이 어울려 갖가지 과외활동–농구, 검도, 서양화, 피아노, 화학실험, 천체관찰–을 한다. 도리어 이런 과외활동시간이 생기가 넘치는 삶의 시간이며, 정말 '정과시간'인 셈이다. 그리고 6시면 집에 간다. 집에서 학생이 밤에 입시공부를 하건 말건 학교는 관여하지 않는다. 아침 '자율학습'도 없고, 방과후 '보충수업'도 없다. 적어도 학교가 입시준비에 앞장서지는 않는다.

한국에선 어찌 된 셈인지, 교육부 자체가 한때 옛날 교내 '보충수업'을 '인가'해서 공식화했고, '과외공부방송'으로 시험공부를 더 부채질하고 있다. 근래에 교내 과외수업비를 공교육비에서 부담하라고까지 하면서, 과외활동 아닌 과외수업을 더 '정당화'하고 있다. 교육부가 입시준비교육을 더 가중시키고 있는 셈이다. 입시준비라는 미명하에 아침, 방과후, 밤, 방학 때마저 삶의 시간을 박탈하고 있는 점에서 한국의 중등학교는 다시 '정신질환 발생적'이다.

정녕 우리가 자살을 위시한 가출, 윤락, 폭행, 마약 등 비행의 감소를 원한다면, 우리 중등교육의 교육철학, 교육과정, 교육방법에 크나큰 반성과 개혁이 있어야 한다.

③ 자아 강건성의 함양

앞에서 우리는 자살충동이란 그저 죽겠다는 충동이 아니라, 동시에 '죽고 싶다'와 '살고 싶다', 죽음의 욕망과 삶의 욕망이 빚는 갈등의 복합이라고 말했다. 그 갈등에서 종단 삶의 욕망이 조금이라도 더 강했더라면 자살에까지 이르지 않았을 것이라는 추리가 성립된다. 이때 종단 갈등을 삶으로 이겨내는 힘을 우리는 '자아 강건성(自我强健性, ego strength)'이라고 불러본다.

심리학에서는 흔히 자아 간정성을 실패, 좌절, 비판 등 여러 정의적인 어려움에 직면해도 너무 크게 흔들리지 않는 정의적 안정성, 그것을 혼자서도 이겨낼 수 있다고 믿는 자기충족감과 자신감으로 정의한다. 보다 넓게는 직접적으로 정의적 어려움만 아니라 신체적, 정서적, 지적, 도덕적, 사회적인 여러 어려움에 대해서 쉽게 굴하지 않고 이겨내는 정신강건(精神剛健)을 생각할 수 있다. 비슷하게 관련되는 개념들에 의지, 극기, 인내심, 절제, 용기, 의연성 등이 있다. 문제는 이런 덕목들의 중요성이 우리 주변에서 점점 희박해져 간다는 데 있다. 그 까닭이 궁핍과 어려움에서 풍요와 편안함으로 옮겨가는 근대화 과정에 있는 것인지도 모르지만, 근래 한국의 가정과 학교에서의 풍조는 일반적으로 정신 강건자보다는 정신의 심약자를 기르고 있다.

영양이 좋아져서 몸집은 커졌어도 조금만 뛰고 달리면 허덕거리는 '신체적 심약자'가 옛날보다 훨씬 많다고 신병훈련소장은 말한다. 조금만 공부가 어렵고 문제풀이가 잘 안되면, 혼자 생각하고 궁리해서 뚫고 나가기보다는 으레 '과외'선생을 바라고 금방 해답란부터 뒤지는 '지적(知的) 심약자'도 많다. 이 나라의 그 많은 과외공부의 성행은 지적심약자의 양산체제인 셈이다. 조금만 어떤 실패, 좌절, 상실에서 화가 나고 슬프면 곧 좌우 돌보지 않고 노발대발, 대성통곡, 갈피를 잃는 '정적(情的) 심약자'가 있다. 정상생활보다 극적 효과에 더 치중하고 텔레비전의 그 많은 드라마와 쇼 프로들은 청소년들에게 그런 격정(激情)의 표현과 행동을 부채질한다. 조금만 욕심이 나면 덥석 잡으려 하고 조금만 유혹이 있으면 쉽게 빨려드는 '도덕적 심약자'는 청소년 범죄에서부터 고관현직이 독직사건에서 까지 너무 자주 본다. 혼자 있으면 으레 고독을 호소하고 언제나 무리와 같이 있어야 하는 '사회적 심약자'도 있다. 조금만 그럴듯하게 하느님이 구원해주고 천당에 갈 수 있다고 꼬이면 금방 사교(邪敎)와 미신에 현혹되는 '종교적 심약자'도 있다.

문제는 어떻게 심약이 아닌 정신강건, 의지, 인내, 극기, 용기가 길러지느냐에 있다. 그 기제는 원칙적으로 간단하다. 어려움을 이겨내는 경험을 쌓아야 정신강건이 길러진다.

이런 이야기를 들은 적이 있다. 어느 문화인류학자가 연구차 어떤 아메리카 인디언 마을에 가서, 추장과 이야기를 나누고 있었다. 이야기 도중 추장은 여섯 살쯤 되었을 아들을 불러 일을 시킨다. "내일 집을 지을 테니 저기 집터로 옮겨놓으라"는 일이었다. 그 학자가 보기에 통나무들은 꽤 굵고 길어서 도저히 여섯 살짜리가 해 낼 수 있는 일이 아니었다. 속으로 '너무 하는구나' 생각했다. 그래도 아이는 낑낑거리고 땀을 흘리고 발등에 통나무를 떨어뜨려 찡그리기도 하면서 하나씩 힘겹게 옮겨갔다. 아버지 추

장은 이야기하면서도 가끔 힐끔 힐끔 아들을 쳐다보기는 한다. 아이가 발등에 통나무를 떨어뜨릴 때면 약간 눈빛이 변했으나 곧 이야기는 계속했다. 이윽고 아이가 통나무를 다 옮기고 나서 땀을 닦으며 아버지에게 다가와서 '다했다'고 눈빛으로 자랑스럽게 보고한다. 아버지는 아무 말 없이 미소를 지으면서 끄덕여 준다. 아이는 희색만면으로 가버린다. 그제야 그 미국인 문화 인류학자는 아메리칸 인디언 특유의 그 의연성, 인내심, 용기의 원천이 어디에 있는지 짐작이 갔다.

아이들에게 어려움을 이겨내는 정신강건, 의연성을 기르려면 그들에게 어려움을 이겨내는 경험을 겪게 하는 길밖에는 없다. 많은 경우에 아이들은 그들의 생활에서 스스로 이런 저런 어려움을 이겨내는 능력은 가지고 있고 또 이겨낸다. 그러나 때로는 인디언 추장처럼 의도적으로 어려움을 주면서 이겨내게 해야 한다. 단 이 때 몇 가지 주의해야 할 원칙이 있어야 한다.

첫째, 그 어려움이 아이가 능히 이겨낼 수 있는 적정한 난도(難度)의 일이어야 한다. 너무 쉬우면 재미도 없고 너무 어려우면 꺾인다. 인디언 추장은 통나무 옮기기가 어려워 보이지만, 그 아이가 애쓰면 능히 이겨낼 수 있는 적정한 어려움임을 알고 있었다. 둘째, 그 일은 "내일 집짓는 일"이며 이왕이면 재미와 도전감이 있어야 한다. 인디언 아이에게는 자기가 "내일 집짓는 일"에 관여한다는 데에 뜻이 있었다. 셋째, 아차하면 도움이 간다는 '지원 체제'가 있어야 하고 그런 지원이 있을 것을 아이가 믿을 수 있어야 한다. 인디언 추장이 가끔 힐끔 쳐다본 것은 여차하면 그런 지원이 있을 것을 의미했다. 어려움을 겪게 한다는 거친 바다에 혼자 내버려두어서는 안 된다(정범모, 1998 : 3-11).

④ 실존적 의식

아마도 우리는, 아이들의 가정양육과 학교교육에서 삶, 행복, 정신건강에 관한 약간의 또 꽤는 심각한 의식전환이 필요한 것인지도 모른다. 인간은 삶에 행복만 있어야 한다는 생각 자체가 하나의 환상이고, 도리어 인간의 삶은 "행복 속에 비탄이 드나들고, 비탄 속에 행복이 드나든다"는 것을 직시해야 한다고 실존 사상은 우리에게 말해준다. 따라서 인간은 본래 행복을 찾고 그것을 음미할 줄도 알아야 하지만, 동시에 삶의 불가피한 불행을 견디고 '음미'하는 능력도 있어야 한다고 말한다.

성공과 실패, 승리와 패배, 득의와 실의, 만족과 좌절, 희열과 비탄, 환희와 비통… 그리고 궁극적인 삶과 죽음은 언제나 어느 때엔 가는 다 인간의 삶에 엄존한다. 산다는 것은 삶의 이 양면성을 직시하고, 그 모든 것을 다 받아들이고 그 모두에게 삶의 뜻을 음미해내고 이겨내는 것을 말한다. 실패, 패배, 좌절, 비탄이 근본적으로 없어져야 할 것이 '불행히', '우연히', '재수 없이', 찾아오는 것이 아니라, 도리어 삶의 본질적인 것이라고 보는 의식에서 삶의 의지와 용기와 의연성이 싹튼다.

지금 우리사회엔, '요구불만' '좌절' '스트레스'는 나쁜 것, 없애야 할 것이 있는 것, 될 수 있는 대로 피해야 하고 아이들에게도 주워서는 안 되는 것이라는 통념이 유행하고 있다. 그러나 그것은 실은 환상적인 '쾌락 원칙'에서 나오는 생각일 뿐, 실생활을 사는 삶의 '현실 원칙'일 수는 없다. 이러한 '좌우명'으로 살고 있는 사람, 이런 좌우명으로 길러내는 아이는 어차피 피할 수 없는 대소 역경에 처하면 힘없이 꺾여 쓰러지게 마련이다. 그 힘없이 꺾이는 모습 중의 하나가 자살일 뿐이다.

'정신건강'은 옛날 한때는, 문제가 없는 상태, 좌절이나 불안이나 스트레스가 없는 상태, 정의적 동요가 없는 상태 등 '무문제 상태'로 보는 견해가 지배적이었다. 그러나 삶에는 문제가 없을 수 없다. 도리어 '건강한 삶'은 문제가 없는 상태가 아니라, 문제가 튀어나오면 그것을 해결하는 능력, 나가 일부러 보람 있는 문제를 찾고 만들어 그것을 계속 해결해 가는 능력, 더 나아가 더 많은, 더 어려운 문제에 부딪쳐 자아를 실현하는 능력을 가지고 있는 상태를 말한다. 다만 강건한 정신은 그것을 이겨낸다. 우리는 아이들에게 삶을 너무 장미색 희비애락, 환희와 고뇌, 희망과 절망을 그 전면을 전제로서 직시하고 대응하는 폭넓은 삶의 지혜와 능력과 의연성을 지닌 '삶의 용자(勇者)'로 길러주어야 할 것이다(정범모, 1998).

이때에 사회복지사는 청소년들의 정서문제를 예방하고 치료하기 위해서는 첫째, 학생, 교직원, 학부모들에게 직접적으로 개입하는 임상적 차원과 둘째, 학교, 지역사회, 정부, 언론 등에 개입하는 제도적 차원의 활동을 전개할 수 있을 것이다.

첫째, 직접적으로 개입하는 임상적 개입에 대해 알아보면 다음과 같다

자살을 결심한 청소년들은 결행 직전에 대부분 경고 사인을 남기게 마련이다. 청소년 자살은 예방이 가능하다고 전문가들은 말한다. 아무리 충동적으로 자살한다 하더라도 '누가 봐주었으면 좋겠다' 는 흔적을 남기게 되는데 이것을 놓치지 말아야 한다. 자살자의 70%가량은 '마지막 SOS' 라고 할 수 있는 신호를 보내기 때문이다.

비록 이러한 것들이 '쇼'처럼 느껴지더라도 진지한 반응을 보여야 한다. 상대의 말을 주의 깊게 듣고 "정말 자살할 생각이냐"고 직접 물어보는 것도 방법이다. "그 정도도 견디지 못하느냐" 등의 질책은 금물. 이유를 듣고 구체적인 대안을 제시한다. 자살을 계획한 것으로 확인되면 전문가의 도움을 요청하기도 하고 24시간 지켜보아야 한다.

다만 자살 위험이 큰 우울증의 징후가 보일 때 주의를 기울여야 한다. 활달하던 아이가 사람을 기피한다든지 성적이 급격히 떨어지는 경우, 과수면증이나 불면증을 보이는 등 수면이 불규칙해지는 경우, 신경질이 늘고 위생관리에 소홀히 하는 등 게을러지는 것은 자살에까지 이를 수 있는 우울증의 위험신호이다. 평소에 아이의 가까운 친구들과 항상 대화통로를 마련해 둘 필요가 있다. 우울증 및 자살의 징후가 보일 때에는 솔직한 대화 시도는 물론 전문상담가의 도움을 요청해야 한다.

또한 우울감을 보이는 청소년이 전문가로부터 임상적인 도움을 제대로 받지 못하고 방치되면 불면증, 식욕부진, 의욕상실, 사회적 고립 등의 증세가 더욱 악화되고 자살의 의도가 생겨나게 된다. 사회복지사는 우울한 학생들에게 개별상담을 실시하거나 정신과 전문의의 도움을 받도록 조치하여야 한다. 사회복지사가 개별상담을 할 경우에 우울한 성인들에게 주로 적용해 온 인지치료로 접근할 수 있다. 인지치료를 통해 학생이 원하는 자기 지시적인 활동에 관여하고, 현실적으로 자기를 평가하며, 사회관계를 증진시키고, 긍정적인 감정과 자기 진술을 증진시키도록 돕는 데에 초점을 맞출 수 있다. 하지만 대부분의 학생들은 성인들과는 다르게 주로 부모들에 의해 비자발적으로 전문가에게 도움을 요청하거나 의뢰된다.

따라서 사회복지사는 학생들이 자신과 세상, 미래에 대한 부정적인 해석을 인식하도록 돕는 '협력자(collaborator)'가 되며, 학생들에게 대안을 찾도록 가르쳐야 한다. 또한, 자살에 대한 생각을 가지고 있는 학생들에게 자살은 무조건 안 된다고 말리기보다는 자살이 목적달성을 위해 비효과적인 방법이라는 것을 깨닫도록 도와야 한다(Wikes & Rush, 1988).

청소년기의 우울증을 치료하기 위해 가족의 참여는 필수적이다. 가족은 아동 혹은 청소년을 비난하지 않으며, 이들에 대한 비현실적인 기대를 가지고 있는 경우에 이를 수정하고, 이들이 가정에서 수행하는 활동을 촉진할 수 있게 협력하도록 사회복지사가 개입할 필요가 있다.

또한, 동료상담 프로그램을 통해 동료상담자를 선별하고 훈련시켜 동료학생들 간에 서로 돕도록 할 수 있으며, 교직원들에게 취약학생들을 찾아내고 이들을 의뢰할 수 있는 학교 내 혹은 지역사회의 자원들에 대한 정보를 제공할 수 있다. 자살 청소년들을 위한 학교 프로그램은 다음을 포함하여야 한다(Kalafat, 1990).

또한 사회복지사는 부모들이 자녀들에게 보다 민감하고 효과적으로 대처하도록 직접 교육하거나 부모교육을 제공하는 지역사회의 기관들에 부모들을 의뢰할 수 있다. 또한 학교 사회사업가는 교사들과 특정사례에 대해 협의하거나 교사가 요청하는 경우에 학생들과 개별적으로 직접 상담하여야 한다.

사회복지사는 학생, 학부모, 교직원을 대상으로 스트레스 관리, 사회기술, 문제해결, 건설적인 사고, 부모기술, 의사소통 프로그램 들을 실시하여 청소년들의 자살을 유발하는 무기력감을 줄임으로써 자살을 예방하기 위한 활동을 적극 전개하여야 한다. 마지막으로, 학교사회사업가는 불안장애를 보이는 학생들의 불안을 줄이기 위해 이들에게 대처기술을 교육하여야 하며, 학교환경을 변화시킴으로써 불안 혹은 공포를 유발하는 원인을 제거하기 위한 노력을 기울여야 한다(Forman & O' Malley, 1985).

둘째, 자살에 대한 제도적 개입에 대해 알아보면 다음과 같다.

사회복지사는 학교에서 학생들의 자살에 대한 정책을 구체적으로 마련함으로써 자살의 심각성에 대해 인식하고 학생들의 안전을 고취하도록 지원하여야 한다. 자살에 대한 학교정책은 취약학생의 파악, 부모에 대한 개입, 자살 후 대처계획 등을 포함한다. 또한 학교사회사업가는 학교와 지역사회의 기관이 협동하여 자살예방 프로그램을 실시하도록 조정하거나 청소년의 자살을 예방하기 위한 정부 차원의 대책을 마련하도록 지도력을 발휘하며, 청소년들 사이에서 자살의 전염을 막기 위해 언론에서 자살을 미화하지 않도록 개입할 필요가 있다(한인영·홍순혜·김혜란·김기환 공저, 2003 : 167-211).

자살에 관한 한 우리나라는 선진국이다. 한국자살예방협회(2008)에 따르면 우리나라 자살수 는 매일 32명 정도, 46분마다 한 명이 자살하는 꼴이며, 20-30대의 자살이 1위를 차지고 10대가 2위, 그리고 40대가 3위를 나타내고 있다. 특히 10대 청소년층의 자살률은 최근 들어 전 세계적으로 급증하는 추세를 나타내고 있다.

전문가들은 청소년 자살의 급증 현상을 사회적 혼돈상태에서 기인하는 '아노미 현상'으로 분석하고 있다. 한 사회가 급속히 변화할 경우 사회 구성원, 특히 청소년층은 심화되는 불안과 좌절감의 돌파구를 자살에서 찾게 된다는 것이다. 미국은 경우 베트남전의 상처로 인해 아메리칸 드림이 무너지고 사회 전반적으로 불황상태에 놓였던 60년대에 자살률이 급격히 높았고, 프랑스도 20세기 초반 식민주의 시대의 영화가 마감되면서 아노미적 자살 현상을 겪었다. 선진국에서도 자살을 막기 위한 24시간 상담시설들이 정부 차원에서 운영되고 있으며 자살 충동자, 자살 미수자를 위한 민간 구호단체들도 활발히 움직이고 있다.

우리나라에서는 한국자살예방협회에서 자살예방사업, 위기개입사업 그리고 사후관리사업으로 나누어 자살예방에 힘쓰고 있다(문영희, 2005).

4. 청소년의 발달 이론

1) 피아제(Piaget)의 인지이론

청소년기 동안에 사고는 점차 성인과 유사해지며, 인지능력의 발달을 Piaget는 구체적 조직사고에서 형식적 조작사고(formal operational thought) 로의 전환이라고 하였다. 청소년 자신의 지각과 경험보다는 논리적 원리에 의해 지배를 받기 때문에 보다 추상적인 사고가 가능해지며, 경험하지 못한 사건에 대한 가설을 설정하여 미래의 현상과 관련된 변인을 동시에 다룰 수 있는 개념적 조합을 고려할 수 있으며, 시간이나 현상과 관련된 변인을 동시에 다룰 수 있는 사고 능력의 발달이 이루어진다.

이러한 청소년의 형식적 사고의 발달은 청소년에게 부정적 영향을 미치기도 한다. 청소년기의 추상적 사고의 발달로 인하여, 청소년들은 추상적인 이론과 관념적인 사실에 몰두하며, 불완전한 현실을 비판하거나 비관하기도 한다. 미래사건을 예측할 수 있는 사고능력의 발달로 인하여 청소년들은 가까운 미래에 일어나게 될 진학이나, 취업, 결혼 등에 대해 지나친 염려를 함으로써 과도한 불안을 경험하기도 한다. 청소년기에 이루어지는 형식적 사고의 발달로 인하여 청소년들은 자신의 사고를 비판적으로 검토할 수 있고 자신과 세계에 대해서 상대론적 관점에서 이해할 수 있게 된다.

그러나 청소년의 자기성찰과 비판적 성향이 지나치게 강화될 경우 열등의식이 강화 될 우려가 있다. 청소년이 자신과 세계에 대한 상대론적 입장에서 생각할 수 있는 능력을 발전시키지 못하는 경우에는 자신의 외모에 지나치게 신경을 쓰거나 타인의 입장을 배려하지 못하는 자아중심적 사고성향이 그대로 유지된다.

이와 같이 형식적 사고능력의 발달로 인한 부정적 영향을 감고시키고 형식적 사고의 질적 발달을 도모하기 위해서는 첫째, 다양한 역할수행이 요구되는 상황에 직면함으로써 두 개 이상의 변인을 정신적으로 조절하는 능력을 갖추어야 하며, 둘째, 이질적 성원으로 구성된 동년배집단에 참여하여 다양한 경험을 하고, 셋째, 학교수업을 통해 논리적 사고능력을 키워나가야 할 것이다.

2) 에릭슨의 심리사회이론

(1) 자아정체감 형성

Erickson은 청소년기의 주요 발달과업은 자아정체감 형성이라고 지적하였다. 자아 정체감(ego identity)은 자신의 독특성에 대한 비교적 안정된 느낌을 갖는 것으로, 행동이나 사고 혹은 정서의 변화에도 불구하고 변화하지 않는 부분이 무엇이며 자신이 누구인가를 아는 것이다. 이러한 개인의 자아정체감은 첫째, 각 개인이 인간이라는 느낌 즉, 인간성차원, 둘째, 남성 혹은 여성이라는 느낌 즉 성별차원, 셋째, 각 개인이 독특하고 특별하다는 인식, 즉 개별성 차원 그리고 넷째, 시간경과에도 불구하고 동일한 사람이라는 인식, 즉 계속성차원이라는 4가지 차원으로 구성되어 있다.

이러한 자아정체감의 형성은 아동기의 경험에 기반을 두고 있긴 하지만 본격적인 발달이 이루어지는 것은 청소년기부터라고 할 수 있다. 청소년들이 안정된 자아정체감을 형성하기 위해서는 신체적 성숙과 성적 성숙, 추상적 사고능력의 발달, 정서적 안정성의 확보 그리고 부모나 또래집단으로부터의 자율성을 확보할 수 있어야 한다. 그리고 다양한 역할 실험을 통하여 자신의 특성을 인정하고, 타인의 견해를 이해하며, 세계에 대한 지식을 습득하는 과정이 필요하다. 이와 같은 자아발달의 최종단계를 E.에릭슨은 자아정체감의 발달로 표현하였다.

에릭슨이 말하는 이 시기는 12~18세의 청소년들로 급격한 생리적·신체적·지적 변화를 경험한다. 이로 인해 그들은 수많은 충동과 무한한 동경심과 호기심을 갖게 되나, 경험미숙으로 수많은 좌절과 회의, 불신을 경험하게 된다. 이 시기의 중심문제는 자아정체감을 확립하는 일이다. 청소년들은 자신이 누구이며, 가정과 사회에서의 역할이 무엇인지에 대해 알고자 한다. 또한 타인의 눈에 비친 자기는 누구인가에 심각한 관심을 보인다. 자아정체감의 결여는 역할혼란을 초래한다. 이 위기를 극복하지 못하면 준비되지 않은 상태에서 성인의 역할을 수행해야만 하는 불행을 경험하게 된다.

자아정체감은 자신에 관해서 통합된 관념을 가지고 있느냐에 대한 개념이다. 자아 정체감이 형성되었다는 것은 자기의 성격, 취향, 가치관, 능력, 관심, 인간관, 세계관, 미래관 등에 대해 비교적 명료한 이해를 하고 있으며, 그런 이해가 지속성과 통합성을 가지고 있는 상태를 말한다. 이것은 개인의 이상과 행동 및 사회적 역할을 통합하는 자아의 기능에 의해서 이루어진 결과이다. 유아기의 특정한 반응이나 거울에 비친 자신의 모습에 대한 인식 등에서 관찰될 수 있는 신체에 대한 지각, 유아기에 나타나는 '나' 라는 대명사 사용과 도전적 태도 및 특정한 역할수행 등에서 최초로 자아출현이 나타난다.

에릭슨은 생애주기 발달과정을 8단계로 나누고 있다. 다음은 에릭슨의 사회심리발달 8단계에 대하여 구체적으로 알아보고자 한다.

① 1단계 : 기본적 신뢰 대 기본적 불신(Basic Trust vs. Basic Mistrust)

이 단계는 출생 후 1년 동안의 시기로서 구강적-감각적 단계이다. 프로이드는 이 시기의 구강적 측면만 강조했으나 에릭슨이 감각적 단계를 추가했다. 이 시기의 삶의 첫 과제는 신뢰와 불신의 위기를 다루는 것이다. 막 태어난 어린아이는 돌보는 사람(특별히 어머니) 과의 관계를 통해서 자신들이 필요한 것을 가지려고 애를 쓴다. 이때 돌보는 사람의 행동에서 일관성과 예측성, 그리고 의존성을 발견하게 되면, 어린이는 부모에 대한 기본 신뢰를 형성하게 된다. 만약 아기가 수용적이고 따뜻한 대접을 받게 되면 신뢰하는 것을 배우게 되고 이 신뢰의 결과는 다른 사람에 대한 개방적 자세, 삶에 대한 긍정적 관점, 자신에 대한 신뢰가 형성된다. 인생의 가장 중요한 자긍심을 배우고 얻는 시기이다. 그러나 이 위기가 성공적으로 해결되지 못하게 되면 다른 사람이나 자신, 또는 세상을 신뢰하는데 어려움을 겪게 된다. 이때 신뢰와 불신은 어머니와 유아가 접촉하는 시간보다는 관계의 질에 의존한다.

에릭슨이 이 시기를 인생의 초기단계 중 가장 비중 있게 취급했던 이유는 발달 특성으로서의 기본적 신뢰감이 인생 후기에서 갖게 되는 사회적 관계에서도 미치는 영향이 지대하기 때문이다. 사실 사물과 대인적 신뢰감이 결손(缺損)되면 아무 것도 할 수 없는 상황이 될 수 있다. 의자에 안심하고 앉는다든지 사람을 처음 사귀거나 같이 자리에 동석하는 것조차도 불가능하게 되기 때문이다. 그러나 이러한 신뢰감의 중요성과 함께 상대적 불신감 또한 전혀 쓸모없는 요소로 받아들여지는 것은 아니다. 에릭슨은 어느 정도의 불신감이 충실한 성숙함을 만들어내는 필요 요건이 되기도 한다는 점을 인정하고 있다. 물론 이 두 요소 사이의 균형 중 신뢰감이 차지하는 비중이 우세해야만 정상적인 발달이 된다.

② 2단계: 자율성 대 수치심 및 의심(Autonomy vs. Shame and Doubt)

2-3세의 초기 아동기로, 이 시기의 어린이들은 프로이드가 말하는 항문 근육뿐만 아니라 다른 여러 근육들도 마음대로 사용하려고 한다. 두 발로 일어나 걷기 시작하는 이때는 스스로 무엇을 할 수 있음을 보여주려고 한다. 어떤 물건을 잡거나 놓거나 던지기도 한다. 특히 이들이 사용하는 언어에서 자율성에 대한 표현이 분명하게 나타난다. "내가 할꺼야", "안해" 라는 말을 함으로 다른 사람들이 나를 마음대로 할 수 없다는 것을 알게 하려고 한다. 이때 이들은 서로 상충되는 감정--협력하고자함과 내 마음대로 하고자 함, 유순함과 공격성, 복종과 고집--속에서 투쟁하게 된다.

이때 수치는 다른 사람이 그의 행동을 인정치 않을 때 생기는 경험으로 예를 들면, 배변과정에서 자기 통제의 상실감, 보행시도 중 근육의 무능감, 자기주장에 대한 과잉 통제 등의 자율성 확보의 과제 해결이 실패하게 되면 수치를 느끼게 된다. 이때 수치심을 너무 많이 느끼는 어린이는 수치심을 주는 자들에 대하여 커다란 내적 분노나 반항을 일으키게 된다. 의심은 지나친 자기-통제에서 나타나는데, 타인과의 상호행동에서 자신의 의지를 표현하는 것을 배우는 대신에 미리 이런 만남은 변화를 가져오지 못할 것이라고 생각하는 것이다. 이것은 자신의 행동이 타인에 의해 거부됨으로 나타나는 현상으로, 자율성이 결여될 때 나타나는 것이다.

이 시기의 유아발달에는 사회적인 기대나 압력과 자신의 의지 사이에서의 조절과 적응력이 발달 특성을 결정짓게 된다. 사실 유아에게 있어서 통제와 조절의 가능성은 심리적인 노력이나 능력에 달려 있기 보다는 신체적 능력에 더 직접적인 영향을 받는다. 그러므로 교사와 보호자에게 있어서 가장 유념해야 할 점은 유아의 신체적 발달, 즉 '준비된 성장'이 갖추어지지 않은 상태에서의 강압적이거나 무리한 배변, 보행, 식사, 언어훈련은 실패에 따른 부정적 발달특성으로 이어진다는 것이다. 다른 유아와 상대적으로 비교하여 강요하거나 전문성이 갖추어지지 않은 보모나 교사에 의한 집단 탁아 등은 위와 같은 부작용을 유발하기 위한 조건들이 된다.

③ 주도성 대 죄책감(Initiative vs. Guilt)

대략 4-5세의 어린이 시기로, 자신과 타인의 성기에 관심을 갖게 되고 성인의 역할을 상상하고 한쪽 부모와 경쟁관계를 느끼게 된다는 프로이드의 외디프스 콤플렉스의 시기에 해당된다. 이 시기의 특징은 능동적으로 되기 위해 어떤 일을 만들어 나가고 공격적인 자세를 취한다. 언어나 행동에 있어 공격적인데, 남자아이의 경우는 남근적-공격적(phallic-intrusive)이며, 여자아이의 경우에는 물건을 낚아채서 꾹 잡거나 사랑스럽거나 매력적인 태도를 통해서 자신의 성적 내지는 공격적인 태도를 나타내려고 한다.

이 단계의 어린이는 인간관계가 부모와 더불어 다른 식구들에게까지 확대된 상태이기 때문에, 어린이가 자신의 호기심이나 공격적 행위를 적절하게 제한하지 못하면 범법자 취급을 받게 되는데, 이때 죄책감이 생기게 된다. 주도성이 너무 지나치게 될 때 이것은 다른 사람들, 특히 부모나 형제들을 경쟁의 대상으로 느끼고 공격적이거나 적대적이 됨으로, 여기에서 죄책감이 생기는 것이다. 즉, 이들은 부모로부터의 전적인 연합에서 벗어나 스스로 계획하고 목표를 설정하며 달성하기 위해 노력하는 주도성과 여기에서 부정적으로 나타나는 죄책감사이의 갈등을 겪는 것이다.

④ 근면성 대 열등감(Industry vs. Inferiority)

이 단계는 초등학교시기로, 성적 충동이 잠복기로 들어가며, 인간관계도 가족에게 학교라는 사회로 넓어진다. 이제는 사회에 의하여 성인과 같은 기능을 감당할 수 있도록 기술을 습득하고 일을 할 수 있도록 요구를 받는다. 따라서 근면이란, 학업을 시작하면서 작업의 원칙을 익히고 기술을 습득하는 것이며, 이런 과정에서 쾌락이나 보람을 느끼고 성취감을 얻는다. 더 이상 노는 것만을 즐기는 어린이가 아니라 무엇을 만듦으로서 인정을 받고 스스로도 뭔가 생산적이라는 느낌을 갖기를 원한다. 이런 사회적인 수단들을 다루는 것을 배우기 시작하는 것은 건강한 자기 평가에 있어서 참으로 중요하다.

그러나 학습결과나 도구를 다루는 기술이 친구들에 비해 뒤떨어져서 바람직한 결과를 나타내지 못할 때 열등감이 생긴다. 열등감은 동료들 사이에서 사회적 신분이 낮아진 것을 의미하며 교사의 관심을 끌지 못하는 처지를 의미한다. 만일 이런 단계에서 갈등이나 문제를 풀어 가는데 있어서 적절하지 못한 태도를 취함으로써 경쟁이 저지되었다면 열등감은 더욱 두드러지게 나타날 것이다. 유능한 형제들에 비해 자신의 능력이 뒤떨어졌다고 느끼는 경우에도 열등감은 강하게 나타나게 된다.

⑤ 정체성 대 정체성 혼란(Identity vs. Identity Confusion)

이 단계는 청소년기에 해당되며, 질풍노도의 시기라고 표현된다. 생리적인 변화와 성기관의 성숙, 그리고 피아제가 말하는 인지의 발달이 일어남으로 여러 가지 많은 변화를 경험하게 된다. 지금까지 어린이가 자신에 대해서 생각하는 것이 도전 받으면서 질적으로 다른 자기 이해가 생겨난다. "나는 누구인가?"라는 질문을 새로이 생겨난 감정들과 능력에 의해 발생한 기본적 질문임과 동시에 사회에 의해 주어지는 질문이다. 이때 정체성이란 "일관성 있는 자아"가 되는 인식이다.

청소년기는 아동기와는 달리 자신 속에 여러 다양한 자아들이 내재하고 있음을 인식한다. 또한 다양한 그룹으로부터 다양한 역할을 요구받는데, 이때 자신의 일관성이 없음을 종종 발견하곤 한다. 이런 상황에서 정체성을 형성하려면 이들을 잘 선별해서 자신의 내면성과 일관성을 이룰 수 있는 잠재적인 요소들을 선택해야 한다. 이때 선택되지 않은 자아들은 거절하게 되는데, 이것들은 우리의 부정적인 정체성을 형성한다. 이때 선택되지 않은 자아들은 거절하게 되는데, 이것들은 우리의 부정적인 정체성을 형성한다. 물론 이것은 도덕적 의미에서 나쁜 정체성은 아니고, 우리 자신이 될 수 없다고 우리가 부정해버린 정체성이다. 비록 이런 거절이 고통스럽기는 하지만 내가 누구인가를 분명히 하기 위해서는 필수적이다.

나 자신의 의식을 갖는 경험은 반드시 고통스러운 것은 아니고, 처음으로 살아 생동하는 느낌을 갖게 하는 것이다. 따라서, 전의 나의 모습은 "아무 것도 아니었다"는 다소 경멸적으로 자신의 과거를 되돌아보기도 한다. 때로 이런 생동감은 황홀경의 경험을 갖게도 한다. 여기에서 에릭슨은 일관성 있는 자아가 되는 것에 대한 인식과 인식의 궁극적인 근거가 되는 하나님에 대한 인식 사이에 중요한 연결을 시도한다. 에릭슨에 다르면, 모세가 하나님에게 무엇이라고 불러야 하는지를 물어봤을 때 하나님의 대답이 "나는 스스로 존재하는자이다"(I am that I am)이라고 대답하는데, 이것은 "Who am I?"(나는 누구인가?)라고 질문하는 우리가 "I am that I am"(나는 나다 곧 나는 스스로 존재하는 자다)라고 대답하는 하나님 안에서 우리 자신을 궁극적으로 찾을 수 있다는 이야기라는 것이다.

그러나 이 단계에서 내가 나 되는데 실패하게 되면 정체성이나 역할의 혼란이 오게 된다. 이러한 혼란은 영우이나 인기 탤런트에게 자신을 지나치게 동일화시킴으로 야기되기도 한다. 또한 이 시기에는 사랑 때문에 상처도 많이 받고 그 상처로부터 혼란이 생기기도 하는데 그 이유는 자신의 바람직한 모습을 상대방에게 투사하면서 쉽게 사랑에 빠짐으로써 진실한 사랑을 이룰 수가 없기 때문이다.

에릭슨은 청소년기 심리학적 문제들에 대한 연구에서 정체성 혼란의 본질에 대해 가장 많은 노력을 기울였다. 정체성 혼란은 어떤 경우에는 의학적 치료가 필요한 병리적 현상이기도 하지만, 청소년기의 정상적인 위기라고 그는 말한다. 정체성 혼란을 가져오는 근본적인 이유는 외디프스 콤플렉스 이전 단계에서의 발달적 어려움이다. 에릭슨의 외디프스 이전 발달단계--신뢰와 불신, 자율과 수치--는 관계대상 심리이론들과 같은 공감대를 갖고 있는데, 관계대상 이론의 심리학자인 클라인, 위니코트 등도 자아가 건강하고 굳건하고 응집력 있는 정체성의 발달을 갖기 위해서는 외디프스 콤플렉스 이전의 경험이 얼마나 중요한가를 강조한다. 그러나 에릭슨은 더 나아가서 또 다른 요인들을 인식한다. 급격한 사회적 변화, 매우 분화되고 자동화된 사회에서 사는 가족들에게 가해지는 혼란, 청소년들과 청년들에게 압력을 주는 성, 직업, 정치, 이념 등의 복잡한 문제들 등의 사회적 요인들이 정체성 형성에 영향을 주고 있음을 심각하게 인식한다.

여기에서 청소년기의 가장 중요한 관심사로 등장하는 남성적 혹은 여성적 자아정체의 발달에 대해 좀 더 논해보고자 한다. 과연 남자아이들은 태어날 때부터 공격적이고 용감하고, 여자아이들은 태어날 때부터 온순하고 수동적인가? 이것은 본능이냐 사회적요인에 의한 영향이라는 논쟁을 가져왔는데, 이 논쟁에 대한 명확한 결론은 아직 없는 것 같다. 미국에서 대학생을 대상으로 남자아이와 여자아이가 어떻게 다른 것이 이상적인가 하는 질문을 했었는데, 40%는 남녀 간에 차이가 없어야 한다고 대답한 반면에 60%는 그 차이에 대하여 거의 공통적인 의견의 일치를 보았다. 즉 남자아이는 공격성, 자율성, 자기과시성, 성취성 및 이성에 대한 관심 등을 가지고 있어야 하며, 여자아이는 질서, 봉사, 순종, 양육, 및 겸손 등의 소질을 가지고 있어야 한다고 대답했다.

어른들이 아이가 어렸을 때부터 이와 같은 생각이나 태도를 가지고 키우기 때문에 그 아이들이 성장한 후에도 전통적인 남성 혹은 여성의 역할을 하게 되는 것일까? 어쨌든 에머리히(W. Emmerich)는 남성 혹은 여성 역할에 대한 자아정체가 형성되는 데는 다음과 같은 중요한 일(경험)들이 아동기에서 사춘기 사이에 큰 영향을 주게 된다고는 말한다.

첫째는 또래(동성) 친구들과의 밀접한 관계로서, 이것을 통하여 아동들은 또래들과 친해지는 방법과 재미를 경험하게 될 뿐만 아니라, 그 나이의 남자 혹은 여자아이가 지켜야 할 행동규범을 보고 배우게 된다. 사실 이때의 경험과 학습들이 사춘기에 들어가서 동성 및 이성 친구들과 사귀는데 많은 영향을 줄 수 있다.

두 번째로 영향을 주는 것으로는 사춘기 초기에 나타나는 신체적 변화(성적 성숙)로서, 이것은 남성적 혹은 여성적 자아정체와 어떻게 통합시키는가 하는 과제를 갖는다. 사람의 신체적 자아상이 심리적 자아개념을 형성하는 데 매우 중요한 역할을 하게 되는데, 이 신체적 자아상에 대한 관심이 사춘기만큼 예민할 때도 없을 것이다. 그래서 이 시기의 청소년들은 거울을 자주 보게 되고, 이차적 성 특징(수염이나 유방의 발육 등)에 신경을 쓰며, 남자답게 혹은 여자답게 생겼나에 관심이 많아진다.

어떤 연구 결과에 의하면 사춘기 초기에 형성된 신체상이 성인기까지 지속된다고 한다. 뿐만 아니라, 나이가 들면서 체형이 바뀌더라도 사춘기에 형성된 자기 신체에 대한 심리적 상은 쉽게 변하지 않는다는 것이다. 특히 다른 사람들의 자기 신체에 대한 반응은 그의 신체상을 형성하는데 매우 중요한 역할을 한다. 이것은 또 그의 심리적 자아상 형성에 영향을 주고, 그의 대인 관계 양상을 비롯한 제반 성격형성에 많은 영향을 줄 수 있다. 남들이 나를 매력적이라고 보는가, 예쁘다고 하는가, 아니면 재수 없게 생겼다고 보는 것 같은가? 여기에서 중요한 것은 실제로 남들이 가지고 있는 자신에 대한 견해 그 자체보다도 남들이 어떤 견해를 가지고 있다고 자기가 생각(지각)하는가 하는 것이 더 중요하다. 따라서 부모 혹은 형제들이 어렸을 때부터 그 사람을 어떻게 보아주었는가 하는 것 등이 결정적인 영향을 줄 수 있다.

흔히 사춘기의 이 과정에서 문제가 있는 사람들은 어른이 되어서도 근거 없는 열등감을 느끼며, 부정적인 자기 개념을 가지고 있기 쉽고, 심할 경우 우울증이나 피해망상과 같은 병적 현상을 나타낼 수도 있다. 그러나, 신체적으로 열등한 부위가 있다고 하여 반드시 심리적 자아개념에 손상을 가져오는 것은 아니며, 신체적으로 열등한 부위가 있다고 하여 반드시 심리적 자아개념에 손상을 가져오는 것은 아니며, 신체적으로 잘 생겼다고 해서 부정적 자아개념이 결코 생기지 않는 것도 아니다. 중요한 것은 그 사람이 가지고 있는 '생각'이며, 이 '생각'을 올바르게 가지고 있는 한 어떤 신체적 열등 조건이 있다 하더라고 부정적 자아 개념으로 인한 비극은 없다. 여기서 말하는 '생각'이라는 것도 학습(경험적으로 획득되었다는 뜻임)된 것이며, 불변의 고정화된 개념이 아니라 노력을 통하여 수정 도는 변화가 가능한 인식의 소산이다.

세 번째로 성적 역할과 관련된 자아정체에 영향을 주게 되는 것으로는 사춘기의 내분비(호르몬)변화와 이로 인한 성적 충동의 증가 및 생식 능력의 발달이다. 특히 남성 호르몬이라고 불리는 테스토스테론(testosterone)의 차이가 남성적 혹은 여성적 특징과 관계가 있다. 이 호르몬의 분비가 많을 때 남자에게는 공격성이 증가하고, 여자에게는 독립심과 성취욕구가 강하게 나타난다. 남자이면서 성격이 여자 같고 수염도 잘 나지 않는다거나, 여자이면서 억세고 비관습적이며 몸에 털이 많이 난다거나 하는 경우도 이 호르몬의 영향이 많을 수 있다. 그러니까 남성적 혹은 여성적 성격의 형성이 반드시 학습에 의해서만 결정되는 것이 아님을 알 수 있다.

마지막으로 남녀 자아정체 형성에 영향을 주는 요인으로는 한 사람의 성인으로서 남자 혹은 여자에 대한 사회적 및 문화적 기대이다. 남자라면 일정한 직업이 있어야 하고 가정을 부양할 능력이 있어야 하며 경쟁사회에서 이겨 나갈 수 있는 힘이 있어야 한다고 생각한 한편, 여자라면 충실한 어머니 역할을 할 수 있고 살림을 잘하며 대인관계에서도 어느 정도 사교성(애교)이 있어야 한다는 생각이다. 이와 같은 사회적 혹은 문화적 기대가 자신의 타고난 소질과 잘 맞을 때에는 특별한 갈등이 생기지 않지만, 그렇지 못할 때에는 때로 어려운 문제가 생길 수 있다. 가족, 친구, 이웃 사람들, 선생, 지역사회, 그리고 국가 등이 이와 같은 사회적 기대의 제공자들이며, 실제로 개인의 자아정체란 결국 이들의 가치관이나 기대를 내향화한 것에 불과할 수도 있다.

이와 같은 경험들을 통해 남성적 혹은 여성적 정체성을 청소년기에 형성한다고 본다. 이는 에릭슨이 말한 것처럼 과거 뿐 아니라 현재의 사회적, 문화적 조건이 얼마나 큰 영향을 미치고 있는가 하는 것을 잘 보여준다.

⑥ 친밀감 대 소외(Intimacy vs. Isolation)

이 단계 이후로 에릭슨은 프로이드의 이론을 넘어서서 자신의 독자적인 이론을 정립하고 있다. 사춘기가 끝나면 초기 성인기에 접어드는데, 이시기는 바로 그 사람의 인생모습(life style)이 결정되는 때이다. 인생 모습이란 그 사람이 어떤 종류의 친구를 가까이 사귀며, 어떤 직업, 어떤 가치관을 가지고 살면서노동과 여가의 균형을 어떻게 유지하려 하는가, 또한 어떤 배우자를 선택하여 어떤 형태의 가정 생활을 영위하는가 등을 의미한다. 이 시기는 여태까지 키워온 자아정체를 기초로 가정의 테두리에서 벗어나 본격적으로 다른 사람들과 함께 사회생활을 시작하는 때이다. 이 같은 사회생활을 성공적으로 하는 데 가장 필수적인 심리적 조건은 바로 친밀감이다.

친밀감이란 사람들과 가까워지는 과정에서 자기 자신을 상실할 것 같은 두려움을 느끼지 않으면서 다른 사람과 솔직해지고, 그를 위하고 싶어지고, 좋아하는 관계를 형성할수 있는 능력을 의미한다. 친밀한 관계에 있는 사람들은 서로 상대방의 생각을 이해라 수 있을 뿐만 아니라, 상호간에 애정과 존중하는 마음 그리고 자신감을 느낀다. 친밀한 관계에 있을 때 사람들은 서로 자기의 감정을 솔직하게 표현하고, 각자의 생각을 주고받으며 서로 함께 변화해갈 수 있다. 이런 사람들은 친밀감을 통하여 서로 애정적 그리고 지적 자극을 주고받음으로써 더욱 행복해짐을 느낀다. 한 가지 중요한 것은 친밀감이란 올바른 자아정체가 형성된 다음에라야 경험할 수 있은 것이며, 친밀한 관계 형성은 각자가 자신이 가치 있고 의미 있는 존재라고 생각될 때에만 가능하다는 사실이다.

그러므로, 결혼생활을 통하여 사랑의 꽃을 피우기 위해서는, 친밀감의 능력과 더불어 성숙된 남성적 혹은 여성적 자아정체라는 심리적 속성이 반드시 필요하다. 최근 우리나라에도 이혼이 점점 증가하고 부부 폭력도 증가하며, 이혼까지는 아니더라도 문제가 있는 부부가 매우 많은 것으로 보고된다. 이것은 위에 말한 것이 결핍되어 나타나는 증상이다. 결혼 자체가 친밀감을 만들어 내는 것이 아니라 이것은 노력이 필요한 것이다.

이 결혼이라는 것은 가족을 떠나 완전히 남남끼리 만나서 함께 살게 되는 친밀한 관계 형성으로서 초기 성인기의 대표적인 한과제이며, 성인기에 들어서면서 친밀감이 형성되는 또 하나의 장은 직장생활이다. 직장에서 직원들 사이에 친밀한 유대와 우정이 생기며, 상사나 선배를 섬길 줄 알게 되고, 공식적 및 비공식적 만남을 통하여 집단에 대한 동일시와 애정이 담긴 동료애가 형성된다.

심리학자들의 연구에 의하면, 일반적으로 남자들은 여자들보다 대인관계에서 친밀감의 강도가 덜하다는 결과가 보고되어 있다. 대체적으로 남자들은 여자들보다 대인관계 기술이 부족하고, 자기 개방을 덜 한다. 여자들은 동성애간이나 이성간에 나 모두 친밀감을 잘 나타내는 반면에, 남자들은 주로 이성 관계에서 만 친밀감을 나타내고 동성 간에는 충분히 발휘하려고 하지 않는다. 이 단계에서 나타나는 부정적인 모습으로 소외감은 자신의 자아가 상실되거나 타인의 자아가 위험스럽게 느껴지기 때문에 접촉을 두려워함으로써 생긴다. 이 단계에서 개방성과 상호성이 없다면 자연히 닫힌 정체성에 의한 소외감이 형성되게 되는 것이다.

⑦ 생산성 대 침체(Generativity vs. Stagnation)

이 시기는 성인기로서, 이전까지의 단계가 자아정립을 위한 준비 단계였다면 이 단계는 정립된 자아를 통해서 이웃과 세계를 위해 의미 있는 일을 실천하는 단계이다. 생산성의 우선적인 관심은 자녀를 생산하고 잘 가르쳐서 다음 세대가 건전하게 발전할 수 있게 후성설적인 톱니바퀴의 역할을 훌륭하게 수행하는 것이다. 이것은 자신의 계획이나 목표를 성취하는데서 벗어나 이웃과 세계, 생태학적 위기에 대해서까지도 사랑을 가지고 돌보려는 성숙한 태도를 의미한다.

그러나 불행하게도 세상에는 스스로의 결함이나 환경적인 요인에 의해 다음 세대를 잘 양육하거나 교육하지 못해서 생산적인 책임을 수행하지 못하는 사람도 있다. 지나치게 자기 연민에 빠지거나 인간과 세계에 대해 신뢰가 없을 때 이런 현상이 나타난다. 이런 측면이 곧 침체성으로 나타난다. 침체성은 사람들을 돌보거나 양육하려는 동기와 열정이 결핍돼서 형식적으로만 이런 책임을 감당하려고 한다. 자녀를 자기 것으로 소유하려고만 하지 다음 세대를 위한 마음으로 사랑하지 못할 때 부모는 침체성에 빠진 사람들이다.

인본주의 심리학(메슬로, 로저스, 펄스)에서 말하는 건강한 자아의 모습이란 인간의 기본적이고 자연적인 관심인 자기실현(self-actualization)을 이루는 것이라고 한다.

그러나 에릭슨이 말하는 생산성의 개념은 인본주의 심리학이 말하는 단순한 건강 이론을 넘어서고 있다. 이에 대해 시카고 대학 신학부의 브라우닝은 에릭슨의 이론이 더욱 심오함을 세 가지를 가지고 주장한다.

첫째로, 이것은 계속되는 세대에 생식적인 문제뿐 아니라 폭넓은 돌봄에 관심을 갖는 것이기 때문이다. 즉, 단지 자신의 아이들 뿐 아니라 다음세대에 대한 관심을 갖기 때문이다. 둘째로, 이것은 상호성의 원리와 양립하기 때문이다. 에릭슨은 "남에게 대접을 받고자 하는 대로 너희도 남을 대접하라"는 황금률을 "진실로 가치 있는 행동은 그것을 행하는 자와 받는 자 사이에서 상호성을 고양한다. 이 상호성은 다른 사람을 강화시키는 만큼 또한 그러게 행동하는 자신을 강화시킨다."라고 재구성한다. 이러한 에릭슨의 상호성(mutuality)이론(또는 동등한 배려)은 '세대에 기초한 이론'위에 세워졌다. 아이들의 필요를 채워주면서, 어른들은 또한 자신 안에 있는 필요들을 채운다는 것이다. 예를 들면, 유아들이 어른들의 따듯하고 인정하는 얼굴을 보는 것이 필요한 것처럼, 어른들도 유아들의 웃는 얼굴을 보는 것이 필요하다. 유아가 음식물을 필요로 하는 동시에 어머니는 젖을 빠는 아이들로부터 기쁨을 얻는다. 또한 아이들을 돌보는 바로 그 행위 안에서 부모들은 그들 자신의 "가르치는 본능"(teaching instinct)을 만족시킨다는 것이다.

셋째로, 에릭슨은 Gandhi's Truth라는 책에서, 생산성의 이론을 확장하고, 자기회생을 포함하는 것으로 황금률을 재해석하는데, "진실한 행동은... 상처를 주는 것이 아니라 상처를 받을 준비에 의해 지배된다. 이것은 비폭력의 원리에 의해 지배되는 행동이다." 즉, 상처를 받을 준비 다시 말해 자기희생에 대한 자리를 그의 이론 안에 넣고 있다."상처를 입음"(getting hurt)은 분명히 상호성을 넘어가는 것이다. 비폭력행동을 취하는 사람은 다른 사람에게 상처를 주지 않으면서, 다른 사람이 더 정당하고 상호적인 행동을 자길 수 잇도록, 기꺼이 자신이 고통받고 상처를 받는 것이다. 그러나, 이것은 진실한 상호성과 정의의 관계를 회복하기 위한 일시적인 전략으로, 그런 사람은 기꺼이 비폭력적 행동을 취하고자 하는 것이다. 이렇듯 에릭슨의 이론은 인본주의 심리학이 말하는 자연적 본능에 기초한 정신적 건강의 개념을 넘어서고 있다.

브라우닝은 에릭슨의 이러한 돌봄의 개념을 논하면서, 에릭슨의 성인기(중년)의 성숙성의 에너지는 단지 중년이라는 단계에만 머무르는 성장의 단계와 목표가 아니라, 인간 삶의 전 영역에 적용되어야 할 삶의 에너지이며 종교적이며 또한 윤리적 존재가 될수 있는 심리학적 이유를 제공해주는 핵심적 원인으로 해석하고 있다.

⑧ 자아통합 대 절망감 및 혐오감(Integrity vs. Despair and Disgust)

노년기에 속한 단계로, 이 단계는 인간의 모든 갈등이 조화롭게 통일되며 성숙한 경지에 도달하는 시기이다. 이 시기의 특징은 첫째로, 자신의 삶 전체를 받아들이는 것이다. 이제까지의 삶을 만족과 감사로 받아들이며, 심지어 자신의 죽음까지도 받아들이고 죽음으로 끝나는 생애주기를 초월하려는 궁극적 관심까지고 갖게 한다.

둘째로, 세대와 세대 간의 계속성에 참여하는 일이다. 전 단계의 생산성이 타자에 대한 돌봄을 말하는 것이었다면 자아통합은 이전 세대와 동지의식을 갖는 동시에 인간의 존엄과 사랑을 위해 시공을 달리해서 몸 바쳐 일한 사람들과 몸 바쳐 일한 사람들과 정서적으로 하나가 되는 것이다.

셋째로, 유년기의 순진성을 회복하는 것이다. 젊은 날의 자만심이나 방어벽이 성숙함으로 흡수되어 거짓이나 위선이 '노숙한 순진성'(senile childishness)으로 순화되는 것이다. 이런 특징으로부터 지혜가 터져 나오고 만인을 공감케 하는 기지가 넘쳐 나오게 된다.

그러나 이런 통합과 성숙이 이루어지지 않을 때 나타나는 대극이 혐오감이나 절망감이다. 자신을 향해서는 지금까지 살아온 삶을 후회하거나 염세적인 태도를 취하게 되는 것이고, 타인을 향해서는 아무리 값진 일을 해낸 인물이라도 경멸하려 든다. 이것은 자신의 후회스러운 감정을 타인에게 투사하려는 것이다. 노인층이 차지하는 인구비례수가 낮았던 과거에는 노인이라는 신분 자체가 존경의 대상이 되고 장수는 큰 축복이었다. 그러나 현재는 노인인구의 비례가 높고 장수가 보편화되어 별 의미가 없어 보이기 때문에 노인들의 혐오감이나 절망감은 늘어갈 요소가 많다. 이 단계는 자신의 삶을 보람 있게 평가할 수가 없어서 타인을 수용하지 못하면 자신을 혐오하거나 절망감으로 보복하는 시기이다.

이때 나타나는 악덕목인 우울은 종종 고독과 거부로 인해 오는 세상에 대한 싫증이다. 이것은 절망이라는 이름하에 나타나는 여러 감정들에서 보여 지는데, 슬픔, 의기소침, 불평, 자기경멸, 타인경멸 등을 들 수 있다. 우울은 잃어버린 대상에 대하여 감정 부여를 하지 않음으로 생겨난다. 프로이드가 제시했던 것처럼, 잃어버린 대상에 대해 감정부여를 하지 않을 때, 그것은 분노나 원망으로 바뀌어 진다.

우리가 이전에 관심과 정열을 갖고 투자했던 세계(사람들과 모든 사물들)가 이제는 혐오스럽게 취급된다. 우울의 적대적인 형태에서, 우리는 상실한 대상에 대해 투자할만한 가치가 없었던 것이라고 주장함으로써 상실에 대해 방어를 하게 된다. 이러한 우울을 깰 수 있는 덕목은 지혜이다. 지혜는 "죽음은 면전에서 삶에 대한 초연한 관심"이다. 지혜에도 욕망이 있을 수 있으나, 이전의 욕망의 대상을 이제는 멀리서 사랑할 수 있는 것으로 초연하게 바라볼 수 있다는 것이다. 그러므로 세상에 대해 돌아서지 않으면서도 세상에 대해 포기하는 것이다. 지혜는 우울증의 슬픔을 알지만, 슬픔의 대상에 대해 방어적인 공격을 하지 않는다.

Mercia(1980)는 역할실험과 대안적 선택 중에서 의사결정을 할 수 있는 능력 즉, 위기(crisis)와 직업활동, 종교, 정치이념 등의 수행에 몰입하는 정도 즉, 전념(commitment)이라는 두 가지 잣대를 활용하여, 자아정체감의 발달 상태를 다음과 같이 4가지로 나누고 있다.

첫째, 정체감 유실(identity foreclosure)은 부모나 사회의 가치관을 자신의 것으로 그대로 선택함으로, 위기도 경험하지 않고 쉽게 의사결정을 내리지만 독립적 의사결정을 하지 못하는 상태. 이러한 정체감 유실상태의 특수형태로 부정적 정체감(negative identity)이라는 것이 있다. 이는 부모의 가치관이나 사회적 가치관과 정반대가 되는 자아개념을 의미하는 것으로, 개인적 성공에 대한 부모나 사회의 지원을 받지 못할 때 형성된다. 이러한 부정적 자아정체감은 비행청소년에게서 잘 엿볼 수 있다.

둘째, 유예(moratorium)는 정체감 위기상태에 처하여 정체감을 확립하기 위하여 다양한 역할실험을 수행하고 있는 사태로서, 정체감 성취 또는 정체감 혼란 중 어느 방향으로도 나아갈 수 있는 가능성이 있는 상태를 말한다. 특히 대학시절은 인위적으로 연장된 청소년기로서 외부적 요구로부터 일시적으로 해방되어 정체감형성을 위한 다양한 실험을 할 수 있는 시기이다. 이러한 특성 때문에 대학시절을 심리사회적 유예기간(psychosocial moratorium)이라고도 한다.

사회적인 자기(자기(自己):identity)를 확립하기 위한 모라토리움(moratorium: 유예기간)에 머물러, 기성의 성인사회(成人社會)에 동화되지 못한 상태의 인간. 모라토리움이란 원래 경제용어로서 지불유예기간(支拂猶豫期間)이라는 의미로, 미국의 정신병리학자 E.H.에릭슨은 이 말을 사회심리학 용어로 전용(轉用)하여, 청년기는 지식, 기술의 연수 때문에 지적, 육체적, 성적(性的) 능력 면에서는 제구실을 할 수 있는데도 불구하고 여전히 사회인으로서의 의무와 책임의 지불을 유예당하고 있는 상태라고 정의하였다.

청년기가 연장되어 언제까지나 모라토리움 상태에 머무는 청년층이 증가하자,

청년뿐만 아니라 각 연대, 계층의 현대인의 마음속에 언제까지나 모라토리움 상태로 있으면서 사회적인 자기를 확립시키지 않으려는 심리구조가 일반화되고 있는 사실을 지적하여 붙이게 된 것이다. 모라토리움 인간은 종래의 일정한 사회적 자기의 본연의 자세를 확립하기 위하여 그 밖의 자기의 가능성을 포기해버리는, '이것이냐 저것이냐' 형의 생활태도에 비하여 '이것이든 저것이든' 형이며, 자기의 다양한 가능성을 항상 마음껏 발휘할 수 있을 만한 유연성을 지니고 있다. 그러나 사회에 대하여 당사자의식(當事者意識)이 결여되어 있으며, 방관자적이어서 조직, 집단, 사회, 국가에 대한 귀속의식이 희박하여 매사에 일시적, 잠정적으로밖에 대처하지 않는다. 따라서 참다운 자신의 모든 것을 바치려 하지 않으며, 부분적, 일시적으로만 자신을 연관시키려는 심리경향을 가지고 있다.

셋째, 정체감 혼란(identity diffusion) 은 정체감을 확립하기 위한 노력도 없고, 기존의 가치관에 대한 의문도 제기하지 않는 상태이다. 개인적 신념체계를 확립하지 못하여 자기 자신의 능력에 대해 회의를 품고 있으며, 직업역할을 수행하지도 못하는 사람들이 여기에 속한다.

넷째, 정체감 성취(identity achievement)는 위기를 성공적으로 극복하고 정치적 또는 개인적 이념체계를 확립하고, 자신의 의사에 따라 자율적 의사결정을 하며, 직업적 역할을 성공적으로 수행할 수 있는 상태를 의미한다.

(2) 사회복지실천에서 고려해야 할 요인

우리나라에서는 일반적으로 청소년기의 최대 과업이 대학진학인 것처럼 받아들여지고 있다. 물론 이러한 현상은 바람직한 것은 아니지만, 현재의 사회적 현실인 만큼 사회복지기관에서는 청소년 독서실을 운영하여 청소년들의 인지발달을 지원할 필요가 있다. 그러나 이러한 인지증지 프로그램에만 국한될 경우 사회복지기관이 제 2의 청소년교육기관으로 전락할 위험성이 있다. 따라서 사회복지기관에서는 체육활동, 문화예술활동, 자원봉사활동 등 프로그램과 같은 여가 및 수련 프로그램을 개발하여 실시함으로써, 청소년의 전인적 성장을 지원하여야 할 것이다.

청소년기의 중요한 발달과업은 자아정체감의 형성이다. 사회복지관에서 청소년들의 자아정체감 형성을 지원하기 위해서는 자아발견, 자아형성, 자아주장훈련, 인간관계수련등과 같은 청소년의 자아발견과 원만한 대인관계 형성을 지원할 수 있는 집단상담 프로그램을 개발하여 실시할 필요가 있다. 이러한 직접적 자아발달 프로그램 이외에도 진로지도, 청소년 자원봉사활동 프로그램, 문화예수활동 프로그램 등과 같은 다양한 수련프로그램을 실시하여, 청소년들이 다양한 사회경험을 통해 자신의 개성과 자질을 발견할 수 있도록 원조할 필요가 있다.

청소년기는 심리적 격동기로서 다양한 정신장애를 일으킬 가능성이 높다. 청소년기에 호발하는 정신장애로는 정신분열증, 불안장애, 공포증, 우울증, 자살, 물질남용 등이 있을 수 있다. 특히 우리나라의 경우 지나친 입시경쟁으로 인하여 고 3 증후군으로 대표되는 시험불안은 거의 대부분 청소년이 경험하고 있는 심리적 증상이다. 따라서 사회복지기관에서는 청소년들의 정신건강과 건전한 심리적 발달을 지원하기 위하여, 청소년을 대상으로 한 개발상담과 스트레스 예방 및 관리방법, 약물교육 및 치료 프로그램, 청소년 가족을 위한 가족치료 프로그램등의 임상 프로그램을 개발하여 실시하고, 필요에 따라서는 정신병원의 입원을 의뢰하여야 할 것이다.

3) 피아제와 콜버그(Piaget & Kohlberg)의 도덕성 발달

(1) 피아제(Piaget)의 도덕성 발달

1930년대의 피아제와 1950년대 이후 피아제의 이론을 발전시킨 콜버그는 도덕성을 단계별로 발달한다고 하였다.

피아제는 몇 가지 실험을 근거로 도덕성 발달에 대해 명백히 구별되는 다음 2단계를 거쳐 발달된다고 하였다.

첫째, 도덕적 실재론의 단계(타율적 도덕성의 단계)로서 규칙에 대해 무조건 복종하며 행동 뒤에 있는 동기보다는 결과에 의해 판단한다.

둘째, 자율적 도덕성의 단계(협동과 호혜에 의한 도덕성 단계)로서 7~8세 경에 시작하여 그 이후에 계속되는 것으로서 행동의 이면에 놓인 행위자의 의도를 고려, 선악을 판단, 5시에서 7~8세 사이의 아동은 공정개념을 변화시킨다.

(2) 콜버그(Kohlberg)의 도덕성 발달

콜버그는 피아제의 아동을 대상으로 한 도덕성 이론을 발전시켜 성인에까지 확대하는 이론체계를 수립하였다. 또한 '도덕적 행위의 동기'와 '인간 생명의 가치'등 도덕성의 문제를 담고 있는 '도덕적 딜레마'를 들려주고, 이에 대한 응답을 기초로 개인의 도덕성은 6단계를 거쳐 발달한다고 보고 세 가지 수준으로 구분하였다.

가. 인습 이전 수준의 도덕성
  * 1단계 - 벌과 복종에 의한 도덕성
  * 2단계 - 욕구 충족을 위한 수단으로서의 도덕성

나. 인습 수준의 도덕성
  * 3단계 - 대인관계에서의 조화를 위한 도덕성
  * 4단계 - 법과 질서를 준수하는 도덕성

다. 인습 이후 수준의 도덕성
  * 5단계 - 사회계약정신으로서의 도덕성
  * 6단계 - 보편적 도덕원리에 대한 확신으로서의 도덕성

이러한 콜버그 이론의 특징을 보면

① 도덕적 발달단계는 문화적 배경과 관계없이 그 순서에 있어 공통적이다. 어느 곳에서나 같은 방식으로 단계에 따라 발달한다.
② 6가지 단계는 중요한 도덕적인 결정을 합리화하고 정당화하기 위해 사용되는 사고체계이다.
③ 높은 단계로 발전해갈수록 이전단계보다 광범하고 복잡한 추상적인 사고를 할 수 있기에 민주사회의 원리와 매우 비슷하다.

그러나 콜버그의 이론은 첫째, 특정 단계, 특히 후기 단계는 신뢰성 있게 되풀이되지 않았고, 둘째, 이러한 단계 중 일부는 자유로운 관점에서 지나치게 정치화되었으며, 셋째, 각 단계가 문화, 역사적인 특정시점, 중류상태, 남성에 속박된 것이라는 비판이 있다.

CHAPTER 05

청년기 발달과 사회복지

청년기는 흔히 성인초기라고도 불리며 이 단계로 들어가는 것은 생에 있어서 성인기로 진입하는 주요한 전환기라고 할 수 있다. 또한 청년기가 구체적으로 언제인가는 문화 및 기후 풍토에 따라 차이가 있는데, 우리나라의 경우 18세 미만은 미성년자로 규정하고 있음(이소희 외 다수 공저, 2006:257)에 따라 청년기는 19세에서 25세까지고 규정할 수 있겠다.

청년기는 신체적, 지적 측면에서 가장 정점에 있는 시기라고 할 수 있다. 발달에 대한 잠재력은 전생애에 걸쳐 존재하지만 청년기 이후의 발달은 아동기나 청소년기와는 그 성격이 다르다. 다시 말해서 청년기 이후의 발달은 새로운 신체적 기능이나 인지적 능력의 획득에 의해 일어나기보다는 주로 사회적, 문화적 요소에 의해 주도된다(Specht & Craig, 1987:178;이인정·최해경, 2008:121에서 재인용).

특히, 우리나라의 청년기에는 남성은 군복무로 이하여 독립하여 자신의 가정을 갖는 시기가 여성보다 다소 늦다고 볼 수 있으며, 고등학교 졸업 후 바로 직장생활을 시작하고 빨리 결혼을 하는 청년들도 있지만, 대체적으로 현대 사회에서는 전문적인 기술을 요하는 직업이 증가하고 있는 추세여서 교육을 받는 기간이 길어지고 초혼연령도 높아지고(엄신자, 2008:127)있는 것을 볼 때, 환경적 요인이 크게 작용하게 됨을 알 수 있다.

Grantt(1938~1970)에 의하면, 25~35세의 청년 및 성인들은 직업과 자신의 가족을 보살피는 데 전념하며, 특히 직업에서는 자신의 능력을 인정받고 전문가가 되기 위해서 열심히 일하며, 성공적인 발달에는 지능이나 행복한 아동기, 또는 풍족한 집안배경과 같은 요인이 아닌 훌륭한 지도자와 역할 모델의 존재가 더 큰 영향을 준다고 보고하고 있다.

친밀감 대 고립(intimacy vs isolation)이라는 주요 발달과제를 목표로 하는 Erikson의 생애주기 여섯 번째 단RP에 해당하는 청년 및 성인기는 '사랑과 일(to love and to work)'을 통해 자기생활의 만족을 얻고 나아가 자기실현의 길을 내딛는 계기가 되는 시기이다(김영호 외 3인 공저, 2006:108-109).

인간 사회의 미래와 국가의 장래가 청년들에게 달려 있다고 볼 때 청년기의 의미는 중요하다. 이에 따라 청년들이 수행해야 할 역할이나 해결해야 할 발달과업이 있게 된다. 구체적으로는 문화에 따라 다르겠지만 공통적인 것은 ① 사회적으로 책임있는 행동 수행, ② 남성 또는 여성으로서의 자기성에 적합한 성 역할 습득, ③ 부모나 다른 성인으로부터의 정서적 독립 및 경제적 독립, ④시민 생활에 필요한 지적 능력, ⑤ 직업 선택과 그에 대한 준비, ⑥ 자아정체감 확립 등을 들 수 있다(조복희, 2002).

1. 생물학적 발달

1) 신체적 발달

인간의 신체적 성숙은 청년기에 거의 완성되는데 이 시기에 신체적으로 활기, 힘, 건강의 최고 수준(이인정·최해경, 2008)을 보여 신체적 황금기로 일컫는다. 신장 확대와 근육발달의 시간적 차이로 인한 청소년기의 어색한 모습은 사라지고 균형잡힌 모습을 갖추게 되는 신체적 발달이 완성되는 시기이다.. 근육과 내부 기관의 기능도 이 시기에 최고 수준에 달한다(Turner & Helms, 1983). 시각, 청각과 같은 감각기관도 20세 전후에 가장 예민하다(이인정 외, 1999 : 85).

청년기의 성장과 발달에는 여러 가지 측면이 있지만 그 중 신장과 체중, 골격, 생식기관의 발달, 그리고 호르몬의 변화 등이 두드러진다. 이러한 신체 변화는 모두 다 같은 성장 속도를 갖고 있는 것이 아니며 서로 다른 성장 속도를 나타내고 있다.

청년기가 되면 신장, 체중, 간을 포함하는 일반곡선(general curve), 생식기관의 성장곡선(reproductive curve), 두뇌, 눈, 귀 등을 포함하는 두뇌곡선(brain and head curve), 아데노이드, 림프노이드 등의 임파선 곡선(lymphoid curve) 등이 성장률 100에 도달하는 등 성장의 최고 수준이 된다. 신체적인 힘은 25세에서 30세 사이에 극대화되며 그 이후에는 점진적으로 쇠퇴한다고 보고 있다.

또한 청년기는 일생 중 가장 건강한 시기로서, 이 시기의 성인은 일반적으로 어릴 때보다 더 건강하며, 장년기에 비해 만성적 질병이 가장 적게 보고되고 있다

(Turk et al., 1984). 미국보건복지국(USDHHS, 1996)에 의하면 청년 및 성인의 93%이상이 자신의 건강이 좋다고 인식하고 있는 것으로 보고하고 있다. 그러나 비록 청년기가 일반적으로 일생 중 건강한 시기라고 할지라도 여성의 경우 피임, 임신, 정기적인 산부인과 검사 등과 관련된 성 차이적 건강의 문제로 남성보다 더 아프다고 보고되는 경향(Lefrancois, 1999)이 있으며, 청년 및 성인기의 가장 흔한 만성 건강문제로 척추나 허리의 문제, 청각장애, 고혈압, 관절염 등이 많고 특히 과도한 스트레스, 흡연과 음주, 약물 사용이 늘어나고 있는 점 등을 감안할 때 건강한 삶을 유지하기 위해서는 좋은 생활습관을 가지는 것이 필요하다. 즉 규칙적인 운동과 균형 있는 식단에 의한 적절한 영양섭취는 청년 및 성인기 건강의 최고 수준을 유지할 수 있을 뿐만 아니라 장년기, 노년기의 건강유지에도 영향을 미친다(이소희 외, 전게서:109-110).

2) 인지적 발달

신체적 · 생리적 발달과 마찬가지로 청년기의 지적 인지 발달은 정점에 달한다. 인지란 정의하기가 매우 어려운 개념이며 관찰할 수 없는 모든 사건들을 일컫는다(Ault, 1977). 인지는 5개의 과정인 주의, 지각, 기억, 사고, 문제 해결을 통하여 반응하게 된다(Santrock, 1981 : 139-140 ; 조복희, 2002 : 328).

인지 발달은 정신 구조가 정신적 성숙과 경험의 상호 작용으로 인해 연령에 따라 변하게 된다. 청년기 후반에 이르면 위에서와 같은 5개 과정을 다 수행할 수 있는 인지 능력이 생긴다.

Piaget는 청소년기에 형식적 조작 사고가 발달한 이후에는 인지발달이 거의 이루어지지 않는 것으로 보는 반면 Arlin(1975)이나 Riegel(1973)은 그 이후에도 인지발달은 지속적으로 이루어진다고 하였다. 최근에는 인지 능력은 기억, 반응 시간, 추리, 창의성에서 각각 다르게 나타나며 기계적 암기나 지적 과제의 수행속도 등은 10대 후반에 가장 뛰어나지만, 판다, 추론, 창의적 사고 등은 전 생애를 통하여 발달하는 것으로 알려져 있다(이인정, 1999;이소희:258-259에서 재인용).

또한 Schaie(1975)에 의하면 25세를 전후로 하여 시각운동적 융통성은 점점 쇠퇴하지만 결정성 지능과 시각화 능력은 연령이 증가함에 따라 오히려 증가하는 것으로 나타났으며, Dorland의 저명인사의 창조성에 관한 연구 결과, 25세경에 창조적 발명, 발견, 예술작품을 처음으로 창조해 내고 이로부터 약 10년 동안 최고의 생산성을 보이는 것으로 나타났다(김성순, 1990). 이러한 연구 결과들을 종합하여 볼 때 청년기 이후에 새로운 지능발달이 거의 일어나지 않은 채 특정한 영역의 인지적 능력만 감소할 뿐 많은 부분이 유지된다는 것을 알 수 있다(김영호 외 3인 공저, 2006:110).

3) 사회적 발달

청년기(성인초기)에 경험하는 주요과제는 자아정체감을 확립하고 성역할 정체감 확립으로 통한 결혼과 직업이라고 할 수 있겠다. 그러므로 배우자선택 문제와 직업을 중심으로 살펴보면 다음과 같다.

한국에서 청년기 초기는(20세-24세) 대체로 대학 재학, 군복무가 중심적인 생활이며, 청년기 후기(25-29세)는 대학 졸업, 군복무 제대, 대학원 재학, 초기 직장 생화로가 결혼을 중심으로 사회적 생활이 수행되기 때문에 부모와 공간적으로 분리되고, 심리적으로 독립되는 생활이 진행된다.

(1) 자아정체감 확립 및 성 역할 정체감 확립

청년기에 있어 자아정체감 확립은 가장 중요한 발달과업의 하나이며 자아정체감의 확립과 더불어 자율성이 발달하며 부모로부터 독립하려고 한다. 청년기에는 대학 진학, 군 입대, 취업 등으로 부모와 지리적으로 분리되어 생활하는 경우가 많다. 부모로부터 자립하여 생활하기 위해서는 일상생활능력, 신체적 성숙, 자아정체감 형성에 따라 자율적 판단을 내리고 이에 따라 행동할 수 있는 능력, 부모와 분리되는 것에 대한 불안의 극복, 경제적 확실성, 자율적 의사결정 능력의 보유 등 신체적 · 심리적 · 사회적 영역에서 분리가 가능할 때 이루어진다.

Erikson은 인간 발달 과정을 8단계로 분류하고 매 단계마다 성취해야 할 발달과업과 위기를 개념화하였다. 그 중 청년기의 발달과업과 위기를 정체감 형성과 정체감 혼미로 제시하였다. 물론 정체간이 일생을 통하여 이룩해야 할 중요한 문제이기는 하지만 특히 청년기가 정체감 형성의 결정적 시기이며, 정체감 위기를 성공적으로 극복하지 못한 사람은 정체감 혼미를 경험하게 된다.

자아정체감 발달은 남녀에 따라 다른 양상으로 다타난다(Lavoie, 1976 ;

Constantinople, 1969 ; Toder & Marcia, 1973). 청년기 남성의 정체감 형성에는 이념, 직업 선택이 핵심이 되는 반면 청년기 여성의 정체감 형성에는 친밀감이나 인간 상호 관계 등이 중요한 역할을 하는 것으로 보인다. Marcia의 연구 결과 남성의 경우 위기와 수행을 거쳐 정체감이 형성되었으며 청년기에 위기를 경험해야 한다. 여성의 경우는 반드시 위기를 경험할 필요는 없으며 가장 중요한 것은 안정성이었다.

자아정체감 형성이 청년기에 문제가 되고 필요한 이유는 첫째, 청년기가 급격한 신체적 변화와 성적 성숙의 단계이며, 둘째, 과도기로서 신체적으로는 이미 성인으로 성장했지만 경제적, 정서적으로는 여전히 부모에게 의존한다. 이 시기의 청년은 자신의 위치와 역할을 고민하지 않을 수 없다. 셋째, 선택과 결정의 시기로 진학 문제, 직업 선택, 이성 문제, 교우 관계 등 스스로의 선택이 요구되는 상황에 직면하게 되며, 넷째, 현저한 성장을 보이는 인지 능력 때문이다(이소희 외, 전게서 : 260-262).

또한 성인이 된 이후에 사회적 역할을 적절히 수행하기 위해서는 청년기에 성 역할 정체감(sex-role identity)이 확립되어야 한다.

성 역할은 Freud(1933)의 정신분석 이론에서는 심리성 발달의 5단계 중에서 3단계인 남근기에 남아는 오이디푸스 콤플렉스, 여아는 엘렉트라 콤플렉스를 경험하게 되는데 이러한 콤플렉스를 해결하기 위한 수단으로 성 역할 동일시가 이루어지면서 형성된다고 하였다.

사회학습 이론서에서는 성 역할은 직접학습과 관찰학습에 의해서 발달한다. 직접학습이란 부모, 교사, 친구가 성에 적합한 행동은 강화하고 성에 적합하지 않은 행동은 벌을 줌으로써 직접학습이 이루어진다고 보고 있다(Michel, 1970).

인지 발달 이론에서는 한 인간을 자기 성에 적합한 역할을 하도록 키우는 것은 자녀의 성별에 다라 부모가 다르게 대하고 자기 자신의 성을 인식하는데 있다고 본다(Kobberg, 1966:이소희 외, 전게서:263에서 재인용).

이러한 점으로 미루어 볼 때, 청년기 이후, 결혼을 하고 건전하고 자녀양육에 있어서 부모의 성역할 정체감 확립은 무엇보다도 중요하다 하겠다.

(2) 결혼(Marriage) 문제

대부분의 사람들은 그들이 젊은 시기에 장래에 어떻게 살아가야 될 지에 관해 진지하게 고민하고 이에 따른 결정을 내리게 되는데 이러한 결정들을 선택하는 데에도 재정적인 지원이라든가 개인적인 결함요소 혹은 분별력 등 그 밖의 많은 요인들이 개인의 삶의 방식을 자유롭게 선택하는 데에 방해하거나 진로를 변경하도록 영향을 미치고 있다. 대표적인 생활방식은 바로 결혼생활인 것이다.

이성에 대한 관심은 청년기가 되면서 애정의 행태는 낭만적인 사랑에서 벗어나 영속적인 관계를 유지할 수 있는 대상을 찾게 된다. 그러므로 청년기의 이성교제는 사춘기의 단순한 호기심에 의한 이성교제가 아니라 평생의 동반자를 탐색하고 결정하는 결혼을 전제로 하는 이성교제이기 때문에 더욱 더 큰 의미를 갖는다.

청년기의 배우자 선택의 문제는 결혼을 위한 마지막 단계이며 행복한 결혼생활과 이후의 생활의 안정을 위해서는 현명한 배우자 선택이 필수 조건이라고 할 수 있다.

가족은 결혼과 더불어 창조되고 유지된다는 점에서, 결혼은 가족을 형성하는 가장 기본적인 요건이 된다. 많은 사람들이 결혼이라는 과정을 거쳐 가족을 형성하고, 또 이것이 대다수의 사회에서 가장 바람직한 이성 결합의 형식으로 지지되고 있으므로 결혼에 대한 탐색과 행복한 결혼을 위해 준비하는 것은 청년기 과정에서 아주 중요하다.

① 결혼의 의의

결혼이란 인간이 요구와 의무의 균형속에서 책임감 있는 역할을 수행하도록 하며, 이를 통해 하나의 성숙된 인격체로 완성되어짐을 그 최대의 의의로 삼고 있다. 따라서 결혼이란 행복만이 보장되는 낙원이 나이라 책임과 의무가 수반되는 냉혹한 현실 생활인 것이다.

② 결혼의 동기

결혼은 하나의 제도이고 관례이다. 또한 관습과 도덕, 태도, 이념, 이상의 총체이고, 사회적, 법률적 제한이 따르기도 한다. 그리고 성적 본능의 발로이기도 한다. 이것만이 또한 목적은 아닌데 결혼은 여러 가지 복합적 동기에 의해서 이루어진다.

ⓐ 개인적 동기

결혼은 인간에게 개인의 성적 충족과 애정적, 감정적 안정을 준다. 성적 충족에는 성욕 충족 외에 자녀출산을 통해 자기 존재, 종족계승의 욕망을 충족시켜 준다. 심리적으로는 남녀가 애정으로 결합하여 애정의 욕구를 충족시키며, 동반자로서 같이 생활한다는 점에서 정서적 안정감을 얻게 된다.

ⓑ 사회적 동기

개인의 성욕충족을 결혼에 의해서만이 정당화하도록 통제하며, 이를 통해 사회 전반적으로 종족 계승의 기능을 달성하도록 하고, 이러한 모든 역할 수행을 통해 사회적 공인을 얻도록 하는 것이 결혼의 사회적 동기이다. 결국 인간은 결혼을 통해 그들의 욕망과 목표 성취의 만족을 얻고, 이것을 사회적, 문화적으로 인정받게 된다.

대부분의 성인은 삶의 행복은 성인생활의 그 어떤 영역보다도 만족스러운 결혼생활에 달려 있다고 생각하며 결혼은 배우자와 함께 자신의 깊은 생각을 나누고 많은 결정들을 하게 됨으로써 개인의 성장을 북돋운다. 이러한 결혼은 청년기에 성인남녀가 자아정체감을 형성하여 이성과 친밀한 관계를 형성할 수 있는 능력이 있거나 결혼 적령기에 부모나 친지들과 같은 주변의 기대에 부응하는 반응으로 데이트 과정을 통하여 결혼 상대자를 만나게 된다. 결혼 상대자를 선택하는 기준은 대략 다음의 네 단계를 거치면서 그 정도가 강화된다(Adams, 1980).

첫 번째 단계에서는 결혼 상대자의 선택은 만나는 사람들 중에서 어떤 사람은 관심을 끌고 어떤 사람은 관심을 끌지 못하는 등 상호 작용의 관계망에 의존하게 된다. 즉 상호 작용의 가능성과 기회가 있는 사람들 중에서 파트너가 선택된다.

두 번째 단계에서는 상대방에게 자신에 관한 정보를 드러내기 시작하여 서로 간의 근본적인 유사성의 발견과 대화가 잘되는 조화적 관계라는 느낌을 가지게 되면서 관계가 깊어지는 방향으로 진전된다. 이 단계에서 사람들은 자신을 이해하고 정서적 지지를 제공할 수 있는 결혼 상대자를 원하기 때문에 유사성은 매력을 증가시키는 데 중요한 역할을 하는 한편 반대 견해를 가졌거나 자신과는 다른 기질을 가졌거나 아주 다른 가족배경을 가진 사람에게는 잘 끌리지 않는다고 한다.

세 번째 단계에서는 역할 조화와 공감의 발견이 관계의 지속에 중요하다. 이 단계에서는 점점 더 자신을 드러내는 영역이 확장되면서 그에 따른 상대방의 긍정적이고 지지적인 반응이 관계의 신뢰수준을 쉽게 해 주는 반면, 자신에 대한 정보를 드러낸 후레 부정적인 반응을 얻게 되면 여기서 관계는 종결된다.

마지막으로 네 번째 단계에 이르러 서로 많은 부분을 드러냄으로써 다른 사람에게 시도해 보지 않은 자신을 드러내는 위기를 극복했다는 감정이 존재함으로써 새롭게 다른 사람에게 끌리는 것보다 둘의 관계에 확신을 갖게 해 주는 편안함과 공감이 형성된다(김영호 외, 전게서:111-112).

③ 성공적인 결혼과 관계되는 혼전 요인(강선경, 2006)

- **부모들의 행복 결혼** : 부모들의 결혼 생활은 훌륭한 모델이 된다.
- **아동기의 행복** : 부모-자녀간의 긍정적 관계의 경험이 중요하다.
- **오랜 교제기간** : 최소한 1년 이상의 교제를 통해 서로 더 잘 알고 서로가 기대하는 바를 알게 되면 효과적인 의사소통의 패턴을 수립할 수 있다.
- **결혼 연령** : 자립능력과 정서적 성숙을 어느 정도 갖춘 결혼적령 이후의 결혼이 바람직하다.
- **부모의 승인** : 젊은 부부에게 중요한 지원의 원천이 된다.
- **결혼의 동기** : 사랑이나 공통의 관심사가 1차적 동기일 때 바람직하다.

④ 성공적인 결혼과 관계되는 결혼 후 요인

- **결혼관계에 대한 태도** : 평등주의, 민주적 원칙이 중요하다.
- **인척관계** : 인척간의 원만한 관계에의 적응이 결혼 성공을 크게 좌우한다.
- **공통 관심사** : 같은 일에 공동으로 참여하고 흥미를 가지고 같은 활동에 참여함으로써 서로를 더 잘 이해하게 된다.
- **문화적 배경** : 교육, 사회경제적 지위, 인종, 국적에 있어서 유사하면 가치, 역할기대, 일상의 결혼 상호작용의 측면들에서 갈등이 적을 것이다.
- **자녀에 대한 욕구** : 자녀를 갖기 원하는 것은 결혼만족의 표시이며 관계연장의 욕구를 의미한다.
- **관계의 요인** : 상호존중과 상호이해 및 감사, 애정의 표시는 긍정적 결혼관계와 행복에 기여하는 중요한 요인이다.
- **효과적인 의사소통** : 서로 많이 대화하고 상대방의 감정에 보다 민감하게 반응하며 상대방에 대한 이해를 전달하는 것이 긍정적 관계에 기여한다.
- **역할 기대의 양립성** : 역할 기대는 남편과 아내가 어떻게 행동하여야 하는가에 대한 규범적 신념이다. 남편과 아내의 역할기대가 크게 달라서는 안된다.
- **성격 특성** : 정서적 성숙과 안정, 자제력, 애정표현 능력, 책임감, 사려성, 보수성, 긍정적 자아개념, 낙관적인 태도가 성공적인 결혼과 관련된다.
- **소득** : 적절한 소득 안전성이 결혼 안정과 관련이 있으며 가계 관리상의 의견일치가 또한 중요하다.
- **직업** : 직업의 안정성이 높을수록 결혼의 안정성도 높다. 또한 부부가 직업 지

향적이기보다 가족 지향적일 때 결혼 만족도가 높다고 하겠다.

- **아내의 직업** : 아내의 취업은 특별한 경우를 제외하고 대체로 결혼 만족에 긍정적 영향을 준다.
- **종교활동** : 종교를 가진 부부가 무종교 부부에 비해 결혼 안정성이 훨씬 높다(강선경, 2006).

(3) 자녀의 출산과 양육

결혼한 후 자녀의 출산은 부부의 삶의 방식과 가족생활에 많은 변화를 초래하는 중요한 인생사건으로서 긍적적일 뿐 아니라 부정적인 영향을 미친다. 역사적으로 볼 때 농경사회나 전근대적인 산업사회에 있어서 자녀가 바로 경제적인 부의 상징이었던 것에 비하면 오늘날은 경제적인 부담으로 느껴져 많은 사람들이 결혼 초기에 자녀를 갖긴 하지만 부부생활의 행복 유지와 경제적인 안정을 찾기 위하여 자녀출산을 연기하는 경우도 늘어나고 있다.

자녀양육에 있어서 자녀를 갖기를 원하지 않았거나, 자녀를 돌보는 데 필요한 외부 자원을 갖고 있지 않은 경우, 자녀가 결혼의 만족도를 낮추지 않으나 부부나 부부 중 한 사람이 낮은 자존감을 갖고 있는 경우에 자녀가 결혼생활에 문제를 낳을 수 있다(Belsky & Rovine, 1988). 또한 부모의 나이가 너무 어리거나 교육수준이 낮고 소득이 적으며, 결혼 기간이 짧은 경우 낮은 결혼 만족도와 관련되는 많은 요구와 스트레스가 존재하게 된다. 즉 자녀의 출산에 따르는 새로운 책임의 분담 및 증가, 재정적 부담, 훈육의 문제, 육아에 대한 가치관의 불일치 등의 이유로 인하여 결혼생활에 긴장을 가져온다.

그러나 자녀양육이 결혼 만족에 부정적인 영향을 미칠 때조차도 부부에게 많은 보상과 기쁨의 순간을 제공함으로써 부모의 자아개념과 역할에 긍정적인 효과를 갖는다. 즉, 누군가를 사랑하고 그 사랑을 돌려주는 누군가가 있다는 사실, 아이와 놀고 상호 작용하는 즐거움, 아이가 성장하는 것을 보고 돕는 것, 그리고 다른 부모와 함께 사회화하는 것(김규수 외, 2002 : 287) 등의 아기가 부부에게 사랑을 주고 애정을 나눌 수 있는 기회를 제공하며 어른들을 외로움에서 보호하여 주는 효과가 있다.

따라서 자녀양육이 부담이라기보다 부부간의 유대관계를 지속시키거나 강화시킴으로써 결혼 만족도를 높일 수 있는 도전으로 수용하기 위해서는 부모로서의 역할 전환에 대한 준비와 육아 상식, 부부간의 역할과 책임에 대한 재정의와 합의가 이우어져야 한다(김영호 외 3인 공저, 2006:113-114).

(4) 직업의 선택

직업의 선택은 청년기에 달성해야 할 과업 중의 하나로서 직업 선택에 대한 의사결정을 해야 하는 결정적 시기 이다.

홀랜드(Holland, 1985; 장휘숙:273-275; 엄신자:137에서 재인용)는 각 개인이 선택하는 직업과 그의 개인적 성격요인들의 관계를 광범위하게 연구하여 성공적인 직업선택은 특정한 성격특성과 이 특성들이 표현될 수 있는 직업과의 조화를 필요로 한다고 주장하였고, 오넬(O'neil, 1980)등은 직업 선택에 영향을 미치는 요인으로 6가지를 제시하였다. 첫째, 가족관련 요인인 어린 시절의 경험과 역할 모델로서의 부모의 직업, 둘째, 사회적 요인인 학교에서의 교육, 또래집단과의 경험, 대중매체 등, 셋째, 상황적 요인인 적절한 기회, 넷째, 경제사회적 요인인 출신 계통, 성 차별, 직업의 수용와 공급, 다섯째, 개인적 요인인 자신 스스로에 대한 기대, 능력, 직업에 대한 태도, 성취 욕구, 여섯째, 사회심리적 요인인 자신감의 결여, 실패에 대한 두려움, 자기주장 능력의 결여, 역할 갈등 등의 요인들이다(이인정, 1999: 88).

직업은 생활수단으로서의 의미뿐만 아니라 사회적·정서적 욕구를 충족시켜 주는 역할까지 포함하기 때문에 대부분의 성인 남성들과 상당수의 여성들에게 있어서 직장생활은 중요한 의미를 지닌다. 직업에 대한 태도는 사회적 계층, 연령, 성, 성격 등에 따라 달라진다. 대부분의 사람들은 직업을 생존을 위해 필수적인 것으로 간주하지만 어떤 사람들에게는 자신의 창의력을 발휘하거나 자부심을 획득하기 위한 기회로 간주하기도 한다(Specht & Craig, 1987:185).

따라서 청년기에는 직업에 대한 실험과 훈련의 단계로서 직업역할을 성공적으로 수행하기 위해서는 무엇보다도 먼저 자신의 능력을 알고 그 능력을 최대한 발휘할 수 있는 직업 분야를 선택한 뒤 그 직업과 관련된 전문지식과 기술을 학습하고, 그 직업에 따르는 지위와 의사결정 과정 등의 권위적 관계, 직업적으로 존재하는 독특한 요구 사항과 위험 요인, 직장 동료와의 상호 우애관계 등의 평가가 이루어져야 한다. 이러한 과정 속에서 자기 직업의 장점과 요구하는 대가를 파악하고 자신의 고유한 직업 역할을 미래와 연결시켜 생각하여야 할 것이다(김영호 외 상게서:114-115).

(5) 사회복지실천에서 고려해야 할 요인

청년기 때의 사회복지실천의 관심대상이 되는 문제는 결혼, 자녀양육, 그리고 직업선택인 만큼 이 영역은 우리 삶의 기초단위인 가정안의 문제로서 사회복지사의 개입이 보다 더 적극적인 영역 중에 하나라고 할 수 있다.

미혼자들에겐 건전한 이성교제를 할 수 있는 기회제공과 결혼을 앞둔 청년들에겐 예비부모교육을 통해 '좋은부모되기' 준비를 하도록 개입해야 할 것이며, 또한 서로 다른 남녀의 만남으로 인해 서로가 잘 적응하여 긍정적인 새로운 삶을 살아갈 수 있도록 부부교실 운영 등 통해 개입을 해야 할 것이다. 또한 직업선택의 부분에서도 직업을 선택하는데에 도움이 되는 정보제공과 실직청년들에겐 다시 자립할 수 있도록 도와주어야 할 것이다. 그 외에 날로 늘어나는 국제결혼으로 인한 다문화가정의 배우자와 그 자녀에 대한 미시적 접근과 사회변화에 따른 만혼의 영향으로 임신의 어려움과 노산의 위험성에 대하여 지속적인 관심과 홍보를 아끼지 말아야 할 것이다.

CHAPTER 06

중장년기 발달과 사회복지

중장년기(middle adulthood)는 생의 발달과정에서 결정적으로 중요한 시기이며, 최고의 전성기로 불리지만, 다른 한편에서는 샌드위치 세대, 빈 둥지 증후의 세대, 상실감의 시기라고도 한다. 이러한 중년기를 정의하는 기간은 학자에 따라 또는 개인에 따라 차이가 날 정도로 임의적이지만, 일반적으로 중장년기는 성인기가 끝나는 40세부터 노년기가 시작되기 직전인 64세까지로 규정하고 있다.

1. 개념

중장년기는 대개의 경우 다른 시기에 비해 경제적으로 안정되어 있고, 삶의 다양한 영역에서 경험을 통한 지혜를 터득한 상태이며, 직업에서도 높은 지위를 차지하는 경우가 대부분으로 인생의 전성기로 이해되고 있다. 그러나 다른 측면에서는 생리적, 심리적으로 현저한 변화가 나타나고 있으며, 사회경제적으로 역할상실의 시기가 가까워오기 때문에 인생의 쇠퇴기라고 규정하기도 한다. 이러한 의미에서 중장년기에 속한 사람들은 소위 '샌드위치 세대'라고도 불리운다. 즉, 인생의 황금기이면서 한편 인생의 쇠퇴기가 동시에 이루어지는 시기가 중장년기이다. 또 다른 시각에서 중장년기는 높은 지위와 책임을 가지게 되는 직업환경이 변화하면서 사회적인 역할이 변화되고, 동시에 가족생활의 주기는 확대기에서 축소기로 점차 변화되고 있기 때문에 지속성과 변화를 함께 경험하는 전환기로 이해하기도 한다.

비오스트(Viorst)는 중장년기를 상실감의 불안과 위협의 시기(=분노와 우울감의 시기)라고 표현하면서 이를 중년기의 위기가 되는 근원을 이룬다고 지적하고 있다. 중장년기에는 자라나는 자녀들과 노화되어 가는 양친들에 대하여 중요한 책임감을 수행해야 함과 동시에, 장성한 자녀들과의 이별과 연로한 부모와의 사별 등으로 가족관계를 상실하는 시기라는 것이다. 뿐만 아니라 사회경제활동 등에서는 자신의 현실적 한계를 경험하는 시기이기 때문에 새로운 대처방법을 발전시켜야 하는 부담을 안고 있다고 할 수 있다. 또한 클라인(Klein)은 중장년기는 젊음의 활발함을 잃어가는데 대한 상실감으로 인한 우울과 같은 심리적인 반응을 관찰하면서 중장년기를 위기의 시기라고도 표현하였다. 즉, 내적으로는 지혜와 판단력이 높아지는 반면, 외적으로는 한계를 경험하는 것은 동전의 양면처럼 고통과 성숙이 함께 이루어지는 것으로 중장년기는 정서적, 심리적으로 위기를 경험하게 된다는 것이다.

한편 오늘날 중년기의 사람들 중에는 여전히 자신의 계획을 수행하고, 책임을 질 만한 신체적 정력이 있다고 느끼는 사람이 많다. 또한 오랜 세월 동안 얻어진 경험과 기술에서 인생의 만족을 느끼는 사람도 많다. 따라서 중장년기는 노년기에 진입하기 이전에 건설적으로 중년기를 보내게 된다면, 만족스럽고 생산적인 노년기를 맞이할 수 있을 것이다.

그리고 이 시기는 또 다른 정체감이 형성되고 인격이 성숙해지는 시기로서 주요 발달과제는 인간관계이다. 또한 직업생활이 큰 의미를 갖는 시기라고도 하여 생산성의 시기라고도 본다. 그리고 외양적 변화와 함께 심리적인 공허감 내지 정체위기를 새롭게 경험하는 시기이기도 하다. 즉, 중장년기에도 발달과업과 인생의 위기는 존재하기 때문에 청소년기와 마찬가지로 인생의 전환기라 할 수 있다. 이 시기의 중요발달 과업은 신체적 변화에 대한 적응, 부부간의 애정재확립과 중년위기의 극복, 직업 활동에 대한 몰두와 여가선용 등이라 할 수 있다.

2. 중장년기의 발달단계

인생의 황금기이면서 동시에 쇠퇴기를 경험하는 중장년기는 그동안 경험했던 것과 새롭게 시작해야 하는 것 사이에서 선택적인 삶을 살게 되는 전환기의 중심에 있다. 중장년기에 나타나는 발달과정의 특징에 대한 대표적인 학자들의 이론을 정리하면 다음과 같다.

1) Jung의 전환기론

중년기에 관한 구체적 개념을 최초로 발전시킨 사람은 융이다. 융에 의하면 사람들은 대체적으로 서른다섯 살 이전에는 외부생활에 적응하기 위해서 무엇인가를 배우고, 얻고, 성취하려고 애를 쓰는 반면, 서른 다섯 살이 넘으면 이미 쌓아놓은 것들을 바탕으로 해서 무엇인가를 이루려고 하며 더 나아가 자신의 내면적인 욕구와 실질적인 욕구에 관심을 기울이게 된다. 서른 다섯 살이 모든 사람에게 다 똑같이 적용되는 것은 아니나 대체적으로 이 무렵에 삶의 전환기를 맞게 되며, 사람들은 변화된 사회적 여건과 신체적 조건에 맞추어서 그 이전과 다른 삶의 방식과 태도로 살아가야 한다는 것이다.

만약 인생의 후반기에도 인생의 전반기와 같은 관심사와 태도로 살아간다면 삶은 심각한 위기에 처하게 된다. 대략 40세인 중년기를 전환점으로 하는 인생 후반기에는 자기의 방향이 외부에서 내부로 지향되어 자아는 다시 자기에 통합되면서 성격발달이 이루어진다. 융은 이렇게 분화와 통합을 통해 자기가 발달하는 과정을 개성화 과정이라고 불렀다. 개성화란 우리 인격이 나 자신만의 독특성을 발견해서 그 독특성을 살려 나가는 것, 즉 사람들이 자기의 무의식을 탐구하여 무의식 속에 있는 요소를 살펴보고 통합시켜 나가는 과정이다. 융은 인간이 의식과 무의식을 모두 포함하는 자기 인식을 통해 개별화를 향해 나아갈 때 중년의 위기가 해결될 수 있다고 보고, 이러한 개성화 과정을 다음과 같은 4가지 주제로 구분하였다.

① 죽음의 필연성 혹은 인생의 유한성의 문제에 직면하여 실존적인 측면에서 "얼마를 살았나" 보다는 "얼마를 더 살 것인가"를 생각하고 유한한 삶을 깨닫게 된다.
② 30대 후반에서 40대 중반이 되면서 세대상의 위상에서 변화를 느끼게 된다.
③ 신체적 능력의 감퇴와 노화를 실감하게 된다.
④ 가족 내의 역할변화가 위기를 가져오게 된다.

결국 융에 의하면 중장년기에 들어서면 청년시절에 꿈꾸던 인생의 목표와 성취에 한계가 있음을 깨닫고 자신이 늙어가고 있으며, 결국 죽을 것이란 점을 인식하기 때문에 삶의 무의미함과 공허감으로 점점 더 내면세계를 지향하는 과도기인 것이다.

2) Erison의 생산성 대 침체성론

에릭슨은 인간의 발달을 8단계로 나누고 각 단계별로 극복해야 할 위기와 발달과업을 제시하였다. 그 중 중장년기는 제7단계로 생산성 대 침체성(generativity

VS self-stagnation)의 시기로, 이전까지의 단계가 자아정립을 위한 준비단계였다면 중장년기에 들어서면서 정립된 자아를 통해 이웃과 세계를 위해 의미있는 일을 실천하는 단계이다. 따라서 중장년기에 들어서면 자신의 계획이나 목표를 성취하는데서 벗어나 생산적인 일에 관심을 보이는데 우선적으로 자녀양육에 몰두한다. 그리고 다음 세대를 구축하고 이끄는데 관심을 보이며 인본주의적 태도를 갖게 되는 성숙한 태도를 보이는 것이다. 생산성은 자녀양육과 같은 생물학적 생산성, 기술전수와 같은 직업적 생산성, 문화창조, 혁신, 보존과 같은 문화적 생산성으로 표출되기도 한다.

그러나 스스로의 결함이나 환경적인 요인에 의해 다음세대를 양육하거나 교육하지 못해 생산적인 책임을 수행하지 못하는 사람도 있다. 이들은 지나친 자기연민, 또는 인간이나 세계에 대해 신뢰가 없을 때 이런 현상들을 보인다. 이것은 침체성으로 나타나는데, 사람들을 돌보거나 양육하려는 동기와 열정이 결핍되어 형식적으로만 이런 책임을 감당하거나, 책임을 포기하기도 하는 사회적, 발달적 정체에 빠지게 된다. 이는 심리적인 움직임이나 성장이 결여되었음을 의미하는 것으로 자기중심적인 태도를 보이는 경향이 많다. 따라서 타인을 희생해서라도 자신의 쾌락을 극대화하려고 하는 사람은 자신의 욕구 이상의 것을 바라거나 타인을 돌보면서 경험할 수 있는 만족을 느끼지 못하기 때문에 침체된다는 것이다.

에릭슨이 말하는 생산성은 건강한 자아의 모습으로 인간의 기본적이고 자연적인 자기실현을 이루는 것으로도 이해할 수 있다. 즉, 다음세대에 대한 관심은 자신의 자녀에 한정되는 것이 아니라 다른 아이들을 돌보는 행위, 즉, 다른 사람을 강화시키는 활동으로 자기희생을 포함한 성숙한 내재적 힘을 의미한다. 그러나 그 반대의 경우 심각한 침체성을 보이게 된다.

3) Havighurst의 발달과업론

해비거스트는 에릭슨의 이론에서 설명되지 않은 생애주기별 발달과업에 관심을 가지고 그 개념을 설명하고 있다. 해비거스트는 발달과업(developmental tasks)은 특정한 생의 시기에 나타난다고 예측하는, 그리고 숙달할 필요가 있는 개인적 도전으로 보고 연령별로 계열화했는데, 중장년기의 발달과업에 대해서는 다음과 같이 설명하고 있다.

① 시민으로서 성숙한 사회적 책임을 지는 자세를 가져야 한다.
② 적절한 생활 기준을 유지해야 한다.
③ 10대의 자녀가 책임성 있고 충실한 성인으로 자라도록 도와야 한다.
④ 적절한 여가시간과 활동을 개발하여야 한다.
⑤ 한 사람으로서 자신의 배우자와 관계를 가져야 한다.
⑥ 장년기의 심리적인 변화를 수용하고 적응해야 한다.
⑦ 연로하신 부모님께 적응해야 한다.

즉, 해비거스트는 자신의 생에 만족감을 느끼기 위해서 성취해야만 하는 것으로 발달과업을 규정하였다. 그러나 이러한 규정은 현대 서구사회에만 적용된다는 문화적 한계가 있다는 지적을 받고 있다. 또한 결혼하고 자녀를 갖는 것은 시대에 따라 선택적인 것으로 변하고 있는데, 최근에는 자녀없이 부부만 사는 DINK(Dual Income No Kids)족이 증가하고 있기 때문에 이러한 이론을 현대사회에서 일반화시키기에도 어려운 점이 있다. 그럼에도 불구하고 해비거스트의 발달과업 개념은 중장년기 발달단계에서 외부세계의 책임성을 다르는 유능함을 개발하는 필요성과 역동적인 도전을 강조해준다는 점에서 중요하다고 할 수 있다.

4) Peck의 심리발달론

펙은 여러 영역에서 변화가 나타나는 중장년기에 성공적으로 적응하려면 심리적으로 다음과 같은 4가지를 성취해야 한다고 주장했다.

첫째, 인간관계에서 사회화 대 성 역할화인데 중장년기는 이혼이나 사별로 인한 사회적 관계가 제약될 수 있다. 이런 변화는 자신의 관계를 재규정하도록 만드는데 남성과 여성이라는 기본적인 성 개념에서 성 역할을 재정의 하는 것이 심리적으로 건강하다. 따라서 남녀관계에서 서로간 특정 성 개체(성적 친밀성)로 인식하기보다 동반자 정신(개인, 친구, 동료)을 강조하면서 스스로의 가치를 인격적으로 평가하도록 한다.

둘째, 지혜에 가치부여하기 대 물리적 힘에 가치부여하기로 중장년기는 신체적인 지구력이 감소하고 건강상의 문제가 증가한다. 따라서 사람들은 신체적인 활동보다는 정신적인 활동으로 그들 에너지의 일부를 이동하게 된다. 이러한 시기에 성공적으로 적응하고 효과적으로 보내는 사람은 젊음의 매력이 감소하고 쇠잔해진 육체적인 힘보다 자신이 지니고 있는 지혜, 즉 정신적인 능력을 문제해결의 수단으로 삼는다.

셋째, 정서적 유연성 대 정서적 빈곤성으로 정서적 유연성은 가족과 친구들을 떠나 새로운 상황에 적응해야 하는 것을 의미한다. 중장년기는 부모의 사망이나 자녀의 독립, 거주지 이전 등과 같은 이유로 그동안 정서적으로 중심의 대상이 되었던 사람들을 잃게 된다. 동시에 자신의 죽음에 대한 생각과 앞으로 남은 삶을 어떻게 살 것인가를 결정하는 시기이기도 하다. 이처럼 관계의 단절을 경험하면서 방향을 잃게 되거나, 노화와 함께 동반되는 신체적 고통 또는 체력적인 한계로 활동을 제약받으면서 정서적 빈곤을 경험하게 된다.

넷째, 정신적 유연성 대 정신적 경직성으로 중년기는 대부분 정규교육을 완료하고 직업 또는 경력에서 충분히 훈련을 받은 시기이다. 또한 내세나 종교, 정치, 바람직한 오락 등에 관한 일련의 신념이 있는 시기이다. 중년기에 들어서면 새로운 견해와 활동에서 융통성이 있어야 하고, 새로운 사고에 수용적이어야 한다. 또한 문제에 대한 색다른 해결책을 상상하는 정신적 노력을 포기하지 않고 인생경험을 지배하여 초연한 관점에서 자신의 경험을 새로운 문제의 해결책에 대한 잠정적 지침으로만 사용하고자 해야 한다.

5) Gould의 비합리적인 가정론

굴드는 중장년기의 변화를 설명하는 가운데 중장년기에는 자신의 삶에 대한 잘못된 착각으로 정체성이 혼란이 올 수 있다고 보았다. 따라서 벗어나야 할 다섯 가지 비합리적인 가정(assumption)에 대해 다음과 같이 설명하고 있다.

첫째, 안전이 영원히 지속될 것이라는 가정에서 벗어나야 한다. 중장년기에는 부모로 부터의 보호를 상실하는 것이 일반적이고, 설령 부모가 생존해 있더라도 자녀가 부모를 돌보는 역할을 맡게 되는 역할전도(role reversal)가 일어나기 때문이다.

둘째, 자신과 자기가 사랑하는 사람들에게는 죽음이 일어나지 않을 것이라는 가정에서 벗어나야 한다. 이 시기에는 부모가 병에 걸리거나 사망하며, 거의 같은 시기에 자신도 신체적인 변화에 따라 죽음에 관한 신호를 받게 되기 때문이다.

셋째, 배우자 없이 사는 것이 불가능하다는 가정에서 벗어나야 한다. 특히 이 시기의 여성들은 배우자 없이도 살 수 있다는 생각을 하게 됨으로써 보다 광범위한 사회적 접촉을 경험하게 되고 인격발달을 도모할 수도 있다.

넷째, 가족 밖에서는 어떠한 생활이나 변화도 존재할 수 없다는 가정에서 벗어나야 한다. 중장년기에는 자신을 재정의하고, 결혼생활에 대한 새로운 현상, 실험 등을 통해서 가족 밖의 생활과 자신의 변화 가능성을 발견하는 의미있는 일을 경험하게 되기 때문이다.

다섯째, 자신만이 순수하다는 가정에서 벗어나야 한다. 대부분의 사람들은 중장년기가 되기 전에는 자신 외에 많은 사람들이 탐욕, 시기, 경쟁과 같은 속성들을 갖고 있다고 인식하고 있다. 그러나 중장년기가 되면서 자신도 그러한 속성들을 갖고 있음을 깨닫고 자신의 장점뿐만 아니라 단점에 대해서도 알게 되기 때문이다.

3. 중년기의 발달변화

중장년기는 청소년기와 마찬가지로 다양한 별명을 가지고 있다. 예를 들어 "제2의 사춘기", "샌드위치 세대", "퍼지는 40대", "실속없는 50대", "로맨스 그레이" 등이다. 이러한 별명은 그동안 걸어온 삶의 주기와 함께 삶속에서 많은 변화가 있음을 의미하며, 다른 한편에서는 불안정한 상태에 있음을 의미한다. 즉, 이 시기는 외양적 변화와 함께 심리적인 공허감 내지 청소년들이 겪고 있는 정체위기를 새롭게 경험하게 된다. 따라서 중년은 "위험한 나이", "난처한 나이"라고도 불리기도 한다. 이러한 중장년기의 발달변화를 생물학적, 심리적, 사회적으로 구분하여 살펴본다.

1) 생물학적인 변화

(1) 신체적 변화

중장년기에 속한 사람들은 초기에는 대부분 건강상태가 양호하거나 삶의 열정적인 에너지를 가지고 있지만, 나이가 들어감에 따라 건강은 약화되고 열정은 점차 감소하기 시작하면서 많은 사람들은 신체적인 어려움에 처한다. 중장년기에 가장 뚜렷하게 나타나는 신체적 변화는 감각기능의 쇠퇴로 대표적인 것이 시각과 청각의 기능감퇴이다. 시력의 감퇴는 근시는 청년기때 보다 좋아지기도 하지만 대개의 경우 시력의 선명도가 감소하는데, 대체로 40세 중후반에 나타나며 노안이 대표적 징후이다. 이때는 가까운 것을 보는 데에도 어려움이 생기며 신문이나 책을 보는 거리가 점점 멀어지게 되는 원시가 된다. 또한 눈으로 가는 혈액공급이 감소되어 시각의 범위는 좁아지는 반면에 사각범위는 커진다.

그리고 청각기능의 감소는 20세 이후부터 천천히 감소하는데 대개의 경우 신경세포가 둔화되고 쇠퇴되어서 고주파 소리를 잘 듣지 못하게 된다. 이러한 청각 신경의 둔화는 중년여성에 비해 중년남성에게서 더 일반적으로 나타난다. 뿐만 아니라 미각과 후각도 그 민감성이 점차 감소하기도 하기 때문에 점차 감소하여 맛, 냄새, 통증 등에 대한 반응시간도 더디게 나타난다.

동시에 신경체계의 둔화와 골다공증과 같은 내부적인 변화도 일어나게 되는데 천식, 관절염, 류마티스, 신경체계의 완만함과 골격의 경직을 들 수 있다. 그리고 외모는 나이가 높아질수록 머리카락이 가늘어지고 회색으로 변한다. 피부와 근육은 탄력성을 잃어가고 주름이 생기며 허리는 피하지방이 누적되면서 굵어진다. 폐활량은 약화되어 힘든 일을 지속하는 능력이 저하되는 등 신체적 에너지 수준은 점차 감소하고 동작이 둔해진다.

이처럼 중장년기는 신체적인 노화와 둔화가 나타나는 시기로 신체적 반응속도 또는 감각 운동적 기능과 같은 생물학적인 기능이 점차 감소한다. 이러한 신체내외적인 쇠퇴는 개인차를 인정하더라도 점진적으로 나타나고 신체의 한 부분에 기능이상이 발생하게 되면 회복속도가 느리고 회복능력도 감소한다.

(2) 건강과 질병

나이가 높아질수록 신체기능이 감소하면서 질병에 노출될 확률도 높은데, 우리나라의 사망률과 관련한 통계를 보면 34세 이전은 사고로, 그 이후는 질병으로 죽는 것으로 나타났다. 특히 남성은 여성에 비해 질병에 노출될 확률이 높은데 그 이유로는 남성다움을 강조하는 사회분위기 속에서 쇠약해짐과 유전적 질병소인을 무시하는 경향이 강하기 때문이다.

중장년기의 대표적인 질병으로는 40대 초반이 되면서 신진대사가 저하되고, 당뇨, 담석증, 신장결석의 빈도가 높아지며, 고혈압, 뇌졸중과 같은 심장관련 질환 및 순환기질환 또는 호흡기 질환, 암 등의 발생비율이 높은 것으로 나타난다. 또한 스트레스, 성격, 유전적 요인과 관련된 질병도 많아서 조급하고 공격적이며 참을성이 없는 성취 지향적인 유형의 성격에서 많은 질병들이 발병하는 것을 찾아 볼 수 있다. 그러나 건강관련 질병은 대부분 치료가 가능하기 때문에 조기에 발견하는 것이 매우 중요하다. 따라서 중장년기에는 정기적인 건강검진이 필요할 뿐만 아니라 자신의 생활 속도를 천천히 유지함으로써 에너지를 유지하며, 규칙적인 운동으로 신체적인 능력과 지속성을 증진하는 등의 노력이 필요하다.

(3) 성적변화

중장년기에 이르게 되면 남녀간의 차이가 있기는 하지만 성적 능력의 저하가 이루어진다. 이러한 중장년기의 성적 능력의 저하로 나타나는 현상을 갱년기(climacteric) 장애라고 부르고 있는데, 이는 중장년기의 호르몬 변화와 함께 광범위하고 복잡하게 동반되는 신체적, 정서적 결과를 의미한다.

여성의 경우에는 40대 후반에서 50대 초반에 생리가 중지되는 폐경기(menopause)를 경험하게 된다. 폐경기에 이르게 되면 생식능력을 상실하게 되며, 에스트로겐(estrogen)이라는 여성 호르몬의 분비가 감소하고, 자궁과 유방의 퇴화가 이루어지기 때문에 다양한 종류의 불유쾌한 신체적 증상들이 나타난다. 여성의 폐경기 증상은 얼굴의 홍조현상, 두통, 메스꺼움, 현기증, 골반통, 유방통증, 호흡장애 등이다. 그러나 여성의 경우 이러한 폐경기 증상보다 더 심각한 것은 폐경으로 인한 심리적인 변화와 동시기에 경험하는 가족과 사회환경에서의 사회적 역할변화가 불안, 우울감, 자신감 저하 등으로 나타나는 것이라 할 수 있다. 따라서 여성의 경우 폐경으로 인한 증상보다 정서적, 심리적 안정과 새로운 역할을 찾는 것이 매우 중요하다고 할 수 있다.

남성의 경우 여성과 같은 폐경은 없지만 비슷한 시기에 비슷한 증상들이 나타난다. 남성들은 생물학적으로 생식능력은 유지하면서도 남성호르몬인 안드로겐(androgen)과 테스토스테론(testosterone)의 수준이 감소하게 되면서 생식력 등의 성기능이 감퇴된다. 동시에 사회적으로는 사회경제활동의 중단시기가 가까워오면서 역할상실의 위기로 불안해지며, 이는 미래에 대한 불안감으로 나타나기도 한다. 또한 가정적으로는 가장으로서의 역살상실로 인해 우울증상을 보이기도 한다. 남성들의 이러한 갱년기 현상은 불안감, 무력감, 초조감, 자신감 상실 등의 심리적 현상과 두통, 식욕감퇴, 수면장애 등의 신체적인 현상을 수반하기도 한다.

중장년기에 경험하는 이러한 심리적, 신체적 변화의 증상들은 초기에는 호르몬 수준의 변화에 기인한 성적능력의 감퇴가 원인이 되어 발생하다가 점차 직업상의 스트레스, 성적인 파트너와의 권태감, 가족의 책임성, 질병, 질병에 대한 두려움 등 복합적으로 기인하여 나타난다고 할 수 있다. 특히 이 시기에 부부간의 이해가 부족하거나 가족구성원과의 관계가 원만하지 못할 때 심리적·신체적인 고통은 더욱 심각해 질 수 있다. 따라서 이러한 변화를 부정적인 반응으로 대응하지 않고 자연스럽게 받아들이는 준비를 해야 할 것이다.

2) 사회적 변화

중장년기는 사회적으로 역할변화가 크게 나타나게 되는데 가족·사회적 관계망과 역동적 균형성을 유지하는 인생의 전성기라고 할 수 있는 반면에 가족관계와 직업전환 등으로 불행과 우울의 시기이기도 하다.

(1) 가족관계

중장년기는 전체 가족구성원간의 역할이 바뀌게 되면서 가족관계를 재조정하는 시기이다. 청소년기 또는 청년기에 접어든 자녀에게는 배려과 관심을 보이고 독립에 대한 인정이 필요하면서 동시에 적절한 한계를 규정하여 부모의 권위를 확보하여야 한다. 반대로 노부모에 대해서는 의존의 방향이 바뀌는데 노부모의 건강상태, 경제적 상황 등에 따라 차이는 있지만 대체적으로 노부모가 의존하게 되면서 가족관계가 재조정된다. 또한 남성주도적으로 유지되던 전통적인 의사결정구조가 최근 여성의 지위향상으로 성인주도형과 가족주도형이 늘고 있는 추세로 부부간에도 신뢰와 이해의 정도가 달라진다. 따라서 가족지위에 따라 책임과 권리를 공평하게 배분하고 가족생활과 관련된 합리적 의사결정 능력이 요구되며, 가족의 미래를 위한 시간계획과 중·단기적인 목표를 설정하고 점검을 통해 수정해 가는 등으로 변해간다

① 부부관계

중장년기에 들어서면 결혼초기의 갈등, 즉 부부간에 적응과정의 어려움을 극복하고 진정한 동반자로서의 의식을 강화시켜 나가는 시기이다. 뉴만과 뉴만(Newman & Newman)은 건강한 결혼관계를 유지하기 위한 조건으로 다음의 세 가

지를 제시하고 있다.

첫째, 부부는 각자의 개인적인 성장과 부부로서의 성장에 헌신하여야 한다.

둘째, 부부는 효과적인 대화체계를 개발해야 한다. 직업이나 자녀양육의 역할에 몰두하여 부부간의 상호작용 기회가 감소하게 되면 불화가 생기게 된다. 부부간에 효과적인 대화가 없으면 서로 공유하는 경험이 줄어들고 상대방의 반응에 영향을 받지 않게 되기도 않다. 따라서 성공적인 부부관계를 위해서는 적절한 대화체계를 갖추는 것이 필수적이다.

셋째, 갈등을 창조적으로 활용해야 한다. 각자의 개별성과 동등성을 인정해 주지 않으면 부부간의 갈등은 필연적으로 존재한다. 따라서 갈등을 이해하고 의견에도 불일치가 있는 것에 동의하면 갈등이 해소될 수 있다.

즉, 이 시기는 부부간에 서로 즐거움과 슬픔을 함께 나누며 동반자의식을 가진다면 더욱 부부관계가 강화될 수 있지만, 그렇지 못할 경우 별거나 이혼의 문제가 발생하게 된다. 따라서 배우자의 부정적 반응에 대응하지 않고 공감 또는 수용의 태도를 보인다면 관계의 악화는 없을 수 있다. 중년기의 부부관계는 공감을 성취하고 지속적인 관심과 이해를 통해 안정과 신뢰의 관계를 유지할 수 있다.

② 자녀와의 관계

중장년기가 되면 자녀들이 청소년이나 청년기가 되기 때문에 이들에 대한 지원과 지도가 필요하게 된다. 특히 청소년 시기는 효율적으로 의사소통이 이루어져야 하는데, 부모는 자녀가 자아개념을 발달시키고 자아정체감을 확립할 수 있도록 지원해야 하며, 학교교육과 진로선택에 있어서 조언과 지도가 필요한 시기이므로 적절한 지도와 역할이 필요하다. 청년기의 자녀인 경우 취업과 결혼, 그리고 자녀의 분가후 부모는 빈둥지(empty nest) 시기가 되면서 물리적, 심리적으로 공허감을 감당해야 한다. 그리고 이때부터 부모는 부모역할에서 은퇴하면서 부모로서의 의무가 감소된다.

③ 노부모의 부양

중년기에 접어들게 되면 부모세대가 신체적으로 노화와 질병 등으로 어려움을 겪게 되고, 경제적으로나 심리적으로 자녀에게 의존적인 시기이므로 부양자로서의 역할을 수행해야 하는 역할전도가 이루어진다. 최근 들어 가족구조의 변화, 평균가

구원수의 축소, 자녀세대의 노부모 부양의식의 약화, 노인세대의 증가, 여성의 사회참여 증대 등의 문제로 자녀들은 노부모부양의 문제에 직접적으로 부딪히게 되는 경우가 많다. 이때 자녀는 신체적, 정신적, 경제적으로 상당한 부양부담을 느끼기 때문에 가족불화의 원인이 되기도 한다.

부모부양부담의 정도는 그동안 부모와의 관계가 원만했을 경우 적응하는 과정에서 큰 어려움은 없을 수 있다. 그러나 그렇지 않을 경우 부모를 위해 의식주와 관련한 기본적인 것을 제공하고, 시간을 할애하며, 의료비 등의 재정적 지원을 하는 일들이 다른 문제로까지 확대될 수 있다. 특히 우리나라는 아직 '선가정 후국가'라는 사회적 통념에 강하게 지배받고 있기 때문에 가족서비스기관의 도움을 받아야 할 필요가 있음에도 포기하는 경향이 강하다. 이는 앞으로 가족 구성원의 보호를 기반으로 다양하고 체계적인 사회복지 정책과 사회복지 실천의 접근을 통하여 해결해 나가야할 과제이다.

(2) 직업생활

중장년기는 직업에 있어 대체적으로 안정적이다. 그러나 일부는 급속한 기술발전에 적응하는 일에 어려움을 겪거나 신체적 능력이 약화되어 기존 직종에 적응이 어렵게 되어 다른 직업을 시작하게 되기도 하는 등 새로운 도전을 하는 시기이기도 하다.

① 직업안정

중장년기는 대부분 자신의 직업에서 안정을 찾으면서 경제적으로 여유가 생기게 되고 직장과 사회에서 관리자 또는 중간관리자로서 많은 영향력을 행사하며, 존경을 받는 시기라 할 수 있다. 동시에 중장년기에 있는 사람들은 자신의 직업에 깊이 몰두하며 직업적 성취 열의가 가장 높고 동시에 성공에 대한 긴장감도 높은 편이다. 따라서 직업을 통한 성취와 그로 인한 가치추구는 중장년기의 중요한 과제일 수 있다. 특히 이 시기에 개인의 발달과 적응에 영향을 미치는 직업의 3가지 측면은 다음과 같다.

첫째, 대인관계의 기술이다. 자신을 신뢰할 수 있는 존재로 인식시키고 대화기술과 팀을 효과적으로 이끌 수 있는 능력을 갖추고 타인에게 영향력을 발휘하면서 중장년기의 직업생활을 성공으로 이끌 수 있다. 이때는 직장동료가 경쟁의 관계인지, 협력의 관계인지를 분별할 수 있어야 하며 상황에 따라 상대방의 의견을 무시하거나, 반대로 자신의 의견을 포기하고 상대방의 의견을 존중할 필요가 있다.

둘째, 자신의 직업에 존재하는 권력의 구조를 확인하고 그 구조 안에서 자신의 위치를 확고히 해야 한다. 중장년기는 직장내에서 향상된 지위로 책임과 결정권도 함께 증가하는데, 이는 자신보다 높은 지위에 있는 사람에 대해서는 순종을 할 수 있는 능력도 함께 요구된다고 할 수 있다. 따라서 직장내 권력구조와 권위관계의 본질을 잘 파악한다면 성공적인 직업생활을 할 수 있을 것이다.

셋째, 직업에 따라 필요로 하는 기술이 있는데 청년기에서 중장년기에 걸쳐 종사하는 직업내 업무는 그 사람의 지적 발달에 영향을 미친다. 즉 직업과 직무의 복잡성이 지적융통성의 발달과 직업내 성공여부에 강한 영향을 미친다.

그러나 이러한 발달체계도 사회계층별로 차이가 나타난다. 대부분 전문직, 경영관리직에 종사하는 중간계층은 경쟁에서 낙오되는 두려움으로 인한 긴장감이 있다. 반면 노동계층의 경우에는 더 이상 잃을 것이 없기 때문에 그리고 상류층은 이미 안정된 생계기반을 갖추었기 때문에 성공에 대한 긴장은 별로 없을 수 있다. 어떠한 상황이든 중장년기에는 그들의 직업적 야망을 달성하였거나, 처음에 기대했던 만큼 미치지 못하더라도 대부분은 현재 상황에 적응하게 된다.

② 직업전환

중장년기에는 자기의 직업에서 은퇴할 수 있는 시간이 얼마 남지 않았으므로 자기의 목표성취를 되돌아보게 된다. 이때 목표를 달성할 수 있는 가능성이 없으면 목표를 축소하거나 직업을 전환하는 시도를 하게 된다. 직업전환의 형태로는 자발적인 경우와 비자발적인 경우가 있는데, 자발적인 경우는 새로운 직업 전망이나 보다 높은 수준의 개인적 욕구를 충족시키기 위해 직업을 전환하기도 한다. 비자발적인 경우는 도산·폐업, 회사의 경영사정과 신기술·기계 도입에 따른 직무수행능력 부족, 직업을 유지하기 어려운 신체적 능력부족 등으로 본인의 의사에 반한 경우다. 비자발적인 경우는 개인은 물론 가족전체의 생활에도 중대한 위기를 초래하게 된다. 실직 후엔 퇴직금이나 연금, 실업급여 등으로 일정기간 생계를 유지할 수 있으나 재정적 뒷받침이 없는 경우 배우자의 취업을 통한 소득 등 다른 가족 구성원의 수입으로 생계를 유지한다.

(3) 여가활동

여가활동은 개인적 관심을 표현하는 수단이 되며, 다양한 사람들과 서로 교류하고, 신체적·정신적 기능을 개선시킬 수 있으며, 자신에 대한 긍정적 느낌을 갖게 한다. 또한 휴식, 기분전환 및 사회적 성취를 도모하며, 스트레스에 대처할 수 있게 한다. 따라서 여가활동은 중년기의 위기를 극복하고 적응하는데 중요한 역할을 수행할 수 있다. 그러나 젊은 시절부터 다양한 활동을 했던 사람은 중장년기는 물론 은퇴이후에도 다양한 여가 활동을 선택적으로 할 수 있지만, 그렇지 못한 사람은 새로이 여가활동을 시작할 경우 어려움을 경험할 수 있다. 따라서 중년기에는 은퇴로의 전환을 용이하게 할 수 있는 여가활동에 능동적이고 적극적으로 참여하여 노년기의 성공적인 적응에 도움이 될 수 있도록 해야 한다. 특히 현대사회는 평균수명 연장, 조기정년 등 여가시간이 큰 폭으로 증가하고 있기 때문에 여가선용 프로그램에 참여하여 사회적 성취 및 개인적 발전을 도모할 수 있는 여가기술을 미리 습득해 두는 것이 바람직하다.

3) 인지적 변화

중장년기에는 신체적인 능력이 감소하면서 지적인 능력도 감소하거나 인지적 능력이 감소하고 있다는 견해가 있다. 그러나 이는 학습능력의 감퇴 등을 잘못 오해한 것으로 볼 수 있지만 이 또한 정확한 해석이라 할 수 없다. 지적기능은 유동성지능(fluid intelligence) 과 결정성 지능(crystalized intelligence) 크게 두 가지로 구분하여 설명할 수 있다. 유동성지능은 신경계와 신체적인 요인에 속하는 속도와 효과성에 기초를 둔 지능으로 운동속도, 기억력, 추론, 기억 등의 과정을 포함한다. 유동적이란 이런 종류의 지능이 다양한 지적 활동에 적용된다는 것을 의미하며, 사춘기 후반까지 증가되다가 장년기 말부터 점차 감소한다. 결정성 지능은 공식적, 비공식적 교육을 통해 습득한 정보를 처리하고 기록하는 능력으로 언어능력, 어휘력, 이해력, 공간지각의 측면들을 포함하며 생애전반을 통해 증가된다. 그리고 결정성 지능이 증가함에 따라 40대와 50대에는 유동성 지능의 감소를 보충하고 생애초기의 전반적인 지능수준을 유지시킨다. 그러나 생애후반기에는 속도를 요구하는 기술과 심리, 운동적인 과정이 둔화되는 경향이 있다.

중장년기에 학습능력의 속도 또는 인지적 반응의 속도가 느려진다는 것은 단기

기억능력(암기력)의 약화를 의미한다. 그러나 장기기억능력에는 변화가 없기 때문에 빠른 속도를 요구하는 문제는 청년들보다 다소 떨어지는 하지만 종합적인 이해와 삶의 경험을 바탕으로 한 지식과 관련한 문제해결능력은 오히려 높아진다. 다시 말하면 새로운 정보를 인지적으로 처리하는 능력은 떨어지더라도 정보를 처리하고 기록하는 능력은 오랜 경험을 통해 획득한 지혜가 있기 때문에 학습에 있어서는 오히려 효과적이라 할 수 있다. 그러므로 중장년기에 들어서도 학습능력의 감퇴가 지적능력의 감퇴를 의미한다고 할 수 없다.

한편 인지적 유형을 살펴보면 인지스타일이나 사고의 특징적 유형은 연령이 증가할수록 잔존해 있음을 알 수 있다. 인지스타일은 사람의 특징적인 유형에 따라 주의깊고 사색적이며 조심스러운 행동을 하는 사람이 있는 반면, 즉흥적이고, 충동적인 사람도 있는 것으로 구분할 수 있다. 이러한 성향들은 대개의 경우 아동기에 형성되지만 성인기에 들어서도 지속적으로 개별화된다. 그리고 이러한 유형은 성장과정에서 받은 훈련 및 교육 또는 문화적인 생활양식과 사회적·경제적·교육적 배경과도 관련이 깊다. 따라서 아동기와 사춘기 때는 성장과정에서 복합적인 유형을 보이다가 청년기에 들어서면 개인적인 유형이 안정적인 형태로 바뀌게 된다. 그리고 장년기 이후에는 이러한 인지적 유형이 경직되는 경향이 강하다. 결론적으로 중장년기에 들어서면서 새로운 개념을 학습하기 어려운 이유는 지적인 능력의 부족 때문이기보다는 융통성 없는, 경직된 인지유형 때문이라고 할 수 있다.

4) 심리적 변화

심리 발달과정 속에서 청소년기가 가장 큰 변화를 보였듯이 중장년기도 신체적, 정서적 특징을 버리고 인생의 새로운 시기로 들어가는 과도기라 할 수 있다. 여성은 아내, 어머니가 되기로 결심한 초기에 어느 정도 자아 정체성의 위기를 해결했으나 결혼 후 10여년이 지난 중년기에서는 자기 실존에 대한 의문을 제기하게 된다고 한다.

이들의 자아 정체성은 더 이상 아내, 어머니 역할과 관련된 것이 아니라는 것을 자각하기 시작하면서 독자적, 자아 정체성을 수립하고자 하는 욕구에 직면하게 된다. 내가 누구이며, 무엇을 할 수 있으며, 어떻게 다시 자기 인생을 찾을 수 있을까 하는 불안감을 경험하기도 한다. 특히 이때는 그들의 품안에 있던 자식들이 자신들의 길을 가게 되면서 집에 홀로 있게 되는 여성의 경우는 '빈둥지 증후군(empty nest syndrom)'을 느낀다. 더욱이 현대산업사회가 가져다 준 가전제품의 개발은 가정에서 여성의 노동역할을 격감시키므로 바쁘지 않고 적당한 일을 찾지 못해 심한 방황을 하기도 한다. 따라서 자신의 정체성에 대해 의미부여를 하지 못하면서 심한 우울증이 생기기도 하거나, 다른 의미를 부여하면서 독립적인 성향으로 바뀌기도 한다.

남성의 경우 여성의 경우처럼 심하지는 않지만 중장년기에 들어서면서 정서적 갈등이나 실망감을 경험하면서 가정내 갈등, 이직, 다양한 사건, 사고 등으로 인해 우울, 불안, 피로, 수면장애 등의 정신적 장애를 경험하기도 한다.

4. 중장년기의 문제점

중장년기는 전환의 시기로 생물학적인 변화와 함께 사회적인 역할변화도 경험하는 시기이다. 따라서 이전의 행동유형으로 변화를 다루어 나가기도 하고, 보다 새롭고 보다 만족스런 방법으로 삶에 대한 대처행동유형을 개발하기도 한다. 이러한 변화과정에서 여성은 남성보다 스트레스를 더 받는 경향이 있는데 주된 이유는 사회활동과 가사활동을 동시에 책임져야 하기 때문이다. 반면 남성은 자신의 직업경험을 변화에 긍정적으로 활용할 수 있어서 스트레스에 대한 대처도 여성과 달리 강화시킬 수 있다. 중년기에 경험하게 되는 각각의 문제유형들을 구분하여 살펴보면 다음과 같다.

1) 빈둥지증후군(empty nest syndrome)

중장년기에는 부모와 자녀로서의 역할을 모두 수행해야 하는데 특히 여성에게 부모부양을 의존하는 경향이 두드러지게 나타나기 때문에 여성이 겪는 스트레스는 남성에 비해 더 크다고 할 수 있다. 한편 자녀들은 결혼 또는 독립을 통한 분가를 하게 되면서 중장년기의 사람들은 자신을 위한 시간을 가질 수 있게 되면서 삶의 새로운 활력을 얻게되는 시기로도 생각해 볼 수 있다. 그러나 다른 측면에서는 자녀의 독립으로 인한 빈둥지증후군을 경험하는 경향도 있는데, 여성의 경우 전업주부로 살아왔다면 상실감의 정도가 매우 크다.

2) 빈껍데기 결혼(empty-shell marriage)

중장년기에 들어서면서 결혼생활에 대한 부정적인 인식이 강하게 나타나는 사람들이 있다. 이는 부부가 서로에게 강한 애착을 느끼지 않는 관계이면서도 외부의 압력 때문에 결혼을 유지하는 즉, 빈껍데기 결혼(empty-shell marriage)상태임을 인지하고 있기 때문이다. 쿠버와 하로프(Cuber & Harroff)에 의하면 빈껍데기결혼은 3가지 유형으로 구분할 수 있다.

첫째, 활력이 없는 관계로 배우자나 결혼자체에 관심이 없으며, 권태와 냉담이 결혼생활의 주된 특징이다. 이러한 관계에서는 심각한 말다툼도 드물다.

둘째, 갈등내재 관계에서는 자주 말다툼을 하는데, 주변을 의식하지 않고 사람들 앞에서 다투거나 팽팽하게 대립하기도 한다. 이 관계는 상당한 갈등과 긴장 속에 있는 것이 특징이다.

셋째, 수동-적합적 관계에 있는 부부는 행복하지는 않지만 자신의 삶에 대해 만족하며, 그럭저럭 괜찮다고 느낀다. 이들은 서로간에 어느 정도 관심은 가지고 있지만 대개는 무의미하다고 생각한다. 따라서 배우자의 진정한 만족을 위해 거의 노력하지 않으면서도 공공연하게 드러나는 갈등도 없다.

빈껍데기 결혼상태에 있는 부부는 상당히 많음에도 불구하고 잘 알려져 있지 않다. 이 가정들은 재미나 웃음이 많지 않고, 서로의 문제나 경험을 공유하고 논의하지 않는 것이 특징이다. 다만 최소한의 의사소통만 하고 있으며 자발적 애정 표현도 거의 없다. 이들은 부부간에 함께 하는 활동도 거의 없고 성관계도 거의 없으며 대개는 불만족스럽다. 그러나 겉으로는 서로에 무감각하고 냉정하며 냉담하지만, 사실은 서로의 감정과 약점에 대해 잘 알고 있으며 서로 상처를 주기 위해 이런 부분을 자주 건드리려고 하는 경향도 있다. 한편 이러한 가정에서 성장한 자녀들의 특징은 친구들에게 관계가 좋지 않은 부모님의 모습을 보이는 것을 꺼리기 때문에 또래관계를 형성하는데 어려움이 있을 뿐만 아니라 결핍된 애정상태에서 전반적인 인간관계를 맺는데 어려움을 보이기도 한다.

3) 이혼과 사별로 혼자되기

중장년기 사망률은 남성이 여성에 비해 높다. 따라서 사별 또는 이혼으로 혼자 남게 되는 여성의 수도 더 많은데, 이 경우 직업여성보다는 전업주부로서 아내와 어머니로서 자신의 역할을 규정했던 여성들이 어려움을 더 많이 경험한다. 혼인생활 중 경제활동을 전혀 하지 않았던 여성의 경우 혼자된 이후 특히 경제적인 문제로 가장 큰 고통을 받는다. 이러한 낮은 재정적 지위는 여성의 사회적 지위까지 낮아지게 하면서 여성은 스트레스의 정도도 남성에 비해 강하게 경험한다.

4) 한부모 가족(single parent familes)

중장년기에는 이혼, 유기, 배우자의 사망 등의 이유로 한부모 가족이 되는 경우도 종종 발생한다. 이때 양육에 대한 책임을 혼자만 지게 되므로 많은 부담감을 느끼게 된다. 이는 한부모의 생활 또는 자녀의 성장과정에서 부정적인 영향을 간혹 보게 되는데, 특히 빈곤은 한부모 가족에게 많은 영향을 미치고 있으며, 여성이 가장인 경우 빈곤의 문제는 더욱 심하게 나타난다. 또한 결핍된 한부모의 영향을 받지 못하고 성장한 자녀의 경우 성역할에 대한 정체성 등 가족구성원의 역할부재 속에서 사회구성원으로서의 역할정립에도 어려움을 겪는 경향이 많다.

그러나 다른 한편에서는 한부모와 긍정적인 관계를 맺고 성장한 아동이 갈등관계에 있는 양부모와 함께 성장한 아동에 비해 긍정적인 사고와 함께 사회환경에 더 적응을 잘 할 수 있다. 또한 엄격하거나 호전적이며 자녀를 거부하는 부모가 전혀 그렇지 않은 한 명의 부모보다 자녀에게 더 상처를 줄 수 있다. 따라서 한부모가 어떤 역할을 하며, 자녀와 어떤 관계를 맺고 있는가에 따라 자녀를 성숙한 사회인으로 성장시킬 가능성은 높다고 할 수 있다.

5) 혼합가족

중장년기에 이혼이나 사별 뒤에 동반자녀를 데리고 재혼을 하게 되는 경우가 있는데, 재혼을 통해 새로운 가족을 형성하는 형태가 혼합가족이다. 즉, 혼합가족이란 한부모가 다른 한부모와 결혼해서 함께 살게 되는 가족을 일컫는 말로 복합가족, 재구성가족, 비전통적 가족이라고도 한다.

혼합가족의 특징은 복잡한 상황을 안고 있다. 부부 각자가 결혼해서 데리고 온 자녀로 인해 우선 자녀의 수가 달라지며, 이전 가족성원들 사이에 이미 형성된 관계 등에도 변화가 생기게 된다. 따라서 이들은 각기 다양한 방식으로 새롭게 적응해야 한다. 부부는 생물학적으로 다른 자녀를 양육하는 데 적응해야 하며, 자녀들은 새로운 형제·자매로 관계형성을 해야 한다. 뿐만 아니라 자녀들은 이혼해서 떨어져 사는 친부모와 지금 살고 있는 새 부모와의 관계도 형성해야 하기 때문에 혼합가족의 자녀와 부모들은 여러 가지 갈등을 경험할 수 있다.

전통적으로 혼합가족의 경우 의붓부모와 의붓자녀와의 관계는 열등하다는 사고가 강하기 때문에 서로간에 매우 긍정적이고 애정어린 관계를 만들어 가는 노력이 없으면 새로운 가족과의 결속력도 약화될 수 있다. 그러나 시간을 두고 서로를 알고 서로를 점검하면서 편안한 감정을 갖게 되는 노력을 하게 된다면 관계는 발전하고 성장할 수 있기 때문에 각자의 노력이 필요하다. 이러한 노력을 하는 과정에서 서로는 이전의 가족관계는 상실했다는 사실을 인정할 필요가 있다. 따라서 예전 가족에게서 존재했던 것이 아니라 새로운 혼합가족 구성원 전체가 좋아하는 가치와 활동을 결합하여 새로운 관습과 전통을 만들어 내는 일에 집중하는 것이 좋다. 이는 부모와 자녀들 간의 관계에서도 자연스럽게 형성되면서 가족을 새롭게 결속할 수 있을 것이다. 새로운 가족구성원들이 서로 간에 지지적이고 긍정적인 경험을 향유한다면 혼합가족은 긍정적인 가족관계를 수립할 수 있을 것이다.

이때 가족끼리는 새로운 규칙과 질서를 유지하면서도 애정 어린 배려와 긍정적으로 피드백을 하는 것이 중요하다. 자녀들은 새롭게 형성된 가족관계에서 두려움과 걱정, 분노 등의 감정을 표출할 수 있기 때문에 서로 간에 이런 감정을 인식하고 이해하면서 서로 결속할 수 있도록 충분한 시간을 갖고 인내할 필요가 있다.

6) 직업적응

중장년기에 있는 남성의 경우 청년기에 선택한 직업에서 절정에 이르고 재정적인 안정과 영향력을 행사하며 존경을 받게 된다. 이로써 자신의 직업 활동을 재평가하면서 동시에 그들의 선택한 직업에 대한 유감도 갖게 된다. 예를 들어 직업 스트레스로 과다한 업무량, 역할 갈등, 직업이나 업무에 대한 만족결여, 직업이 주는 보상에 대한 불만 등으로 인해 많은 스트레스를 받는다. 이러한 직업에서 받는 스트레스는 때로 직업에 만족하지 못하게 한다.

또 다른 측면에서는 현대사회의 급격한 기술변화가 직장내에서 일시해고를 증가시키기도 하는데, 갑작스럽고 예기치 않은 실직으로 인해 중장년기 남성들은 스트레스를 받게 된다. 이때 어느 정도 재정적인 자원이 있는 사람들은 실직을 비교적 잘 극복하지만 그렇지 않은 경우는 심각한 상황에 처하는 경우도 많다. 중년기의 실직은 자녀교육 등 금전적 지출이 많은 시기이므로 재정적인 압박 등 많은 스트레스를 받게 된다. 장기간의 실직은 불안, 우울증, 공허감, 신체적 건강약화, 알코올중독 등의 증상을 보이며, 심지어 자살에 이르기도 한다.

7) 노부모의 간병과 관련된 재정적, 신체적, 정서적 문제

중장년기에는 자녀들이 교육 등의 과정에 있기 때문에 지속적으로 재정부담을 져야하는 상황임에도 노부모의 건강상의 이유로 인해 또 다른 재정적 지출부담을 안게 된다. 동시에 노부모의 간병활동으로 인해 스스로의 신체적 건강이 약화 될 수도 있다. 이러한 재정적 부담과 신체적 악화는 우울증, 불안, 좌절감, 무력감, 불면, 의기소침, 정서적 고갈 등과 같은 정서적 불안정상태에 놓이에게 되기도 하고, 그로 인한 사회적 활동에 대한 지장과 여가시간의 결핍을 호소하기도 한다.

5. 사회복지적 실천과제

중장년기의 주요 발달과업은 신체적 변화에 대한 적응, 부부간의 애정 재확립과 중년기 위기의 극복, 직업활동에의 몰두와 여가선용 등이라 할 수 있다. 인생의 전성기인 동시에 전환기인 중장년기는 경제적 안정, 삶의 다양한 영역에서의 경험을 통해 지혜를 터득하고 직장에서의 지위와 책임을 갖게 되는 한편 위기도 존재하여 사람에 따라서는 불행하고 우울한 시기이기도 하다. 전환기에 있는 중장년기에 있는 사람들은 대개의 경우 직업 스트레스의 완화를 위한 상담 및 교육과 위기개입, 여가활동, 가족을 위한 서비스 등 사회복지 프로그램을 활용하고자 하는 욕구가 높을 수 있다. 따라서 사회복지사는 이 시기에 있는 클라이언트의 욕구를 적절히 파악하여 적절한 서비스를 공급해 주어야 할 것이다.

사회복지사는 중장년기에 있는 사람들이 직업에서 발생하는 실직 및 스트레스로 인한 문제를 해결하기 위해 재정지원, 재취업을 위한 정보제공, 직업훈련 등의 고용서비스, 지지체계의 활성화에 대한 지원방안을 모색해야 할 것이다. 이를 위해 실직을 당한 사람에게 실직기간동안 생활안정을 위한 실업보험 혜택과 재정지원에 관한 상담, 재취업과 관련된 정보제공과 직업훈련 등 고용관련 서비스뿐만 아니라 정서적으로 도움을 줄 수 있는 배우자, 친구나 친척 등 지지적 체계의 활성화 등을 모색해야 할 것이다.

또한 부모와의 역할전도현상에서 경험할 수 있는 부양부담을 덜어줄 수 있는 서비스로 간병에 관련된 정보나 자원, 지식 등을 교환할 수 있도록 해 주는 정기적인 집단모임을 전문가가 주도하는 것은 이들의 부담을 완화시켜 주는 유용한 접근방법이 되며, 사회활동에 지장이 있거나 여가가 필요한 경우 주간보호, 단기보호, 가정봉사원 등의 사회복지서비스를 활용하도록 연결시켜 주는 것이 필요하다.

그리고 중장년기의 건강유지와 질병예방을 위한 각종 건강교육프로그램(성인병, 치매, 위기극복 등)을 운영하면서 위기를 느끼고 있는 사람을 대상으로는 심리치료 등과 같은 의료서비스체계를 구축해야 할 것이다.

CHAPTER 07

노년기 발달과 사회복지

노년기는 인생의 마지막 단계로써 노년기의 시작 연령에 대해서는 학자에 따라 몇 가지의 이견이 있기 때문에 일률적으로 규정하기는 쉽지 않지만 65세 이상을 노년기의 시작으로 보는 것이 일반적이다. 노년기에 들어서면 생활환경, 사회환경 등이 바뀌면서 활동도 줄어들고 그에 따라 급격한 삶의 변화를 가져오게 된다.

1. 개념

일반적으로 노인이란 생리적, 신체적 기능의 퇴화와 더불어 사회적, 심리적인 변화를 동반하면서 개인의 자기 유지 기능과 사회적 역할 기능이 약화되고 있는 사람으로 정의된다. 노인으로서의 변화가 시작되는 시점은 개인에 따라 상이하나 연령을 기준으로 하는 경우가 가장 일반적이다. 연령에는 역연령(chronological age), 생물학적 연령, 심리적 연령, 사회적 연령, 기능적 연령, 자각적 연령(self-awareness) 등 다양한 차원이 포함된다. 이는 노인의 신체적, 사회적, 심리적 노화의 특성을 반영한 것으로 그 중 노인에 대한 대표적인 개념은 역연령으로 60세 혹은 65세를 기준으로 하고 그 이상을 노인으로 규정하고 있다. 특히 우리나라는 전통적으로 환갑이 되는 60세가 노인을 구분하는 기준이었으며, 일상생활이나 가족 내에서의 기준으로 많이 활용되었다. 그러나 오늘날에는 평균수명의 연장으로 65세 이상을 노인으로 인식하는 경우가 많으며, 사회제도와 법 등에서도 보편적으로 65세 이상을 노인으로 규정하고 있다.

노년기에는 생물학적, 심리적, 사회적으로 다양한 노화현상이 나타난다. 노화란 "시간의 흐름에 따라 유기체의 세포, 조직, 기관조직 또는 유기체 전체에 일어나는 점진적 변화"라고 정의되고 있는데, 이는 인간의 정상적인 성장과 발달과정 전체의 한 부분이라 할 수 있다.

첫째, 생물학적 노화는 신체적 기관과 체계의 구조 및 기능이 시간의 경과에 따라 변화하는 것을 의미한다. 일반적으로 성장이 멈춘 후 대개 30세를 전후하면서부터 생물학적 노화가 진행되는데, 이는 누구나 경험하는 전형적이고, 정상적인 과정으로 시간의 흐름과 환경적 요인에 의해 신체에 나타나는 퇴행성 변화이다.

둘째, 심리적 노화는 축적된 경험에 의한 행동, 감각, 지각기능, 자아에 대한 인식 등이 시간의 흐름에 따라 변화하는 것을 의미한다. 이는 주로 인지발달, 성격발달, 인간발달의 세 측면에서 진행된다.

셋째, 사회적 노화는 생활주기를 통하여 일어나는 규범, 기대, 사회적 지위 및 역할의 변화 등을 의미한다. 이는 개인의 건강과 심리 상태의 영향하에서 사회의 규범과 가치를 내면화해 나가는 하나의 사회화 과정으로 볼 수 있다.

이러한 현상은 시기와 진행속도에 개인차가 존재하지만 모든 사람에게 보편적으로 일어나는 현상이다. 그리고 이러한 노화과정 속에서 노년기는 개인적인 가치에 대한 재평가를 시작하면서 절망 속에 있거나, 만족스러운 인간관계나 창조적인 정신능력에서 행복을 정의하기도 하며 인간의 문화를 영속화하고자 하는 활동에 몰두하기도 한다. 그리고 점진적으로 일어나는 노화는 신체 내적인 주요원인으로 인해 전반적인 신체기능의 약화를 가져오고 결국 죽음에 이르게 한다.

2. 노화이론

노화는 노년기이전부터 시작되는 현상이지만 노년기에 들어서 이러한 현상들은 보다 심각해지고, 노인의 제반문제의 근원이 된다. 노화는 접근하는 관점에 따라 다음과 같이 다양하게 설명되고 있다.

1) 생물학적 노화이론

생물학적 노화는 시기와 진행속도에 차이가 있을 뿐 누구에게나 보편적으로 일어나는 것으로 신체내적인 것에 기인하여 점차 신체기능을 약화시키고 죽음을 동반한다. 노화를 생물학적 측면에서 설명하는 이론에는 유전적 이론, 비유전적 세포이론, 면역이론 등이 대표적이다.

(1) 유전적 노화이론

① 예정계획이론

예정계획이론은 정해진 시기에 이르게 되면 노화를 일으키는 특정 유전자가 적극적으로 작용하여 세포를 노화시키면서 노화가 진행된다는 것이다. 즉, 유전인자 속에 노화의 속성이 미리 프로그램화되어 있다가 시간이 경과함에 따라 그 속성이 나타나 노화의 특성이 발생된다고 본다.

② DNA 작용 과오이론

DNA 작용 과오이론은 모든 세포 안에 존재하는 DNA와 RNA 사이의 정보전달과정에서 착오가 발생하여 RNA가 잘못된 단백질을 합성하고, 이것이 축적되어 세포, 조직, 기관에 손상을 입힘으로써 노화를 유발한다는 이론이다. 즉, DNA가 단백질과 효소를 결합하는 과정에서 생산하는 유전정보에 맞지 않는 단백질이나 효소의 축적으로 노화가 일어나는 것으로 보고 있다.

③ 유전자 돌연변이이론

유전자 돌연변이 이론은 체세포 변이이론이라고도 한다. 이는 DNA 복구시스템의 작동이 비정상일 경우 일부 유전자 정보가 상실되어 돌연변이 세포가 생성되는데 이러한 돌연변이 세포들이 누적되면서 노화가 발생한다고 본다.

2) 비유전적 세포이론

① 마모이론

마모이론은 기계를 장기간 사용하게 되면 마모현상에 의해 노후되는 것처럼, 인간의 주요 세포와 조직도 시간이 지나면서 오래되고 닳아 없어짐으로써 신체기관기능에 노화가 발생한다는 이론이다.

② 노폐물 누적이론

노폐물 누적이론은 살아가는 동안 인체 내부에 해로운 물질과 노폐물이 점진적으로 축적되고, 축적된 노폐물이 정상적인 세포기능을 방해하면서 노화현상을 초래한다고 본다.

③ 교차연결이론

교차연결이론은 세포 내부의 분자들이 상호교착되어 활동성을 잃고 둔감하게 되거나, 분자의 교착으로 기능상의 문제를 가진 단백질이 세포와 조직에 상처를 주면서 신체기능의 저하를 야기하고 이로 인해 노화현상이 발생한다는 이론이다.

④ 산화기 이론

산화기 이론은 노화가 활성산소의 부작용에 의해 초래된다는 이론이다. 인간의 체내에는 100%의 완벽한 산소대사가 이루어지지 못하고 일부의 산소가 항상 체내에 남게 되는데, 이러한 산소가 다른 분자와 반응하여 하이드록시 라디칼 등으로 변화하게 된다. 하이드록시 라디칼 등의 산화기는 전자의 수가 홀수이므로 대단히 불안전한 상태이며, 다른 분자들로부터 전자를 획득하여 안정된 상태를 추구하므로 타 물질과의 결합력이 매우 높아서 타 물질과 아주 쉽게 결합한다. 산화기 이론은 이처럼 불안정하고 결합력이 뛰어난 하이드록시 라디칼 등이 세포막을 형성하고 있는 불포화지방산과 결합하게 되면서 세포막의 변형을 야기하고 노화를 진행시킨다고 설명하고 있다.

3) 면역이론

(1) 면역반응이론

면역반응이론에 의하면 백혈구가 인체 내의 해로운 물질을 식별하는 능력을 상실해 감으로써 제거해야 할 유해물질을 제거하지 못하게 된다. 이로 인해 체내에 유해물질이 누적되고, 누적된 유해 물질이 인체에 부작용을 일으킴으로써 노화가 촉진된다.

(2) 자동면역반응이론

자동면역반응이론은 면역체계가 항체를 만드는 과정에서 정상 세포마저 파괴하는 세포를 자동적으로 생산하게 되고, 이러한 자동면역항체의 증가에 의해 정상세포의 파괴가 증가되면서 노화를 야기한다는 이론이다. 즉, 면역체계가 이물질과 자기조직을 구별하지 못하여 스스로 자기조직을 파괴함으로써 노화를 일으킨다는 것이다.

2) 심리학적 노화이론

노년기의 발달과정은 주로 삶의 절망, 생의 회고, 역할상실 등에 초점을 두고 이론적인 접근을 하고 있다. 이들은 주로 노년기의 심리적 변화에 영향을 미치는 것으로 대표적인 학자들의 이론을 통해 심리적 노화를 이해하고자 한다.

(1) Erickson의 발달단계이론

에릭슨은 프로이드의 정신분석적 성격형성이론을 발전시킨 학자로 자아와 사회적 환경과의 상호작용을 중시하는 심리사회적 발달단계를 8단계로 체계화 하였다. 각각의 단계는 심리사회적 위기를 내포하고 있는데, 이러한 위기를 어떻게 해결하느냐에 따라 개인의 독특한 성격이 형성되고 발전되어 나간다고 보았다.

노년기는 에릭슨의 발달단계 중 마지막 단계로써 '자아통합'대 '절망, 혐오'의 단계로 이 시기에 긍정적인 자아통합이 이루어지지 않으면 절망의 태도를 형성하게 된다. 즉, 개인은 노년기가 되면 자신의 지나온 인생을 반추해 보면서 의미있고 만족스럽다는 확신을 갖게 되는 경우가 있는 반면에, 자신의 인생이 돌이킬 수 없는 실패라는 결론에 도달할 수도 있다는 것이다. 그리고 자기 인생에 대한 만족 또는 절망적인 태도는 이전의 7단계에 의해 영향을 받게 된다고 본다.

(2) Havighurst의 발달과업이론

해비거스트는 에릭슨에 비해 보다 구체적으로 노년기의 발달과제를 제시하면서 생의 발달단계를 생의 주기에 따라 6단계로 구분하였다. 그리고 각 발달단계에 주어진 과업을 그 단계에서 완수하면 행복하고 그 다음 단계도 잘 수행할 수 있으나, 그렇지 않을 경우 불행해질 뿐만 아니라 사회에서도 용납되지 않고 다음 단계의 과업도 잘 수행할 수 없다고 보았다.

해비거스트에 의하면 노년기는 60세를 전후하여 시작되며 다음과 같은 6가지의 주요 발달과업이 요구된다고 주장하면서 이를 노년기에 반드시 해결이 필요한 발달과업으로 보았다.

① 신체적 상황이 예전과 다르다는 것을 인식하면서 신체적 힘과 건강의 쇠퇴에 대한 적응을 해야 한다.

② 노년기가 되면 경제활동에서 물러나야 하는 시기이기 때문에 경제적 수입감소에 대해 적응해야 한다.
③ 그리고 배우자와의 사별이 언제든 올 수 있다는 것에 대비하여 죽음에 대한 적응도 필요하다.
④ 사회경제적 활동이 줄어드는 시기가 노년기이지만 그러한 활동의 수준이 갑자기 줄어들지 않도록 동년배와의 유대관계를 강화할 필요가 있다.
⑤ 조부모의 역할에 충실하고 종교적 활동에도 적극적으로 참여하여 변화된 사회적 역할에 대해 융통성있게 수행하는 적응을 해야 한다.
⑥ 스스로 만족할 만한 물리적 생활환경을 조성해야 한다.

(3) 지속성 이론

지속성 이론은 노년기의 성격은 젊을 때의 성격 성향을 지속하는 것이지 바뀌는 것은 아니라는 입장을 취한다. 따라서 남녀 모두 정상 노화과정에서 성격은 일관성있게 유지되며, 성격은 역할활동과 투자에 똑같이 영향을 미친다. 또한 성격은 역할활동과 관계없이 똑같이 생의 만족도에 영향을 미친다고 본다.

(4) 성장발달이론

성장발달이론은 훌륭한 적응전략을 개발하여 이제까지의 생애에서 성장발달과업을 성공적으로 대처한다는 견해를 가지고 있다.

3) 사회학적 노화이론

노인개인을 둘러싼 사회적 상황의 변화는 지금까지 갖고 있던 사회적 역할이나 지위에 변화를 가져오며 이는 개인의 삶에 다양한 영향을 미치게 된다. 이에 관한 대표적 이론은 다음과 같다.

(1) 하위문화이론

노인이 가지고 있는 공통의 특성과 사회문화적 요인 등에 의해 노인만의 집단이 형성되며, 그 집단 내부에서의 노인의 빈번한 상호작용을 통해 노인 특유의 하위문화가 형성된다는 이론이다. 노인이 동일한 하위문화 속에서 상호이해하고 기회를 주고받으며 서로를 지지 할 수 있다는 것은 긍정적이라고 할 수 있으나, 노인에 의한 하위문화가 사회로부터 분리되고 소외됨으로부터 형성된다는 것은 사회통합의 차원에서 부정적 현상이라고 할 수 있다.

(2) 연령계층화 이론

각각의 연령층의 사람들은 각기 다른 사회적 역할수행능력, 의지, 역할기대 등을 가지고 있으며, 사회가 부여하는 권리와 특권도 각기 다르다. 따라서 노년층은 다른 연령층과 여러 가지 면에서 구분 될 수밖에 없으므로 노인은 다양한 연령층 내부에서 그들에게 적합하고 활용 가능한 지위와 역할, 기회 등을 선택하여 이용하여야 한다는 것이다.

(3) Cumming & Henry의 사회분리이론

커밍과 헨리에 의해 제시된 사회분리이론은 노인의 노화에 의한 건강상의 약화, 죽음에 이르게 될 가능성의 증가, 사회에 대한 공헌성의 약화 등 노인과 사회는 상호의 필요와 교구에 의해 분리된다고 보는 것이다. 노인들은 사회의 입장에서 보면 사회에 대한 공헌가능성이 약화된, 특히 소유하고 있는 지식과 기술이 쇠퇴한 존재이다. 따라서 이들을 재훈련시켜 사회로 다시 복귀시키기보다는 신지식과 신기술을 보유한 젊은 세대를 사회로 영입하는 것이 사회기능의 안정과 발전을 위해 더 유익하다고 판단할 때 사회에 의한 분리가 일어난다고 보는 것이다.

이러한 사회로 부터의 분리는 개인이 먼저 선택할 수도 있고 사회제도의 의해 경험할 수도 있다. 개인이 선택한 사회분리의 경우는 개인이 자신의 신체적 또는 지적 조건, 연령 또는 사회활동으로 인해 소모될 삶의 에너지를 보존하고, 자신의 내면을 돌아보기 위한 시간을 확보하기 위하는 등의 여러 가지 여건을 감안하여 스스로 은퇴를 결정하는 것이다. 사회제도에 의한 분리는 사회가 노인이 소유하고 있는 기술과 지식이 현대적인 조건에 적용되기에는 뒤쳐졌다고 판단될 때 개인의 의사와 관계없이 사회가 '정년제'같은 제도로써 분리시키는 것을 말한다.

(4) Cowgill의 현대화이론

카우길의 현대화이론은 노위의 지위가 특정사회의 현대화 또는 산업화정도에 반비례한다고 보고, 현대화의 정도가 높으면 높을수록 노인의 지위는 낮아지게 된다고 가정하고 있다. 전통적인 사회에서 노인들은 자원의 통제와 전통적인 지식을 수단으로 높은 지위를 차지할 수 있었으나 산업화된 사회에서 노인들은 낮은 지위에 속하게 된다는 것이다.

이 이론에 의하면 현대사회에서의 보건의료기술의 발전, 생산기술의 발전, 도시화, 교육의 대중화 등은 노인의 지위를 하락시키는 네 가지 요인으로 작용한다. 노인의 지위가 현대사회에서 낮아지는 것은 결국 현대사회 노인문제의 직·간접적 요인이 된다. 즉, 네 가지 현대화요인들은 노인의 역할상실 및 여가시간문제, 수입감소 및 경제적 의존문제, 건강보호의 문제, 사회적 고립과 소외의 문제라는 노인의 4고(4苦)를 유발하는 것으로 볼 수 있다. 다만 전통사회에서도 노인의 사회적 지위는 상이했다는 비판이 제기됨에 따라 후에 이 이론은 부분적으로 수정되었다. 즉, 초기 산업사회에서 노인의 지위는 낮아졌으나 후기 산업사회로 들어서면서 노인인구의 증가, 정치적 영향력의 증대 그리고 노인복지제도의 발전 등으로 노인의 지위는 향상될 수 있을 것이라는 것이다.

(5) Lemon의 활동이론

레몬의 활동이론은 커밍과 헨리의 사회분리이론과 반대되는 이론으로 가능한 한 사회에 통합되어 사회적 활동에 적극적으로 참여하고 지속하는 노인들이 스스로의 심리적 만족감과 생활만족도를 높일 수 있다고 본다. 활동이론은 개인의 자아개념은 자신이 소유하고 있는 역할과 밀접하게 관련되어 있다고 전제하고 있다. 노년기에 들어서면서 노인들은 다양한 영역에서 역할상실을 경험한다. 따라서 자아의 긍정적인 개념을 유지하기 위하여 상실한 역할들을 새로운 역할로 대치해야 한다. 그리고 새롭게 성취한 역할을 통해 적극적으로 활동하게 되면서 노후의 생활만족감은 높아지기 때문에 성공적인 노년기를 위해서는 취득한 새로운 역할을 적극적으로 수행해야 한다.

즉, 성공적인 노후를 보내는 노인들은 중장년기의 활동을 계속 유지하면서 축소되었을 때 새로운 대안을 강구함으로써 자신의 사회적 역할을 축소시키지 않는다. 이러한 활동은 개인의 자아개념(self-concept)을 재확인하는 데 필요한 역할지지를 제공해 주는 것이며, 활동이 친밀하고 빈번할수록 역할지지는 더욱 구체적이고 확실해지게 된다. 그리고 지속적인 역할지지를 통해 긍정적인 자아상을 유지할 수 있으며, 긍정적 자아상은 생활만족도를 높이는 것과 연관되어 있는 것으로 보았다.

(6) Rosow & Dowd의 사회교환이론

로소우와 다우드의 교환이론에 의하면 사회는 지속적인 사회적 교환관계를 맺고 상호작용하는 개인구성원들의 총합으로 조직되어 있다고 본다. 개인이 다른 사람과 상호작용하는 이유는 지속적인 사회적 상호작용으로부터 파생되는 비용과 보상의 손익계산에 근거하고 있다. 즉, 개인은 그들에게 보상이 되는 상호작용에 참여하는 반면 비용이 되는 상호작용으로부터는 피하는 경향이 있다는 것이다. 이처럼 사회질서는 이윤 혹은 보상을 극대화하려는 개인들의 부산물이라는 것이다.

사회교환이론의 관점에서 보면 개인간, 집단간 및 개인과 집단간에 이루어지는 상호작용은 당사자 간에 자원을 주고받은 관계이며, 사회는 이러한 교환관계가 어떤 일정한 형태로 유형화된 것이다. 만약 교환이 불가피하게 이루어져야 하는 관계의 경우 교환자원의 가치가 높거나 풍부한 교환자원을 소유한 자가 낮은 가치의 교환자원과 부족한 교환자원을 소유한 자를 지배하게 된다. 여기서 교환자원은 시대적으로 또는 사회적으로 객관적, 규범적으로 가치가 있다고 여겨지는 특성인 지식, 기술, 금전, 사회적 승인, 복종, 존경 등을 의미한다. 그리고 이러한 교환자원의 소유 혹은 활동은 보다 나은 생활기회를 제공하고 다른 종류의 자원에 대한 통제역량을 강화시키며 타인에 대한 보상제공능력을 고양시킨다는 점에서 교환과정에 당사자에게 유리한 결과를 초래하기도 한다.

이를 노화와 관련하여 살펴보면 전통사회에서 산업사회로 전환되면서 노인의 재산소유 및 통제권의 약화, 낮은 교육수준, 건강의 악화, 노인의 생산성약화, 도시화와 핵가족으로 인한 가족공동체적 유대성의 약화 등으로 노인의 교환자원은 점점 약화된다고 할 수 있다. 이처럼 약화된 노인의 교환자원은 젊은 세대가 소유한 교환자원의 가치와 양에 비해 상대적으로 열세이며, 열등한 교환자원의 소유자로서의 노인은 사회적 교환관계 내분에서 열등한 지위로 전락하고 권력적인 열세에 몰리게 된다. 따라서 젊은 세대와 상호작용을 유지할 만큼의 교환자원을 소유하고 있는 소수의 노인을 제외한 대부분의 노인들은 개인 또는 사회와의 상호작용이 어렵게 되면서 사회참여 유지 또는 적극적인 사회생활에 참여하지 못하게 된다.

(7) Kuypers & Bengson의 사회와해이론

키퍼스와 뱅스턴이 제안한 사회와해이론은 문제가 되는 노화의 측면을 설명하는 또 다른 이론이다. 이 이론에서 가장 중요하게 다루는 것은 사회와해증후군으로 심리적으로 약한 개인이 주변환경으로부터 부정적인 반응을 받게 되고, 그 다음으로 자아개념에 영향을 받게 되면서 부정적인 피드백의 악순환을 거치게 된다는 것이다. 노인들은 역할상실 혹은 노화에 대한 편견으로 인해 자아개념이 손상된 상태에서 건강의 악화, 부족한 기술 및 지식 등으로 인해 부족하고 무능한 자아를 수용하게 된다. 이처럼 사회적 혹은 심리적 문제가 있는 일부 노인에 대한 부정적 인식이 노인 전체에 대한 부정적 인식으로 확대되어 노인에 관한 부정적 인식이 사회전반에 강화된다. 그리고 부정적인 사회인식의 틀 속에서 생활해야 하는 노인의 사회적 활동과 관계는 더욱 더 위축되고 어려워지게 되는 순환적 틀을 형성하며, 이러한 순환의 틀 속에 갇혀서 생활해야만 하는 노인은 결국 사회적으로 와해된다. 따라서 노인들이 처한 환경적 지지망을 확충하고 노인 개개인의 장점을 발견하면서, 계속 그 장점을 유지할 수 있는 기회를 제공하여 노인들이 유능감을 증가시킬 수 있도록 해야 한다고 주장한다.

3. 노년기의 발달변화

노년기는 인간의 성장과 발달의 한 과정으로써 연령증가에 따라 인간 유기체에서 일어나는 생리적 및 신체적 기능의 퇴화와 더불어 심리적인 변화가 일어나서 개인의 자기유지 기능과 사회적 역할기능이 약화되면서 무기력화 현상이 나타나는 것이 일반적이다.

1) 생물학적 변화

노년기에 나타나는 신체적 노화는 연령의 증가에 따라 중장년기부터 일어나는 신체구조적 변화와 신체내적 기능변화의 진행을 의미한다. 즉, 인간유기체의 생물학적 퇴화과정이 재생성과정을 능가하여 인간유기체의 파괴가 일어나는 과정이 노년기라 할 수 있다. 노년기에 나타나는 신체적 노화의 특징 중 외적인 것을 살펴보면 흰머리, 구부정한 허리, 불안정한 걸음걸이와 더불어 체중도 점차 감소하게 되며, 연골조직의 퇴화로 신장도 줄어든다. 피부는 창백해지면서 얼룩에는 반점이생기고 건성화와 피하지방의 감소로 주름살이 생긴다. 또한 피하조직과 피부의 신경세포감소로 체온유지능력이 감소하면서 젊은층에 비해 추위를 더 많이 느끼게 되기도 한다. 그리고 지방분은 증가하고 고형분 및 수분이 감소되면서 신체조직상에도 변화가 나타나는데 연골조직이 얇아지거나 탄력성이 약화되면서 관절염증상이 나타나며, 칼슘의 고갈, 뼈의 질량 감소 그리고 골밀도가 낮아지면서 골절 및 골다공의 문제가 심각해지기도 한다.

그 외에도 팔, 다리 및 골격 일부에 붙어있는 수의근의 수축력이 약화되면서 점차 운동능력이 감퇴된다. 노년기의 감퇴된 운동능력은 운동반응, 반응시간, 문제해결, 기억, 정보를 주고받는 과정을 통해 관찰되는데, 전반적으로 반응속도가 느려지고 행동이 완만해지는 것이 특징이다. 그러나 행동에 대한 반응속도가 느려진다고 해서 일상생활의 일상적 과제 수행에 중대한 지장을 초래 하는 것은 아니다. 또한 행동의 완만은 천천히 진행되는 것이기 때문에 좋은 환경과 자신에게 적합한 개인적 삶의 스타일을 만들어 가는 것에 따라 보충이 가능하다.

이러한 신체외적인 변화 외에 노년기에 들어서면 신체내부기능에도 변화가 나타나는데, 대표적으로 당뇨병, 동맥경화, 혈관성 치매의 가능성이 높다. 그리고 대개의 경우 심장은 비대해지고 지방분은 증가하면서 심장의 중량은 증가하는 반면 심박출량이나 박동능력은 감소하여 심장에 이상이 생기는 경우가 많다. 또한 치아결손, 소화효소분비량 감소, 위 근육의 약화로 인해 소화기능은 감퇴하고, 폐용적의 감소, 폐 속 잔기량 증가로 기관지 및 호흡기질환 가능성도 배제할 수 없다. 이러한 신체내외적인 노화는 신체능력의 쇠퇴 및 질병이환의 단계이므로 노년기에는 신체변화에 대한 적응이 필요하고 질병에 대한 대비도 필요하다

또한 노년기에는 청각, 시각, 미각, 촉각, 후각 등의 모든 감각의 양상에 변화가 나타나는데, 대개의 경우 감각수용기가 둔감해진다. 감각조직의 변화는 모든 노인에게 동시에 적용되는 것은 아니며 개인에 따라 조금씩 차이가 있지만, 대체적으로 연령이 증가하면서 외부자극에 대해 신체가 민감성을 잃게 된다. 따라서 노년기에는 감각조직에 동일한 영향을 계속받기 위해서 보다 강한 자극이 필요한 경우가 많다. 노년기의 이러한 신체적 변화는 건강의 약화를 동반하면서 심리적 불안, 경제적 어려움, 사회적 소외 등과 함께 일상생활의 어려움을 가져오게 된다.

2) 인지적 변화

노년기의 인지는 피아제(piaget)에 의하면 형식적 조작기에 해당되는데 노인은 젊은 성인보다 더 자기중심적으로 원심적 방법에서 분류나 문제 해결을 한다. 물론 모든 상황에 젊은 사람과 똑같은 대처를 할 수 없지만 다른 보존과제에 있어서는 차이가 없다고 할 수 있다. 즉, 누구에게나 강화된 영역이 있는 것과 마찬가지로 감퇴된 영역이 있는 것은 연령적인 차이가 크지 않다고 할 수 있는데 노년기에는 오히려 체계적인 사고를 강화시킬 수 있다. 특히 나이가 들어감에 따라 사람은 몇 번이고 자기를 돌아보는 경향이 있는데, 노인은 과거를 회상하고 이야기함으로써 인지적 기능이 재강화 되는 경우도 있다. 다만 사고가 노화에 의해 영향을 받고 인지적 기능의 저하를 가져올 수는 있다. 노년기에 들어서면 여러 기능이 저하해 가는 것이 일반적이긴 하나 그러한 저하는 필연적으로 항상 크다고 단정할 수 없다는 것이다. 또한 정보나 언어적 기능이라는 영역에서는 그 기능이 계속될 수 있기 때문에 노년기의 인지기능에는 주변 환경의 영향이 크다고 할 수 있다. 따라서 노년기에는 낡은 생각에 집착하지 않고 새로운 일의 영역으로 옮기는 일도 매우 중요하다.

3) 사회적 변화

노년기에는 주요한 생활기능의 재인식을 포함한 일련의 역할 변화가 발생하는 시기이다. 즉, 퇴직, 배우자의 죽음, 친구의 죽음에 따른 역할상실을 경험하면서 동시에 조부모의 역할, 선배로서의 조언자. 퇴직자로서 새로운 역할을 부여받는다. 노년기에 부여받는 새로운 역할에 대해 노인들은 유연성과 회복력으로 자신들의 에너지를 재방향지어야 어려움이 없을 것이다.

(1) 조부모의 역할

조부모는 그들의 재능, 인내심, 지식을 전해주는 부모역할 이상의 역할을 할 수 있다. 대표적인 조부모의 역할은 자신들 선조의 문화적 유산과 지혜를 손자녀에게 전달하는 세대전승자라 할 수 있다. 조부모의 경험이 손자녀에게 전달될 때 이는 단순한 즐거움을 제공할 뿐만 아니라 조부모들은 손자녀와의 관계를 통해서 현대사회에서의 문화적 소외감을 극복할 수 있다. 또한 손자녀를 통해서 노인의 죽음에 관한 불안도 씻겨질 수 있다. 반면 손자녀들과 친밀한 관계를 확립시키지 못한 노인은 현재의 문화로부터 뒤쳐져 자신의 생활과 임종에 대해 실망한 상태가 되어 버릴 수 있다. 즉 손자녀의 존재는 노인의 심리적 만족에 매우 중요하며, 손자녀가 없거나 또는 관계 형성에서 실패한 경우에는 노년기에 절망의 근원이 될 수도 있다.

이러한 조부모의 역할에 대해 뉴가튼(Neugarten)과 웨인스틴(Weinstein)은 5가지 유형으로 구분하여 설명하고 있다.

첫째, 가장 보편적이라 할 수 있는 형식적인 조부모형으로 이들은 손자녀에 대해 관심을 갖고 열중하고는 있으나, 부모를 간섭하지 않으면서 가끔 손자녀를 돌보는 것 이외에는 일상적으로 손자녀를 돌보거나 하지는 않는다.

둘째, 즐거움을 추구하는 유형으로 단순히 손자녀와 함께 즐기고 손자녀를 여가활동의 원천으로 보는 조부모형이다.

셋째, 대리부모의 역할을 하는 조부모형으로 부모가 일을 하고 있는 경우 손자녀의 양육에 중대한 책임을 맡고 있는 것처럼 보이는 유형이다.

넷째, 가족지혜저장형으로 이는 다른 표현으로 권위적인 조부모형이라 할 수도 있다. 즉 조부모가 가족의 기능이나 자원을 장악하고 있는 권위적인 위치를 유지하며, 지혜, 기술, 자원 등을 베풀게 된다. 따라서 부모나 손자녀는 조부모에게 종속되어 있다.

다섯째, 원거리형 또는 방관자적 조부모형으로 생일이나 명절 때만 방문을 하면서 평소에는 거의 손자녀와 접촉이 없는 유형이다.

(2) 은퇴

은퇴는 어떤 사회적 지위에서 물러나 지위와 관련된 역할 수행을 중단하는 현상으로 노인의 삶의 질에 중요한 영향을 미치며 삶의 양식을 바꾸는 시기이다. 은퇴자의 역할변화에 대해서 대부분의 사람들은 적응하려는 노력을 하고 있다. 적응과정은 5단계에 걸쳐 이루어지고 있다.

첫째, 퇴직 전 단계로 자신의 직업과 그에 관련된 사회적 상황에서 자신을 분리시킬 준비를 하면서 정년이 가까워올수록 정년퇴직 후 생활에 대해 꽤 구체적으로 상상을 하기 시작한다.

둘째, 허니문의 단계로 일로부터의 해방에서 행복을 느끼는 기간이면서 동시에 자신의 관심사나 흥미에 시간을 보내는 기간이다. 그러나 이는 경제적 자원의 상태에 따라 이 단계의 기간이 결정될 수 있다.

셋째, 퇴직 직후에 일상생활이 자리를 잡는 시기로 은퇴이후 일상생활이 안정되고 휴식과 이완의 상태이다. 이 상태가 만족스러운 방식으로 확립되면 미래의 삶이 일관된 방향으로 나아갈 가능성이 커진다.

넷째, 휴식과 긴장완화의 단계인데, 이때는 허니문 단계와는 대조적으로 활동을 즐기고 쉬는 시기로 활동량이 감소된다. 긴장이 충분히 완화된 후에 다시 활동을 재개한다.

다섯째, 꿈에서 깨어나는 단계로 생활이 점차 침체되고 환멸이나 우울을 경험한다. 생활에 대한 절망감 현상은 일반적인 현상은 아니며, 단지 퇴직자의 10%만이 이러한 증상을 보이는 것으로 나타나고 있다.

여섯째, 새로운 방향을 설정하는 단계로 비현실적인 꿈에서 깨어나서 우울한 상태에 있던 사람이 자신을 수습하는 시기이다. 이 단계에서는 재정상태, 실천가능성을 고려하여 현실적인 안목을 갖고 생활양식을 선택하게 되는데 새로운 참여와 사회적 지지에 대한 모색이 이루어진다.

마지막 단계는 일상의 시기로 이 단계에 도달하면 어떤 변화든지 손쉽게 다룰 수 있는 몇몇 기준들을 스스로 개발하게 된다.

이러한 단계는 개인적으로 차이가 있는데 모든 사람들이 모든 단계를 거치는 것은 아니며 개인적인 상황에 따라 적응과 부적응의 경험을 하게 된다. 적응 또는 부적응의 경험은 경제적인 것이 가장 큰 요인으로 작용하기도 하며, 가족과 사회에서 부여받는 새로운 역할도 중요한 요인으로 작용한다.

우선 은퇴는 경제적인 측면에 있어서의 노동력에 관한 개인의 지위를 의미한다. 일반적으로 퇴직에 대한 사람들의 반응을 살펴보면 현대사회에서는 퇴직을 적절한 구별로써 파악하고 새로운 이행의 시기로 받아들이고 있는데, 이는 노인에게 만족감을 주기도 하며 부적응감을 주기도 한다. 또한 퇴직에 대한 결심은 다른 이의 강요가 아닌 자신의 의사에 의한 것으로 긍정적인 결과를 가져오기도 한다. 퇴직을 바람직하게 받아들이는 노인들은 복잡한 책무의 많은 책임감으로부터 벗어나 자유로움을 느끼며 자신의 여생을 평안히 쉴 수 있는 기회로 삼을 수 있다. 이들은 퇴직 후 취미활동과 같은 여가에 참여하는 시간이 많아지기도 한다. 그리고 최근에는 학교에 재입학하거나 교육을 받는 사람들이 늘어나는 경향을 보인다.

반면 일이라는 생활에 구조화되어 있으며, 그로 인한 사회적 가치를 인정받기를 원하는 사람들에게 있어 퇴직은 용이하게 받아들일 수 없는 것이 되기도 한다. 따라서 이들은 퇴직을 일에 대한 해방감보다는 자신의 사회적 가치가 절하되었다는 생각에 분개심을 가질 수 있다. 뿐만 아니라 퇴직 후 수입이 급격히 감소할 때 부적응을 보인다. 이처럼 퇴직에 대해 부적응하는 사람들은 퇴직 후의 경제적 상황, 가족의 역할, 일상적 활동, 사회적 관계로 발생하는 변화를 미리 예측하지 못한 경우가 대부분이다.

(3) 배우자상실

노년기에 들어와 새로운 역할 적응에 있어 가장 어려운 것은 배우자의 죽음과 직면했을 때이다. 배우자의 죽음은 슬픔과 의기소침, 동시에 절망의 원인이 된다. 배우자의 죽음으로 홀로 된 분들은 배우자가 없는 상황에서 스스로 가정을 이끌어 나가야 함과 동시에 사회 기능을 학습해야 한다.

이처럼 배우자가 없는 환경에 잘 적응해 나가기 위해서는 회복력, 문제해결 능력에 대한 강력한 대응이 필요하다. 특히 대다수의 여성노인에 있어서 남편의 죽음은 정서적 지지자를 잃는 것과 같으며, 재정적 자원의 현저한 감소를 경험하게 된다. 그러나 이들은 노동시장에서의 기능도 학습되어 있지 않고, 사회서비스를 이용하는 것에 대한 정보력도 부족한 편이다.

반면 배우자의 상실을 잘 극복하는 노인의 경우 자녀들과 친구들이 새로운 정서적 지지자임을 찾게 되거나, 의미있는 활동에 참여하면서 즐거움을 찾는 경우도 있다. 이로써 자신의 새로운 능력의 영역을 경험하는 것만으로도 즐거움을 느끼는 경우도 있다. 또한 자기 자신의 요구와 감정에 민감하고 인생의 가치를 깨닫게 되어 충실한 시간을 보내려고 하는 경우도 상당수에 해당한다.

4) 삶과 죽음의 수용

노화에 의해 점점 쇠약해지는 노년기는 임종과 죽음이 최종단계라 할 수 있다. 죽음은 노인에게 특별한 상황으로 받아들여지면서 다양한 심리상태를 보인다.

(1) 자신의 삶에 대한 평가

노년기가 되면 중장년기까지의 중요한 과제였던 결혼·육아·일에 관해 그 성공과 실패가 명백해지며, 그동안 자신이 살았던 인생을 되돌아보며 삶을 평가하면서 자신의 삶을 수용 또는 부정하게 된다. 자신의 삶에 대한 부정적인 평가는 과거에 있었던 실패, 위기, 질병에 대해 현재의 경험도 이를 보상하지 못하는 경우에 주로 나타나게 된다. 만약 자신에 대한 자신감이 넘쳐나서 자신의 삶을 젊은이들에게 모델처럼 생각하기도 하고, 실패를 인정하지 않게 되면 노년기에 적응하는 것은 매우 어려울 수 있다. 반대로 자신의 삶에 대해 긍정적인 평가를 내리는 노인들은 실망이나 위기의 영역을 받아들여 자신에 대한 자부심으로 나아가면서 노년기 삶에서 전체적인 균형을 유지한다. 이들은 자신의 과거에 대해 보다 융통성 있는 태도를 보이며, 자신의 성취와 목표 사이에 차이가 존재한다는 것을 이해하면서 낙관적인 태도를 보인다.

노년기의 자기평가과정을 살펴보면 자신의 결혼이 어느 정도 균형이 잘 잡혀 있는지 판단하는 기회를 갖고, 부부관계의 많은 변화에 충분히 대응해 왔는지 또는 결혼이란 그 자체가 아이가 가정에서 이탈해 좋지 않은 상황이 되지는 않았는지를 평가한다. 또한 자녀에 대해서는 창조성과 도덕성을 갖추고 있는지, 자신과 자녀의 친밀감정도는 어떤지를 평가하기도 한다. 또한 자신의 직업성패에 대한 평가를 내리며 만족할 만큼의 과제를 수행했는지 등을 판단한다.

한편 노인에게 있어서 자신의 인생의 업적에 능숙하게 대응할 수 있도록 도움이 되는 것은 통일적인 인생철학이다. 그것이 종교적인 것이든 신념과 가치에 대한 것이든 스스로 체계화된 철학은 자신의 직업의 의미를 생각하는 데 도움을 준다. 누구든 인생의 질을 크게 개선할 수 있는 능력을 갖추고 있는 사람은 없다. 그럼에도 불구하고, 자신의 인생을 보다 크게 보다 추상적으로 그리고 무한의 질서를 갖는 것의 일부분으로써 그 가치를 발견하는 것은 특히 노년기에 중요한 일이라 할 수 있다.

(2) 죽음에 대한 수용

노년기에 들어서면 죽음에 대해 심각하고도 두려운 의혹을 갖게 된다. 부모, 배우자, 친구의 죽음은 사랑하는 사람을 잃었다는 비탄과 애도라는 정서적 고통과 동시에 죽음을 받아들이고 이해하려는 인지적 긴장에 빠지는데, 이는 심리적 스트레스를 유발하는 원인이 되기도 한다. 이 때 신체적 건강이 악화되며, 분노, 슬픔, 불안, 우울을 동반한다. 이는 죽음에 대한 두려움과 공포로 인해 나타나는 결과라고 할 수 있다. 즉, 죽음이 고통스러울 것이라는 생각과 혼자서 죽음을 맞게 될지도 모른다는 걱정, 그리고 자신의 사고와 신체에 대한 지배력을 잃게 되는 것과 자신이 고통 받을 것을 다른 사람들이 보는 것 등의 두려움을 가지게 된다. 그 결과 죽음 이후의 미지의 세계에 대한 두려움이나 자기가 잊혀질 것이라는 점, 또는 가족이나 친지들이 자신의 죽음에 대해 겪을 슬픔과 신체가 소멸되는 것, 그리고 사후세계에 존재할지도 모르는 벌과 고통에 대한 공포를 가지게 된다.

린드만(Lindmann)에 의하면 죽음에 대한 애도를 통과해 나가는 정상적인 과정으로 다음과 같은 3가지를 제시하고 있다.

첫째, 죽은 사람과의 유대로부터 자신을 해방시켜야 하며,

둘째, 죽은 사람이 존재하지 않는 환경의 여러 측면에 대해 적응해야 하고,

셋째, 새로운 관계를 형성하기 시작해야 한다는 것이다.

따라서 노년기에 죽음에 대한 견해를 발전시키려면 자신의 죽음을 겸허히 받아들일 수 있는 능력과 주변의 가족들과 친구들의 상실을 수용할 수 있는 능력 또한 필요하다. 가족과 친구들의 죽음은 개인이 몸담고 있는 사회적 관계를 붕괴시키는 원인이 되기도 하며, 추억의 상실, 가치와 사회규범에 대한 지지자를 상실하는 원인이 되기도 하기 때문에 죽음에 대한 준비를 미리 하고 있어야 한다.

죽음에 대한 대응이란 죽는다는 것이 인생 최후의 실패라 여기는 마음에서 벗어나 자신의 장례를 계획하고 능력을 유지해 나가려 하는 것이다. 죽음에 대해서는 발달단계별로 다르게 나타나는데, 아동기에는 생명이 끝난다는 비가역적인 현상을 이해할 수 없다. 따라서 어느 시점에서 사람이 죽는다 해도 다음 순간에는 다시 살아날 것이라고 믿어 버리거나, 죽음에 대해 상당히 현실적인 인지는 가능하지만 죽음을 자신과 주변 이들과 연관해 생각하지 않는다. 이러한 자기 자신의 죽음에 대한 생각은 중장년기가 될 때까지 그다지 현실적이지 않고 강조되지도 않기 때문에 자신이 죽을 수 있다는 생각과 연결시키지 못하는 경우가 대부분이다. 개인적 동일성을 형성하는 과정에서 죽음, 인생의 의미, 그리고 죽음에 대한 시각이 형성되기 시작하는 것은 대체적으로 중장년기에 들어오면서 부터라고 할 수 있다.

중장년기에 들어서면서 높아지는 죽음에 대한 관심은 부모와 연장의 친척들의 죽음을 통해 점점 더 현실적으로 인식하게 된다. 즉, 자신의 죽음을 타인의 죽음과

연관 지어 파악하면서 죽음에 대한 불안과 책임의식 등을 포함하여 의미를 받아들이게 된다. 이러한 인지와 함께 죽음에 대한 견해 속에는 자신의 가족을 부양한다는 의미와 배우자가 죽는다 하더라도 살아갈 수 있다는 생각을 내재하고 있다.

죽음이라는 현상에 대해서는 노년기가 되면서 자신의 인생을 그대로 받아들이고 죽음을 인생주기의 당연한 결과로서 받아들이지 않으면 안된다. 죽음은 인간으로서의 자신의 가치, 무언가를 성취하려는 자신의 능력, 그리고 다른 사람의 생활에 영향을 끼치고 싶다는 희망을 위협하는 것이 결코 아니다. 자신의 인생을 겸허히 받아들이면 죽음에 대한 공포를 최소화하고 마지막 죽음을 받아들이는 것이 가능해진다. 이것은 죽음을 피하려는 태도와는 다르며, 노인은 자신의 유익성이 반드시 신체적인 존재로만 한정해 있는 것은 아니다는 것을 인식하게 된다.

4. 노년기의 문제점

노년기의 문제점은 노년기의 전 생애발달적, 인지심리학적, 사회행동적 관점들을 토대로 살펴볼 수 있다. 노년기에 진입하면서 사회적 역할의 축소와 은퇴로 인한 소득감소 등이 주요문제로 등장하다가 시간이 흐르면서 신체적, 정신적 능력의 약화를 통한 타인의 의존도 증가가 심각한 문제로 대두된다.

1) 역할축소

노년기에는 전반적으로 스스로에 대한 자부심이 낮아지기도 하고 자신감이 결여되기도 한다. 이는 가족과 사회의 부정적 태도, 사회적 역할의 축소, 노년기에 대한 준비부족 등이 그 이유라 할 수 있다. 현재 우리나라는 노인을 존경의 대상으로 여겼던 과거와는 달리 노년기의 변화를 부정적으로 보는 사회적 인식이 매우 강한 편이다. 끊임없이 새로운 기술이 개발되는 산업화의 과정 속에서 노인들은 활용할 수 있는 기존의 능력을 인정받지 못하고 있는 것도 사실이다. 또 다른 측면에서는 은퇴이후 소득의 상실을 경험하는 노인을 위한 사회보험체계는 미비하고 공적부조 제도 프로그램도 부족한 상황에서 사회적 역할상실은 경제적 어려움으로 까지 확대되어 가고 있는 상황이다. 따라서 노년기에는 노인 스스로 자신을 능력 있는 존재로 인식하도록 자신감을 고취시켜줄 다양한 교육문화프로그램이 필요하다.

2) 치매

치매문제는 고령화 사회로 진입하고 있는 사회에서 누구나 불안해하고 있는 문제 중의 하나이다. 치매는 원인이 분명한 뇌혈관성 치매와 알쯔하이머형 치매로 구분한다. 뇌혈관성치매는 일상생활을 개선함으로써 예방할 수 있으며, 알쯔하이머형 치매에 대해서도 극히 소수인 유전적 요인을 제외하고는 발병 후 대처방안을 생각하고 대비해 나간다면 많은 문제증상들을 감소시킬 수 있다.

치매의 특징은 기억력 장애, 장소, 시간, 사람을 인지하지 못하는 지남력 장애, 자각이 없는 상태 등으로 나타난다. 그러나 기억장애가 심하더라도 이해력, 판단력은 남아있기 때문에 모든 지적 능력에 저하가 일어나는 것은 아니다. 그리고 지적 기능의 저하에도 원래의 인격적 특징은 계속 유지되기도 한다. 그럼에도 불구하고 구체적으로 주의해 보아야 할 것은 노인의 인격변화와 일상생활 중에서 나타나는 태도변화 등이다.

치매를 예방하기 위해서는 우선 혈관의 노화를 방지해야 하는데, 이는 혈압을 정상화시키고 혈당치를 조절함으로써 고혈압의 진행을 막을 수 있다. 당뇨병 환자들은 정기적으로 진찰을 받고 의사의 지시에 따라 식사요법, 운동요법을 병행하여 당뇨병을 예방하는 노력이 필요하다. 또한 흡연을 하게 되면 일산화탄소의 영향으로 혈관이 수축되고, 혈압이 상승되는 요인이 되므로 주의하여야 한다. 그밖에 식사 이외에 적당한 운동과 환경변화를 적게 하는 것도 치매와 우울증을 예방하는 데 도움이 된다. 특히 골절상을 당하지 않도록 주의하고, 겨울철에는 감기에 걸리지 않도록 한다. 일기나 편지 쓰기, 대화 나누기, 장기나 바둑두기(머리 체조)를 하여 스트레스를 잘 조절하며 규칙적이고 적극적인 생활을 하는 것이 바람직하다.

또한 치매노인이 있는 가족들의 경우 치매노인뿐만 아니라 부양자도 사회적 활동에 제한을 받게 되는 문제에 직면하게 된다. 이는 부양자의 재정적, 심리적 부담 등을 동반하면서 부양자와의 관계가 악화되는 심각한 상황이 올 수도 있다. 따라서 가족들은 치매노인에 대해 과다한 책임감을 느껴 혼자 해결하려고 하지 말고 간호분담을 하여 치매에 대한 적절한 조언이나 지도를 받도록 한다. 그밖에 사회적 서비스 기관인 치매상담기관, 치매 주간 보호소, 치매단기보호소 등을 적극적으로 활용하도록 한다.

3) 학대

학대는 life cycle전체에 걸쳐서 발생한다고 할 수 있지만, 노인학대의 문제는 최근에 관심을 두고 인식하게 되었다. 노인학대에 대해 학계에서 인정하는 단일한 정의는 없다. 그러나 Kosberg(1990)는 노인학대의 여러 가지 요소들을 규명하여 다음과 같이 분류하였다.

① 수동적 방치(passive neglect)로 노인을 소외시키고 방치하거나 지지적인 돌봄 없이 혼자 남겨두는 경우이다. 그러나 가해자는 돌보지 않는 결과가 무엇인지 깨닫지 못한다.
② 능동적 방치(active neglect)로 영양, 의료의 관심, 교제, 일상생활 활동(ADL)의 보조와 같은 생활의 기본적인 사항을 의도적으로 방치하는 행위이다.
③ 언어적, 감정적, 또는 정신적 학대(verbal, emotional, psychological abuse)로 노인의 이름을 부르거나, 위협하거나 창피를 주는 행위이다.
④ 신체적 학대(physical abuse)로 노인을 폭행하거나 괴롭히거나 부당하게 감금하는 행위이다.
⑤ 재정적 학대(financial abuse)로 노인의 재산을 남용 또는 오용했을 때 발생한다.
⑥ 노인의 권리침해(violation of elderly people's rights)로 노인이 반대하거나 싫어해도 노인의 주거지를 양로원이나 다른 곳으로 옮기도록 압력을 가하는 시도를 포함한다.

노인학대의 주가해자는 가족 중에서 주로 노인을 돌보는 가족 구성원이나 무능한 가족구성원인 것으로 나타나고 있으며, 대다수는 배우자에 의해 학대를 받는다. 즉, 일차간호제공자(Primary care provider)인 가족 구성원들은 스트레스와 좌절로 인해 노인에게 해를 줄 수 있다는 것이다. 가족들은 원하지 않은 상황에서 돌보아야하는 책임때문에 힘들고 극심한 소진을 느낄 수 있다. 또한 강한 발달적 욕구를 가진 노인부모가 어른이 된 자식의 의사결정에 관여하는 역할 전도는 심각한 의견불일치와 심지어는 학대를 유도 할 수 있다.

그러나 노인학대가 표면적으로 드러나는 것은 매우 드문데, 그 이유는 건강이 악화된 노인은 지역사회활동보다 집안에 머무는 경향이 있기 때문에 자신의 학대를 알릴 방법이 없다. 또한 가족구성원(자녀)에게 전적으로 의존적인 노인의 경우에는 학대자를 고발하는 것을 꺼리기도 한다. 한편 노인들은 요양소 같은 거주하고 싶지 않은 곳으로 보내지는 것을 피하려고 학대를 참거나, 학대행위의 원인은 자신이라고 스스로 책망하기도 하기 때문이다. 따라서 최소한 이웃에서 노인의 학대와 방치에 보다 민감하게 주의를 기울일 필요가 있다.

4) 이혼

최근 들어 노년기의 이혼이 증가하고 있다. 이는 평균 수명의 연장으로 부부만 남는 노년기가 길어짐에 따라 아무런 준비 없이 노년기를 맞는다면 부부 갈등과 황혼 이혼은 늘어날 수밖에 없는 상황에 기인한다고 할 수 있다. 또한 황혼이혼의 대부분이 여성의 요구에 의해 이루어지고 있는데, 여성은 그동안 자녀양육 때문에 보류했던 이혼을 자녀들이 장성한 후에 더 이상 미룰 필요가 없다고 여기는 것이다. 젊은 시절 배우자의 부정이나 신체적 혹은 정신적 학대 등 심히 부당한 대우를 받는 등 충분한 이혼 사유가 있었음에도 자녀들 때문에 참고 살아왔지만 자녀들이 장성한 이후에는 더 이상 참고 살지 않겠다는 여성들의 의지와 이혼에 대한 사회적 인식의 변화가 맞물려 있다고 볼 수 있다.

황혼이혼으로 인해 홀로된 노인이 증가하는 것은 노년층의 성 문제, 노후의 외로움, 경제적 타격, 절망감 등의 여러 문제들과 직결될 수밖에 없다. 특히 남자 노인의 경우 의식주 해결이 중대한 문제가 되며, 이혼한 부모의 거취 문제로 자녀들 사이에도 불화가 생겨 집안 내부의 갈등으로 확대될 수 있다. 또한 이혼은 단지 부부관계의 끝이 아니라 사회적인 단절과도 연결되고 인간관계의 손실을 가져오기도 하기 때문에 노인들의 삶에 부정적인 영향을 미칠 수 있음을 짐작할 수 있게 한다. 황혼기 이혼의 후유증으로는 우울증, 알코올 중독, 급격한 건강의 악화 등이 있다. 우울증은 때로는 자살로 이어지기도 한다는 점에서 사회문제가 되기도 한다. 따라서 늘어나는 황혼이혼을 막고, 지난날을 함께 회상하며 남은 생을 마감할 때까지 '아름다운 노년'을 함께 보낼 수 있도록 노부부의 갈등해소에 가족과 사회 모두의 노력이 필요하다고 할 수 있다.

5) 문화

현재 우리나라의 노인들은 산업화과정을 지내면서 경제적인 부흥과 성장, 자녀

교육 등에 관심을 쏟으며 살아왔기 때문에 자신들의 여가를 생각할 여유를 갖지 못했다. 따라서 노년기에 들어서도 특별히 경제적 능력이 있거나 사회활동이 왕성한 일부를 제외한 보통의 노인들은 자신들에게 주어진 시간을 어떻게 보내야 하는지 모르는 경우가 많다. 대부분의 노인들은 단지 경로당에 나가 TV를 보거나 장기, 바둑, 화투 등으로 시간을 보내거나, 하루종일 무료하게 공원에 앉아있는 노인들도 어렵지 않게 볼 수 있다.

반면 노인문화를 만들어보려는 사회적 노력도 전무한 상황에서 노년기는 황폐해져 간다고 할 수 있다. 노인문화의 핵심은 어떤 곳에서 시간을 보내느냐가 아니라 얼마나 시간을 알차게 보낼 수 있느냐가 관건일 수 있다. 이는 은퇴전부터 역할변화에 준비하는 준비프로그램이 시급한 이유라 할 수 있다.

6) 무의탁노인

노년기에 들어서면 각종 사회활동의 축소로 인해 대인관계에서도 의미있는 관계를 지속할 수 없는 상황이 되면서 자연스럽게 고립상태에 빠지게 되는 경우가 많다. 특히 무의무탁한 노인의 경우 이러한 고립과 소외의 문제는 더욱 심각해 질 수 있다. 친근한 사람들의 존재는 노인의 실제적인 일상생활에 도움이 되기 때문이다.

이를 해결하기 위해 병약한 거택보호노인을 대상으로 개인적, 사회적 욕구를 해결하고 가족의 기능을 보충해줄 수 있는 공적, 사적 서비스의 1차적 대안이 제시되고 있다. 즉 노인이 자신의 가정 및 그 지역사회에 머물면서 시설 입소를 지양하고 재가보호 서비스를 제공받을 수 있도록 하고 있는 것이다. 그러나 무의무탁한 노인들의 대부분이 경제적 고통 외에 신체적으로 노쇠하며 정서적으로도 고독감에 빠져있기 때문에 이를 해소시켜 주기 위한 제반노인복지 프로그램의 개발이 시급하다고 할 수 있다.

2008년 7월부터 기초노령연금이 지급되고는 있지만 급여수준은 그다지 높지 않은 편이기 때문에 무의무탁 노인들은 여전히 생활고에 시달리고 있다. 따라서 이러한 문제의 해결을 위한 적극적인 정책개발이 선행되어져야 한다. 즉, 무의무탁 노인의 연령, 건강상태, 거주상황, 사회지원체계 등을 고려하여 현실성 있게 노인 개인별 상황에 따라 차등지원의 개선책이 강구되어져야 할 것이다. 그리고 공적부조제도의 복지적 기능을 강화시켜 수혜자의 최저생활수준을 사회적 생존수준까지 높임으로써 헌법 제34조에 명시한 "인간다운 생활을 할 권리"에 국가적 책임을 다하는 제도를 정착시켜 사회통합을 이루어야 할 것이다.

7) 사회적 인식

현재 우리 사회에는 노년층을 '죽음을 앞둔 존재 '로만 인식하는 편견과 잘못된 풍조가 아직 남아있다. 특히 젊은 세대의 물질중심주의 사고와 자본주의 노동시장에서 능력위주의 사회 분위기는 노인층을 사회적으로 추방되어야 할 존재로 받아들이는 경향도 강하게 나타나고 있다. 이로써 노인들의 빈곤, 질병, 고독 등의 문제는 그대로 방치되어 있다고도 할 수 있다. 따라서 노년기 자원의 유용화를 위한 사회정책이 마련될 필요성이 있으며, 또한 노년층 스스로는 사회봉사 활동을 통한 사회개입도 더욱 확대될 필요가 있다.

5. 사회복지적 실천과제

현재 우리나라는 사회복지정책의 변화 속에 노인을 대상으로 하는 다양한 서비스가 제공되고 있지만 서비스대상이 대개는 요보호노인에 국한되어 있어 서비스의 질적인 측면에 많은 문제점이 존재한다. 따라서 노년기 특성에 따른 사회복지적 실천과제를 보다 심도있게 고민해 볼 필요가 있다.

노년기에는 신체적 기능의 저하로 야기되는 만성질환으로 고통을 받게 되며 일상생활의 어려움을 가져오게 된다. 이러한 극단적 상황을 극복해 내기 위해서는 만성질환에 대한 의료비 부담과 수발문제를 해결할 수 있는 의료보험의 급여항목을 확대해야 할 것이다. 또한 그 외의 의료비 지원, 노인간호 인력 양성 등의 정책적 대처와 함께 집 가까이에 손쉽게 활용할 수 있는 신체적 건강관리프로그램, 질병에 대한 의료적 처치, 치매예방교실과 전문적인 의료서비스, 가정봉사원 파견 등 사회복지실천 프로그램과 연계해 확대시킬 필요가 있다. 그리고 기능손상과 만성질환의 위험과 정서적 지지에 대한 관심과 가족의 보호부담을 덜어줄 수 있는 방안 모색이 필요하다.

사회적 측면으로는 사회적 역할 축소에 따른 자부심의 저하, 고독과 소외, 은퇴로 인한 소득감소 등이 중요한 문제로 등장하는 만큼 역할변화에 준비하는 프로그램

등의 개발이 필요하고 정책차원의 현실성있는 소득보장과 노인부양의 동기를 부여할 수 있는 각종 지원책 마련이 필요하다. 또한 은퇴 후의 역할변화 문제로 긍정적인 노인의 이미지 제고를 위한 교육을 비롯한 은퇴준비를 위한 프로그램 및 상담교실 등의 프로그램을 고려해야 할 것이다. 또한 노인들이 일상생활을 영위할 수 있도록 하는 전문적인 케어가 절실하며 노인으로 하여금 지나간 삶을 정리하고 죽음을 준비할 수 있는 심리적지지 활동도 절대적으로 필요하다.

제2부

성격이론과 사회복지

CHAPTER 08

Freud의 정신분석이론과 사회복지

Freud의 정신분석이론은 지금까지 심리학이나 정신과학, 사회복지학, 문학, 철학 등 다양한 학문분야와 예술분야에 많은 영향을 끼치고 있다. 정신분석이론은 과거 부모 등과의 관계에서 형성된 무의식적 감정과 갈등이 현재 자기의 감정, 생각, 행동을 결정짓는다는 것이다. 물론 본인은 지금 자기의 행동이 무의식적 갈등이나 충동과 관련된다는 사실을 자각할 수가 없다. 그러나 개인의 마음 안에서 일어나고 있는 어떤 것이든 우연히 일어나는 것은 없고 일어날 만한 원인이 있기 때문에 일어난다(Dewald, 1983). 개인은 그 원인을 완전히 이해하기는 쉽지 않다. 하지만 정신분석적 상담과정을 통해서 개인은 자기가 하는 행동의 무의식적 원인의 많은 부분을 이해할 수 있다. Freud는 인간에게는 삶의 본능과 죽음의 본능이 있다고 보았다. 삶의 본능은 성적 에너지인 리비도로 설명할 수 있으며 죽음의 본능은 공격적 욕구로 설명된다. 이는 Freud가 1차 세계 대전과 같은 전쟁을 체험하면서 개념화한 것이다. 죽음의 본능은 자기 자신이나 타인을 해치거나 죽이려는 무의식적 욕구이다. 도박중독자의 무의식적 욕구에는 자기를 헤치고 싶다는 마음이 깔려 있다는 것이다.

정신분석에서는 과거 어린 시절의 경험, 특히 6세 이전의 발달에서의 경험이 성격을 형성하는 데 있어 중요하다고 보았다.

1. Freud의 정신분석이론

1) 정신분석이론의 발달과 역사

Freud는 1856년 비엔나의 한 유대인 가정에서 3남 5녀 중 장남으로 태어났으며, 1939년에 런던에서 사망하였다. Freud는 26세 때 비엔나 대학에서 의학박사학위를 취득하고 4년 후에 강사가 되었다. Freud 자신도 살아오면서 심각한 정서적 갈등을 겪기도 하였다. Freud는 그가 만난 내담자뿐만 아니라 자기에 대한 분석과 자기 꿈에 대한 분석을 통하여 정신분석 이론에 대한 통찰을 얻기도 하였다. Freud는 40여 년에 걸쳐 주로 자유연상의 방법으로 무의식을 탐구하여 최초로 포괄적인 성격이론을 발전시켰으며 성격을 에너르기의 법칙으로 이해하였다(Hall & Lindzey, 1997). Freud는 정신분석적 원리와 다른 의견을 내는 사람들에 대한 관용이 부족하였다. 그와 의견이 다른 Jung과 Adler 등 많은 제자들이 그와 결별하고 새로운 이론을 정립하게 되었다.

2) 성격구조

Freud는 성격을 원초아(id), 자아(ego), 초자아(superego) 등으로 구분하여 설명하고 있다. 이 세 가지는 심리적 에너지 체계이다. 원초아는 생물학적 특성을 가지고 있으며 자아는 심리적 특성을 그리고 초자아는 사회적 특성을 가지고 있다(Cory, 2003). 성격의 세 가지 구조들은 그것 자체의 기능, 특성, 구성요소, 작용원리, 역동 및 기제들을 가지고 있으나 서로 밀접하게 관련되어 있어 그들의 영향을 가려낸다든가, 그것들이 인간행동에 어떻게 기여하는 지와 같은 것을 상대적으로 평가하기에는 어려움이 있다(Hall & Lindzey, 1997).

(1) 원초아(Id)

원초아는 본능적인 것으로 생물적인 에너지에 의하여 일어난다. 원초아는 자아와 초자아가 발달하는 에너지를 제공한다. 원초아에서 자아와 초자아가 발달한다. 원초아의 대표적인 것으로는 성적 추동과 공격성이 있다. 성적 추동은 단순히 성적 관계나 성적 행동이 아니라 생물적 에너지라 할 수 있으며 개인의 성격특성과 광범위하게 연결되어 있는 것이다.

성적 에너지와 공격적 에너지를 리비도라고 부른다. 원초아는 쾌락의 원리에 따라 행동한다. 쾌락의 원리란 현실이나 양심, 도덕을 상관하지 않고, 즉각적인 긴장을 해소하려고 하며 고통을 피하고, 쾌락을 추구하려 하는 것을 말한다. 원초아는 대부분 무의식적 내용으로 되어 있다.

(2) 자아(ego)

원초아는 단지 긴장을 해소하고 쾌락을 추구하려는 데 반해서 자아는 성적 충동과 공격적 충동을 현실에 맞게 중재하고 지연하며 조정한다. 자아는 현실적이고 논리적이며 합리적 사고 기능을 한다. 개인이 어떤 성적 욕구를 가지고 있더라도 이 상황에서 적절하지 못하다면 성적 욕구를 지연하게 하는 것이 자아의 기능이다. 따라서 자아는 현실적응과 정신건강에서 가장 중요한 역할을 한다. 자아의 기능은 언어, 지각, 학습, 변별, 기억, 판단, 계획 등과 관련된다(Alloy, Riskind, & Manos, 2006). 아이는 자라면서, 부모와의 관계나 사회생활을 하면서 점차 현실을 고려하여 자신의 욕구를 조절할 수 있다. 원초아가 쾌락의 원리에 지배받는 데 반해, 자아는 현실의 원리(reality principle)에 의하여 지배받는다. 현실의 원리는 현실에 맞게 자기의 원초아적 추동을 조정하고 지연하는 것이다. 자아는 2차 과정(secondary process)에 의하여 작용된다. 2차과정은 현실적으로 사고하는 것이다. 자아는 자기의 욕구를 만족시킬 방법을 찾고, 그 효과성을 검토해보고, 결과를 생각하게 된다. 자아는 자기의 기대와 현실과의 차이를 구분한다. 자아는 원초아의 충동을 지연하거나 통제하기 위하여 의식적 사고라는 수단을 통하여 검열한다. 뿐만 아니라 자아는 초자아가 가지고 있는 비현실적이고 이상적인 도덕원리 대신에 현실의 토대위에서 적당한 타협책을 찾는 기능을 한다. 자아는 원초아와 초자아가 성격의 통합적 태두리 안에서 원활히 움직이고 있는 가를 감독하고, 외부 환경과의 교섭을 위하여 에네르기를 적절히 분배하는 것이다.

정신과 환자는 자아가 약해진 상태로 볼 수 있다. 성격적으로 취약성을 가지고 있는 사람이나 일반인의 경우에도 심한 스트레스나 피로감을 가지고 있을 경우에는 일시적으로 낮은 자아기능과 관련하여 정신과적 증상이 나타날 수도 있다.

정신분석적 상담에서는 우선 자아를 강화시키는 것을 목적으로 한다. 자아가 강화되면 자아는 현실검증력을 가지게 된다. 현실검증력이란 자기의 기대와 현실과의 차이를 알아내는 것이다. 정신과 환자가 보이는 다양한 정신과적인 증상은 낮은 현실검증력과 관련될 수 있다. 자아는 행동을 통제하며, 반응할 환경의 특징을 선택하고, 어떤 본능을 어떤 방법으로 만족시킬 것인지를 결정하기 때문에 성격의 집행자라 할 수 있다. 자아는 갈등하는 원초아와 초자아 그리고 외부 환경의 요구를 통합하는 기능을 한다. 자아는 원초아가 가진 욕구를 좌절시키는 것이 아니라 현실적으로 가장 적절하게 충족시키기 위해 기능한다.

(3) 초자아(superego)

초자아는 양심이나 도덕과 같은 것이다. 초자아는 현실보다는 이상을 추구하고 보다 완벽해지기를 바란다. 이런 면에서 초자아는 원초아와 대조되는 개념이다. 초자아는 부모나 종교의 영향을 받게 되어 형성된 것이다. 어렸을 때 부모가 하는 행동을 보고 배우거나 학교선생님이나 성직자로부터의 모델이나 상벌을 받은 경험 등으로 사회경험을 하면서 학습되는 것이다. 초자아는 도덕적 목표와 완벽이나 이상을 추구하기는 하지만 비현실적일 때가 있다. 초자아에 따라서만 행동하게 되면 사람이 융통성이 없게 되거나 현실에 적절한 행동을 보여주지 않는 등으로 자기 자신을 힘들게 하고 사회생활의 적응이 잘 안될 수가 있다. 초자아에 대한 처벌은 죄책감과 열등감이며 보상은 자부심이나 자기애이다(Corey, 2003).

정신분석에서의 성격의 구조는 빙하 그림으로 설명되고 있다. 빙하에서 실제 물위에 드러나는 부분은 아주 적은 일부분이라 할 수 있다. 대부분은 물속에 있어 우리가 잘 보지 못한다. 무의식적 개념도 마찬가지이다. 우리의 행동의 대부분은 무의식적으로 일어나는 것이다. 그래서 우리는 비록 자기가 알 수는 없지만 무의식이 있다는 것을 인정하고 항상 깨어 있어야 하는 것이다. 이를 그림으로 그려보면, [그림 8-1]과 같다.

[그림 8-1] Freud의 성격구조

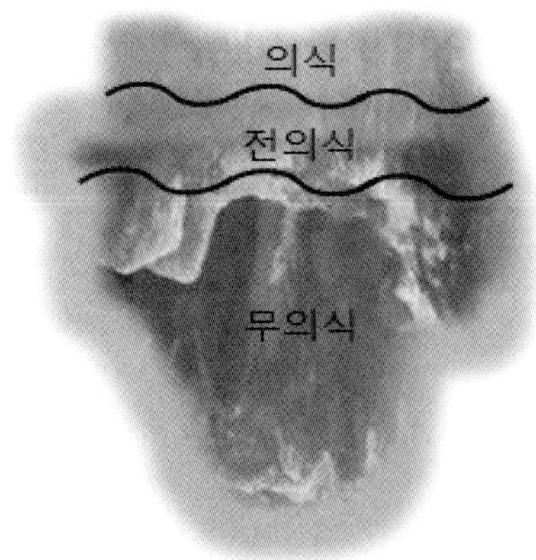

① 의식(consciousness)

무엇을 의식하고 있다는 것은 개인이 지금 그것을 알아차리고 있고, 현재 그것에 대해 의식적 주의를 얼마나마 기울이고 있다는 것이다(Dewald, 1983). 내가 지금 무엇을 하고 있는 지를 내가 관찰하고 있으면 그것은 의식적 행위라 할 수 있다. 의식은 감각, 지각, 경험, 기억, 감정 등이 포함되는 것이다. 의식은 자아의 기능과 관련된다.

② 전의식(preconsciousness)

무의식은 크게 전의식과 무의식으로 구분할 수 있다. 전의식은 금방은 떠오르지 않지만, 의식하려고 조금만 노력하면 곧 알 수 있는 부분이다. 오래 만에 만난 친구의 이름이나 친척집의 전화번호 등은 바로 떠오르지는 않지만 조금만 생각하게 되면 알 수가 있다. 전의식은 이처럼 조금 전 의식적 주의를 기울이기 전에는 그 사람의 의식 속에 있지 않았던 것인데, 단순히 주의를 기울이게 되면 금방 떠오르게 되는 것을 말한다(Dewald, 1983). 전의식은 원초아와 초자아의 기능과 관련된다.

③ 무의식(unconsciousness)

무의식은 의식하지 못하고 있지만 실제로는 우리 마음의 많은 부분을 차지하고 있는 것이다. 성적 욕구나 공격성 등이 억압되어 무의식적 부분에 자리잡고 있다. 무의식은 꿈이나 실수 행위 등에서 나타난다. 꿈에서는 꿈꾸는 사람이 가지고 있는 욕구의 결핍을 충족하는 것으로 나타나기도 한다. 예를 들어 무척 배가 고픈 사람은 꿈속에서 어떤 음식을 배불리 먹는 것을 꿀 수 있다. 또한 말이나 행동에서 실수가 나타나는 것은 우연히 일어난 것이라기보다는 어떤 의미가 있는 무의식적 정신행위로 본다. 어떤 청년이 자기의 결혼식 시간을 잊어버리고 결혼식에 참석하지 못한 경우는 그 청년의 마음 깊은 곳에는 결혼을 거부하려는 무의식적 욕구가 깔려 있을 수 있다. 이해할 수 없는 끔직한 교통사고를 낸 많은 사람의 경우에도 그 개인의 무의식 속에 자학적 경향이나 자살의 충동이 깔려 있을 가능성도 있다고 본다.

3) 발달단계

Freud의 정신분석이론에서는 성격이 개인이 신체 어느 부위에 쾌감을 느끼는지에 따라 발달된다고 보고 있다. 정신분석이론에서는 발달단계를 구강기, 항문기,

남근기, 잠재기, 생식기 단계로 구분하여 설명하고 있다(Freud, 1949). 발달단계는 연령에 따라서 달라지지만 어떤 단계에서 문제가 생기면 그것이 개인의 성격형성에 영향을 줄 수 있다. 발달단계에서는 생후 5-6세경까지가 성격형성에 결정적인 시기이다.

① 구강기(oral stage)

구강기는 출생 후 2세 정도로 성적 쾌감의 중심이 입과 혀, 입술이 된다. 유아는 젖을 빨거나 깨물거나 입술이나 구강과 관련된 활동으로 쾌감을 가진다. 구강기는 주로 어머니의 젖을 빠는 것을 중심으로 얻어진다. 구강기에서 적절한 만족을 얻지 못하게 될 경우는 의존적인 성격이 형성된다. 또 구강기의 부적절한 발달은 음주, 흡연, 식욕장애, 지나치게 말이 많은 등의 특성을 보이는 사람이 될 가능성이 있다. 구강기와 관련된 성격적 문제는 타인에 대한 불신과 거부, 타인과의 관계에 대한 두려움 등으로 나타날 수 있다.

② 항문기(anal stage)

항문기는 18개월부터 3세 정도로 성적 쾌감의 중심이 항문에 있다. 성적 쾌감은 대변을 참거나 배설하는 것과 관련된다. 이 단계에서 적절한 발달이 이루어지지 못하면 성격적으로 고집스럽고, 인색하고 냉소적인 사람이 될 가능성이 많다. 항문기에서는 독립심과 수용성, 분노나 공격성을 표현하는 방법을 획득하게 된다.

③ 남근기(phallic stage)

남근기는 3세에서 6세 정도에 해당된다. 남근기는 성적 쾌감이 성기와 관련된다. 남아와 여아 모두에게 남성 생식기가 주요한 관심의 대상이 된다. 남성의 생식기에 해당되는 여성의 음핵이 이 시기 여아의 성적 흥분과 쾌감의 기관이 된다(Brenner, 1985).

남근기의 발달단계에서는 남성의 경우 오이디푸스 콤플렉스가 여성의 경우 엘렉트라 콤플렉스가 일어난다. 오이디푸스 콤플렉스는 남아가 어머니를 성적으로 원하게 되고, 그 결과 아버지의 보복을 두려워하게 되며, 아버지가 자신의 성기를 자르지나 않을 까하는 거세불안을 가지게 되는 것이다. 반면에 엘렉트라 콤플렉스에서 여아는 남아의 거세불안에 해당되는 남근선망을 경험하게 된다. 여아는 아버지를 유혹하여 남근을 대리로서 얻을 수 있다고 생각하다가 좌절하게 되고 마침내 어머니와 자기를 동일시하게 되는 과정을 거치게 된다고 가정한다. 이 단계에서 적절한 발달이 이루어지지 못하면 남성의 경우는 무모한 남성상을 보일 가능성이 있고, 여성의 경우는 지나치게 유혹적이 되거나 성적으로 문란해질 가능성이 있다. 이 시기에는 아이들의 보여주는 성적 행동에 대하여 부모가 어떻게 반응하는냐가 성격 발달에 있어 중요한 요인이 된다.

④ 잠재기(latency stage)

잠재기는 6세에서 사춘기까지이다. 이 시기에서는 성적 쾌감의 욕구는 잠재되어 있게 되며 동성인 또래들과 어울려 노는 일이 많아진다. 성적인 추구가 친구와의 놀이, 운동, 다른 사람들과의 관계 같은 것으로 외부적인 데로 에너지가 옮겨가게 되며 사회화가 이루어진다.

⑤ 성기기(genital stage)

성기기는 사춘기부터 성인에까지 해당되는 것이다. 이 단계에서는 성적인 추동은 이성에로 향하게 된다. 대부분은 정상적인 발달을 거쳐 이성과 결혼에 이르게 된다. 성적 에너지가 직접적으로 이성과의 성행위로 이어진다. 이 시기에는 친구와의 교제, 운동과 예술, 직업 활동 등으로 성적 에너지를 활용할 수 있다.

4) 불안과 방어기제

불안은 위협에 대한 신호이다. Freud는 불안을 현실적 불안, 신경증적 불안 그리고 도덕적 불안으로 나누고 있다. 현실적 불안은 외부환경에 대한 실제적인 불안이다. 신경증적 불안은 개인이 자기의 본능이 통제되지 않아서 어떤 벌을 받지 않을까 두려워하는 것과 관련되고 있다. 신경증적 불안은 본능을 만족했을 때 동반되는 처벌에 대한 두려움과 관련된다. 도덕적 불안은 자신의 양심에서 생기는 불안이다. 도덕적 불안은 과거의 처벌받은 경험 등에서 얻어질 수 있다. 불안은 개인으로 하여금 무엇을 하도록 동기화시키는 역할도 한다.

개인은 불안으로부터 자신을 지키기 위하여 다양한 방어기제를 사용한다. 개인은 자기도 모르게 불안으로부터 벗어나기 위하여 방어기제를 사용하는 것이다. 방어기제는 발달수준과 불안의 정도에 따라 다르게 나타난다. 방어기제는 무의식적으로 일어나며 현실을 부정하거나 왜곡시키기도 한다. 대부분의 사람은 적어도 이러한 방어기제를 하나 이상 사용하고 있다. 방어기제의 종류와 개인의 정신과적 증상은 밀접한 관련이 있다.

① 억압

억압은 원치 않는 충동을 의식으로부터 제외하는 것을 말한다. 불안하며 고통스러운 생각을 의식하지 않기 위하여 사용되는 것으로 가장 기본적이고 널리 사용되는 방어기제이다(Brenner, 1985). 억압은 무의식적으로 행해지고 억압된 것이 자아로부터 기능적으로 분리되어 원욕의 일부가 된다. 억압의 대표적인 것은 망각이다. 우리가 무엇을 망각하는 지를 알 수 없듯이 억압하는 사람은 자신이 무엇을 억압하는 지 알 수가 없는 것이다. 교통사고가 난 사람의 경우에 사고당시의 기억에 대해서 물어보게 되면 기억이 잘 나지 않는다고 말한다. 강도를 당하거나 성폭행당한 여성의 경우도 사건 당시의 기억이 잘 나지 않을 수 있다.

최근의 연구에서는 억압이 일반인들의 적응적인 과정으로도 볼 수 있다고 보고하고 있다. 억압자들이 적응적인 성격특질과 능동적인 대처양식을 보고하고 있는 특성이 있었다(최해연, 2008).

② 합리화

개인이 사실을 있는 그대로 받아들이기에는 불안하고 고통스럽기 때문에 사회적으로 바람직한 이유를 대어서 합리화하거나 정당화하게 된다. 합리화의 예는 이솝우화에 나오는 '여우와 신포도'에서 여우가 포도를 따 먹지 못하게 되자 '이 포도가 시었다'고 말하면서 돌아가는 것이다. 시험을 잘 못 치른 학생이 '선생님이 문제를 잘못 출제했다'고 이야기하는 것도 합리화라 할 수 있다.

③ 부인(denial)

자기가 사실을 받아들이기에 불안하고 자존감이 상하게 되는 생각들은 받아들이지 않고 부정하는 것을 부인이라 한다. 알코올 중독자가 자기는 중독자가 아니라고 부인하거나 말기암 환자가 자신이 암에 걸리지 않았다고 부인하는 것 등이다. 특히 알코올 중독자의 경우는 자신이 중독자가 아니라고 부인하는 것이 증상의 일부가 되기도 한다. 부정의 원래의 의미는 외계로부터의 어떤 감각적 인상을 봉쇄함을 말한다. 부정은 유희나 백일몽의 어떤 양상들과 밀접히 결합되어 있다. 오락적인 활동들이 사람들의 걱정이나 좌절로부터 도피수단이 되며, 방어기제의 부인에 가깝다(Brenner,).

④ 투사(projection)

투사는 원래는 자신이 가지고 있는 원망이나 충동을 타인이나 외부의 어떤 대상이 가지고 있다고 생각하는 방어기제이다. 자신이 무의식적으로는 피하려고 하는 것으로 자신이 인정하기 어려운 불안이나 충동, 적개심 등을 자기가 아닌 타인이 갖고 있다고 덮어 씌우는 것이다. 예로서 의처증이나 의부증, 피해망상증 등을 들 수가 있다. 이웃의 젊은 여인에게 성적 충동을 가지고 있는 중년남성이 자신이 그러한 충동을 가지고 있다는 것을 인정하기 어렵기 때문에 부인이 이웃의 어떤 청년과 바람피우고 있다고 생각하는 것 등이다.

⑤ 반동형성

반동형성은 자신이 가지고 있는 생각이나 충동으로 남에게 비난받을 것이라는 두려움으로 해서 실제 자신의 욕구와 반대되는 행동을 하게 되는 것을 말한다. 실제로는 전처소생의 자녀에 대한 적개심을 가진 어떤 의붓어머니가 반대로 전처소생의 자녀들에게 지나치게 잘 대해주는 것 등이다.

⑥ 전치

불안하고 위협적인 대상대신에 덜 불안하며 덜 위협적인 대상에로 대치시키는 것이다. 직장에서 상사로부터 꾸중을 당한 가장이 집에서 부인에게 괜한 일을 핑계삼아 화풀이하는 것이다. 부인은 아들에게, 아들은 강아지를 걷어차는 식의 행동을 보이는 것 등이다.우리나라 속담에서 종로에서 뺨맞고 한강에서 화를 푼다는 것도 마찬가지이다.

⑦ 퇴행

불안이나 스트레스 상황이 있을 때, 발달 이전 단계로 후퇴하는 것을 말한다. 유치원에 다니고 있는 아동이 동생이 태어나게 되자, 잠을 자면서 이불에 오줌을 싸는 행동을 보이는 것을 예로 들 수 있다. 정신이 비교적 건강한 성인의 경우에도 스트레스를 받거나 알코올 섭취 때에 일시적으로 미숙한 행동을 하는 수가 있는 데, 이는 적응에 있어 도움을 주는 퇴행이라 할 수 있다.

⑧ 주지화

개인이 어떤 불안하고 고통스러운 감정을 받아들이기 어려울 때, 어떤 이론이나 지적인 내용으로 대하는 것을 말한다. 예를 들어서 부모님의 사망에 대해서 의학적인 원인을 자꾸 알아보는 것 등이라 할 수 있다. 그리고 심리학과 학생이나 의대학생이 상담을 받으면서 자기의 문제를 심리학적 이론으로 설명하려는 것 등이다.

⑨ 동일시

타인이 가지고 있는 성격이나 역할을 따서 자기의 일부로 삼는 과정을 동일시라고 한다. 동일시는 자신이 중요하다고 생각하는 사람의 어떤 특성을 동일시하여 자기의 가치감을 높이는 것이다. 잘 모르는 사람과의 동일화로 해서 지나친 동정을 갖게 되는 경우는, 그 사람이 잘 모르는 사람과의 공통된 어떤 충동을 자신도 무의식적으로 느끼기 때문일 수 있다(한동세, 1968). 직장 상사와 동일시하여 만족감을 느끼는 부하 직원이나, 어린 아이가 아버지의 구두를 신고서 뽐내는 경우도 동일시이다. 상담장면에서 내담자가 자신을 상담자와 동일시할 수도 있다.

⑩ 승화

승화는 성숙된 방어기제의 하나이다. 타인이나 사회에서 잘 받아들이기 어려운 감정이나 행동을 사회가 수용하는 생각이나 행동으로 옮기는 것이다. 승화는 성적이며 공격적인 충동이나 에너지를 창조적 에너지나 사회적으로 바람직한 것으로 바꾸는 것이다. 예를 들어, 자기가 가지고 있는 공격성향을 권투선수가 되어 표현하거나 성적 욕망을 예술로 바꾸는 것 등이다.

5) 상담

정신분석적 상담에서는 무의식을 의식화하는 것과 자아를 강하게 하는 것을 상담목표로 하고 있다. 정신분석적 상담에서는 자유연상, 꿈의 분석, 전이와 저항의 분석 등을 강조하고 있다. 상담자는 내담자 자신이 잘 모르는 무의식 갈등을 의식하고 이해하도록 하여, 지금부터는 그러한 무의식적 갈등의 지배를 받지 않고 현재에 잘 적응할 수 있도록 돕는다. 전통적 정신분석에서는 내담자는 카우치에 누워 자기 마음속에 떠오르는 생각이나 심상, 느낌 등을 자유롭게 표현하게 하는 것이다. 상담자는 무비판적이며 중립적이고 수용적인 태도로 내담자를 대해야 한다.

① 자유연상

자유연상은 내담자가 무엇이나 마음에 떠오르는 대로, 논리를 따르지 않고 생각나는 대로 이야기를 하는 것이다. 자유연상을 통하여 내담자의 무의식적 소망, 환상, 갈등 등의 모든 내용을 추론할 수 있다. 상담자는 내담자가 말하는 것뿐만 아니라 말의 의미나 바탕에 깔려 있을 무의식적 내용도 추정할 수 있어야 한다.

② 해석

해석은 상담자가 내담자의 꿈이나, 자유연상, 저항, 상담관계에서 나타나는 행동과 의미를 내담자에게 지적하고 설명하고 가르치는 것이다. 즉 내담자가 보여주는 자료들을 규명하고, 명료화하고, 설명하는 것이다(Corey, 2003).

③ 꿈의 분석

잠을 자는 동안에는 자아의 방어기제가 약해져 있기 때문에 억압되어 있던 무의식적 자료들이 꿈으로 드러나게 된다. 이동식선생(2003)은 내담자가 보여주는 첫 꿈은 내담자가 무의식중에 상담자나 상담의 장래에 대한 느낌을 집약적으로 상징하고 또한 그의 문제의식을 표현하는 것으로 설명하고 있다. 반복되는 꿈은 그 사람의 인생의 주제를 상징하는 것이 보통이다. 꿈은 그 사람의 신경증과 성격의 가장 중요한 면을 이해하는 열쇠가 된다. 중요한 것 중의 하나는 내담자가 자유연상을 통하여 꿈을 어떻게 생각하는냐 하는 것이다. 그래서 정신분석가는 내담자가 꿈을 이야기한 다음에 그 꿈에 대하여 자유연상하도록 한다.

④ 전이

전이는 내담자가 과거에 중요한 사람에게 가졌던 감정을 상담자에게 느끼는 것을 말한다. 전이는 무의식적으로 나타난다. 전이는 긍정적 전이와 부정적 전이로 나눌 수 있다. 긍정적 전이는 상담자를 긍정적인 면으로 보고 접근하는 것으로 이는 애정의 대상으로서 상담자, 이상적 대상으로서의 상담자 등이다. 반면에 부정적 전이는 상담자를 경쟁의 대상자 등 부정적 대상으로 보고서 접근하는 것이다. 내담자가 보이는 전이현상은 내담자의 초기 아동기 때의 부모 혹은 형제 등과의 관계를 주로 나타내는 것이다. 전이는 내담자의 초기 아동기 때의 갈등의 근본적 원인을 알게 하고 그 문제를 직면하여 직접 해결할 수 있도록 하는 것이다. 내담자는 상담자에게 어떤 때는 긍정적 전이를 보였다가 어떤 때는 부정적 전이를 나타내기도 한다. 상담자는 전이를 유도하기 위하여 가능한 한 자신을 드러내지 않으며 마치 거울과 같은 태도를 보인다. 상담자는 내담자가 사랑의 대상이거나 적대감의 대상으로서 전이반응을 보일 때라도 불안 없이 평온하게 대할 수 있어야 한다.

⑤ 저항

내담자는 의식적으로는 상담을 받으려하지만 무의식적으로는 상담에 대한 저항이 일어나게 된다. 내담자는 상담을 받으려하면서 동시에 상담에 대한 거부나 저항을 보이게 된다. 내담자가 상담시간에 나타나지 않거나 상담시간에 지각하거나 주제를 바꾸거나 다른 쓸데없는 이야기만 되풀이하거나 자기의 병에 대한 지식을 논의하는 등의 모습을 보인다. 이외에 저항은 매우 다양한 모습으로 나타난다. 상담자는 이러한 저항을 잘 보고 해석할 수 있어야 한다.

⑥ 훈습

내담자가 상담시간에 자기의 문제를 이해하였다고 해서 상담이 끝나는 것이 아니다. 훈습은 자기의 문제를 자각한 것만으로는 상담이 완결되지 않으며, 자기의 문제를 이해하였다고 하더라도 오랜 기간의 반복적 과정을 통하여 그 문제에 대하여 상담해야 함을 말한다. 훈습은 상담자의 반복적 해석과 저항형태의 탐색을 통해서 일어난다. 훈습결과 내담자가 지금까지 낡은 행동 양식을 버리고 새로운 선택을 할 수 있게 된다(Corey, 2003).

내담자는 상담시간에서 상담자와 일어나는 상호작용과 일상생활 등에서 다른 사람과의 관계에서 반복되는 자신의 역동을 알아보고 검토하여 무의식적 욕구나 갈등으로부터 벗어나게 된다.

6) 통찰상담과 지지상담

Dewald(1983)는 상담을 통찰상담과 지지상담의 두 개의 스팩트럼으로 나누고 설명하고 있다. 통찰상담은 내담자가 자기가 의식하지 못하고 있는 무의식적 내용을 끄집어내서, 자기의 무의식적 갈등을 이해하게 하고 해결하도록 도와주는 것이다. 통찰상담의 제일 전형적인 것은 정신분석적 상담이다. 통찰상담에서 상담자는 내담자로 하여금 좌절감을 주기도 하여 내담자에게 현실감을 갖도록 하는 것이다. 상담장면에서 내담자는 상담자와 만나는 중에서 자신의 갈등을 보고, 그 갈등이 자신의 생활에 어떠한 영향을 주었는지를 알게 한다. 상담자는 전이 욕구의 좌절을 통하여 내담자가 상담자에게 바라는 것은 비현실적임을 알게 하는 것이다.

정신분석적인 통찰상담과 다른 쪽에는 지지상담이 있다. 지지상담은 내담자로 하여금 더 이상의 정신과적 문제가 악화가 되지 않도록 하는 것이다. 지지상담은 내담자가 의식하고 있는 부분만을 다룬다. 내담자의 무의식적인 면과 고통스러운 갈등은 드러내지 않고 덮어주게 된다. 지지상담에서는 내담자에게 불안을 일으킬 내용은 삼가고 증상이 악화되지 않도록 하는 데 초점을 두는 것이다. 지지상담에서는 상담자가 내담자의 정신역동을 이해하고 있지만, 내담자의 방어기제를 강화시키며 전이욕구를 어느 정도는 만족시켜준다. 그리고 내담자가 의존하려는 것을 만족시키며 내담자가 현실적이 되도록 충고하고 설득하며 때로는 내담자가 살아가는 데 중요한 인물의 모델이 되기도 한다. 지지상담에서는 상담자는 어떤 사실이나 지식 등의 정보를 제공하기도 하며 내담자를 격려하는 등의 방법을 사용한다. 지지상담이나 통찰상담이나 어떤 상담적 개입이나 반응을 정할 때는 그 내담자에게 최선이 되는 것을 선택하여야 한다(Dewald, 1983).

7) 현대의 정신역동적 상담

현대의 정신역동적 상담에서도 과거 어린시절이나 무의식적 자료의 중요성은 인정하고 있다. 그러나 비교적 현재의 생활에서 일어나는 대인관계를 중심으로 하고 있는 것과 핵심감정을 위주로 상담을 하고 있으며 상담기간이 비교적 짧은 것이 현대의 정신역동적 상담의 특성이라 할 수 있다.

8) 심리검사에서의 활용

정신분석적 이론을 기초로 하여 심리검사가 개발되었다. 이는 투사법 검사로 대표되는데, 투사법 검사는 피검자가 검사자극에 반응하는 방식에서 자신의 성격이나 갈등, 동기와 반응이 드러난다고 가정하는 것이다. 피검자가 자신의 반응을 어떻게 구성하고 조직하는가, 자극을 어떻게 지각하는가, 어떤 설명을 부가하는가 하는 것은 그 개인의 심리적 특성과 관련된다. 투사법 검사의 장점은 반응의 독특성과 방어의 어려움, 반응의 풍부함, 무의식적 내용을 알 수 있는 것이다. 대표적인 투사법 검사는 Rorschach 검사, 주제통각검사(Thematic Apperception Test, 이하 TAT)), 인물화 검사(Draw a Person Test, 이하 DAP), 문장완성검사 등이 있다. Rorschach 검사는 10장의 잉크 반점으로 되어 있으며 각 카드는 비구성적이며 대칭적인 모양으로 되어 있다. 피검자에게 이 카드가 무엇으로 보이는 지를 말하게 하는 연상단계와 질문단계 등이 있다. TAT는 어떤 그림을 보고 이야기를 만들어 보도록 하는 것이다. TAT는 30장의 흑백으로 된 그림카드와 한 장의 백지 카드로 되어 있다. 10장은 모든 피검자에게 실시되고, 나머지 카드들은 14세 이상인 성인 남성과 성인 여성 그리고 소년, 소녀 등에 따라 각각 10장씩 실시한다. 한 사람이 20장의 그림을 보게 된다. BGT(Bender Gestalt Test)는 9매의 간단한 기하학적 도형으로 구성되어 있다. 도형이 그려진 그림들을 차례대로 피검자에게 보여주고 그것을 종이위에 그리게 하는 것이다. 연상단계에서는 도형을 다른 것에 연상하여 그리도록 하기도 한다. DAP는 종이 위에 연필로 사람을 그리게 한 다음에 그 사람에 대해 질문하는 것이다. 먼저 어떤 성을 그리고 다음에는 반대의 성을 그리게 하는 것이다. DAP는 인물화를 그리는 검사상황에서 피검자의 성격이나 정서, 갈등 등이 투사된다고 가정한다. 그려진 신체상은 자아상을 반영하고 종이는 환경을 의미한다. 문장완성검사(Sentence Completion Test, 이하 SCT)는 미완성된 문장을 완성함으로써 성격의 일부가 투사된다는 가정 하에 만들어졌다. SCT는 가족, 성, 자기개념, 대인관계의 네 가지 영역에서 중요한 태도를 알아보기 위한 것이다. 가족영역은 아버지, 어머니 및 가족에 대한 태도를 측정한다. 성적 영역은 이성관계에 대한 태도를 나타내고 있다. 대인관계 영역은 친구와 권위자 등에 대한 태도를 나타낸다. 자기개념의 영역은 자신의 능력, 자신의 과거, 미래, 두려움, 죄책감 등에 대한 태도를 나타낸다.

9) 건강하고 성숙된 성격

Freud의 정신분석이론에서는 건강하고 성숙된 성격을 가진 사람을 다른 사람과 자기를 잘 사랑하고 일을 잘 할 수 있는 사람으로 정의했다. 건강하고 성숙된 사람은 자기의 감정을 속이지 않고 자기를 챙길 수 있으며, 자기와 상대방을 사랑할 수 있다. 또 자신이 가진 심리적 에너지를 자기의 문제를 억압하는 등의 방어하는 데 사용하지 않고, 건설적인 데에 사용한다. 건강하고 성숙된 성격을 가진 사람은 자아가 원초아와 초자아를 현실에 맞게 잘 조정하면서 현실에 적응하는 사람이라 할 수 있다. 정신분석에서의 정신건강의 핵심은 자아강도가 강한 것이다. 일반인의 경우에도 스트레스를 받거나 피로하거나 음주 등을 했을 경우에도 일시적으로 자아강도가 약해질 수 있다. 이럴 경우에는 원초아의 충동대로 행동할 수 있으나 건강한 성격은 다시 현실에 맞게 자신의 원초아와 도덕적 욕구를 만족시킬 수 있게 되는 것이다(Alloy, Riskind, & Manos, 2006).

① 평가

Freud의 정신분석이론은 인간이 가지고 있는 무의식을 강조한 것이 특성이다. 꿈이나 실수, 정신과적 증상 등에서 나타나는 많은 예에서 인간이 자기는 알 수 없는 무의식에 영향을 받고 있음을 알 수가 있다. 정신분석이론은 무의식을 이해한 점에서 현대 심리학이나 정신과학 등에서 중요한 역할을 하고 있다. 그러나 많은 이론가들이 지적하듯이 Freud는 개인의 성격을 정신내부의 관점으로 강조해서 본 결과, 사회문화적 영향을 과소평가한 경향이 있다는 것이다. 그를 따르던 많은 제자들과의 결별도 이러한 점과 관련된다.

Freud의 정신분석이론의 문제점 중 하나는 과학적인 검증이 잘 되지 않는다는 것이다. 그러나 인간의 성격을 이해하는 것이나 상담의 많은 이론들이 Freud의 성격이론을 보충하거나 비판하는 것으로부터 출발했다는 점을 볼 때, Freud의 성격이론이 끼친 영향은 크다고 보아진다.

Freud 이론이 인간의 본성을 암울하게 본 것만은 아닌 것 같다. 오히려 인간성의 본질을 더 깊이 있게 이해한 것이라 할 수 있다. 대부분의 인간은 자기의 무의식을 알지도, 보지도 못하면서 무의식에 이끌려 사는 것이 현실이다. 그러나 Freud는 인간이 그러한 무의식적인 행동을 하고, 과거에 이끌려 사는 존재일 수 있지만, 무의식을 의식화하는 정신분석적 상담을 받거나 자기를 분석하게 되면, 자기를 이해하게 되어 무의식의 지배를 벗어나 의식적으로 현실에 적응할 수 있다고 보았다. 이는 동양적 수행방법인 마음 챙김을 통해서 자기의 무의식을 엿보는 것과 비슷한 것이라 생각한다. 마음챙김에서는 철저하게 자기가 자기의 무의식을 보고 다루는 것이지만, 정신분석적 상담에서는 상담자가 내담자의 무의식에 쉽게 들어갈 수 있도록 도와주는 역할을 하는 것에서 차이가 있다고 본다. Freud의 말대로 인간이 과거의 영향을 받는 존재임에는 틀림이 없지만 그래도 지금 여기서 내가 어떤 행동을 취할 것인가는 결국은 나의 선택에 달려 있다는 것은 사실이다. 특히 자신이 자기의 감정과 행동에 깨어 있을 때에는 자기의 행동을 자기가 조절하고 선택할 수 있는 여지가 훨씬 많아지게 된다.

② 신Freud 학파

Freud의 이론에 대한 반발로 인하여 신Freud 학파들이 형성되었다. 이들은 원초아를 덜 강조하며 개인의 사회적 부분을 강조하였다. 대표적인 신Freud 학파는 Jung이나 Sullivan, Horney 등을 들 수가 있다.

③ Jung

Jung은 Freud의 성 본능을 인정하였으나 인간의 행동을 움직이는 요인에는 성 본능이외에 다른 많은 요인들이 있다고 생각하였다. Jung은 인간의 행동을 움직이게 하는 무의식에는 개인적 무의식이외에 집단적 무의식이 있다고 보았다. 집단적 무의식은 인간이 과거 선조로부터 잠재되어 전해오는 것이며 많은 세대를 거쳐 반복된 경험의 결과가 축적된 것이다. 자신이 지금 하고 있는 생각, 감정 행동의 많은 부분은 개인이 의식하지 못하더라도 조상으로부터 유전되어 오는 것도 있다고 보았다. 집단적 무의식은 원형(archetypes)으로 불리기도 하는 데 이것은 반복되어 온 경험이 마음속에 영구히 축적된 것이다. 원형에는 남성 속에 있는 여성적 요소인 anima와 여성 속에 있는 남성적 요소인 animus, 자신을 방어하기 위하여 겉으로 나타내 보이는 사회적 내지 가면적 인격 양상인 persona와 사회적으로 나타나지 않는 어두운 면의 인격성향인 shadow, 그리고 모든 원형들과 콤플렉스들을 통일시키고 안정성을 제공하는 자기Self 등 포함되고 있다(민성길, 1995). Jung은 성격의 중심에 있는 이러한 자기Self 주위에 다른 모든 체계가 무리지어 있다고 보았다. Jung은 꿈을 개인적 무의식과 집단적 무의식 모두를 반영하는 것으로 보았다. 꿈에는 두 가지 기능이 있다. 하나는 사람들이 장래에 일어날 일이나 사건에 대해 스스로를 돕는 의미에서 선견지명의 기능을 한다. 또 하나는 꿈은 보완적 기능을 하기도 한다. 꿈을 꾸게 됨으로써 마음 안에 있는 무의식과 의식의 균형이 이루어지는 역할을 한다(Corey, 2003).

Jung은 개인이 세상을 경험하는 방식이 기본적으로 네 가지가 있다고 하였다.

이는 감각(sensing), 직관(intuition), 감정(feeling), 사고(thinking)의 기능이다. 이러한 기능은 개인마다 선호하는 것이 다르다.

Jung의 성격이론을 토대로 성격유형검사가 개발되었다. 개인은 저마다 정신적 혹은 심리적 선호경향을 가지고 있다고 보고 이를 16가지로 구분하여 설명하고 있다. 먼저 외향성(Extraversion: E)과 내향성(Intreoversion; I)으로 선호경향을 구분할 수 있다. 외향성은 에너지를 활동들과 상호작용으로 구성된 외부세계로부터 끌어 모으는 것이다. 외향성을 선호하는 사람은 다른 사람들과 외부적인 것을 통하여 힘을 얻는 경향이 있다. 내향성은 자기의 내부적인 자원으로부터 힘을 얻는다. 감각(Sensing: S)과 직관(iNution; N)으로 선호경향이 구분된다. 감각형은 오감을 통하여 직접적으로 받아들이는 정보에 주의를 기울이는 경향이 있다. 직관형은 상황의 가능성과 그 상황의 다양한 의미를 가지고 육감이나 직감 혹은 예감을 통하여 세상에 주의를 기울이게 된다. 사고(Thinking: T)와 감정(Felling: F)으로도 선호경향을 구분할 수 있다. 사고는 논리적이며 객관적인 방식으로 결정하는 것을 말한다. 감정형은 개인적이고 가치지향적으로 결정을 내리는 경향이 있다. 그리고 판단(Judgement: J)과 인식(Perception: P)의 선호경향으로 구분할 수 있다. 판단은 자신감 있는 결정을 내리는 능력이 있으며, 미리 계획하고 조직된 방식으로 생활하는 것과 관련된다. 인식은 새로운 정보를 받아들이기 위해 결정을 유보하는 능력이 있으며, 자율적이며 융통성있는 방식으로 생활하는 것과 관련된다(Hirsh & Kummerow, 1997).

Jung은 중년기 이후 심리적 변화의 중요성을 강조하였다. 대부분의 사람들 경우 중년기는 인생의 반을 살아오면서 자기의 가치나 행동을 재검토하고, 자신의 무의식에 직면할 수 있는 시기이다. 중년기는 무의식적 힘을 발현시켜 의식적 생활에 통합하는 것으로 중요한 시기로 보았다(Corey, 2003).

Jung은 사람들에게 나타나는 정신병리현상은 정신의 전체성에서 벗어남으로써 생기고 또한 그 벗어난 상태로 설명하고 있다. 신경증은 의식이 무의식으로부터 벗어나가고, 자아가 자기로부터 떨어져 나갈 때 생기는 것으로 보았다(민성길, 1995).

Jung은 Freud의 결정론과 달리 인간은 과거 사건에 의해 단지 만들어지는 것이 아니라 과거를 경험삼고 뛰어넘어 더 나은 발달을 할 수 있다고 보았다. 우리의 성격은 우리 자신이나 우리자신의 경험뿐만 아니라 우리가 정말 되고자 하는 이상적 모습에 의해서도 결정된다고 보았다. 그래서 인간의 궁극적 목적은 자기를 실현해 가는 과정을 통해 삶을 살아가며 자신의 무의식적 측면과 의식적 측면을 조화롭게 통합해 가는 것으로 보았다(Corey, 2003).

④ Sullivan

Sullivan은 대인관계에 초점을 두고 성격을 설명하고 있다. 성격은 정신내부의 사상이 아니라 인간관계의 사상으로 보고 있다. Sullivan은 성격을 불안을 감소시키기 위한 활동을 주요한 역할로 하는 에너르기 체제로 설명하고 있다. 불안은 개인의 안전에 대한 실제적 혹은 가상적인 위협의 결과로 경험하게 되는 긴장이다. Sullivan은 불안은 인간관계의 산물이며, 원래는 어머니로부터 아기에게 전달되던 것이 나중에는 개인의 삶에서 안전을 위협하게 되는 것으로 나타난다고 말한다. 개인은 실제적 혹은 잠재적 불안을 피하거나 감소시키기 위해서 사람들은 다양한 형태의 보호행동과 감시행동을 하게 되는 것이다.

Sullivan은 어떤 사람이 다른 사람들과의 상호작용을 한 결과, 자기만의 특수한 방법으로 행동하는 것을 학습하는 것이지, 인간이 어떤 행동에 대한 결정적인 욕구를 가지고 태어나는 것은 아닌 것으로 보았다.

⑤ Horney

Horney는 부모-자녀사이의 관계에서 불안이 일어나며 이것이 신경증의 핵심이라고 하였다. 어린 시절의 환경이 허용적이지 않고 따스하지 않고 융통적이 결여되면 실제자아real self가 성숙되지 못하고 기본불안이 야기되며 거짓된 이상화된 자아가 발달된다고 보았다. 그녀는 기본불안이란, 부모의 무관심과 냉담함 혹은 지나치게 높은 기대수준과 끊임없는 비판 속에서, 아동이 세계를 적대적으로 지각하고, 자신이 고립되고 무기력하고 불안전하다고 느끼는 것을 말한다). 기본불안으로 인해서 사람들이 멀어지는 행동(수줍어 하거나 철수된 행동), 향하는 행동(의존하거나 애걸하는 행동), 대항하는 행동(적대적이거나 공격적인 행동) 중의 하나를 택하게 된다고 보았다(Alloy & Riskind, 2006). Horney에 의하면 상담이란 신경증을 야기하는 영향들을 제거하여 진정한 자아가 성숙되게 하는 자기실현의 과정으로 보았다(민성길, 1995).

10) 사회복지실천에서의 함의와 적용

인간은 의식적인 존재임과 동시에 무의식적 존재이므로 자기가 자기 자신의 행동의 원인을 모르게 된다. 사회복지현장 특히 상담장면에서 내담자는 상담자에 대한 전이가 일어나게 되어 상담자를 과거 중요한 인물로 보고 대할 수가 있다. 내담자는 상담자에게 여러 가지 비현실적인 욕구를 가질 수가 있다. 상담자에게 지나치게 의존한다거나 상담자에게 공격적일 수 있다. 상담자 또한 내담자에게 역전이 현상이 일어날 수 있음을 잘 알고 있어야 한다. 상담자는 내담자를 대할 때 거울과 같은 역할을 해야 하며 일관성을 가지고 대할 수 있어야 한다. 내담자의 전이감정을 잘 보고 있어야 하며, 상담자는 편안한 마음으로 대해야 한다. 상담자가 비교적 일관되고 거울과 같은 역할을 하게 되면 내담자가 상담자에게 일어났던 감정이 결국은 내담자 자신의 정신내부에서, 자기의 문제 때문에 그러한 감정이 일어났음을 깨닫게 되며 그때부터 변화가 생기는 것이다.

상담자는 내담자가 보이는 다양한 방어기제에 대해서 잘 이해하고 있어야 한다. 지금 내담자가 보이는 행동이 어떠한 방어기제인지도 살펴볼 수 있어야 한다.

상담자가 내담자를 완전히 이해하기 위해서는 내담자의 과거 어린 시절부터 지금까지의 내담자가 살아온 경험이나 무의식적 동기, 핵심감정 등을 잘 파악해야 한다. 물론 상담자가 내담자를 정신분석적인 통찰지향적인 상담을 하지 않고, 지지적 상담을 하더라도 내담자를 올바르게 이해하기 위해서는 내담자가 가지고 있는 정신역동을 제대로 파악하는 것이 중요하다. 비행청소년의 경우는 부모의 영향으로 비행행동을 하는 경우가 적지 않은데, 청소년이 자기의 아버지나 어머니 등으로부터 난폭한 대우를 받았기 때문에 난폭한 행동을 하는 수가 많다(이동식, 2003).

사회복지관이나 현장에서 주로 만나는 내담자의 다수는 정신분석적인 상담보다는 지지적 상담이 더 필요하다. 이런 경우에 상담자는 개인의 자아를 강화시킬 수 있는 다양한 방법을 적극적으로 시행해야 한다. 내담자의 자존감을 향상시켜주면서 내담자의 방어기제를 강화하기도 한다. 내담자에게 필요한 충고를 해주기도하며, 문제해결에 적극적으로 개입하거나 환경에서 스트레스를 줄여주는 방법 등을 사용할 수 있을 것이다.

인간이 자기의 무의식적 문제를 완전히 이해하고 해결해가기에는 어려움이 따른다. 상담자는 가능한 한 본인이 먼저 정신분석적 상담을 받도록 하여 자기의 문제를 이해하고 해결해 가도록 노력해야 한다. 적어도 개인의 문제가 상담을 받는 내담자에게 악영향을 미치지 않도록 유의하지 않으면 안되는 것이다. 상담자는 일상생활 대인관계에서도 자기의 문제가 미치는 영향을 잘 관찰하여 궁극적으로 그 문제로부터 벗어날 수 있도록 해야 한다.

사회복지기관에 근무하는 상담자도 자기의 의존심이 충족되지 않거나 적개심이 일어나는 것 등이나 여러 가지 일로 대인관계에서의 어려움이 있을 수 있다. 이런 경우 상담자가 자기가 문제를 잘 의식하지 못하게 되어 직원과의 상호관계도 좋지 않고, 내담자에게 오히려 나쁜 영향을 줄 수도 있다.

사회복지사들이나 남을 도우려는 사람은 남을 도우려 할 때 먼저 남을 도우려 하는 자기의 마음을 잘 살펴볼 수 있어야 한다. 왜 자기가 남을 도우려 하는 지, 자기의 마음속을 있는 그대로 정직하게 살펴볼 수 있어야 한다. 의식적으로는 남에게 도움을 주려고 하지만 자기가 가진 문제가 잘 해결되지 않으면 남에게 올바른 도움을 주기가 어렵게 된다. 남을 돕겠다는 마음속에서는 남으로부터 인정받고 싶거나 남을 지배하려는 마음이 있을 수도 있기 때문이다. 자기가 스스로를 잘 보고 이해하고 있어야 남을 제대로 도울 수가 있다. 그러므로 사회복지사나 상담심리사, 임상심리사 등 남을 도우려는 직업을 가지고 있는 사람은 누구보다도 먼저 자기 자신을 잘 이해하고 있어야 한다.

CHAPTER 09

피아제의 인지발달이론과 사회복지

1. 피아제의 생애

피아제는 1896년 스위스 뉴채틀에서 출생하였다. 아버지는 중세역사 학자로서 학구열이 대단하였다. 피아제는 아버지의 학구열을 이어받아 21세 약관으로 생물학 박사학위를 받았다. 그 초점은 1920년 파리 비넷 실험실에서 아동의 지능검사시 아동의 틀린답이 일관성 있는 유형을 나타냄을 발견하고 아동의 사고가 독특한 특성을 갖고 있음을 알아냈다. 그는 아동이 어떤 사고를 하는가에 연구 초점이 되었다. 그는 아동의 꿈, 도덕성, 아동의 흥미 등의 주제를 연구 목표로 삼았다.

그의 업적을 전기, 중기 그리고 후기로 나누어서 보면, 전기의 1921년부터 1925년 사이의 업적으로는 유아의 언어, 판단과 추리, 세계관, 물리적 인과 그리고 도덕관에 대한 연구가 있다. 그는 이들 중 아동의 사고를 특정 지우기 위하여 자기중심성이라는 개념을 제안하였다. 주이의 업적에는 유아의 행동관찰과 유아의 개념형성에 대한 연구가 있다. 그는 자신의 세 명의 어린이들의 탄생 이후를 관찰하였는데, 유아의 감각운동성 활동은 주위의 사물을 탐구하고 이해하고자 하는 노력이며, 그것은 바로 지능활동의 원형으로서 곧 출현하는 심상과 개념도 이 감각운동성 지능이 내면화된 형태라는 것을 밝혀냈다. 유아의 개념형성에 대한 연구로서는 인헬더 등의 협력을 얻어 숫자, 양, 시간, 속도, 공간 그리고 우연성 등을 대상으로 택하고 이들 개념이 발전하는 단계를 분석하였는데, 이 때 설명의 모형으로 채택한 것이 수학에 있어서 군과 속과 그리고 위상기하학 Topology의 이론이었다.

말기에는 제네바 대학에 정착해서1956년 이후 수학, 물리학, 생물학 등의 여러 과학에 있어서는 인식을 과학사와 발달심리학 등의 실증적 자료에 근거를 두고 과학적 방법으로 발달이라는 관점에서 연구하는 것이 발생적 인식론인데, 1956년 국제 발생적 인식론센터를 창설하여 많은 나라로부터 초정한 과학자들과 협력하여 이 연구에 새로운 분야를 개척하였다. 그의 많은 저서는 다방면에 걸쳐 획기적인 파문을 던진 바 있지만, 특히 여러나라의 교육개혁운동에 끼친 영향이 크다(권육상, 2005).

2. 주요개념

1) 도식

도식(schema)은 어원으로는 형태라는 의미이며, 일반적으로 사물이나 사건 또는 사실에 대한 전체적인 윤곽이나 개념을 말한다. 피아제는 개념보다 도식이라는 용어를 선호했는데, 도식이 언어와 그 외 다른 상징적 체계들이 발달하기 전인 유아기의 개념 및 개념적 연결에 해당되는 것이라고 보았다. 그는 도식을 행동이 유사한 상황 속에서 반복되면서 전승되거나 일반화되는 행동의 구조 또는 조직으로 정의했다(Paget & Inhelder, 1969).

즉 도식은 사건이나 자극의 특징에 대한 추상적 표상으로 사건이나 자극을 인식하고 그것에 대응하는데 사용되는 기본적인 이해의 틀이다. 유아는 빨기반사나 파악반사와 같은 기본적인 몇 가지 반사능력만을 가지고 태어나지만 빨기나 손을 쥐는 동작을 계속 연습함으로써 기본적인 빨리도식과 파악도식이 형성된다. 그리고 이러한 도식이 분화, 통합됨에 따라 보다 복잡하고 고차원적인 도식이 획득된다. 따라서 도식은 생래적인 것이 아니라 환경과의 접촉을 통해 형성되는 것이다(김동배·권중돈, 2003).

2) 조직화

조직화(organization)란 우리가 인지한 것을 의미있게 만드는 방식으로서, 질서를 추구하고 형성하고자 하는 인간의 타고난 경향을 말한다. 개인은 늘 도식들 간에 논리적 결합을 추구하는 경향이 있다(관찰한 것이나 정보를 인지적 구조 속에서 체계화한다). 다시 말해서 서로 다른 정보나 도식들을 상호 연결시킨다(Ginsburg, 1985).

예를 들면, 아기가 처음에는 장난감 방울을 쳐다보기만 하다가(보기 도식), 좀더 성숙한 후에는 방울을 보고 그 방울을 잡으려 한다(잡기 도식). 아기가 방울을 보고 잡는 행동은 보기 도식과 잡기 도식이 결합한 행동으로 '보고 잡기'라는 통합된 도식으로 확장된다. 이렇게 조직화를 통해 도식이 개발되고 변화된다. 새로운 정보를 조리에 맞게 논리적으로 종합해 보는 것도 조직화의 한 양상이다(이윤로, 2006).

3) 동화와 조절, 적응

적응(adaptation)이란 주변의 환경과 조화하고 생존하기 위하여 주변환경의 조건을 조정하는 것으로 인간은 도식을 통해 환경에 적응하며, 적응의 과정은 동화 및 조절과 관련이 있다.

동화(assimilation)는 존재하는 도식에 새로운 경험이나 대상을 통합시키는 것을 말한다. 기존 도식의 관점에서 새로운 경험을 해석하게 된다. 우리가 외부세계에서 인지하는 것이 항상 우리의 내적 도식에 합치되지 않기도 하는데, 우리가 인지한 것을 변화시켜 존재하는 도식에 통합시키기도 한다. 즉 기존의 도식에 맞게 새로운 정보를 이해하는 것이다. 새로운 정보를 존재하는 도식에 동화시킨다고 표현할 수 있다.

또한 조절(accommodation)은 새로운 경험이 존재하는 도식 내에 통합될 수 없을 때 도식 그 자체를 변화시키는 것이다. 즉 우리의 사고 유형을 우리가 인지한 것에 맞게 조절하는 것이다(Ashford et al., 2001).

4) 평형화

아동의 인지발달을 위하여 동화와 조절 간의 균형된 역할이 필요한데, 피아제는 이를 평형이라고 하였다. 동화만 할 줄 알고 조절을 하지 못한다면 커다란 도식을 가지게 되지만 사물들 간의 차이는 알아내지 못할 것이다.

아동은 심리적 균형(equilibrium)을 유지하기 위한 수단으로 새로운 도식을 개발하도록 동기화된다. 우리가 동화할 수 없는 어떤 경험을 하게 되면, 불안(심리적 불균형)이 발생한다. 그러나 우리는 새로운 경험을 조절할 수 있기에 균형상태가 회복될 수 있다. 만일 기존의 도식 내에서만 새로운 경험을 이해하려 한다면 심리적 균형을 성취하기 어렵게 된다(이윤로, 2006).

3. 인지발달 단계

1) 감각운동기

출생부터 약 2세까지 지속되는 이 단계에서의 지능과 인식은 유아의 반사적이고 급격히 발달하는 감각 및 운동능력의 결과이다. 유아는 성숙과 유아의 환경에 대한 탐색을 통하여 더 높은 수준의 심리적 성장에 기반이 되는 개념을 발달시키고, 물리적 세계의 속성에 대한 기초적인 이해를 얻게 된다. 이러한 이해에는 첫째, 대상이 보이지 않을 때라도 대상에 계속해서 존재한다는 사실을 인식하는 것을 의미하는 대상영속성(object permanence) 둘째, 유아가 원인과 결과 사이의 관계에 대한 인식을 표현하기 시작한다는 것을 의미하는 원인론 셋째, 목적지향적 행동의 출현에 동반되는 의도성의 획득이 포함된다.

이 단계에서의 사고는 표상적 지능이 특징적으로 나타나는데 이것은 정신적으로 대상을 표상하고 감각운동적 문제를 해결할 수 있는 능력을 성취하는 것을 말한다. 이와 같은 특성을 지닌 감각운동단계는 6개 세부단계로 구분되는데 각 세부단계의 특성을 종합해 보면 다음과 같다(김동배·권중돈, 2003).

〈표 9-1〉 감각운동단계의 세부단계별 특성

세 부 단 계	연령	인지발달
반사기	출생~1개월	·빨기, 파악반사, 웃음, 미소반사 등 타고난 반사행동을 통하여 환경과 접촉하고 적응적 방향으로 수정됨
1차 순환반응의 성립	1~4개월	·우연히 어떤 행동을 하여 흥미있는 결과를 얻었을 때 이러한 행동을 반복함 ·점차 대상의 특성을 발견하고 그 물체의 요구에 따라 반응을 수정해 가는데, 이를 위해서는 감각체계 간의 협응이 이루어져야 함
2차 순환반응의 성립	4~8개월	·활동 자체의 흥미에서 벗어나 환경변화에 흥미를 가지고 활동을 반복 ·자신의 행동과 예상되는 결과를 예측하며, 자신의 욕구충족을 위하여 의도적으로 행동함 ·예상하지 못한 행동결과가 나타나면 놀라기도 함
2차 도식의 협응	8~12개월	·친숙한 행동이나 수단을 통해 새로운 결과를 얻으려고 하므로 이 단계의 행동은 의도적이고 목적적임 ·1차 도식과 2차 도식의 협응이 이루어짐

3차 순환반응의 성립	12~18개월	· 친숙한 행동으로 목표에 도달할 수 없을 경우 전략을 수정하여 사용함 · 도식 자체가 크게 변화하게 되고, 능동적으로 새로운 수단을 발견함 · 시행착오적 행동을 함
통찰기	18~24개월	· 행동하기 전에 생각을 하므로써 돌연한 이해와 통찰을 얻을 수 있음 · 수단과 목적의 관계에 대한 정신적 조작이 가능해짐 · 몸으로 행동하는 대신 마음 속으로 행동의 결과를 예측함

자료 출처: 김동배·권중돈, 2003

(1) 반사기

신생아가 학습되지 않은 생득적 반사로써 그 주위 환경에 적응하려는 시기이다. 환경으로부터의 자극에 빨고, 울고, 숨쉬고, 재채기하는 등의 자연적인 반사로 대처한다. 반사운동을 통해 여러 가지 도식을 만들어 가므로 반사기라고 한다. 동화가 환경적응의 대부분을 차지하지만 조절도 볼 수 있다. 예를 들어 젖을 빠는데 젖꼭지와 가슴을 구별하는 것이 조절의 예다.

(2) 1차 순환반응의 성립

순환반응이란 우연히 일어났던 흥미를 끄는 행동을 반복한다는 의미에서 붙여진 이름이며, 1차적이란 이러한 행동이 생물학적인 반사에 그 근원이 있다는 의미이다. 흥미를 끄는 행동은 아동의 신체를 제외한 외부적인 사건은 이 때 일어나지 않는다. 그래서 자아탐구 단계(self-investigation stage)라고도 볼 수 있다.

반사기에서는 피아제의 동화와 조절의 기능 간의 차이를 보이지 않으나, 유아가 그의 감각운동 유형을 변화시키기 시작하는 두 번째 단계에서는 조절과 동화의 기능이 분리된다.

예를 들어 유아가 그의 엄지 손가락을 반복해서 빤다면 이것은 우연적인 행위가 아니라 손과 입 사이의 협응을 통해서 이루어진 행동이다. 그러나 엄지 손가락을 빠는 행동은 우연히 시작된 것으로 재미있기 때문에 반복하는 것이다. 따라서 반복해서 나타나는 이 행동은 획득된 적응행위로 볼 수 있다. 이 단계에서 반사활동에 의해 형성된 도식은 습관으로 나타난다.

요약하면 1차 순환반응은 환경이 주어지는 대로 학습하거나 획득하는 것이 아니라, 유아 스스로 발견하고 창조한, 자신의 신체에 대한 탐구과정이며, 이해과정인 것이다.

(3) 2차 순환반응의 성립

이 단계의 특징은 순환반응이 유아 자신의 신체에 한정된 것이 아니라 주위환경에 존재하는 물체까지 확대된다는 것이다. 2차 순환반응은 환경에 대한 인식의 시자으로 우연히 했던 행위가 재미있었다면 똑같은 결과를 얻기 이해 행동을 반복하는 것이다.

예를 들어 유아가 딸랑이를 우연히 흔들었을 때 딸랑이 소리가 즐거우면 또 다시 딸랑이를 흔들어 봄으로써 아름다운 소리에 만족을 느낄 것이다. 1차 순환반응기에도 딸랑이를 흔들어 반복할 수 있으나, 이 때는 활동 자체에 흥미를 느껴 반복하는 것이다. 즉 딸랑이를 흔드는 근육 자극에 흥미를 느끼나, 2차 순환반응기에는 활동이 일으킨 환경의 변화에 흥미를 갖는다. 딸랑이를 흔들어 나는 소리에 관심이 있는 것이다. 이런 유아의 행동은 환경을 인식한 의도적이고 목적을 지닌 행위라 할 수 있다. 그러나 이 의도적인 행위는 행동 이전에 목표를 갖고 계획되지는 못한다. 또한 이 시기에는 이전 단계에서 보였던 개별행동이 통합되어 여러 형태의 협응활동이 나타난다. 앞에서 말한 딸랑이를 흔든다는 것은 소리를 듣기 위한 것이므로 손과 귀의 협응이며, 공을 잡는다는 것은 손과 눈의 협응이다.

2차 순환반응기에는 대상영속성(object permanence) 개념이 서서히 나타나기 시작한다. 감각운동기의 첫 번째와 두 번째 단계에서는 유아 앞에 놓인 흥미로운 물체를 감추어 버린다면 그 물체는 이미 존재하지 않는 것처럼 여겨 찾는다는 등의 관심을 보이지 않는다. 그러나 2차 순환반응기에는 물체가 시야에서 사라지면 그것을 찾고자 하는 대상 영속성의 기초 개념 획득을 볼 수 있다.

(4) 2차 도식의 협응

이 시기에는 특별한 목적을 달성하기 위해 획득한 여러 가지 도식을 새로운 상황에도 사용하게 된다.

예를 들어 장난감을 꺼내기 위해 막대기를 사용하는 것은 목적을 위한 수단의 선택이 된다.

세 번째 단계에서의 도식의 협응은 완전히 의도적이지도 않고 목적에 직접적이

지도 않다. 그러나 네 번째 단계에서는 수단과 목적이 분리될 수 있는 의도성(intentionality)이 역력하다. 이제 유아의 행동은 완전히 의도적이고 기존의 도식을 목표 성취를 위해 협응시킨다.

이 단계의 유아는 사람과 사물을 구별하고 숨긴 물건을 찾을 수 있다. 즉 대상 영속성을 획득한다. 이 단계 이전의 유아는 한 장소에서 다른 장소로 인형을 옮겼을 때, 전에 있던 장소의 인형은 존재하지 않고, 옮겨진 장소에는 새로운 인형이 무(無)에서 나타났다고 느낀다. 그러나 대상 영속성을 획득한 유아는 원인과 결과의 관계를 이해하기 시작하여 어떤 행위의 결과를 예상할 수 있다. 따라서 옮겨져 다른 곳에 놓인 인형이 바로 전 장소에 놓여 있었던 인형이라는 것을 안다. 미래의 결과에 대해 인식할 수 있고, 그 결과를 낳기 위해 의도적 행동을 할 수 있다.

(5) 3차 순환반응의 성립

1차 순환반응은 흥미를 끄는 단순한 행동을 반복하는 단계이며, 2차 순환반응은 이전에 만족을 주었던 행위를 목적을 갖고 계속 반복하는 것이다.

3차 순환반응은 단순한 목적을 지닌 반복이 아니라 새로운 행동이 어떤 결과를 가져올 것인가를 알아보기 위해 다양하게 실험해 보는 것이다. 외계를 이해하기 위해 실험을 통해서 사물의 현상을 발견하며, 반응 방식의 변화에 대한 영향을 인식하는 단계이다. 유아는 단순히 주어진 결과에 만족하지 않고, 새로운 반응을 시도하는 시행착오의 학습을 도모한다. 피아제는 이러한 시도를 인간이 지니고 있는 선천적인 호기심 또는 새로운 것에 대한 흥미의 시작으로 보았다.

5단계 이전에는 새로운 사건을 조절하여 이미 획득된 도식에 동화시키는 것이 전부이다. 그러나 5단계의 유아는 자신의 현재 정신구조와 다른 새로운 사물과 사건에 대해 관심을 갖고 동화의 과정을 거친다. 이 과정은 기존의 인지구조가 분화되어 더 적당한 새로운 도식을 만들기 위해 조절하는 재생산적 동화이다.

(6) 통찰기

감각운동기의 마지막 단계의 아동은 문제를 해결하기 위해 실재의 물체뿐 아니라 상징이나 이미지를 인지적으로 조합하고 조정하기도 한다. 즉 상징을 통해 새로운 인지구조를 생각하기도 하며, 이러한 인지구조들을 결합시켜 새로운 수단을 발생하는 사고를 시작한다.

예를 들어 이 단계의 아동은 컵을 들고 가다가 문에 도달하면 문을 열어야 한다는 상황을 판단하여 손에 들었던 컵을 다른 데에 놓는다. 즉 문을 열기 위해 손을 비운다. 이것은 손의 컵이 문을 여는데 방해가 된다는 것을 깨닫기 때문이다. 컵을 손에 들고 문을 열려고 하다가 실패하여 시행착오 과정을 통해 다른 행동을 취하는 것이 아니라, 머리 속으로 생각을 한 후 행동한다(조복희 외, 1999).

2) 전조작기

조작이란 개념은 신체적 운동보다는 사고를 통해 수행되는 도식의 변환을 말하나. 전조작기는 감각운동기와 조작적 사고의 과도기이다. 전조작기에서 아동은 상징을 활용하여 보이지 않는 어떤 대상이나 상황을 생각하고 어떤 과업을 수행하는 것을 배우게 된다. 그러나 논리보다는 지각적 경험에 더 의존한다. 이 시기는 언어의 습득과 함께 시작되어 6, 7세경까지 지속된다(이윤로, 2006)..

전조작기는 전개념적 사고단계와 직관적 사고단계로 나누어진다. 전 개념적 사고단계는 2세부터 4세까지인데, 조직적 사고가 거의 나타나지 않으나, 5세에서 7세까지는 객관적 사고단계로 조작적 사고가 어느 정도 가능하다. 이 두 번째 단계는 전조작기에서 구체적 사고기로 넘어가는 시기여서 전환기라 볼 수 있다. 구체적 사고는 훈련에 따라서 급속히 발달될 수 있다.

전조작기의 사고의 특징에는 상징놀이, 자기중심적 사고(egocentrism), 물활론(animism), 직관적 사고 등이 있다.

상징놀이는 물리적으로 현실에 존재하는 대상보다 아동의 내부에 정신적 표상으로 만들어낸 현실과 다른 대상을 갖고 노는 놀이이다. 예를 들어 빗자루를 총으로 간주해서 총처럼 메고 다니거나 쏠 수도 있고, 나무토막을 차라고 여기면서 놀기도 한다. 또한 나무 판대기를 상이라 하면서 그 위에 돌 등을 놓고 음식이라고 먹으라고 한다. 이 때 각각의 물건들은 아동의 마음 속에 있는 어떤 것을 표상시키는 대표기제(representation)를 의미한다. 대표기제에는 상징놀이 이외에 심상(mental image)도 있다. 심상이란 물리적으로 눈 앞에 없는 것을 머리 속에 떠올리는 것을 말한다. 감각운동기의 아동은 자신이 이전에 들은 것이나 본 것을 머리 속에 그리지 못하므로 심상을 만들지 못한다고 보겠다. 상징놀이는 언어의 급속한 발달과 함께 다양해진다. 언어의 습득은 아동의 상징능력을 조직화시킬 수 있는 수단의 획득을 뜻하며, 사물이나 사람을 지칭할 수 있는 범위를 확대시킨다. 아동의 머리 속에 간직한 사건이나 행동을 묘사하여 타인에게 전달하는 능력이 언어의 획득과 함께 생기는 것이다.

자아중심적인 사고는 전조작기 아동의 또 다른 특성이다. 세상의 모든 사물은 자신의 입장에서만 보고 판단하며 다른 사람의 입장을 고려하지 않는 것이다. 자기중심적인 아동은 남들도 자기와 같이 생각한다고 믿기 때문에 타인의 관점이나 감정을 이해하지 못한다. 즉 조망 수용능력이 아직 획득되지 못한 것이다.

물활론의 사고는 전조작기 아동의 자연관을 말해준다. 모든 사물은 생명이 있어 생각하고 감정이 있다고 믿는다(Looft, 1977). 예를 들면, 정원의 돌들은 서로 좋아하기 때문에 모여 있고, 뚱뚱한 사람이 의자에 앉으면 의자는 아파한다고 믿는 것이다.

전조작기 아동의 사고의 한계는 보존의 개념이 없다는 것이다. 보존이란 외형의 변화에도 불구하고 다시 첨가되거나 빼버리지 않는 한 어떤 물체의 질량이 같다는 것을 판단할 수 있는 능력을 말한다(Phillips, 1975)

전조작기 아동이 보존개념의 실험에서 실패하는 것을 Piaget는 네 가지의 원인으로 설명하였다(Baldwin, 1980).

첫째, 각각의 상황을 분리해서 생각할 뿐이지 그것을 종합할 능력이 없기 때문이다. 똑같은 액체를 다른 컵에다 옮기거나 진흙을 변형시키면 본래의 것과 같을 것이라는 것을 연관시켜 사고하지 않기 때문이다.

둘째, 전조작기의 아동들은 그들의 사고에서 가역성이 부족하기 때문이다. 액체를 본래의 컵에 부으면 똑같다든가, 막대기를 옮겨 놓아도 같은 것이라든가, 진흙을 다시 둥그렇게 만들면 본래의 모양으로 돌아온다는 것을 인식하지 못하기 때문이다.

셋째, 보존개념을 이해하기 위해서는 아무것도 보태거나 빼내지 않았을 때는 본래의 액체와 질량은 동일하다는 생각을 가져야 하는데, 이들에게는 그것이 없기 때문이다. 몇몇의 아동들은 이러한 가정을 이해하다가도 실제 눈 앞에서 다르게 보이므로 문제 해결에 갈등을 느끼는 것이다.

넷째, 두 컵의 액체 모양은 좁은 컵에서는 높아질 것이고, 큰 컵에서는 낮아질 것이라는, 서로 상쇄하는 능력에 대한 이해가 없다. 실험할 때 좁은 컵에 액체를 부으면서 어느 정도 높이로 될까 맞추어보라고 물으면 먼저의 컵보다 높이 올라 올 것이라고 정확하게 대답을 하는 아이들도 양에 있어서는 같지 않다고 주장하는 것이 이것을 증명해 준다(조복희 외, 1999).

3) 구체적조작기

구체적 조작기에 아동은 기본적 논리체계가 획득되어 전단계의 비논리적 사고에서 논리적 사고로 전환한다. 구체적 조작기의 아동은 보존개념을 이해하고 특정한 조작들을 수행할 수 없으며, 전조작기 아동들이 할 수 없는 다양한 지적 과업을 수행한다. 이 단계를 구체적이라 일컫는 이유는 조작의 대부분을 직접적 경험을 통해 획득하기 때문이다. 과거 경험의 도움없이 순전히 언어적인 지시만으로는 조작이 수행될 수 없으므로 이 시기의 아동은 여전히 지각의 한계를 벗어날 수 없으며, 실제적이고 구체적인 대상과 사상들에 한정된 논리만이 가능하고 이 논리를 가설적 문제에는 적용하지 못한다(이인정·최해경, 2003).

전조작기 아동은 보존의 개념을 획득하지 못하나 구체적 조작기의 아동은 이 개념을 얻게 된다. 보존이란 외형의 변화에도 불구하고 다시 첨가되거나 빼버리지 않는 한 어떤 물체의 질량이 같다는 것을 판단할 수 있는 능력을 말한다(Phillips, 1975).

보존개념은 세 단계를 거쳐서 획득된다. 먼저 주어진 상황에서 한 면에만 관심을 두고 보는 비보전 상태가 첫 단계이며, 두 번째는 과도기로서 한면보다는 다소 여러 각도에서 보지만 높이와 밑면적과의 관계와 같은 3차원에서는 이해하지 못하는 단계로 실험에서 통과하는 횟수보다 실패하는 횟수가 더 많다. 세 번째는 보존개념의 형성기이다. 이 진흙도 모양을 바꾸면 저것과 똑같이 될 거라고 가역성을 지적하거나, 이것은 아무것도 보태지도 떼내지도 않았으므로 먼저와 같은 것이라고 대답하는 동일성(identity), 이것은 저것보다 작지만 둥그스름하고 저것은 대신에 납작하지 않느냐는 보상(compensation)으로 설명한다(Ginsburg & Opper, 1979).

또한 이 단계에서 아동은 사물을 유목화(classification) 또는 범주화할 수 있다. 예를 들어 벽돌을 크기나 색깔에 따라 분류할 수 있다. 아동은 머리 속에 분류도식을 가지고 정신적으로 색깔에 따라 벽돌을 분류할 수 있고 또한 벽돌 크기를 비교할 수 있다. 벽돌 크기에 따라 순서대로 배열할 수 있다.

구체적 조작기에서는 자기중심주의에서 다른 사람에 대한 관심으로의 이동이 이루어진다. 전조작기에서는 아동 자신이 세계의 중심이었다. 다른 사람의 역할행동을 완전히 인지적으로 이해할 수 있는 능력이 발달하지 못했는데, 구체적 조작기에서는 다른 사람의 역할을 취할 수 있는 능력이 발달하며, 다른 사람의 입장에서 사물을 이해할 수 있는 능력이 생긴다(이윤로, 2006).

4) 형식적조작기

형식적 조작기는 12세부터 청년기에 해당한다. 이 시기에는 추상적인 사고와 가설적인 사고가 가능하며, 효율적으로 과업을 성취할 수 있다. 이 시기의 아동은 세부적이고 구체적인 경험과 관련지어 문제를 해결하는 구체적 조작기의 아동과 달리 구두적인 제시로 문제를 해결할 수 있다. 즉 명제의 조합적인 추리를 통해 다양한 현상들에 대한 가설을 만들 수도 있고, 적절한 문제를 해결하기 위해 가설을 검증하는 자료를 수집할 수도 있다. 일반적인 원리를 규명하기 위해 귀납적 추론이나 특수한 관찰을 사용하기도 한다(김선아 외, 2006).

즉 이 단계의 사고는 다음과 같은 세 가지 특징을 가지고 있다(조복희 외, 1999).

첫째 가설적인 사고, 연역적인 사고이다. 구체적 조작기의 아동은 문제를 사전에 계획해서 해결하고자 하는 것이 아니라 이것저것 시도해보는 시행착오적 방법을 택한다. 그러므로 많은 시간적 소모가 필수적이다. 반면 형식적 조작기의 아동은 문제해결을 위해 가능한 모든 방법을 생각하여 그 결과를 가정하여 여러 방법 중에서 가장 정확한 것을 시도해 본다. 뿐만 아니라 가설의 설정을 통해 일반적인 사실에서 특정한 사실을 끄집어 낼 수 있다.

둘째, 조합적 분석능력(combinational analysis)이다. 피아제는 무색 용액의 실험을 통해 형식적 조작기에 있는 아동은 조합적 사고가 가능한 것으로 보고하였다. 이 실험에서 형식적 조작기 아동은 노란색 액체를 만들기 위해 처음에는 두 액체만 혼합해 보고 의도했던 결과가 아니지 않으면 다음에 용액 셋을 조합하여 문제를 해결하고자 한다. 즉 체계를 갖고 가능하 조합을 차례차례 시도하는 것이다. 구체적 조작기 아동은 이와 같은 조합적인 능력이 없으므로 아무런 체계없이 이것저것 마구 섞어 시행착오적인 접근방법을 취하는 것이다.

셋째, 추상적인 사고이다. 구체적 조작기의 아동은 그들의 사고가 현실적으로 존재하는 사물, 즉 구체적 세계에 한정되어 있다. 그러므로 이들은 민주주의, 종교, 자비와 같은 추상적인 개념을 이해하지 못한다. 이들에게 종교란 교회에 다니는 것으로 동일시하는 구체적인 행동으로 이해될 뿐, 정신세계의 일부나 다른 사람에 대한 사랑 등의 추상적인 개념으로 이해하지 않는다.

그러나 형식적 조작기에 도달한 청소년들은 추상적인 사고를 할 수 있다. 이들은 자신의 삶의 의미를 음미하고, 사회적인 규범이나 가치관을 이해하며, 예술작품의 많은 상징을 터득한다. 그러므로 이들은 사고과정을 스스로가 조작할 수 있는 인지구조가 매우 성숙되었다고 볼 수 있다. 현실과 반대되는 가설적인 상황을 사고할 수 있고, 추상적인 개념을 이해하며, 문제해결에 많은 방법을 시도할 수 있다. 그리하여 청소년들은 현실과 동떨어져 꿈이 많은 이상주의자가 되며, 때로는 문제를 일으키는 젊은이가 된다. 이와 같은 과정은 지적 발달의 한 과정이므로 너무 걱정할 필요는 없다.

4. 피아제 이론에 대한 평가

피아제는 아동을 잘 관찰한 훌륭한 관찰자였으며, 정신능력 발달의 질적인 본질에 대한 피아제의 새로운 시각적 접근은 높이 평가되고 있다.

새로운 시각은 두 가지로 요약될 수 있는데 첫째, 아동은 어른이 가르치는 대로 배우는 것이 아니라 스스로의 방법으로 배운다. 둘째, 아동은 어른과 사고방식이 다르다는 것이다(Crain, 1980).

그러나 이러한 기여에도 불구하고 피아제 이론에 대한 몇 가지 비판이 있다(한덕웅, 2001).

첫째, 아동의 발다이 자발적이라는 주장이 강한 비판을 받는다. 성인의 가르침 없이도 아동들은 스스로 이지구조를 발달시킨다는 것인데 이에 대해 특히 학습론자들은 훈련의 효과를 제시하며 부모와 교사의 교육의 중요성을 강조하였다. 그러나 학습론자들이 전조작기 아동들에게 보존개념을 학습시켰으나 아동들은 겉으로는 깨닫는 것 같으면서도 막상 어느 한 컵의 우유를 마시겠느냐고 물으면 원래 본인이 크다고 생각하였던 컵을 선택한다는 것이다. 그럼에도 불구하고 훈련의 효과를 검증한 여러 연구들은 피아제의 자발적 발달과 관련된 부분을 강하게 비판하고 있다.

둘째, 피아제는 최종적인 인지발달이 청소년기가 되면 이루어진다고 보았는데 일부 학자들은 성인기에도 인지발달은 계속된다고 주장하였다. 또한 청소년기에 도달한다는 형식적 조작기에 상당수의 성인이 도달하지 못한다고 반박하였다.

셋째, 피아제의 과학적·수학적 사고의 발달이론은 인정하지만 사회적 발달 부분 즉, 자아중심성, 도덕판단과 관련된 개념들은 정교하지 못하다. 예를 들어, 전조작기의 아동이라 하여도 모두 자아중심적인 것은 아니며, 또한 모두 물활론적 사고를 가지고 있는 것도 아니다.

CHAPTER 10

에릭슨의 심리사회이론과 사회복지[6)]

1. 에릭슨 이론의 배경[7)]

에릭슨은 1902년 프랑크푸르트에서 덴마크계와 유태계 부모 사이에 태어났다. 그 후 부모의 재혼에 따라 유태계에서 생활하며 생소한 외모 때문에 이방인으로 취급받아 어린 나이에 자아정체감의 위기를 맞는다. 이러한 사회역사적 변동과 문화 인종적 정체감 혼란이 후일 그로 하여금 정체감 상실 위기에 대한 연구를 할 수 있도록 해 주는 밑바탕이 되었다. 그 후 에릭슨은 오스트리아 정신분석가인 안나 프로이트를 만나 그녀의 격려로 비엔나 정신분석연구소(The Vienna Psychoanalytic Institute)에서 아동 정신분석을 공부하기 시작했다.[8)]

1927년부터 1933년까지 안나 프로이트와 어그스트 에익혼의 지도로 정신분석 훈련을 받았고 1933년 미국으로 이주하여 아동분석가로 개업을 했고, 1936년부터 1939년까지 인간 관계연구소(Institute of Human Relations)와 예일대학 의대 정신과에서 일했다. 그는 여기서 문화인류학에 관심을 갖게 되어 그 후 지속적으로 인류학과 역사에 대한 관심을 가지고 상이한 문화적 환경에서 성장하는 아동들과 정상 아동들의 생활에 관한 연구를 계속했다. 에릭슨은 정식 교육을 받지 못했고 학위도 없지만 임상가와 대학교수로 왕성한 활동을 하였다.[9)]

에릭슨의 대표저서로는 『아동기와 사회』(1963)가 있으며, 이 책에서 인간의 전 생애를 8단계로 나누고, 각 단계의 심리사회적 위기에 따른 발달적 과업을 통해 인

6) 이 부분은 2008년에 대왕사에서 나온 "인간행동과 사회환경"의 에릭슨이론의 부분을 전재하고 약간 보완한 것임. 출판기한이 만료되어 새 출판사에서 개정판을 내는 관계로 보완한 것이므로 신간은 아님.
7) 손병덕외, 인간행동과 사회환경, 학지사, 2007, 76~77 : 이인정외, 인간행동과 사회환경, 나남, 2005, 178면 : 신종우외, 인간행동과 사회환경, 동문사, 2007, 212면 : 김선아외, 인간행동과 사회환경, 대왕사, 2007, 156면 : 박미은외, 인간행동과 사회환경, 양서원, 2005, 48면
8) 손병덕외, 전게서, 76면
9) 이인정외, 전게서, 179면

간이 발달하는 것으로 보고 있다. 에릭슨은 이와 같은 발달과정에서 인간을 어떤 반응에 의해 결정되는 수동적인 존재로 보는 것이 아니라, 위기의 극복을 통해 자신의 삶을 스스로 만들어가는 적극적인 존재로 보고 있다.[10)]

2. 에릭슨 이론의 주요개념

1) 자아(ego)

에릭슨은 프로이드와 달리 자아의 사회와의 관계에 중점을 두고 자아의 사회와의 상호작용을 강조하였다.(신종우외, 2007, 214면) 이때 자아란 다음의 개념이라고 한다.(신종우외, 215면)

① 자아는 개인의 적응능력을 결정하며, 자아기능은 타고난 것이지만, 생리·심리·사회적 요인간의 상호작용을 통하여 발달한다.
② 자아는 기본적 욕구의 충족, 타인과의 동일시 학습, 발달과업의 성취, 효과적 문제해결, 내적 욕구와 환경적 조건, 기대, 스트레스 및 위기에 대처하는 과정에서 지속적으로 발달하게 된다.
③ 자아는 자율적으로 기능할 수 있는 능력을 지니고 있지만, 내적 충동과 내면화된 타인의 기대, 규범들과 관련지어 이해해야 한다.
④ 자아는 개인과 환경 간의 관계를 중재할 뿐 아니라 성격의 다양한 요인들 사이의 내적 갈등을 중재한다.
⑤ 사회 환경은 성격을 형성하며, 성공적인 대처능력을 고양시키거나 방해하는 조건을 제공해 준다.
⑥ 자아의 대처능력 결여와 개인의 욕구와 능력이 환경적 조건이나 자원과 합치되지 않을 때, 사회적 기능문제가 발생한다.[11)]

따라서 프로이드가 자아란 원초아와 초자아의 세력중간에 있다고 본데 비해 에릭슨은 이 두 세력을 무시하고 자아가 자율적인 기능을 하는 것으로 간주했는바 이

10) 신종우외, 전게서, 213면
11) 신종우외, 전게서, 215면

에 따르면 성격이 주로 본능의 영향을 받는 대신 에릭슨은 부모, 타인 등을 포함한 사회의 모든 구성원의 영향을 받는다고 보고 성격이 아동기초기에 거의 형성된다고 믿는 대신에 지속적으로 사회와 관계되어 발달한다고 보았다.[12)]

2) 자아 정체감

자아 정체감이란 자신에 대해 가지는 주관적 감정이라고 할 수 있다. 이러한 자아 정체감의 형성은 청소년기부터 시작되며 자아 정체감의 올바른 형성이 중요한 이유는 개인이 발달 과업에 대한 주관적인 감수성을 제고할 수 있기 때문이다. 이러한 자아정체감의 형성은 성인이 되어서도 수시로 계속되며 끊임없이 반복되는 계속적인 과정이라고 할 수가 있다.

에릭슨은 정체감의 형성을 전 생애에 발달하고 있다고 보고 정체감을 심리사회적 정체감(psychosocial identity)과 개별적 정체감(individual identity)으로 나누어 생각했다. 심리사회적 정체감이란 개인이 속하고 있는 집단에 대한 구속감 내지는 일체감을 말한다. 개별적 정체감이란 개인이 어떤 집단에 속해 있지만 그 집단 속에서 타인과는 독립되고 고유한 것을 말한다.[13)]

3) 점성원리

에릭슨에 의하면 점성원리는 두 가지 요소를 기초로 하는 바 첫째, 인성은 성숙하는 미리 정해진 단계에 따라 발달하고 둘째, 사회는 각 특정단계에 제기되는 과제를 끌어내고 조장하기 위해 구조화한다. 성숙은 개인에게 새로운 가능성을 열어 줄 뿐만 아니라 개인의 기능화에 있어 사회의 요구를 증가시킨다. 사회는 부모의 보호, 학교, 직업과 같은 성숙의 과정에서 각 단계마다 개인의 새로운 요구에 직면하는 방법을 발달시킨다.[14)]

따라서 점성원리는 생물학적 이론과 발달심리학적 단계론을 따른다고 할 수가 있다. 이와 같이 생물학적으로 인간은 수태되면서 이미 기본적 요소들을 가지나 시간의 경과에 따라 이 요소들이 결합, 재결합 하여 새로운 구조를 형성하듯이 심리사회적 성장도 이 원리를 따른다는 것이다.[15)]

12) 이인정외, 전게서, 179면
13) 신종우외, 전게서, 214면
14) Miller, 1993 : 김선아 외, 전게서, 157면에서 재인용

3. 심리 발달 단계

에릭슨은 인생의 모든 단계를 8단계로 나누었으며, 이것을 점성적 도표로 보면 다음과 같다.[16]

〈표 10-1〉 심시사회발달 여덟 단계의 점성적 도표

노년기 Ⅷ								자아완성 대 절망 : 지혜
성인기 Ⅶ							생산성 대 침체 : 배려	
성인초기 Ⅵ						친밀 대 고립 : 사랑		
청소년기 Ⅴ					자아청제감 대 자아정체감 혼란 : 성실성			
학령기 Ⅳ				근면성 대 열등감 : 능력				
유희기 Ⅲ			주도성 대 죄의식 : 목적					
초기 아동기 Ⅱ		자율성 대 수치심과 의지력						
유아기 Ⅰ	기본적 신뢰감 대 불신감 : 희망							
	1	2	3	4.	5	6	7	8

자료 출처: 이인정외, 인간행동과 사회환경, 나남, 2005, 183면

그리고 에릭슨의 이론과 프로이드 이론의 단계 비교는 다음과 같다.

15) Erikson, 1968 : 92-95면 : 이인정외, 전게서, 180면에서 재인용
16) 이인정 외, 전게서, 183면

〈표 10-2〉 에릭슨과 프로이드의 발달단계

연 령	에 릭 슨			프로이드
	심리사회적 위기	자아특질	병 리	
0~$1\frac{1}{2}$	신뢰 대 불신	희망	위축	구강기
$1\frac{1}{2}$~3	자율성 대 수치	의지	강박적 행동	항문기
3~6	주도성 대 죄의식	목적	억제	남근기
6~12	근면성 대 열등감	능력	무력함	잠복기
청소년기	정체감 대 역할혼란	성실	거부	생식기
성인초기	친밀감 대 고립	사랑	배척	
성인기	생산성 대 침체	배려	거절	
노년기	자아통합 대 절망	지혜	경멸	

자료 출처: 박미은 외, 인간행동과 사회환경, 양서원, 2005, 56면

위의 표에서 알 수 있듯이 에릭슨은 심리적 발달을 중심으로 인생의 단계를 나누나 프로이드는 성심리를 중심으로 나누고 있음을 알 수가 있다. 그리고 각 단계의 발달과제는 아래와 같다.

〈표 10-3〉 에릭슨의 심리사회적 발달단계

심리 사회 단계	연 령	과 제
신뢰감 대 불신감	출생~1세	세상은 안전하고 살 만한 곳이라는 느낌을 갖는 것
자율성 대 수치심	1~3세	결정할 수 있는 독립된 인간이라고 인식하는 것
주도성 대 죄책감	3~6세	새로운 것을 시도하고 실패를 처리할 수 있는 능력을 계발하는 것
근면성 대 열등감	6세~사춘기	기본적 기술을 배우고 다른 사람과 함께 일하는 것을 배우는 것
자아정체감 대 자아정체감 혼란	사춘기	지속적이고 통합된 자아감을 계발하는 것
친밀감 대 고립감	성인초기	사랑을 나누는 관계를 다른 사람과 공유하는 것
생산성 대 침체성	성인중기	자녀 양육과 보호 또는 다른 생산적 일을 통해 젊은이에게 기여하는 것
자아통합감 대 절망감	성인후기	자신의 인생을 만족스럽고 가치 있는 삶으로 여기며 인생을 관조하는 것

자료 출처: kall & Cavanugh, 2000; 이소희외, 2005 재인용 : 손병덕 외, 2007, 78면에서 재재인용

이러한 에릭슨의 심리 사회적 발달 단계를 살펴보기 전에 먼저 프로이드 이론과 에릭슨 이론의 차이점을 살펴보면 아래와 같다.

〈표 10-4〉 프로이드와 에릭슨의 성격발달 이론의 특성비교

구 분	프로이드	에릭슨
성격 발달	· 상당히 폐쇄체계에 근거한다.	· 상당히 개방체계에 근거한다.
	· 강력한 성적·공격적 충동에 의해 추진된다.	· 약간의 성적 충동과 사회적 충동에 의해 추진된다.
	· 이드가 지배적이다.	· 자아가 지배적이다.
	· 불안과 무의식적 욕구에 의해 위협 받는다.	· 사회적 상호작용에 근거한다.
	· 충동과 사회적 기대의 모순 때문에 갈등한다.	· 역사적·인종적 집단에 대한 결속력으로 강화된다.
	· 충동은 통제권 밖에 있다.	· 자아통제력과 사회적 지지에 의해 형성된다. · 사회에 기여할 수 있는 건강한 사회인을 준비시키고자 한다.
	· 초기 아동기에 형성되어 초기 성인기에 절정에 이른다.	· 전 생애를 걸쳐서 형성된다.
		· 다음 세대에 사회적 질서의 원리를 전달하고자 한다.

자료 출처: Greene & Ephross, 1991, 80면 : 박미은외, 전게서, 49면에서 재인용

그리고 Hjelle와 Ziegller는 에릭슨과 프로이드 이론의 차이는 다음과 같이 언급하고 있다.(Hjelle, Zigller, 1992, 188~189면 : 최순남, 인간행동과 사회환경, 한신대, 1997, 256~257면에서 재인용)

첫째, 프로이드가 행동의 동기를 이드에 둔데 비해 에릭슨은 자아를 성격의 자율적 구조로 간주하여 인간이 의사결정과 문제해결과정에서 합리적이고 이성적인 존재로 묘사함으로써, 인간은 본질적으로 충동적이라고 묘사한 종래의 정신분학적 사고로부터 급선회했다.

둘째, 에릭슨은 한 개인이 성격 형성에 있어서 그의 부모와의 관계 그리고 그의 가족이 위치한 역사적 상황에 관한 해석을 새롭게 했다.

셋째, 인간의 성격형성이론에서, 프로이드는 초기아동의 경험의 중요성을 강조한데 반해, 에릭슨은 인간의 전 생애를 총망라하고 있을 뿐만 아니라 청년기의 자아

정체감 형성기의 중요성을 강조하고 있다.

넷째, 프로이드와 달리 에릭슨은 인간생활에서 오는 정신사회적 위험을 이겨낼 수 있는 인간의 능력, 즉 인간발달단계에서 나타나는 자아자질에 관심을 가졌으며 또한 에릭슨은 프로이드와는 달리 인간은 어려운 사회환경에 잘 적응하고 오히려 그 환경 때문에 창조성을 발휘하여 생의 의미를 창조하여 주관적 자유를 실천하는 존재로 묘사함으로써 인간은 근본적으로 선하다는 인본주의 이념에 동조한다.[17]

이러한 프로이드와 에릭슨이론의 비교에 대해 사견으로는 프로이드나 에릭슨 모두 개인의 성격발달의 특성을 특정 부분만 강조한 정태적 측면이 강하며 다양한 역동성이 작용하는 동태적 접근이 부족하다고 할 수 있다. 가령 에릭슨은 인간이 창조성이 있으므로 창조성을 발휘하여 생의 의미를 창조한다고 주장하지만 현실에서는 성숙된 인격을 가지고 다른 외적 변수가 부정적으로 작용하지 않는 아주 제한된 경우에만 창조성이 발휘될 수 있다는 점에서 에릭슨 이론의 한계를 알 수가 있다. 가령 아주 성숙된 인성을 가진 자라도 수동성이 아주 강하게 작용하거나 경제적, 심리적, 사회적 변수가 동태적으로 네거티브적으로 작용할 때는 그러한 창조적인 벡터(vector)가 영향을 받아 창조성을 발휘할 수 없다는 점에서 에릭슨 이론의 한계가 나타난다.

이러한 프로이드와 에릭슨 이론의 차이점을 알고서 이미 앞에서 살펴본 표에 따라서 에릭슨 이론의 심리, 사회적 성격 발달 단계를 알아보자.

1) 1단계(출생~1세) : 신뢰감대 불신감

이 시기에 유아가 어머니나 아버지로부터 애착이 되거나 애정을 많이 받으면 생에 대한 신뢰감이 증대되지만 그렇지 않을 경우에는 이 세상에 대한 불신감이 커져서 나중에 적응하는데 장애가 있다는 것이다. 에릭슨은 아동들이 갖는 신뢰감은 어머니와 아동의 관계의 질에서 결정된다고 보고 이 시기를 인생의 가장 중요한 시기로 보아 이 시기에 형성된 기본적인 신뢰감은 생의 후기에 겪게 되는 모든 사회관계에 결정적인 영향을 미친다고 보았다.[18] 다시 말해서 아동이 온정적이고 사랑이 넘

17) 최순남, 전게서, 257면
18) 손병덕 외, 전게서, 79면

치는 환경에서 양육되면 주위환경을 신뢰하게 되고, 좋은 사람들 사이에서 산다고 느낄 것이다. 하지만 부모님의 성격이 안정적이지 못하고 그들의 욕구를 충족시킬 수 없는 환경에서 양육된 아동은 주의를 불신하게 될 것이다. 신뢰감은 아동의 미래에 대한 태도를 결정짓는 토대가 된다고 한다.[19] 그리고 에릭슨은 유아의 건전한 성장 발달은 전적으로 신뢰감에서만 기인하는 것이 아니라 신뢰와 불신의 적절한 비율로부터 온다고 한바 무엇을 신뢰해야 하는가도 중요하지만 무엇을 신뢰하지 말아야 하는 것을 아는 것도 중요하므로 기본신뢰는 성취 척도의 면에서 비교해서는 안된다. 하면서 신뢰감 획득은 근본적으로 보편적이어서 주로 엄마의 양육 태도나 방법을 통해 획득된다고 본다.[20]

이러한 심리사회적 위기를 잘 극복하게 되면 자아는 희망(hope)이라는 특성을 얻게 되지만 위기를 적절히 극복하지 못하면 사회적 관계의 위축(withdrawal)이 나타나 나머지 생애동안 낮은 자존감, 우울증 등을 보이게 된다고 한다.[21]

이러한 에릭슨의 주장에 대해 저자(천정환)의 비판은 다음과 같다.

에릭슨의 주장이나 이론은 지나치게 단선적(單線的)이며 정태적이다. 다시 말해서 에릭슨은 이 영아시기에 영아가 어머니로부터 애정과 애착을 받아 신뢰감이 형성되면 나중에 다른 상황에서도 신뢰적 태도를 갖게 되므로 이 시기가 인생의 가장 중요한 시기라고 주장하지만 이 시기에 어머니로부터 애정을 받지 못한 경우라도 나중에 주위에 대해 신뢰감을 형성하게 되는 경우나 그 반대로 이 시기에 어머니에 깊은 애착과 애정을 느낀 경우라도 나중에 주위를 불신하게 되는 경우가 많다는데서 그의 획일적인 이론은 문제점이 있다고 하겠다. 다시 말해서 이 시기의 아이가 부모로부터 안정적이고 일관된 사랑과 애정을 받는다고 바로 신뢰감이 형성된다는 단선적인 주장은 비판되어야 하는데 그것은 아이가 주위에 대해 신뢰감을 형성하는 메카니즘은 다양한 변수에 의한 복잡한 역동적 과정을 거쳐 형성됨에도 부모의 애정외의 다른 역동적인 변수의 중요성을 무시했으며 애정 외에 지리적 환경, 생물학적 환경, 음악·미술 등의 예술적 환경 등 여러 요소들이 가지는 신뢰감 형성에 대한 교차 탄력도의 중요성을 무시했다. 다시 말해서 에릭슨의 이론은 이러한 다른 변수의 영향은 일정한 상수로 보는 개연성적인 폐쇄적 이론이다. 또한 에릭슨은 이

19) 김선아 외, 전게서, 159면
20) 최순남, 전게서, 243면
21) 박미은 외, 전게서, 51면

시기를 인생에 있어서 가장 중요한 시기라고 주장하지만 발달이나 사회적 성공관계에 대해 그 시기 이외의 다른 시기에서의 발달의 탄력도가 큰 경우가 얼마든지 존재할 수 있으므로 그의 주장은 모든 사람에 대해 일반화 할 수 없는 제한된 이론에 지나지 않는다.

2) 2단계(1~3세) : 자율성 대 수치감

이 단계에서는 아동들이 배변훈련, 혼자 옷입기 등의 훈련이 시작되는 등 부모의 도움 없이 혼자 힘으로 여러 가지를 하고 싶어 하며 과제를 완수 했을 시에는 자율성을 획득하거나 통제능력을 상실했을 때는 수치감과 회의감을 가지게 된다.[22] 이때 아동의 자율성을 지나치게 간섭하면 아동은 수치심을 갖게 된다고 한다.

에릭슨은 이 수치심에 대하여 '자아에 대항하는 분노'라 말하며 '뒤에 숨겨진' 것으로 자율성을 거부당하면 통제당한 일에 대하여 거부하고, 자신과 타인에 대하여 의심하게 되며 이 위기를 잘 극복하면 의지라는 긍정적 자아특질을 얻게 되지만, 적절히 극복하지 못하면 수치심이 내면화 되어 자신의 결정을 믿지 못하고 불안해하는 강박증, 결벽증, 혹은 피해의식 등이 생길 수 있고 지나친 수치감으로 유아가 뻔뻔해지거나 교활해 질 수 있다.(schriver, 1995 : 신종우외, 2007, 52면에서 재인용)

에릭슨은 이 단계의 심리·사회적 위기를 만족스럽게 넘기느냐의 여부는 아동의 이 같은 활동들을 자유롭게 조절하도록 점차적으로 허용하는 부모의 의지에 근본적으로 달려 있다고 본다.[23] 따라서 부보들은 아동들이 적절히 자율성을 가질 수 있도록 노력해야 한다고 한다. 그러나 사견으로는 이부분 역시 앞에서와 마찬가지로 지나치게 단선적이고 여러 변수의 역동성을 무시한 폐쇄적 이론이라고 할 수가 있다. 가령, 아동이 여러 과제를 완수했다고 반드시 자율감을 느끼는 것도 아니고 동시에 아동이 자신이 의도하는 대로 할 수 없는 타인에 의해 통제를 받는다고 느낀다고 반드시 회의감을 느끼는 것은 아니다. 다시 말해서 자율감 또는 수치심 또는 회의감이란 심리적 요소는 여러 다양한 변수의 역동성의 크기와 vector(방향)및 해당아동의 특성과의 역동적인 결합에 생기는 것이므로 아동이 자신의 과제를 실패해서 부모의 통제를 받아도 오히려 더 자율성(정확히는 피동적인 자율성)이 생기는 아동도 있고 그 반대로 자신의 과제를 완수해도 오히려 수치감이나 회의감이 생길 수 있기 때문

22) 김선아 외, 인산행동과 사회환경, 대왕사, 2007, 160면
23) 최순남, 전게서, 245면

이다. 그리고 에릭슨은 부모들이 아이가 대·소변 훈련을 시작하는데 강요하지 말고 스스로 할 수 있도록 인내와 격려로써 기다려야 한다고 주장하지만 이것 역시 다른 다양한 역동적인 변수가 자율성에 대해 가지는 나름대로의 탄력성을 일정한 상수로 취급한 한계가 있으므로 모든 아동에 대해 일반화 시킬 수 없다는 내재적인 한계를 가진다.

3) 3단계(3~세) : 주도성 대 죄책감

이 시기의 유아는 자신의 일에 대해 주도적으로 하려고 하며 그 과정에서 실패나 부모의 간섭을 받게 되면 죄책감을 느끼게 된다는 것이다. 이 시기의 유아는 자기 스스로 시작하고 주도하는 사람이 되고 과제를 이해하고 받아들이게 된다.(Hamacheck 1988: 김선아 외, 2007, 160면에서 재인용) 프로이드가 말하는 남근기가 바로 이 시기로 이 과정을 잘 수행하게 되면 자신감을 획득하나 그렇지 못한 경우에는 죄책감을 느끼게 된다는 것이다.

특히 이 시기에는 침투적 양식에 근거한 세 가지 발달이 일어나는데 첫째, 신체적으로 더 자유롭고 더 격렬하게 움직이는 것을 배워 무제한의 목표반경을 수립한다. 둘째, 언어 능력이 발달하여 이해의 폭이 넓어지고 많은 질문을 한다. 셋째, 언어능력과 운동능력이 인지적 활동을 확대시킨다. 언어 능력과 신체적 기술이 발달하므로 아동은 사고하고 상상하며 행동할 수 있다고 한다.[24]

이 시기에 갈등해결에 관련되는 주된 기제는 동일시이므로 부모의 역할이 커 부모가 아동의 주도성을 격려하여 이끌어 주면 아동은 자신의 열망과 대범성을 성인기 사회생활의 목표에 맞게 부합시킬 수 있다고 한다.[25] 그러나 사견으로는 앞에서와 마찬가지의 논리로 이 시기를 잘 넘겼다고 하여 목적이라는 자아 특질을 얻게 되고 그렇지 않으면 좌절된다는 에릭슨의 주장은 지나치게 단선적이고 다른 역동적 변수들의 중요성을 간과하였다고 생각한다. 가령, 이 시기를 잘 넘기지 못하고 부모로부터 과업에 있어서 강한 제제를 받게 된다고 해도 나중에 목적이라는 나아특질을 얻는 경우도 많은데 그것은 이 시기의 “주도성”이라는 변수를 능가할 다른 변수의 힘이 큰 경우를 가진 다양성의 아동들이 존재하기 때문이며 마찬가지로 이 시기를 아

24) 이인정 외, 인간행동과 사회환경, 나남, 2005, 187면
25) 이인정, 전게서, 188면

동들이 과업을 주도적으로 세우고 완성해서 성취감을 맛본다고 해도 "목적"이라는 자아특질을 가지지 못하게 되는 경우도 많으므로 에릭슨의 이론은 모든 아동에게 적용할 수 없는 일반화의 한계를 가진다고 할 수가 있다.

4) 4단계 : 근면성 대 열등감

이 시기는 학령기에 해당되는 시기로 아동은 학교 공부 외에도 사회적 규범 등 다양한 과제를 열심히 하게 되는데 이 단계의 심리사회적 위기를 잘 극복하면 자아는 능력(competence)이라는 자아특질을 얻게 되지만 위기를 적절히 극복하지 못하면 생산적인 일을 하지 못하는 사고와 행동의 마비, 즉 무력함(inertia)을 느끼게 된다고 한다.[26] 보통 6~12세까지의 단계로 프로이드 이론의 잠재기에 해당되는데 에릭슨은 이 시기를 자아 성장이 가장 확실히 발달되는 단계로 보아 이 시기의 위험은 열등감이나 무력감이 발달될 가능성이 있다고 한다.[27]

이 시기는 학교 과제를 준비시키는 가정의 역할도 중요하지만 무엇보다 교사의 태도가 중요하며 아동들이 자신의 능력 이외의 다른 요소 즉 집의 경제력, 외모 때문에 무능력하게 평가하거나 학교 성적만을 평가 기준으로 삼지 않도록 개인의 특수한 재능을 찾아내어 격려하는 것이 필요하다. 이때의 자신에 대한 가치결정은 나중에 자아정체감에 매우 중요한 영향을 끼치게 된다고 한다.[28]

5) 5단계 ; 자아정체감 대 역할혼미

자아 정체감이란 자신의 존재의미에 대한 내적 추구 과정이라고 할 수가 있다. 이러한 자아 정체감은 청소년기에 가장 문제되는 시기라고 할 수가 있으며 청소년들은 자신의 내적 정체감을 추구하는데 만은 갈등과 고민에 놓이게 되며 극단적인 경우에는 허무감을 못이겨 자살하는 경우도 있다.

이때 에릭슨에 의하면 자아정체감의 형성에는 다음과 같은 3가지 요소가 포함되어 있다고 한다.[29]

26) 박미은 외, 전게서, 53면
27) 최순남, 전게서, 247면
28) 신종우 외, 전게서, 220면
29) 최순남, 전게서, 249면

첫째는 청년은 내적 동일감(inner sameness)과 일관성(contimuity)을 가진 존재로 자신을 지가거해야 한다. 즉 자기 자신이 과거로부터 현재까지 근본적으로 동일한 존재로 지각해야 한다는 것이다. 둘째로 자기와 같은 사회 문화속에 살고 있는 다른 사람이 나에 대해서 같은 일관성과 동일성을 지각해야 한다. 즉 청소년은 그가 갖고 있는 내적 통일성(인간성)이 다른 사람이 자기를 지각할 때에도 같이 인식될 것이라는 확신감이 필요함을 의미한다. 또 자신감(confidence)을 가져야 한다라고 한다.[30]

그리고 자아 정체감이 오랫동안 형성되지 않으면 혼란·갈등·역할혼미 등의 정서를 겪는다고 한다.

5) 6단계 : 친밀 대 고립

이 때는 20~24세의 단계로 타인과의 유대나 친밀감이 확립되는 시기로 의미 있는 타자들과의 친밀감이 형성되면 자아만족감을 누리나 그렇지 못한 경우에는 심한 고립감과 하무를 느끼게 되고 심한 경우에는 이기적인 자살에 까지 이르게 된다. 특히 이 시기에는 가신이 가진 여러 사회적 자원들의 차이가 분명히 나게 되고 그 결과 상대적으로 사회적 자원이 부족한자는 사회적 고립을 처음으로 심각하게 느끼는 단계 이므로 가족이나 주위 사람들은 이런 고민을 겪는 자를 애정 있게 관찰하여 연대적 지지를 보내야 한다. 이 때 다른 사회성원들과 깊은 감정과 사고를 나누는데 실패한 이는 고독과 절망에 빠지게 된다.(Salkind, 1981 : 김선아 외, 전게서, 161면에서 재인용)

친밀감 대 고립의 갈등을 성공적으로 해결하면 사랑의 능력이 생긴다. 사랑은 자신을 타인에게 관여시키고 이 관여를 유지하는 능력이다. 이러한 사랑은 다른 사람에 대한 보호, 존경, 책임으로 나타난다. 이 단계의 실패는 난잡함을 낳는다.[31]

여기서 에릭슨이 말하는 친밀감의 의미는 다음과 같다.[32]

그는 친밀감이란 우리 모두가 친구, 배우자, 형제자매와 부모 혹은 다른 친척과 관계를 나누어 갖는 것으로 생각한다. 그는 또 자신에 대한 친밀감을 언급하는데,

30) Erikson, 1963 : 최순남, 전게서, 249면에서 재인용
31) 이인정 외, 전게서, 190면
32) 최순남, 전게서, 252면

이것은 자기의 무엇을 상실한다는 두려움 없이 자아정체감을 누군가와 연합시키는 능력이라고 말한다. 에릭슨은 성공적인 결혼을 성취하는 요건으로 이러한 양상의 친밀감을 들고 있다.

다시 말해서 에릭슨이 말하는 친밀감이란 이성에 대해 느끼는 성적 친밀감 외에도 가족, 친구, 이성 또는 동성에 대해 느끼는 사회적 친밀감을 포함하는 다양한 의미로 사용되고 있음을 알 수가 있다.

7) 7단계 : 생산성대 침체감

40~65세 단계인 이 시기에 중년들은 다양한 개념으로 쓰이는 생산에 종사하게 된다. 가령, 자녀의 양육, 직업의 완성도, 일의 생산성에 대한 성취도, 사상의 형성과 내심의 성숙에 대한 완성도와 같은 정신적인 생산만 아니라 작품완성도와 같은 생산 등의 물적 생산도 포함되며 사회적 관계의 유지라는 사회적 생산의 의미도 포함된다. 에릭슨은 누구나 어떤 직종에서 일을 하든지 남을 가르치고자하는 천성적인 욕망이 있다고 하면서 이러한 욕망의 결과로 인해 보호와 가르침의 습관, 의식이 한 세대에서 다음 세대로 전해지고 있다고 한다.[33)]

그러나 이 시기에도 생산성의 획득이나 획득과정에서 소외되어 깊은 절망감을 느끼는 자는 이기주의자적 자살로 연결될 수 있으므로 주위사람이나 관련 복지사는 충분한 진단과 사전 조치가 필요하다. 이 단계에서 성공한 이는 타인을 배려 할 줄 알며 생산성의 확립에 실패한 이는 개인적 욕구나 안위를 주된 관심으로 삼는 자아도취에 빠져 이기주의를 낳는다고 한다.[34)]

8) 8단계 : 자아완성 대 절망감

이 단계는 보통 65세 이후에 해당되는 노년기로써 지금까지 인생을 큰 과오 없이 수행해온 자는 자아성취감을 느끼게 되고 그렇지 못한 자는 이제 더 이상의 내적 파워가 부족해 절망감을 느끼게 된다는 것이다. 그것은 청년기, 중년기 등을 무리 없이 주어진 과제나 과업을 성공시켜 온 자들은 이 시기가 되면 만족감을 느끼게 되고

33) 최순남, 전게서, 253면
34) 이인정 외, 전게서, 191면

지나온 과거 추억에 대해 좋은 자아감을 가지게 되어 최종적인 자기완성을 향해 치닫게 된다. 그러나 그렇지 못한 사람들은 과거의 선택에 대해 끝없는 후회감에 절게 되어 자아 통합이 되지 않아서 절망감을 느끼게 되고 이제 남은 인생을 가지고 새롭게 시작하기에는 시간과 여러 자원이 부족하다는 것을 알게 되어 절망감에 빠지게 되며 이런 절망감을 지혜롭게 극복 못하게 되면 이기주의적 자살이나 냉소적 태도, 비관주의로 자기 자신을 더욱 학대 하게 된다.

따라서 이 단계를 성공적으로 보내게 된자는 지혜를 획득하게 되고 인생에 대한 경외심을 가지고 성숙한 노년을 보낸다. 그러나 사견으로는 이 시기에 겪게 되는 상실은 관계의 상실(배우자의 죽음), 사회적 상실(직업에서 은퇴), 신체적 상실(고령으로 인한 병), 경제적 상실(재화의 부족), 이래적 상실(희망의 포기)등 가장 많은 상실감이 역동적으로 작용하게 되므로 과거의 인생을 성공시켜 온자가 자아통합을 가진다는 에릭슨의 견해에는 그 한계가 있다. 오히려 과거의 인생을 성공시켜 온자가 경우에 따라서는 자아 절망감에 빠지게 되는 수도 있고 그 반대로 반추과정에서 자신의 인생이 실패했고 무의미하다고 느낀 자라도 뒤늦은 인생이지만 새롭게 자아통합을 하여 과거의 심리적 손실에 대해 보상을 받으려는 강한 심리적 기제를 가지는 노인들도 많기 때문에 모든 노인들이 겪는 다는 획일적인 일반화의 논리에는 그 한계가 있다고 하겠다.

4. 에릭슨 이론과 사회복지 실천

에릭슨의 이론은 아동에서 노인에 이르는 전 생애 발달에 관심을 갖는 사회 복지의 이론적 배경이 되었으며 특히 클라이언트의 인생 속에서 발생하는 위기와 발달과업이 어떻게 이루어지는가를 밝혀 준다.[35)]

따라서 사회복지사, 교정복지사, 피해복지사 등 다양한 전문영역의 사회복지사들은 생애발달주기의 각 단계에서 유아나 소년, 중년, 노인 등 개별클라이언트들이 겪게 되는 문제점을 정확히 진단하고 예측하며 각 단계마다의 위기에 처해 클라이언트를 원조해 나갈 수 있도록 해야 한다. 이때 중요한 것은 위기에 처했거나 처할 우려가 있는 클라이언트들에 대해서는 각각의 전문사회 복지사들이 적극적으로 접촉

35) 신종우 외, 전게서, 224면

할 수 있는 기회가 제도적으로 주어져야 한다. 그래야 각각의 단계에서 발달과업을 이루지 못해 장애를 겪는 클라이언트들에 대한 효과적인 지원과 개입이 가능하기 때문이다. 또한 에릭슨 이론의 주요 내용이 심리적 내용이므로 사회복지사의 전문성이 부족한 경우도 있으므로 반드시 심리치료사나 정신보건 복지사 등 관련 전문가와의 팀제적 접근이 이루어져야 위기에 처한 클라이언트에 대한 개입의 효과성의 생산성을 제고할 수가 있다.

그리고 에릭슨이론이 프로이드와 달리 사회적, 문화적 요인을 중요시하였으므로 사회 복지의 실천에서도 사회 복지사들은 클라이언트의 내적 속성적 변수에만 관심을 둘것이 아니라 외적, 사회적, 문화적, 변수들이 개별 클라이언트가 직면하는 발달 과업의 해결에 대해 가지는 개별 탄력도들을 조사하여 가장 탄력도가 크거나 유의미한 외부적 변수를 활용하는 학제적이고도 전문적인 지혜가 필요하며 이를 위한 다양한 개별 프로그램의 개발이 필요하다.

5. 에릭슨 이론과 사회복지 실천

에릭슨이론을 교정복지이론과 관련시켜서 보면 먼저 발달단계에 따른 심리사회적 특징을 수형자나 수용자 또는 치료감호대상자나 보호대장자에게 대한 교정복지 서비스의 생산에서 활용하게 되면 더 탄력적인 교정복지 서비스의 생산이 가능하게 된다.

가령 에릭슨이 주장한 역할혼란의 심리적 특징을 보이는 청소년기의 범죄자에 대한 교정복지의 서비스의 생산은 그러한 역할 혼란을 방지하고 정체감을 주체적으로 형성하는 교정복지 프로그램을 고객지향적으로 생산하게 되면 보다 더 청소년 범죄자에 대한 교정복지서비스의 생산성이 올라가게 되므로 이점을 활용하면 될 것이다.

그리고 에릭슨이 주장한 자아통합에 문제가 있을수 있는 노년기에서의 노인범죄자에 대한 교정복지서비스의 생산은 자아통합이 이루어 지는 방향으로의 교정복지 프로그램을 생산하게 하면 되지만 문제는 그러한 자아통합은 청소년기의 교정복지 프로그램과 달리 노년기에는 그러한 교정복지프로그램의 생산성이 거의 제로에 가깝다는 사실이다. 이는 아직 기본적인 사회화 단계에 있는 청소년과 달리 이미 의식이 고착화되어 재사회화가 힘든 노년범죄인의 특성에 기인하기 때문이다.

따라서 이런경우에는 자아통합이 가능한 노인범죄자에게는 그러한 방향으로 교정복지프로그램을 짜되 그렇지 않는 노인번죄인에게는 교정복지의 개별적인 탄력성이 큰 부분의 개별조사와 사정을 하여 개별수형자평가를 한 다음에 거기에 맞는 교정복지프로그램을 사용하면 된다. 가령, 자아통합이 안되나 원예에 관심이 많은 노인범죄자에게는 원예치료를 통한 교정복지프로그램을 구성하는 방향이 낫다.

CHAPTER 11

아들러의 개인심리이론과 사회복지

1. 아들러의 생애

아들러는 1870년 2월 7일 비엔나 인근지역인 펜지히에서 5남 2녀 중 셋째로 태어났다. 그는 맏이인 형에 대한 질투로 인해 어린 시절을 불행하게 보냈으며, 병약했기 때문에 동생이 태어나기 전에는 어머니의 사랑을 독차지했으나 동생이 출생할 후에는 응석받이 위치를 상실했다.

그 후 아버지와의 신뢰관계가 지속되었으나 어머니에 대한 애정은 회복되지 않았다. 아들러는 다섯 살 때 심한 폐렴에 걸려 죽을 고비를 넘겼고, 사고로 두 차례나 죽을 뻔한 위기를 넘겼다. 만성적으로 병약한 아이였던 아들러는 육체적인 놀이에서는 형이나 친구들의 경쟁상태가 되지 못했으나 자신의 허약함과 열등감을 극복하려고 꾸준히 노력하였다. 학교생활에서도 초기에는 아주 평범하였으나 끊임없는 아버지의 격려와 자신의 노력으로 나중에는 우수한 성적을 올리게 되었다.

아들러는 정신과 의사가 된 후 1902년부터 1911년까지 프로이트와 같이 활동하였으나 점차 프로이트의 이론적 입장과 대립하게 되어, 1911년 비엔나정신분석학회를 떠나 자유정신분석학회를 창설해 1912년 학회명칭을 개인심리학회로 변경하였다.

아들러의 가족경험이 그의 이론형성에 영향을 미친 것은 분명한데 그는 자신의 성장과정에서 직접 경험한 열등감과 보상추구, 출생서열, 사회적 관심 등을 토대로 오늘날까지도 적용될 수 있는 훌륭한 이론을 만들어냈다는 평가를 받고 있다. 그는 강연여행 도중 1937년 5월 28일 사망하기까지 300여 권의 책과 논문을 발표하는 왕성한 활동을 하였다(이인정·최해경, 2003).

2. 인간관

아들러는 인간의 근본적 속성에 대하여 몇 가지 관점을 제시하였다.

첫 번째는 총체적 실재로서의 관점이다. 이 관점은 아들러의 이론 중 가장 기본이 되는 것으로써 인간이 통일되고 자아 일치된 유기체로 정신과 육체가 통합된 존재로 보았다. 그래서 인간의 성격은 통합적이며 분리할 수 없는 존재로, 정신분석과 같이 무의식, 자아, 원초아와 같이 나누는 것이 아닌 하나의 통합적인 존재로서 바라보고 있다(Hjelle & Ziegler, 1976).

두 번째는 현실에 대한 주관성을 지닌 존재로, 인간은 각자 나름대로 자신의 세상을 해석하는 눈을 갖고 있으며 어떤 경험에 대해서도 자신이 갖고 있는 의미에 의한 해석을 내릴 줄 아는 능동적인 존재로 보았다. 이 능동성은 다음과 같은 능력을 지닌 존재로 설명할 수 있는데, 즉 우선 자신의 운명을 스스로 개척할 수 있는 능력 그리고 자신이 현재는 비록 어려운 상황에 처해 있어도 그것을 극복하고 일어설 수 있는 능력, 마지막으로 자아인식을 통해 자신과 자신이 속한 지역사회 환경을 개선할 수 있는 능력을 지닌 존재로 인간의 상을 적극적이고 긍정적으로 표현하였다(Ansbacher & Ansbacher, 1995).

이 능력들은 결국 세 번째로 설명되는 인간에게 창조적인 힘을 갖게 하여 자신의 미래의 삶을 지시하고 결정하는 것으로 보게 하였다. 이러한 관점은 인간이 환경에 의해 지배를 받는 존재가 아니라 자신이 만들어 낸 생활양식에 의해 스스로 결정할 수 있는 힘이 있다는 것이다.

네 번째는 인간은 미래에 대한 자신만의 목표를 갖고 있고, 이 목표를 달성하기 위해 노력하는 존재로 여겼으며, 마지막으로 인간은 사회적 존재로 사회와 상호작용하고 선천적으로 갖고 있는 사회적 관심으로 서로 협동할 수 있다는 존재로 사회에 기여할 수 있는 인간으로 보았다(이효선 외, 2006).

3. 주요개념

1) 열등감과 보상

아들러는 심한 신체적 약점이나 결함이 있는 사람이 연습이나 훈련을 통해 이를 보상하려는 노력을 하며, 이들 중 일부는 결국 그 약점을 보상하는 것에 주목하였다 (Adler, 1931).

열등감은 개인이 잘 적응하지 못하거나 준비가 안되어 해결할 수 없는 문제에 부딪혔을 때, 좀 더 완전성을 추구하려는 데서 생겨나는 것으로 인간은 누구나 이러한 열등감을 가지고 있기 때문에 더 높은 목표를 향해 노력하게 되는 것이다. 따라서 열등감은 모든 사람들에게 더 발전하고자 하는 노력을 하게 만드는 추진력이 된다고 보았다.

처음에 아들러는 인간의 어느 한 부분이 기본적으로 열등하거나 약하기 때문에 또는 유전된 발달 이상 때문에 열등감이라는 병에 걸린다고 보았다. 그러나 이후 아들러는 신체기관 혹은 신체적 결함에서 유래하는 열등상태 뿐만아니라 심리적 혹은 사회적 열등상태에서도 열등감이 생기게 된다고 하였다(Adler, 1956). 결국 아들러가 말하는 열등감은 인간은 본질적으로 열등감을 발달시켜 나가게 되어 있기 때문에 심한 신체적 약점이나 결함이 있는 사람도 연습이나 훈련을 통해서 이를 보상받으려고 노력을 하며, 이들 중 일부는 결국 그 약점을 보상받게 된다고 하였다. 그러므로 보상은 잠재력을 발휘하도록 인간을 자극하는 건전한 반응이고 열등감은 항상 긴장을 낳기 때문에 우월감을 향해 나아가게 하는 자극이 된다고 하였다(권육상, 2005).

아들러는 보상과의 부조화에서 생기는 병적 열등감(inferiority complex)에 대하여 설명하며 이를 일으키는 세 가지 요인을 다음과 같이 설명하였다.

첫 번째 요인은 신체적 결함에서 오는 열등감(organ inferiority)이다. 1907년 아들러는 '기관성 열등에 관한 연구'에서 신체적 결함에 따른 열등감에 대하여 다루었는데 신체적 열등감 자체로는 어떤 의미나 중요성이 없지만 그 신체의 결함이 주관적인 열등감을 자극할 때 그 중요성이 생긴다고 보았다. 왜냐하면 앞서 아들러의 인간관에서도 설명되었지만 인간은 보다 나은 완전한 삶을 추구하기에 이 열등감은 오히려 완전이나 완성을 향한 힘으로 작용하게 되어 개인을 좀더 높은 수준으로 발달하도록 동기를 유발시킨다. 이런 인간의 속성 때문에 결함을 가진 사람은 자신의 결함을 연습이나 훈련을 통해서 보상받게 되지만, 만약 이러한 보상의 과정에서 실패할 경우에는 병적 신경장애나 정신장애를 초래하게 된다.

두 번째는 응석받이(spoilt)의 상황이다. 응석받이는 자신이 세상에서 가장 중요한 인간이며 자신이 원하는 것은 무조건 다 채워져야 한다. 또한 다른 사람에게 받는 것에만 익숙해여 있어 본인 스스로 할 수 있는 일이 없어 만약 인생의 어려운 고비가 닥칠 때 본인 스스로 할 수 있는 일이 없다고 믿고 깊은 열등감에 빠지게 된다. 또한 아동이 학교를 다니게 되면 학교에서는 다른 친구들과의 협동작업을 요구하며 사회적 과업완수를 인간발달의 목표로 삼지만 응석받이는 협동할 줄 모르기 때문에 그러한 환경에 적응하지 못할 확률이 높다. 더 나아가 사회생활에서도 마찬가지로 직장동료들과의 협력이 어려워 타인과의 관계 역시 실패로 이어져 이로 인해 열등감은 강화되어 열등 컴플렉스에 빠지게 된다.

세 번째는 방임(neglect)의 상황이다. 방임된 아이들은 자신을 다른 사람들이 좋아하지 않고 필요로 하지 않다고 믿고 있기 때문에 타인을 신뢰하지 못하고 또한 자신감을 상실하게 되어 사회에서 고립되고, 타인을 적대시 하며 공격적인 성격이 되기 쉽다. 결국 타인과 관계를 갖지 못해 함께 협력하여 살아가는 데 도움이 되는 일에는 완전 무력하게 되어 병적 열등감에 빠질 수 있다. 또한 아들러는 '병적 우월감(superiority complex)'에 대하여 말하면서, 이것은 열등감에 대한 과잉보상에서 나온다고 보았다. 병적 우월감을 가진 사람은 과장되고, 건방지고, 자만하고, 이기주의적이기 쉬우며 자신의 열등감을 인정하지 않기 때문에 남을 업신여김으로 자신을 중요한 인물로 부각시키는 행동을 한다(이효선 외, 2006).

2) 우월에 대한 추구

아들러는 우월을 향한 노력이 선천적이라고 생각했는데, 우월을 향한 선천적인 노력은 잠재적으로 존재하나 이 잠재력이 실제로 어떻게 구현되는지는 개인마다 다르다. 이것은 우월을 향한 목표가 저마다 고유한 것이며, 각자가 인생에 부여하는 의미에 따라 다르기 때문이다. 우월의 목표는 긍정적인 경향 혹은 부정적인 경향을 취할 수 있다. 긍정적인 경향은 사회적인 관심이나 다른 사람의 행복을 지향하는 이타적 목표이며 부정적인 경향은 개인적인 우월성을 추구하는 자기존중, 권력, 개인적인 허세같은 이기적 목표이다(이인정·최해경, 2003).

또한 아들러는 우월에 대한 추구의 본질과 그 기능에 대해 몇 가지 아이디어를 덧붙혔다. 첫째, 그는 우월에 대한 추구를 분리된 충동들의 결합이라기보다는 기본동기의 하나로서 유아기 때 자기가 주위의 사람들보다 무력하고 열등하다는 것을 인식한 것에 근거한다. 둘째, 이 위대한 향상의 욕구는 보편적인 것으로서, 정상적인 사람이나 신경증적인 사람 모두가 공통으로 가지고 있는 것이다. 셋째, 우월의 목표는 파괴적 경향이나 건설적 경향을 모두 취할 수 있다. 넷째, 완성을 위한 노력은 상당한 정력과 노력을 요구한다. 다섯째, 우월을 향한 추구는 개인과 사회 두 가지 수준에서 일어나므로 개인으로서 완성을 향해 노력하고 또 사회의 일원으로서 사회의 문화를 완성하기 위해 노력한다(김동배, 권중돈, 2003).

3) 사회적 관심

아들러는 사회적 관심을 개인의 장래 모든 적응이 달린 중요한 관건으로 간주했다. 그는 사회적 관심의 수준이 그 개인의 심리적 건강을 측정하는 유용한 척도이며 사회적 관심이 부족한 사람은 적응을 잘 하지 못한다고 주장하였다(Adler, 1956).

아들러가 말하는 사회적 관심이란 인간은 태어나는 그날부터 사회적 맥락 속에서 살게된다는 것이다. 사회적 관심이란, 각 개인이 이상적인 공동사회의 목표를 달성하고자 할 때 사회에 공헌하려는 성향을 의미한다고 하였다.

그는 또한 사회적 관심을 상대방에 대한 공감과 동일시하고 있어 상대방의 눈으로 보는 것, 상대방의 귀로 듣는 것, 상대방의 마음으로 느끼는 것 등은 우리가 사회의 일원이기 때문에 사회구조를 떠나 고립된 존재로서 이해될 수 없다는 것이다.

일반적으로 사회적인 관심은 가족관계 및 다른 아동기 경험의 맥락에서 발달하게 되는데 특히 협동심이나 연대의식 또는 동료의식 같은 사회적 관심의 발달에 가장 큰 영향을 주는 사람은 바로 어머니이다. 아버지는 어머니 다음으로 사회적 관심에 영향을 미치는 사람으로서 아버지가 배우자나 직업, 사회에 대해 긍정적 태도로 성숙된 사회적 관심을 보여준다면, 아동이 사회적 관심을 발달시키는데 있어 보다 쉽고, 긍정적으로 발달시킬 수 있다(권육상, 2005).

즉 사회적 관심은 모자관계에서 발생하므로, 어머니의 임무는 아동이 협동심, 연대감, 동료의식을 가지도록 양육하여야 하는 것이다. 아들러는 사회적 관심과 어머니의 자녀양육방식이 서로 밀접하게 관련되어 있다고 생각했다. 이상적으로는 어머니가 자녀에게 진실되고 깊은 사랑을 보여주어야 한다. 그런데 그 사랑은 어머니의 허영에서가 아니라 오직 아동의 안락함을 위한 사랑이어야 한다. 이런 건강한 애정관계는 사람들에 대한 진실한 관심으로부터 발달하고 어머니가 아동의 사회적 관심을 육성하게 해준다.

어머니가 자기 남편, 다른 자녀, 일반적인 사람에 대해 갖는 애정이 아동에게는 본보기가 된다. 아동은 어머니의 이러한 넓은 사회적 관심을 통하여 이 세상에는 다른 중요하 사람들이 있다는 것을 배운다. 아들러는 아동에게 사회적 관심을 키워주는 능력은 세 가지 중요한 인생과업 즉 일, 우정, 사랑과 결혼에서 만족감을 느끼는 사람만이 갖고 있다고 보았다. 만일 어머니가 단지 자기 자녀에게만 몰두해 있다면, 자녀가 사회적 관심을 타인에게 돌릴 수 있도록 가르칠 수 없을 것이다. 마찬가지로 어머니가 남편만을 사랑하고 아동과 사회를 기피한다면, 아동은 자기가 쓸모없는 존재이며, 기만당했다고 느낄 것이다. 따라서 아동의 사회적 관심에 대한 잠재력은 발달하지 못한 채로 남아 있게 될 것이다. 아동이 거부당하고 사랑받지 못했다고 느끼게 만드는 부모의 행동은 아동의 자율성이나 협동능력의 결핍을 초래한다.

아들러는 아동의 사회적 관심에 영향을 미치는 두 번째 중요한 인물로서 아버지를 들고 있는데 아버지는 우선 아내, 일, 사회에 대해 긍정적 태도를 지녀야 한다. 또 그는 자녀들과의 관계에서 그의 성숙한 사회적 관심을 보여주어야 한다. 아들러는 이상적인 아버지란 자녀 모두를 동등한 인격체로 대하고 아내와 동등한 위치에서 협력하며 자녀를 돌보는 사람으로 보고 있다. 아버지는 정서적 격리나 가부장적 권위주의와 같은 잘못을 피해야 하는데 이 두 가지는 놀랍게도 비슷한 효과를 가져온다. 아버지의 정서적 격리는 자녀가 사회적 관심을 갖는 것을 방해한다. 이를테면 아버지의 정서적 격리를 경험한 아동은 사회적 관심이 매우 낮은 상태에서 개인적인 우월감을 위한 목적만을 추구하게 된다. 마찬가지로 아버지의 권위주의도 잘못된 생활양식을 초래하게 되는데, 즉 그의 아버지가 폭군인 아동은 사회적 우월감이 아닌 권력과 개인적인 것을 추구하는 법을 배운다.

끝으로 아들러는 부부관계가 자녀의 사회적 관심의 발달에 지대한 영향을 미친다고 했다. 예를 들면, 만일 부모의 결혼생활이 불행할 경우, 자녀는 사회적 관심을 발달시킬 기회를 거의 갖지 못한다. 아내가 남편 대신에 자녀들에게 정서적 지지를 제공한다면, 과잉보호가 되고 그것은 사회적 관심을 억누르기 때문에 자녀가 피해를 입게 된다. 만일 남편이 아내를 공공연히 비난한다면, 자녀는 부모에 대해 존경심을 갖지 못한다. 부부 사이에 불화가 있으면 자녀들은 부모를 서로 이간시켜 중간에서 어부지리를 얻는 것을 배운다. 이 경우 피해를 입는 것은 역시 자녀이다. 즉 부모가 서로 사랑하지 않을 때 자녀들이 피해를 입는 것은 불가피한 일이다(김동배·권중돈, 2003).

4) 생활양식

생활양식(life style)은 인생목표뿐 아니라 자아개념, 타인에 대한 감정, 세상에 대한 태도를 포함한 한 개인의 독특한 특징을 포괄하는 개념이다. 즉 생활양식이란 특질(trait), 행동 그리고 습관의 독특한 형태를 말하는 것으로서 인생의 목표에 도달하기 위하여 스스로 설계한 독특한 좌표인 것이다.

개인의 생활양식은 열등감과 이를 보상하려는 노력에 이해 형성된다. 아들러는 모든 개인은 어릴 때 모두 상상이든 실제로든 열등감을 경험할 때 어떤 방법으로든 보상을 하게끔 만든다고 가정하였다. 예를 들어 신체적으로 허약한 어린이는 체력을 보다 훌륭하게 발달시키는 쪽으로 보상하려고 할 것이다. 이러한 열등감 보상 노력이 점진적으로 생활양식으로 바뀌어 가게 된다. 따라서 우리의 생활방식은 우리의 독특한 열등감을 극복하기 위한 노력을 나타낸다.

아들러에 의하면 생활양식은 4-5세경에 거의 형성되며, 그 이후에는 커다란 변화가 일어나지 않고, 어릴 때 정착된 기본구조의 개정이나 확대에 지나지 않는다(김동배·권중돈, 2003).

아들러는 개인을 그의 일, 우정, 사랑과 결혼이라는 세 가지 주요 인생과업에 대한 태도와 행동에 따라 분류하는 소위 생활양식 태도의 유형론을 제시하였다. 이 유형론은 사회적 관심과 활동수준을 기준으로 한다. 사회적 관심은 개인적 이익보다 사회발전을 위해 다른 사람과 협력하는 것을 의미한다. 활동수준은 삶의 문제를 해결하려는 개인의 에너지 수준을 말한다.

먼저 지배형은 활동수준은 높으나 사회적 관심은 낮은 유형으로 독선적이고, 공격적이며, 활동적이지만 사회적인 관심이 거의 없는 사람이다. 이 유형은 사회적 관심 외의 측면에서는 활동적이며 외부세계를 지배하려는 태도를 가진다. 그러므로 인생과업에 공격적, 비사회적인 방법으로 대처해 나간다.

획득형은 활동수준은 중간이고 사회적 관심은 낮은 유형으로 기생적인 방법으로 외부세계와 관계를 맺으며 다른 사람에게 의존하여 자신의 욕구를 충족시킨다. 인생의 주된 관심은 가능한 한 많은 것을 다른사람에게서 얻어내는 것이다. 활동수준이 낮아 다른 사람에게 의존하는 것이 위험한 정도는 아니다.

회피형은 참여하려는 사회적 관심도 적도 활동수준도 낮은 유형으로 성공하고 싶은 욕구보다 실패에 대한 두려움이 더 강하기 때문에 인생과업으로부터 도피하는 행동을 주로 한다. 인생의 모든 문제에서 회피함으로써 실패를 면하려 하고 사회적으로는 무익한 행동이 대부분이다.

사회적으로 유용한 유형은 사회적 관심과 활동수준이 모두 높은 유형으로 사회적 관심이 커 자신과 타인의 욕구를 동시에 충족시키면서 인생과업을 완수하기 위해 다른 사람과 협력한다(이인정·최해경, 2003).

5) 창조적 자아

아들러가 오랫동안 추구해 왔던 인생의 생생한 원리, 즉 생의 의미를 제공해 주는 원리가 발 창조적 자아이다. 아들러는 개인의 창조적인 힘에 의해 생활양식이 발달한다고 주장했다. 즉 각 개인은 자기 자신의 생활양식을 창조할 자유를 가지고 있다는 것이다. 결국 사람들은 자신의 존재와 행동에 대한 책임을 스스로 져야 한다. 이 창조적인 힘은 그의 인생목표와 그 목표를 추구하는 방법을 결정하며, 사회적 관심의 발달에도 공헌한다. 이와 같은 창조력은 또한 지각, 기억, 상상, 환상, 꿈에도 영향을 주어 각 개인을 자주적인 사람이 되게 만든다(김동배·권중돈, 2003).

즉 아들러는 생활양식이 개인의 창조적 행위라고 믿었으며, 자아의 창조적 힘이 인생목표와 목표추구 방법을 결정하고 사회적 관심을 발달시킨다는 것이다. 이에 따르면 유전과 환경은 성격형성에 있어 재료인 회반죽과 벽돌일 뿐이며 인간이 창조적 방법으로 건축물을 디자인, 즉 인생에 대한 태도를 형성한다(Ader, 1956).

5) 가상적 목표

아들러는 우리의 궁극적 목적은 현실에서 결코 검증되거나 확인될 수 없는 가상적 목표라고 하였다. 예를 들면 어떤 사람은 열심히 일하고 조금만 운이 따르면 못할 일이 없다는 신념으로 이 세상을 살아갈 수 있는데, 이러한 신념은 실제가 아니라 허구인 것이다. 왜냐하면 열심히 일하지만 아무것도 성취하지 못한 사람들이 수없이 많기 때문이다.

각 개인의 우월성의 추구는 그들이 채택하는 가상의 목표에 의해 결정된다고 하였다. 그리고 개인의 가상적 목표는 자기 스스로 결정한 것이므로 자신의 창조력에 의해 형성되고 각 개인마다 독특한 것이라고 하였다. 그러므로 한 개인의 가상적 목표를 이해하게 되면, 그의 다른 행동이 지니는 의미를 알 수 있으며, 생활양식도 이해할 수 있게 된다(김동배.권중돈, 2003).

아들러는 우월에 대한 추구와 완전성을 향한 인간의 노력은 각 개인들의 주관적으로 생각하는 최고의 목표를 추구할 때 구체적으로 나타난다고 보았다. 아들러는 프로이드와 결별 후 이상적 철학자 한스 바힌거(Hans Vaihinger)에 의해 많은 영향을 받았는데, 특히 그의 「믿음의 철학(the philosophy of 'as if')」라는 책에서 많은 사람들이 진실에 의해 행동하는 것이 아니라 진실이라고 믿는 것에 의해 동기유발되어 실제로 현실에 아무 근거가 없음에도 불구하고 믿고 행동하며 살아간다는 아이디어에서 착안하여 그의 가상적 목표란 이론이 만들어졌다(이효선 외, 2006).

7) 출생순위

개인심리학에서는 인간이 사회적 존재임을 강조하고 특히 가족 내에서의 관계에 따른 생활양식 형성을 중요하게 다루었다. 아들러는 가족구성원 사이의 상호작용이 아이들의 성격형성에 가장 중요한 원인으로 생각하면서 각각의 아이들은 각자의 위치에서 커다란 차이가 있고, 다른 환경 속에서 자라가는 것으로 보았다. 즉, 부모가 같고 비슷한 가정환경 속에서 자란 아동들이지만 가족 내에서의 출생순위에 따라 또한 출생순위에 따른 상황을 아동이 어떻게 바라보느냐에 따라 서로 다른 화녕을 갖는 것으로 본 것이다. 즉, 부모와 자녀, 자녀와 자녀 사이의 상호작용의 결과가 성격형성에 중요한 영향을 미친다고 보았다(Ansbacher & Ansbacher, 1995).

아들러는 다음 네 가지의 출생순위를 집중적으로 연구하였다.

먼저 맏이는 태어났을 때 혼자라는 상황을 경험한다. 맏이는 외동자녀와 비슷하게 일반적으로 주위의 많은 관심과 보호와 애정을 경험하며 자신이 가족의 중심이라는 것에 익숙해진다. 하지만 둘째가 태어나면서 자신의 지위가 빼앗기는 새로운 상황에 있게 되는데(폐위된 황제), 이때 맏이는 자신의 상황에 아무런 준비없이 이러한 상황을 맞이하게 된다. 맏이는 이러한 상황에서 자신의 부모에게 관심을 끌기 위해 퇴행적인 행동을 하거나 동생과 싸우거나 거짓말을 하기 시작한다. 또한 맏이는 어머니가 도저히 견딜 수 없는 행동을 하며 관심을 끌려고 하지만 그것의 결과로 어머니와는 더욱 멀어지게 된다(이효선 외, 2006).

이와 같은 싸움 속에서 맏이는 자신이 무시당하고 있고 가족들의 관심을 받지 못한다는 느낌을 갖게 되고 이러한 감정은 자신의 생활양식으로 형성된다. 그렇게 되면 맏이는 신경질적이 되어 다른 사람들과 함께 어울리는 것을 힘들어하게 되고 마치 자신의 고립된 것처럼 사람들을 대한다. 또한 행동이나 표현에서도 자신이 주목을 받던 과거에 집중을 하게 되고 미래의 일에 대해서는 비판적이 된다. 아들러는 이렇게 자란 아동들은 다른 아이들보다 힘과 권위의 중요성에 관한 이해도가 크기 때문에 어른이 되었을 때도 권위적이고 규칙이나 법의 중요성을 과장한다고 보았다(이효선 외, 2006).

둘째는 맏이처럼 주목받는 상황에서 태어난 것이 아니기 때문에 부모의 관심에 대한 박탈감은 겪지 않는다. 하지만 태어날 때부터 다른 형제들에 비해 주목을 받지 못하는 상황에서 태어나고 부모의 사랑을 나누어야 한다는 것을 강요당한다. 둘째는 먼저 태어난 맏이보다 연령이나 신체적 성숙에 있어서 뒤쳐져 있어 항상 따라가야 한다는 부담을 갖고 있다. 둘째는 맏이보다 월등해져야 부모의 사랑을 받기 때문에 경주를 하듯 맏이를 추월하고 정복하려고 자신을 훈련시킨다(Ansbacher & Ansbacher, 1995).

이러한 생활양식을 갖고 있는 둘째는 맏이보다도 성공을 하는 경우가 많은데 이것은 유전적 요소보다도 성공지향적이고 야망을 갖고 노력한 결과이다. 이들은 체제와 권위에 도전하고 새로운 길을 개척할 확률이 높으며 혁명가적 기질을 갖고 있다.

막내는 가정 내에서 항상 아이의 위치이며 부모의 관심과 애정을 동생에게 빼앗기지 않는 위치이다. 막내는 주위의 사람들로부터 사랑받고 있는 위치를 상실하지 않으면서도 많은 곤란에 직면하지만 여러 가지 면에서 자극을 받고 경쟁의 기회를 갖게 된다. 아들러는 막내의 이러한 위치를 설명하면서 막내가 문제를 일으키는 상황에 대해서도 설명을 하였는데, 그것은 막내는 사랑을 받기만 하기 때문에 자신의 노력에 의해 성공을 할 수 있다는 용기를 갖기 못하며 야심은 지나치게 높지만 그것을 실현할 희망이 보이지 않고 그것을 인정하려 하지 않기 때문에 문제를 일으킨다고 보았다.

외동아이는 혼자뿐이기 때문에 독특한 생활양식을 가질 수 있지만 어머니에 의해서 사랑을 받고 어머니 역시 아이를 잃는 것을 두려워하기 때문에 자신의 곁에 항상 머루르도록 하여 응석받이가 되기 쉬운 위치이다(Ansbacher & Ansbacher, 1995). 이들은 자기중심적인 성격이 되기 쉽고, 동생이 생기는 것과 같이 자신이 사랑받고 있다는 위치를 잃게 되는 상황을 매우 두려워하고, 그가 주목의 대상에서 벗어나면 곤란함을 느낀다.

여자아이가 많은 가정에서의 외아들은 어려움이 많다. 그는 여성적인 환경 속에서 어머니와 누나들 사이에서 자신만 다른 존재라고 느끼며 소외감을 갖고 자란다. 특히 여성들은 하나가 되어 그를 공격할 때 더욱 심해진다. 서열상의 중간의 위치에서는 양쪽에서 공격을 받기 때문에 최악의 상황에 처하게 된다. 만약 그가 맏이의 위치라면 여동생이 경쟁자의 위치에 있을 수 있으며, 막내라면 누나들의 귀염둥이가 된다. 하지만 이러한 막내의 위치는 여성에게 둘러싸여 여성적인 행동을 나타내거나, 자신이 남자라는 위치에 대해 자만하며 여성에게 지배되지 않기 위해 항상 자신이 여성과는 다르다고 주장할 것이다. 이러한 상황에서 남자아이는 항상 긴장감을 갖게 되고 결국 그는 극단적인 발달형태를 갖게될 것이다. 하지만 이것은 다른 아이들과 접할 수 있는 기회가 많게 되면 해결할 수 있는 문제이다. 남자 형제들 사이에 끼인 한 명의 여자아이는 매우 여성적이거나 매우 남성적인 자질을 갖기 쉽다(이효선 외, 2006).

이러한 출생순위에 속한 모든 아이들이 아들러가 제안한 일반적인 생활양식과 꼭 일치하는 것은 아니다. 아들러가 강조하려는 것은 가족 내에서의 아동의 위치에 따라 독특한 종류의 문제가 나타나기 쉽다는 것이다. 그래서 아들러의 출생순위에 대한 관심은 아동이 당면한 문제의 내용을 알아내고, 아동이 이 문제에 대처하여 어떤 식으로 해결해 나가는가를 밝히고자 한 것에 불과한 것이다(김동배·권중돈, 2003).

4. 성격 발달에 대한 관점

아들러는 특별한 인간발달단계를 제시하지 않고 있다. 그러나 아들러는 프로이드와 마찬가지로 생후 5년이 성격형성의 절대적 시기로 보고 있으며, 그 이후에는 성격의 기본구조는 거의 변화되지 않는다고 보는 결정론적 관점을 취하고 있다. 그러나 개인심리이론에서는 불변성의 가정이 프로이드 이론에 비하여 그 강도가 다소 낮다.

아들의 생활양식의 개념에 불변성의 근본사상이 잘 반영되어 있다. 초기 열등의식과 보상에 의해 형성되기 시작한 생활양식은 5세경에 구체화되며, 그 이후 행동의 모든 구면에 걸쳐 영향을 미친다. 사실 생활양식을 통해 사람들은 그들의 여생을 우월에 대한 추구와 또 초기 아동기에 설정한 가상적 목표를 성취하기 위해 노력하면서 살아간다. 그리고 생활양식은 시기에 따라 다른 방식으로 나타나기는 하지만 기본적인 변화는 이루어지지 않는다.

아들러는 성격발달에 미치는 유전적 요인과 환경적 요인의 영향을 인정하였지만, 주로 개인적 주관성에 의해 결정된다고 보았다. 예를 들어 아동의 객관적 출생순위보다는 그 출생순위에 대한 주관적 지각이 성격형성에 더 중요하다고 보았다. 그리고 사회적 관심은 어머니의 행동이 지니는 객관적인 내용보다는 아동이 어머니의 행동을 어떻게 해석하느냐에 따라 달라지므로 근본적으로 다르게 발달한다.

이러한 인간발달에 대한 아들러의 주관성의 가정은 가상적 목표 개념에 뚜렷하게 나타나는데, 실제로 가상적인 목표는 현재 체험되는 주관적인 가상의 목표인 것이다. 즉 아들러는 인간의 발달과 생활양식이 그 개인의 유일한 주관적인 목표를 중심으로 하여 형성된다고 본다.

또한 아들러는 인간발달은 기본적으로 상향적 성향(upward tendency)을 지니고 있다고 본다. 아들러는 인간은 선천적으로 성장경향을 지니고 태어나며 인간발달은 미래지향적인 그리고 완전과 우월을 성취하기 위해 인간이 노력한 결과라고 보고 있다. 유아기와 아동기에 주관적으로 경험한 열등감은 미래지향적인 가상적 목표를 성취하기 위한 우월추구의 동기로 작용하게 된다. 그리고 이런 우월추구의 과정에서 긴장을 경험한다고 할지라도 인간은 이를 극복하고 성장하려는 노력을 멈추지 않는다고 보고 있다. 따라서 외적인 환경적 자극에 대해 단순히 반응함으로써 발달이 이루어지는 것이 아니라 개인의 자기발생적인 그리고 미래지향적인 노력의 결과로 발달이 이루어진다고 규정하고 있다(김동배·권중돈, 2003).

CHAPTER

12

인본주의적 이론과 사회복지

인본주의적 성격이론은 인간성에 대한 긍정적인 믿음과 낙관적인 태도를 가지고 있다. 인본주의적 성격이론의 대표자로는 Rogers와 Maslow를 들 수 있다.

Rogers는 1902년 미국에서 태어나 1987년 85세로 생을 마감하였다. 어린 시절에는 따스하지만 엄격한 종교적 규범을 가진 집안에서 자랐다. 성인이 되어 중국에서 공부하고 연구한 적이 있는데, 그의 이러한 경험은 인본주의적 이론의 형성에 영향을 준 것으로 보인다. Rogers의 인본주의적 성격이론(Rogers, Maslow)은 불교와 유교, 도교 등과도 공통되는 점이 많다. 불교에서는 모든 사람에게는 부처의 속성이 있으므로 자기가 부처라는 사실을 깨닫고 노력하기만 하면 누구나 부처가 될 수 있다고 한다. 공자와 맹자는 기본적으로 인간의 본성이 비슷하다고 보았다. 인간은 누구나 순수한 덕성인 인(仁)을 가지고 태어나는 존재이기 때문에, 가르치기만 하면 누구나 선한 사람이 될 수 있다고 보았다(박상규, 2007).

인본주의적 성격이론에서는 인간의 본성을 긍정적으로 보고 인간은 누구나 자신의 잠재력을 발휘할 수 있다고 생각한다. 현재 어떤 사람이 정신적인 문제를 가지고 있더라도 그 사람에게는 자기의 문제를 해결하고 성장할 수 있는 잠재력 또한 가지고 있다고 본다. 누구나 있는 그대로 자기를 받아들이게 될 때 변화는 시작되는 것이다. 인간은 지금 어떠한 상황에 처하여 있던지 간에 언젠가는 자기의 잠재성을 발휘할 가능성이 있는 것이다.

Rogers는 내담자에게 정신병리적 진단을 사용하지 않았다. 그는 내담자의 증상이나 문제보다는 인간 존재 그 자체에 관심을 가지고 있다.

역사적 배경

Rogers는 1940년대에는 정신분석이론에 대한 반발로 비지시적 상담방법을 사용하다가 1950년대에는 내담자의 중요성을 강조하여 내담자 중심상담으로 바뀌었다.

1960년대는 경험에의 개방, 자신에 대한 신뢰, 내적 평가, 지속적 성장의지의 과정을 통해 진정한 자기가 되는 것에 초점을 맞추었다. 1980년대는 교육이나 산업, 집단, 긴장이완, 세계평화를 위한 노력 등에 자신의 이론을 적용하기 시작하였다(Corey, 2003).

1. Rogers 인본주의에서의 성격이론

1) 성격의 형성

Rogers의 인본주의적 성격이론에서는 인간의 잠재성, 자아실현가능성을 강조한다. 대부분의 인간은 스스로가 자기의 문제를 이해하고 해결할 수 있는 능력을 가지고 태어났다고 본다. Rogers는 인간을 객관화 시켜 보는 것에 반대하고, 인간성을 주관적이며 현상학적으로 볼 수 있다고 하였다. 개인의 현상학적 장이란 그 개인만의 독특성을 가지고 있으며 객관화 될 수 없는 것이다. Rogers는 내담자를 포함하여 모든 사람은 자기가 자기 자신을 가장 잘 알 수 있기 때문에 내담자 스스로가 자기를 이해하도록 해야 하며 자기의 현실과 자기의 책임에 대해서 더 잘 알 수 있다고 보았다.

2) 성격의 구조

Rogers의 성격 구조에는 유기체(organism)와 자기(self)가 있다.

(1) 유기체

유기체란 모든 경험의 소재지이다. Rogers는 경험은 어떤 특정한 순간에 유기체내에서 진행되고 있는, 잠재적으로 의식할 수 있는 모든 것을 포함하고 있다고 하였다.

Rogers는 유기체의 경험과 그 개인의 자기개념이 일치되지 않게 될 경우에는 여러 가지의 부적응적 증상이 일어나게 된다. 실제의 경험하고 있는 자기와 자기라고 생각하는 것과의 차이에서 불안을 느끼게 되는 것이다.

(2) 자기

Rogers 인본주의적 성격이론에서는 자기(Self)를 강조한다. Rogers가 말하는 자기개념은 비교적 일관되어 있고, 조직화된 것으로 자기 자신이 어떤 사람이며 무엇을 하는 가 등에 대한 자기인식이며, 자기에 대한 가치평가라 할 수 있다. 이러한 자기는 환경이나 시간이 달라지더라도 유지되는 특성이 있다. 이 자기는 있는 그대로의 자기와 더불어 무엇이 되고자 바라는 이상적 자기(ideal self)로 구분된다. 이상적 자기는 되었으면, 체험하였으면 하고 바라는 자기이며, 개인이 궁극적으로 소유하고 싶은 자기이다(Pervin, Cervone, & John, 2006). 개인이 실제적 자기와 이상적 자기가 일치되게 되면 마음이 안정된다. 그러나 개인이 살아가면서 자기가 바라는 이상적 자기와 실제의 자기간에 불일치감을 경험할 수 있다. 자기가 남을 잘 도와주는 사람이라고 생각하는데, 실제의 자기는 주위의 어려운 사람에게 무관심하게 대하게 되는 것을 알게 되면, 그 개인은 불일치감을 갖게 되는 것이다. 이와 같이 개인은 자기개념과 맞지 않는 경험을 자각하게 되면 불일치감을 갖게 되고 불안해지는 것이다.

개인이 불일치감을 갖게 될 경우는 두 가지의 방어기제가 일어난다. 하나는 경험의 의미에 대해서 왜곡하는 것이며, 하나는 경험을 부정하는 것이다. 경험의 의미에 대한 왜곡이란, 경험을 자기가 왜곡해서 보는 것이다. 부정은 불일치 경험이 의식적으로 표출되지 않도록 부정하는 것이다.

자기일관성이라는 개념은 자기와 경험 사이의 일치성이다. 즉 자신에 대한 관점과 자신이 느끼는 것이 일치되는 것이다. 그래서 건강한 사람의 경우는 자기일관성이 있게 된다.

Rogers는 자기의 개념을 측정하는 데 많은 관심을 가지고 Q-sort기법을 만들었다. Q-sort 기법은 수많은 진술들 중에서 자신에게 가장 잘 맞는 특성에서부터 가장 맞지 않는 특성까지 분류하는 방법이다. 이는 '나의 이상적인 자기와 가장 맞는 것'에서 부터 '나의 이상적인 자기와 가장 맞지 않는 것'으로 분류하는 것이다. 이를 통하여 자기와 이상적인 자기사이의 불일치를 알 수가 있다.

개인이 가진 자기개념은 대인관계에서도 영향을 주게 된다. 자기가 열등하다고 생각하는 개인은 대인관계에서 저자세를 보이게 되며, 비굴한 태도를 갖게 되는 경향이 있다. 이와 반대로 자기를 믿고 존중하는 개인은 타인과의 관계에서 자신감 있는 태도를 나타내 보이고, 남들도 자기를 좋게 볼 것이라 생각하게 된다. 그 결과 더욱 자신감 있는 태도를 가지게 되는 것이다. 이러한 자기개념은 대부분 어렸을 때의 부모와의 관계에서 조건화된 것이다. 부모로부터 무조건적인 아닌 조건화된 존중을 받게 되면, 개인은 자기의 잠재력을 잘 발휘하지 못하게 되며 자기개념이 부정적일 수 있다. 그래서 건강한 개인이 되기 위해서는 자신이 지금 조건화되어 있음을 자각하며 있는 그대로의 자기를 받아들이고 현실에 맞는 적절한 행동을 해야 하는 것이다.

Rogers는 불일치에 관해 다음과 같이 설명하고 있다. 첫째는 주관적 현실(현상적 장)과 외적 현실(있는 그대로의 세계)사이에 존재하는 불일치다. 다른 하나는 자기와 이상적 자기 사이의 불일치이다. 자기와 이상적인 자기와의 차이가 크면 그 사람은 건강하지 못하고 잘 적응하지 못하게 된다. 이러한 자기의 특성은 문화에 따라 다른데, 타인과 분리되어 있는 서양의 자기개념과 달리 동양의 자기는 타인과 연결되어 있고, 전체의 일부로서 존재하는 경향이 많다.

(3) 성격의 발달

Rogers는 성격이 주로 어린 시절 부모 등과의 관계에서 형성되는 것으로 보았다. 부모가 자신의 아이가 착하고 공부를 잘하기 때문에 사랑하는 것은 조건화된 사랑이다. 대부분의 개인은 과거 부모나 사회의 구성원으로부터 인정받은 것, 사랑받은 것 등의 보상경험과 관련하여 조건화된 삶을 살아가고 있다. 그래서 많은 사람들은 살면서 조건화된 자기를 실제의 자기로 잘못 인식하고 살고 있는 것이다.

부모 등 가족이 아무런 조건없이 자녀를 대하게 되면 그 자녀는 자기의 잠재력을 충분히 발휘할 수 있고 자신과 세상을 있는 그대로 볼 수 있는 능력을 가지게 된다. 그러나 부모로부터 무조건적인 존중을 받지 못하게 되면, 자녀는 부정적이며 왜곡된 자기개념을 갖게 된다. 어린 시절 부모로부터 존중을 받고, 긍정적이며 일관된 사랑을 받게 되면 그 개인은 자기의 문제를 억압하지 않고 자신감을 가지게 되며 사회에 잘 적응하게 된다.

(4) 무조건적, 긍정적 존중

모든 인간은 타인으로부터 긍정적인 존중을 받고자 한다. 긍정적인 존중감을 받지 못하면 개인은 무력해지고 자신의 잠재력을 발휘하지 못한다. 자녀가 무엇을 해야지만 존중해준다는 등의 조건화된 긍정은 궁극적으로 개인을 좌절시키게 되며 독립성을 갖지 못하게 하고, 현실에 잘 적응할 수 없게 한다. 이와 달리 무조건적 존중은 한 인간으로서 조건 없이 있는 그대로 존중하는 것이다. 이러한 무조건적 존중을 통하여 개인은 자기의 잠재력을 실현할 수 있게 되는 것이다.

(5) 자존감

부모가 자녀에게 관심을 갖고 애정을 가지고, 일관성 있는 태도를 보이게 되면, 아동은 자존감을 갖게 되며 자신의 잠재력을 발휘할 수 있고 자기 통제력이 강해진다. 반면에 부모로부터 거부적이며 무시당하고 자란 아동은 자존감을 갖기가 어렵게 되며 자기 스스로도 자기를 부정적으로 보게 된다. 자존감의 핵심은 무조건적인 수용으로 특히 어린 시절의 부모 등과의 관계가 중요하다. 자존감은 주로 어렸을 때의 부모와의 관계에서 형성되기도 하지만 상담자와의 상담경험이나 개인의 성취경험, 자각 등에 의하여 향상되기도 한다. 자존감은 원래 자기를 받아들이고 존중하는 성격적 특성이기도 하다.

3) 자기실현

Rogers는 인간의 자기실현성을 강조하였다. 즉 인간은 누구나 타고난 잠재력을 발휘할 수 있다는 것이다. 유기체는 유기체를 실현하고, 유지하며, 향상시키려는 하나의 기본적 경향성과 노력을 지니고 있다. 유기체의 향상이나 유지를 부정하는 것으로 지각된 경험은 부정적 가치를 지니게 된다(Frick, 2006). 자기실현은 인간이 독립적으로 그리고 건강하고 성숙된 방향으로 자신의 잠재력을 개발할 수 있다는 것이다.

4) 상담의 개입

Rogers(1961)는 상담에서 중요한 것은 상담자의 지식이나 기술이 아니라 내담자를 대하는 상담자의 태도라고 하였다. 상담자는 상담장면에서의 비지시적이며 허용적인 태도를 가져야 한다는 것이다. Rogers는 심리상담에 있어 상담자의 세 가지 태도가 특히 중요하다고 보았다. 이는 일치성(진실성과 진솔성), 무조건적 긍정적 존중, 정확한 공감 등이다. 상담자가 보이는 이러한 태도는 내담자로 하여금 자신의 감정이나 경험에 직면할 수 있게 하고 자기의 감정이나 경험을 자기의 것으로 수용할 수 있게 한다. 상담자가 보여주는 이러한 태도는 결국 내담자에게 모델로 작용하게 되어 내담자가 자기 자신과 세계를 더 잘 이해하게 되어 자기를 사랑하는 행동을 하게 된다.

(1) 일치성

상담자는 상담장면에서, 내담자를 속이지 않고 있는 그대로 자기 자신의 감정, 생각 등을 솔직하게 표현해야 한다. 상담자는 내담자에게 자기의 모든 감정을 충동적으로 다 표현할 필요는 없지만 적절한 때에 자기의 감정을 솔직하게 표현해야 한다. 상담자는 내담자에게 느끼는 감정과 행동하는 것이 일치되지 않으면 상담의 효과가 떨어지게 된다.

(2) 무조건적 긍정적 존중

상담자는 내담자를 한 인간으로서 있는 그대로 존중해주어야 한다. 내담자는 살아오면서 여러 조건에 의하여 성격이 형성되었기 때문에, 상담자는 어떠한 조건을 가지지 않고, 내담자를 대하여야 한다. 상담자는 내담자를 수용하고 존중하고, 칭찬해야 한다. 내담자가 상담자로부터 무조건적인 긍정적 존중을 받게 되면 그는 있는 그대로의 자기를 발견하게 되는 것이다.

(3) 정확한 공감적 이해

정확한 공감적 이해는 다른 사람의 주관적 세계를 깊이 이해할 수 있는 능력이다. 상담자는 내담자의 깊은 감정을 정확하게 이해해야 한다. 상담자는 내담자의 준거 틀과 내담자의 감정적 요소, 말이나 태도의 의미를 내담자의 입장에서 정확하제 지각해야 한다(Rogers, 1959). 상담자는 내담자의 입장에서 정확하게 내담자의 감정을 느껴보고, 느낀 것을 그대로 잘 표현해야 되는 것이다. 그러나 상담자는 자신의 주체성을 잃지 않고, 내담자의 입장에서 생각하고 느끼는 것이 중요하다.

2. Maslow

Abraham Maslow는 1908년 4월 1일 뉴욕에서 태어나 1970년 6월 8일 사망하였다. Maslow는 인간성을 긍정적이며 낙관적으로 보았다. 특히 인간에게는 자기실현 경향성과 인간의 잠재력을 강조하였다. 인간은 누구나 자기실현하려는 욕구와 성장과 충족을 위한 잠재력을 갖고 있다고 보았다.

1) 인간의 욕구수준

Maslow는 인간의 욕구 위계를 언급하였다(Koltko-Rivera, 2006). 인간은 5가지 수준의 욕구가 있으며 이 욕구는 이전의 욕구가 만족되어야지 다음의 욕구를 만족시킬 수 있다. 첫 번째의 욕구는 생물학적 욕구로서 인간의 삶과 생존에 필요한 갈증, 배고픔, 추위, 성적 충동을 만족하려는 욕구이다. 두 번째 욕구는 안전에 대한 욕구이다. 세 번째는 소속과 애정에 대한 욕구로서 다른 사람에게 수용되고 소속받으려는 욕구이다. 네 번째는 자존감의 욕구로서 타인으로부터 존중을 받고 무엇을 성취하려고 하며 인정을 받는 것이다. 사람들은 이 네 수준의 욕구가 만족되어야지 마지막 다섯 번째 수준으로 옮겨가게 된다. 다섯 번째는 자기실현의 욕구로서 자신이 가지고 있는 독특한 잠재력을 실천하려는 욕구이다[그림 12-1]. 인간은 궁극적으로 이러한 자기실현의 욕구를 만족시키려고 노력한다. Maslow는 이러한 인간의 욕구를 결핍욕구와 성장욕구로 구분해서 보기도 하였다. 결핍욕구는 충족되지 않으면 부족감을 느끼고 채우려 하는 것으로 배고픔, 갈증, 수면, 배설과 같은 생리적 욕구나 안전 및 소속감의 욕구가 해당된다. 성장욕구는 결핍욕구가 채워진 다음에 추구하는 것으로 대표적인 것은 자기실현의 욕구라 할 수 있다. 즉 인간이 결핍동기에 지배받지 않게 되면, 성장동기는 자기실현을 이루고자 하는데, 이때 개인은 전체성을 성취하고 한 개인의 최고 본성을 충족시키기 위하여 잠재력을 발달시키게 된다(Frick, 2008). Maslow가 특별히 강조한 것은 자기실현욕구이다. 인간은 누구나 자기를 실현하고자 하는 욕구를 가지고 있다는 것이다.

[그림 12-1] Maslow의 욕구 위계

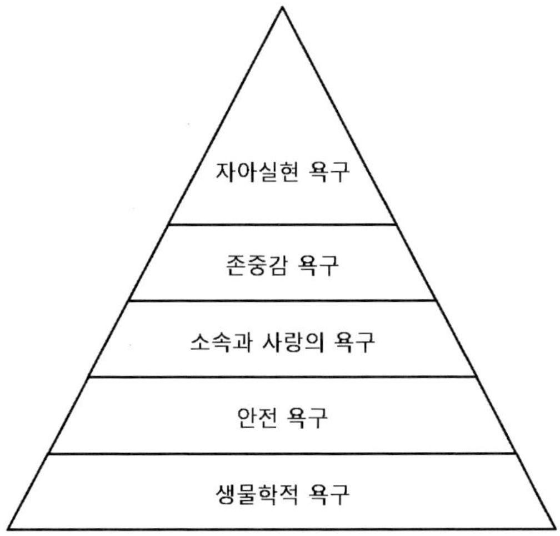

Maslow는 절정경험(peak experience)에 대해 설명하고 있다. 이 경험은 신비경험, 황홀감, 삶에 대한 만족감, 행복감, 환희의 기쁨, 열정적 흥분 등이라 할 수 있다. 이러한 절정경험은 순간적 경험이긴 하지만 자기실현화로 이끄는 힘이 된다(Koltko-Rivera, 2006). 자기실현을 한 사람의 특성을 Maslow는 다음과 같이 말하고 있다(Frick, 2007).

① 현실에 대한 효율적 지각
② 자기와 타인과 자연을 있는 그대로 수용한다.
③ 자발성, 단순성 및 자연스러움
④ 자기중심적이기보다는 문제중심적이다.
⑤ 초연한 태도와 프라이버시에 대한 욕구를 가지고 있다.
⑥ 자율성
⑦ 계속적인 신선한 의식
⑧ 절정 경험, 심원하고 신비하거나 영적인 경험
⑨ 사회적 관심이 많고, 인류를 동일시하고 있다.
⑩ 특별히 사랑하던 몇몇 사람들과 그들의 친밀한 관계는 표면적이기보다는 오히려 깊고 극히 정서적이다.
⑪ 민주적인 가치와 태도를 가지고 있다.

⑫ 수단과 목적을 혼돈하지 않고 구별한다.
⑬ 철학적인 유모어를 사용한다.
⑭ 창의성
⑮ 문화에 동조하는 것에 저항한다.

(1) 건강하고 성숙된 성격

Rogers의 인본주의적 성격이론에서는 유기체의 경험과 자기가 일치되는 것, 그리고 자기와 이상적 자기가 일치되는 것을 건강한 성격으로 보고 있다. 자기를 있는 그대로 수용하고 이해하고 자신의 잠재력을 실현하는 것이 건강하고 성숙된 성격으로 본 것이다. 또한 대인관계에서는 타인을 있는 그대로 받아들이며 존중하고 타인의 감정에 공감을 잘 하는 것이 성숙한 사람의 특징으로 본다. 자기를 있는 그대로 보고 받아들이듯이 다른 사람을 있는 그대로 보고 수용하는 사람을 성숙한 사람이 건강하고 성숙된 사람이다. 건강하고 성숙한 사람은 자기를 사랑하기 때문에 다른 사람 앞에서도 당당하고 자신감 있는 태도를 보이게 되며 그 결과 타인으로부터 더 많은 지지를 받을 수 있다. Maslow 또한, 자기를 실현한 사람을 건강한 사람으로 본다. 이 세상에서 자기만의 독특성을 다 발휘하는 사람, 자신의 잠재력을 다 실현하는 사람을 성숙하고 건강한 사람으로 보았다.

건강하고 성숙한 사람은 비록 지금은 상황이 어렵더라도 자기의 책임을 자각하고, 희망을 잃지 않고 용기를 내어 문제에 직면할 수 있는 사람이다. 힘든 상황에서도 지금 여기서 자신이 할 수 있는 최선의 일을 찾아서 노력하고 그 결과를 겸허히 받아들일 수 있는 사람이다.

건강하고 성숙된 사람은 자신에 대하여 자신감이 있기 때문에 대인관계에서 여유를 가지고 타인을 받아들이고 존중할 수 있으며 겸손한 태도를 보이고 있다.

Maslow가 말하였듯이 자기를 실현하는 사람은 자기의 한계를 아는 사람, 과거에 대하여 후회하거나 미래에 대하여 걱정하거나 불안해하지 않고 지금 여기에 사는 사람이며, 다른 사람과 사회의 기대에 의해 함정에 빠지거나 조건화된 자기개념에 걸리지 않고, 자신의 잠재력을 실현하는 사람이다(Mischel, Shoda, & Smith, 2006). 그리고 이러한 사람은 어떠한 상황에서도 생에 대한 신비감, 매일의 일상에서 신선함을 가지고, 삶에 대한 희망과 행복감을 맛보는 사람이라 할 수 있다.

2) Rogers와 Maslow의 인본주의적 성격이론의 평가

Rogers와 Maslow의 인본주의적 성격이론은 인간성에 대한 긍정성과 낙관성을 강조한 것으로 인간성에 대한 희망을 잃지 않는다. 이들은 모든 인간은 자기 자신의 잠재력을 실현하려는 경향성을 가지고 있다고 본다. Freud의 정신분석이론과 달리 인본주의적 이론에서는 인간은 더 이상 과거의 희생자가 아니며 자기의 현재와 미래를 스스로 만들어 갈 수 있는 존재로 보고 있다.

Rogers는 자기에 대한 깊은 연구를 하였으며, 자기존중감의 중요성을 언급하였다. 자기존중감은 있는 그대로 자기를 조건없이 받아들일 때 형성된다고 강조하였다. 개인이 어렸을 때부터 부모 등으로부터 무조건적인 수용을 받게 되면 자기도 스스로를 존중하게 되는 것이다. 그러나 부모 등으로부터 무조건적이 아닌 조건화된 사랑을 받게 되면 그 개인의 자존감은 저하될 수밖에 없다.

대부분의 개인은 어렸을 때부터 부모의 마음에 드는 행동을 하는 것, 사회가 인정하는 행동을 하여 보상을 받아 온 경험이 있기 때문에 조건화된 삶을 살고 있는 것이다. 이러한 조건화된 삶은 진정한 자기를 실현하지 못하게 하는 것이다.

성숙된 인격을 위해서는 조건화를 벗어날 수 있어야 한다. 그리고 있는 그대로의 자기와 세상을 보고 받아들이고, 자기 스스로를 사랑해야 하는 것이다. 모든 개인은 타인뿐만 아니라 자기에게도 당당하기를 바라고 있다. 중요한 것은 타인이 자기를 인정하고 사랑하는 것보다는 자기가 자기를 인정하고 사랑하는 것이다. 이 세상에서 자기만큼 자기 자신을 잘 이해하고 있는 사람은 없기 때문이다.

Rogers의 인본주의적 상담에서는 상담에 있어 가장 필요한 것이 상담자의 태도로 보고 있다. 상담자의 일치성 또는 솔직성, 무조건적인 수용, 정확한 공감이 개인의 변화에 있어 중요한 것으로 생각하였다. 하지만 이것은 상담의 필요조건이지만 이것으로 상담의 충분조건은 되지 못한다.

Rogers의 인본주의성격이론에서는 개인이 실제의 자기 경험과 자기개념간의 불일치를 보이게 될 때 적응이 잘 안되는 것으로 보았다. 그래서 개인은 다양한 방어기제를 사용하고 있는 것이다.

인본주의적 성격이론은 우리 문화 특히 불교와 유교의 철학과 많이 일치한다. 중용에 의하면 사람은 인심과 도심을 가지고 있는 데, 타고난 본성의 올바름에 근거를 둔 것이 도심으로 보았다. 그래서 개인이 항상 도심으로 하여금 자기의 주인이 되도록 하고, 인심이 그 명령을 따르게 되면, 행동과 말하는 것이 자연히 지나치거나 미치지 못하지 않는다는 것이다(김학주, 2006). 즉 이는 인간이 원래 본성이 선하다는 것이다. 그러나 인본주의성격이론이 말하듯이 모든 인간의 본성이 과연 긍정적이며 선하다고 할 수는 없을 것 같다. 대다수의 사람은 그럴지 몰라도 현대의 끔직한 범죄사건이나 어떤 전쟁 등을 보면 무엇인가가 일반인과 다르게 태어난 사람도 없지 않은 것 같다. 그리고 현대의 자본주의와 개인주의적 문화에서 나타나는 인간의 행동을 보더라도 모든 인간이 과연 선하고 긍정적인 존재인가에 대한 의문이 없지 않다. 인간을 이해하는 데 있어 사회문화적인 것 상황적인 요소 등을 다 통합해서 이해해야 할 것 같다. 많은 사람이 세상에 적응하려고 하다 보니, 그렇게 될 수 있구나 하는 마음으로 받아들어야 한다.

Maslow 또한 개인의 긍정적인 성격을 강조하였다. 특히 인간욕구의 수준을 체계적으로 설명하였으며, 자아실현을 강조한 점에서 인간의 가치를 한층 더 높이 상승시킨 것으로 생각된다.

생리적 욕구나 안전의 욕구가 우선되어야 자기를 실현할 수 있다. 그러나 예외의 경우에는 남보기에는 부유하지 않더라도 남을 도우면서 자기를 실현하는 사람이나 예술이나 학문을 통하여 자기를 실현하고자 하는 사람도 우리 주변에서 쉽게 찾아볼 수도 있다.

3) 사회복지실천에서의 함의와 적용

인본주의적 성격이론에서는 인간의 긍정성과 잠재성을 믿는다. 비록 자신이 만나는 내담자가 지금은 어렵고 힘들어 보여도, 상담자는 내담자가 언젠가는 변화할 수 있다는 희망을 가져야 한다. 따라서 상담자는 내담자의 잠재력을 믿고서, 내담자를 존중해주며 진실되고 일관성 있게 대하는 것이 좋다. 상담자가 내담자에 대하여 존중심을 갖고 진실하게 대하게 될 때 내담자는 그러한 상담자를 보고 모델링하여 내담자 스스로도 자기를 믿고 자신을 신뢰하게 되는 것이다.

인간중심적 이론은 한 개인의 자존감을 향상시키기 위해 중요한 것의 하나는 어렸을 때부터 부모가 자녀에 대해 수용적이며 존중하는 태도를 갖는 것이 중요하다는 것이다. 가정에서 부모가 자녀를 존중하고 일관된 행동을 하게 되면 자녀는 긍정적인 자기개념을 갖게 되는 것이다. 자녀가 무엇을 잘하기에, 부모의 마음에 드는 행동을 하기 때문에 존중해주고 사랑해주는 것이 아니라, 자기의 자녀이기 때문에 조건없이 사랑할 수 있어야 한다. 부모가 무조건적인 사랑을 하게 되면 아동은 나중에 성인이 되어 자존감을 가지고 안정적인 자기를 통합할 수 있는 건강한 성격을 갖게 된다(Sweet & Johnson, 1990). 그러므로 아동의 건강한 발달에 있어 부모교육이 필요한 것이다. 자녀의 입장에서 자녀를 존중하고 일관성 있는 태도를 가지도록 부모에 대한 교육이 있어야 한다.

Maslow의 이론에 따르면, 모든 인간은 자기실현의 욕구를 가지고 있는데, 개인이 자기실현의 욕구가 좌절되고, 개인의 경험을 있는 그대로 받아들이지 못할 때 비적응적 행동을 보인다고 한다. 그러므로 사회복지사를 비롯하여 타인을 돕고자 하는 사람은 개인이 자기실현이 가능할 수 있는 것이 무엇인가를 알아보고 이를 실현할 수 있도록 적극적으로 개입해야 한다. 만약에 내담자가 우선 생존이나 안전과 같은 개인의 결핍욕구가 해결되지 않았다면 이것부터 해결될 수 있도록 도와주어야 한다.

대부분의 인간은 자존감이 향상될 때 다른 사람을 더욱 존중할 수 있다고 본다. 그러나 가정이나 학교 그리고 직장에서 어떤 사람이 다른 사람을 조건없이 수용하고 존중한다는 것은 현실적으로 어려운 일이다. 무엇보다도 필요한 것은 자기가 자신을 존중하고 사랑해야 하는 것이다.

사회복지장면에서도 마찬가지이다. 사회복지사나 남을 도우려는 입장에 있는 사람은 먼저 자기 자신을 사랑해야 한다. 사회복지사로서 자기와 자기업무에 긍지와 자존감을 갖도록 노력해야 한다. 그렇게 될 때, 사회복지 대상이 되는 내담자를 존중하고 제대로 도움을 줄 수 있다.

Rogers의 인본주의적 이론은 사회복지에서 상담자의 태도를 강조하고 있다. 상담에서는 무엇보다도 내담자를 대하는 태도가 중요하다는 것이다. 내담자에게 진실하게 대하며, 존중하고 정확한 공감을 하는 것은 내담자의 변화를 이루는 데 도움을 준다. 물론 이러한 일치성, 무조건적 존중, 정확한 공감만으로는 내담자가 가진 모든 문제가 해결되지는 않는다 하더라도 적어도 상담자는 이러한 태도를 필수적으로 가져야 하는 것이다. 심리상담사 뿐만 아니라 사회복지사나 간호사 등의 경우도 내담자를 이해하고 상담하는 데 있어서 이러한 태도가 유용할 수 있다.

상담자가 내담자와 좋은 관계를 형성하는 것 자체가 내담자로 하여금 변화를 유도하는 데 큰 도움을 주는 것이다.

사회복지장면에서 상담자는 내담자를 있는 그대로 존중하고 내담자의 입장에서 공감하고 진실하게 대하는 것이 중요하다. 그리고 내담자의 성장을 믿고 환경을 긍정적으로 바꾸며 지속적인 관심과 존중을 가지는 것이 필요함을 알 수가 있다.

사회복지사나 남을 도우려는 선한 마음을 가지고 있는 사람들은 현대 우리사회에서 나타나는 인간성의 부정적인 면, 특히 사회복지대상이 되는 사람들의 일부가 보여주는 사람들의 몰염치, 사기성, 이기성에 대한 것들에 실망할 수 있다. 그러나 그러한 사람들의 마음속에도 선천적인 선함과 변화에 대한 잠재력이 있다는 신념을 가지고 내담자를 대하는 것이 중요하다.

CHAPTER 13

이상행동이론과 사회복지

1. 이상행동의 이해

이상행동에 대한 이해는 개인의 역기능적 행동의 변화를 목표로 하는 사회복지 실천의 지식 기반이 되므로 중요하다. 이상행동에 관한 지식은 정신건강이나 정신보건 사회복지 분야에서 활동하는 사회복지사에게만 필요한 것은 아니다. 어떤 유형의 사회복지 분야나 사회복지기관에 소속하든 사회복지사가 클라이언트를 대하는 임상사회복지실천의 직무를 맡게 되면 이상행동을 가진 클라이언트를 대하는 임상사회복지실천의 직무를 맡게 되면 이상행동을 가진 클라이언트를 대할 가능성이 높다. 그리고 이런 경우 이상행동에 관한 기본적인 지식도 갖추어야 클라이언트의 문제에대해 보다 정확한 이해가 가능해진다. 다시 말해 서 보편적인 인간의 행동과 발달에 대한 지식과 더불어 이상행동에 대한 기본적인 지식도 사회복지실천을 위해 갖추어야 할 기초지식으로 간주해야 할 것이다. 구체적으로 이상행동에 대한 지식은 다음과 같은 측면에서 사회복지사에게 유용하다. 첫째, 심리적 장애나 사회적 일탈에 관련된 이론 및 개념을 적절히 이해하고 적용할 수 있게 된다. 둘째, 다양한 인간행동을 설명하는 데 있어서 이러한 개념들의 유용성과 한계를 파악할 수 있다. 셋째로 이상행동에 대하여 올바른 평가를 내릴 수 있게 되며 이러한 평가를 바탕으로 적합한 사회복지실천을 확립할 수 있다. 이 책에서는 일반적으로 사회복지사가 알아야 할 대표적인 이상행동의 유형과 내용을 중심으로 검토하였다. 이상행동과 관련된 사회복지사의 역할은 다음과 같이 요약할 수 있을 것이다.(Turner, 1989:1-7)

1) 이상행동에 대한 진단을 한다. 사회복지사는 사람들이 심리사회적 기능상의 문제가 있을 때 제일먼저 접촉하게 되는 전문가중의 한 사람이며 흔히 이상행동의 여부에 대해서 판단해야 한다. 이러한 역할을 제대로 수행하기 위해서 이상

행동의 증상이나 조건에 대해서 지식을 갖추어야 한다. 이것은 사회복지사가 이상행동의 범위와 증상에 대하여 충분히 알고 있음으로써 적절한 개입이 적용되도록 하고 부적절한 개입이 적용되는 것을 방지할 수 있다.

2) 의뢰의 역할을 한다. 사회복지사는 이상행동에 대해 정확한 진단이 이루어진 후에 그에 따라 적합한 전문가, 자원, 서비스의 연결이 이루어지도록 각각에 대한 정보를 확보하고 연결해주는 역할을 한다.

3) 이상행동에 대한 치료를 담당한다. 사회복지사의 이상행동에 대한 치료는 두 가지 차원에 따라서 그 양식이 달라진다. 첫 번째 차원은 책임의 정도로서 문제의 유형에 따라서 사회복지사가 치료에 대한 일차적 책임자가 되기고 하고, 정신과 의사를 돕는 이차적 역할을 담당하기도 한다. 두 번째 차원은 치료의 초점이 클라이언트의 행동이나 성격의 변화에 주어지는가 또는 환경의 변화에 있는가에 따라 사회복지사의 치료자로서의 역할이 달라진다고 볼 수 있다.

4) 사회복지사는 이상행동을 하는 클라이언트의 가족을 대상으로 활동한다. 클라이언트의 문제에 대해 저 잘 이해하기 위하여 가족의 역사를 수집하는 것은 사회복지사의 기본적인 역할이다. 그리고 클라이언트의 문제가 가족에게 주는 고통을 잘 이해하고, 이러한 고통을 극복하는 데 필요한 지지와 개입을 하는 것도 중요하다. 클라이언트의 가족에게 이상행동에 대해 교육함으로써 그들이 클라이언트의 문제를 더 잘 알고 대응해 나갈 수 있도록 해준다.

5) 이상행동에 관련된 전문적, 비전문적 인력, 그리고 지역사회를 대상으로 홍보와 교육활동을 함으로써 이상행동에 대한 편견이나 무관심을 감소시킨다. 이러한 활동은 클라이언트와 그 가족의 스트레스를 완화해주는 효과와 더불어 이상행동에 관련된 프로그램들을 성공시키는 데 필요한 이해와 지지를 조성한다는 점에서 중요하다.

따라서 이상행동의 발생과 지속에 관련된 요인으로 개인적인 속성과 사회적 환경이라는 양 측면을 고려하며 구체적인 내용으로 이상행동의 원인, 분류 및 평가, 양상, 치료적 입장 등 을 검토해 보고자 한다.

2. 이상행동의 개념

이상행동을 정의하기란 쉽지 않다. 로젠한과 셀리그만(Rosenhan, D. L. & Seligman, 1989:7-13)은 이상행동을 정의하는 데 있어서 필요조건과 충분조건의 개념을 사용하며 다음과 같이 어떤 사람이나 행동을 비정상이라고 결정하는 데 고려해야 할 요소들을 제시하였다.

1) 고통

이상행동은 고통스러운 것이다. 예를 들면 우울증을 가진 여자는 비참하고 고통스러워서 하루하루를 보내는 것이 견디기 힘들 정도이다. 그러므로 어떤 사람이 심리적으로 심각한 고통을 겪을 때 흔히 비정상으로 간주되며 심하게 고통을 겪을수록 우리는 더욱 그 사람을 비정상이라고 확신하게 된다.

그러나 고통이 이상행동의 필요조건은 아니다. 다시 말해서 어떤 행동을 이상행동이라고 정의하기 위해서는 고통이 반드시 존재해야 하는 것은 아니다. 가령 조증의 상태에 있는 사람은 의기양양하고 현실성이 없는 포부를 실현될 것으로 확신하며 희망과 즐거움에 차 있다. 이 경우에 고통은 없으나 명백한 이상행동으로 간주할 수 있다. 고통은 또한 이상행동의 충분조건이 아니다. 우리가 일상생활에서 매우 아끼고 사랑하던 것을 잃었을 때 고통스러워하지만 이것은 비정상적인 반응이 아니다. 즉, 고통의 존재만으로는 이상행동이라고 정의할 수 없다. 따라서 고통의 존재는 이상행동을 분간해 내는 데 고려되는 요소이긴 하지만 그 자체로 이상행동을 정의 할 수 있는 필요조건이나 충분조건을 되지 못한다.

2) 부적응

어떤 행동이 적응적인가 아니면 부적응적인가 하는 것은 그 행동이 그 사람으로 하여금 특정한 목적의 성취를 얼마나 가능하도록 해주는가에 관련된 것으로 부적응은 이상행동을 정의하는 근본적인 요소이다. 구체적으로 적응적 행동은 세 가지 측면-1 그 행동이 그 사람의 생존을 증진시키는가? 그 행동이 개인의 안녕을 증진시키는가, 그 행동이 사회의 안녕을 증진시키는가를 충족시키는 것이라고 할 수 있다. 그 중에서도 그 행동이 얼마나 그 사람 자신의 안녕과 사회의 안녕을 증진시키는가

하는 것이 중요한 관심사이다. 개인적인 안녕이란 일할 수 있는 능력 및 타인들과 만족스러운 관계를 조성할 수 있는 능력에 관한 것이다. 예를 들면, 우울증이나 불안장애와 같은 이상행동은 대인관계와 일을 방해하며 삶의 만족을 저해한다. 이러한 저해의 정도가 심할수록 더 분명히 이상행동이라고 말할 수 있다. 따라서 개인과 사회의 복지를 강력하게 저해하는 행동은 부적응 적이며 이것은 이상행동으로 평가하는 데 있어 중요한 요소이다.

3) 비합리성과 불가해성

어떤 사람의 행동이 합리적인 의미를 갖지 않아서 그 행동을 이해할 수 없을 때 우리는 그 행동과 그 사람을 비정상이라고 정의한다. 이러한 기준에 의해 이상행동으로 간주될 수 있는 대표적인 예가 정신분열증의 주요 증세인 사고장애이다. 그 구체적 증상은 객관적 현실에 전혀 기반을 두지 않은 인식, 비합리적이고 터무니없는 생각, 한 사고에서 전혀 연관성이 없는 다른 사고로 이어지는 정신적 과정 등으로서 객관적인 이해가 불가능하다.

4) 예측불가능성과 통제력의 결핍

사람들은 타인으로부터 일관성과 자신을 통제할 수 있는 능력을 기대한다. 일관성이 결여된 사람에게서는 무엇을 기대해야 할지도 모르고 또 어떻게 반응해야 할지도 모르게 된다. 사람은 누구나 환경을 통제하고 싶어 하고 또 자유를 유지하고자 하는 욕구를 지니는데 이러한 욕구는 타인에 대해서 예측 가능할 때에만 충족할 수 있다.(Brehm, & Brehm, 1981).즉, 예측 가능한 세계에는 일관성과 통제가 존재하지만 예측 불가능한 세계에서 사람들은 무기력하고 위협받는 것처럼 느낀다. 어떤 사람에게 있어 자신의 행동에 대한 일상적인 통제가 갑자기 무너졌을 때 또는 그 사람이 그렇게 행동하는 원인을 우리가 이해할 수 없을 때에 그 사람을 통제력을 상실했다고 간주하고 그러한 행동을 이상행동으로 정의한다.

5) 비인습성

사람들은 어떤 행동에 대하여 인습적인가 또는 비 인습적인가 판단할 때 흔히 자신이 그 행동을 할 의사가 있는가에 비추어서 생각하며 또한 이러한 기준에 입각해서 이상행동을 정의하는 경향이 있다. 다시 말해서 자기가 할 의사가 없는 행동들을 비 인습적이고 비정상적인 것으로 평가한다. 비 인습성 외에 그 행동이 사람들의 시선을 끄는 것도 이상행동의 판단기준이 된다. 드물고 바람직하지 못한 행동은 사람들의 시선을 끌며 이상행동으로 간주된다. 그밖에 불쾌감을 주는 행동도 당연히 이상행동으로 정의된다. 각 문화마다 성문화되어 있지는 않지만 사람들이 직관적으로 알고 행동의 지침으로 사용하는 규율들이 존재한다. 이러한 불문율을 깨뜨리는 행동들은 불쾌감을 주며 비정상적인 것으로 간주된다.

위에서 지적한 요소들 중에서 더 여러 가지 항목에 해당할수록 그리고 그 증상이 더 심할수록 이상행동이라고 확신할 수 있다. 역으로, 어떤 행동이나 사람을 이상행동으로 규정하려면 이러한 요소들 중에서 적어도 한 가지는 반드시 존재해야 한다.

3. 이상행동의 모델

이상행동을 설명하는 이론적 모델은 네 가지-생리학적 모델, 심리 역동적 모델, 행동주의적 모델, 인지적 모델-로 구분할 수 있다.

1) 생리학적 모델

생리학적 모델은 의학적 모델 또는 질병모델이라고 부른다(이현수, 1976:73). 이 모델은 이상행동을 신체적 역기능으로 설명하고자 하며 일종의 질병으로서 간주한다. 예를 들면, 우울증에서 왜곡된 사고나 빈약한 인간관계를 강조하기보다는 환자의 생물학적 과정에 관련된 증상에 초점을 맞추어서 설명한다. 그러므로 생리학적 모델에 입각한 전문가는 우울증 환자가 우울의 상태에 있을 때에 그의 뇌에서 일어나는 화학적 변화의 증거를 조사한다. 또한 이상행동을 치료하고자 하는 시도에서도 생화학적 요인에 작용할 화학적 치료나 약품에 의존한다. 그러므로 생리학적 모델은 의학의 영역에 있으며 다른 모델들에 비해 이상행동에 대한 사회복지 실천에 시사 하는 바가 적다고 할 수 있다. 생리학적 모델은 이상행동의 원인을 네 가지측면-세균, 유적적요인, 생화학적 이상, 뇌의 역기능-에서 찾는다.

첫째, 세균에서 이상행동의 원인을 찾는 것은 16세기에 유행하던 심리적 장애가 매독 균에 의해서 일어난다는 것을 입증함으로써 성립되었다. 그리고 이러한 장애에 대한 치료는 신체적 질병에 대한 치료와 같은 방식-약물의 적용-으로 접근되었다. 그러나 이러한 장애는 오늘날에는 매우 드문 것으로 보고된다.

둘째, 원시시대에나 현대에나 정신분열증 환자는 같은 증상을 보인다는 사실에 입각해서 생리학적 모델은 심리적 장애가 유전적으로 전해지는 질병이라고 설명한다. 또한 쌍생아의 경우에 의해서도 이러한 설명이 가능하다. 일란성 쌍생아는 염색체가 모두 같은 반면에 이란성 쌍생아는 염색체의 반만을 공유한다. 이란성 쌍생아의 경우에 한 사람이 정신분열증일 때 다른 한 사람이 발병하는 확률은 보통사람들보다 10배 이상 높으며 일란성 쌍생아의 경우는 이란성 쌍생아보다 다섯 배 이상 발병률이 높다는 것이다(Rosenhan, & Seligman, 1989:53). 이러한 현상은 이상행동의 발생에 유전적 요인이 관련되어 있음을 입증한다.

셋째, 생화학적 이상에서 이상행동의 원인을 찾는 것은 정신분열증의 경우에서 찾아볼 수 있다. 정신분열증에 대한 가설중의 하나는 이증상이 체내의 불균형한 생화학적 요인에 의해 일어난다는 것이다. 이것은 도파민 가설이라고 불리며 뇌에 도파민이 과다하게 존재함으로써 정신분열증의 증상이 유발된다고 설명한다.

넷째, 생리학적 모델은 이상행동이 뇌의 특정한 영역의 역기능에 의해서 초래된다고 본다.

이상행동의 원인에 대한 네 가지 설명에 입각해서 생리학적 모델은 이상행동의 치료를 신체적 질병의 치료와 같은 방식으로 추구해야 한다고 본다. 그리고 약품에 의해서 이상행동을 치료하고자 하는 시도는 실제로 우울증이나 정신분열증, 불안장애등에서 상당한 효과를 보였다. 그러나 어떤 의약품들은 심각한 부작용을 수반하는 경우도 있어. 예를 들면 리튬은 조울증의 치료에 효과가 크지만 심장, 소화기, 중추신경에 심한 부작용을 초래하는 것으로 알려져 있다. 생리학적 모델에 입각한 또 다른 치료방법은 전기충격치료로서 이 방법은 논란의 대상이 되기는 하였지만 그래도 심한 우울증의 치료에 효과적이었다. 즉 전기충격치료는 흔히 다른 방법에 의해서 효과를 볼 수 없었던 우울증 환자들의 증상을 치료하였다. 그러나 이 방법은 기술적으로 적용하지 못하면 기억상실과 같은 부작용을 초래할 수 있다. 요컨대 이상행동에 대한 육체적 치료는 몇몇 특정한 장애에 대해서는 효과적이나 치명적인 부작용을 동반하는 경우가 있다.

2) 심리 역동적 모델

심리 역동적 모델은 원래 프로이트의 정신분석이론에 그 기반을 두고 있으나 오늘날의 심리 역동적 모델에 입각한 접근은 인간의 발달과 심리적인 문제에 대한 프로이트의 주장을 크게 수정한 것이다. 이 모델은 무의식적 또는 의식적으로 우리의 마음에 영향을 미치는 심리적인 힘에 관심을 갖는다. 인간의 내부에 존재하는 힘, 욕망, 동기들은 흔히 갈등을 일으키는데 이러한 갈등은 잘 해결되면 성장과 활기를 가져오지만 잘못 해결되거나 해결되지 않은 상태로 남아 있게 되면 불안을 일으킨다. 심리 역동적 모델은 이러한 갈등의 원인과 결과를 검토하고 바람직한 해결과 바람직하지 않은 해결로 나아가는 조건에 대해서 설명하였다.(이현수, 1976:88-91)

심리 역동적 모델에서는 불안을 이상행동의 주요인으로 간주한다. 프로이트는 원초아, 자아, 초자아 간의 갈등이 심리적 고통을 유발하며 이것이 불안이라고 하였다. 그러므로 불안이 존재한다는 것은 갈등이 있다는 신호이다. 즉, 사람이 갈등에 의해 압도당했을 때 자신이 무기력하고 그것과 대처할 능력이 없다고 느끼게 되면 불안이 일어난다.

심리 역동적 모델에 입각한 치료적 접근은 다양하다. 예를 들면 실존적 치료는 사고와 행동의 의미에 초점을 두며 심리 역동적 가족치료는 부부나 가족과 같은 친밀한 사람들 간에 발생하는 문제의 완화에 치중한다.

단기적 심리치료는 심리 역동적 치료의 한 유형으로 전통적인 정신분석요법과 많은 공통점을 지닌다((Rosenhan, & Seligman, 1989:93-100). 즉, 사고와 행동의 변화를 시도하며 현재의 관계에서 유년기의 갈들을 검토하고 무의식에 억제된 것을 의식하도록 추구한다. 자유연상과 꿈의 내용을 검토하며 이 과정에서 환자 스스로 갈등의 원인을 이해하고 갈등에 대한 해결을 찾도록 유도된다. 이러한 접근에 의해 갈등이 해결되면 갈등을 의식에 떠오르지 못하도록 억제하는 데 사용되었던 심리적 에너지가 성격의 발달을 추구하는 바람직한 목적을 위해 사용될 수 있다.

단기적 심리치료가 사용하는 기법은 정화와 전이이다. 정화란 해결되지 못한 채로 남아있던 유년기의 갈등을 찾아내서 그것을 완화해줌으로써 심리적 문제로 인한 고통에서 벗어날 수 있게 하는 것이다. 그러나 이러한 현재의 문제증상을 해결하는 것은 치료의 일부분이다. 더 중요한 것은 성인기에 인지하고 반응하는 양식이 문제를 경험했던 유년기에 확립된 것이며 이것이 그 이후의 모든 사고나 활동에 스며 있다는 것이다. 그러므로 심리 역동적 치료는 현재 겪고 있는 증상의 제거뿐만 아니라 어린 시절의 경험으로 왜곡되어 형성된 태도, 인식, 행동을 포함하는 퍼스낼리티 자체를 변화시키는 데 노력을 기울이게 된다.

심리 역동적 치료에서 이러한 퍼스낼리티의 변화는 전이에 의해서 추구된다. 전이의 과정은 다음과 같다. 치료자는 자신의 개인적인 반응을 전혀 보이지 않는 가운데 침착하게 클라이언트가 꿈이나 자유연상의 내용과 유년기의 갈등에 대해 이야기하는 것을 듣는다. 이러한 과정에서 클라이언트가 드러내는 것에 대해 당황하거나 자신의 견해 또는 판단을 제시해서는 안 된다. 마치 치료자는 클라이언트가 자신의 상상, 기억, 기대 등을 투사하는 빈 화면과 같이 반응하는 것이다. 시간이 경과함에 따라 치료자가 클라이언트의 삶의 중심을 차지하게 되는데 이것이 전이로서 상당한 치료적 의미를 갖는다. 더 구체적으로 설명하면 전이란 클라이언트가 치료과정에서 자신이 유년기에 갈등을 겪었던 대상과의 경험을 치료자에게 옮겨서 재 경험하는 것이다. 그러므로 치료자는 클라이언트에게 아버지나 어머니, 배우자-갈등이 주어진 근원-로서의 역할을 하게 된다. 이러한 과정에서 클라이언트는 감정적으로 부담을 주던 생각들을 자유롭게 연상하고 솔직하게 말하도록 격려된다. 그리고 이전에 무의식 속으로 억압되고 왜곡되었던 것들이 의식에 떠오르게 되고 이렇게 의식할 수 있는 것은 자아에 의해 통제될 수 있게 되는 것이다.

3) 행동주의적 모델

행동주의적 모델과 인지적 모델은 환경론에 속한다. 이상행동의 원인을 논할 때 이상행동이 유전적 요인에 의해 결정되는가, 또는 환경적 요인에 의해 결정되는가 하는 것이 주요한 이슈이다. 환경론에 의하면 인간의 삶에서 이상행동을 포함한 정신적인 측면과 행동은 환경에서 이루어진 학습의 결과이다. 그러므로 행동주의적 모델은 심리적 무니제가 환경의 변화에 의해서 치료될 수 있는 것으로 간주한다.

행동이론의 다음과 같은 사항들은 이상행동에 직접적으로 관련된다.

첫째, 인간을 포함한 모든 유기체의 행동은 환경에 의하여 형성된다. 따라서 우리는 과거와의 연관성을 통해서 미래에 대해 예측한다. 예를 들면, 아동이 어떤 음식을 먹었을 때 좋아하는 TV프로그램을 보게 해주면 점점 더 그 음식을 먹게 된다. 그러므로 행동이론은 이상행동을 포함하는 모든 행동이 과거의 경험으로부터 학습되었다고 본다. 둘째, 실험을 통해서 환경의 어떤 측면이 특정한 행동을 일으켰으며 그것을 어떻게 변화시킬 수 있는가를 알 수 있다. 즉, 실험에 의해서 환경의 어느 부분이 이상행동을 일으켰는지 알 수 있다. 셋째, 인간이 환경의 산물이라면 그리고 그 인간을 형성한 환경적 요인을 실험을 통해서 알게 된다면, 그 환경적 요인을 변화시킴으로써 그 사람도 변화될 수 있을 것이다. 다시 말해서 환경적 요인이 변화되면 그 사람은 이전의 부적응 적 행동이나 습관을 버리고 새롭고 적응적인 습관을 획득하게 될 것이다. 이상행동의 발생과 치료에는 두 가지 기본적 학습과정-고전적 조건형성 이론과 조작적 조건형성 이론이 관련된다.

(1) 고전적 조건형성이론

고전적 조건형성이론에 의하면 인간의 모든 감정은 중립적 대상과 무조건 반응이 같이 일어나 결과로서 학습된 것이다. 중립적대상이란 단순한 관심이나 호기심으로 대할 뿐 다른 반응을 불러일으키지 않는 대상을 말한다. 그런데 이러한 중립적 대상과 무조건 반응의 동시적 경험이 몇 번 반복되면 중립적 대상은 그 중립성을 잃고 조건자극이 되는 것이다. 가령 하교길에 골목에서 불량한 아이들에게 몇 번 계속해서 혼이 난 아이가 있다고 할 때, 이렇게 혼이 나기 전에 이 골목은 아무런 감정을 일으키지 않았으나 여러 번 맞은 후에는 조건자극이 되어 골목에 다가가는 것만으로도 공포심을 불러일으키게 된다. 이러한 공포반응의 형성을 고전적 조건형성이론의 틀에 맞추어 정리해 보면 다음과 같다.

조건형성전: 골목(조건자극) ⟶ 공포반응이 없음

조건형성중: 골목(조건자극) → 매 맞음(무조건자극) → 고통과 공포(무조건반응)

조건형성후: 골목(조건자극) ⟶ 공포반응(조건반응)

행동이론은 이상행동을 비롯한 심리적인 문제들도 이와 같이 학습된 것이라고 설명한다. 예를 들면, 공포증은 어떤 대상을 실제로 위험한 정도보다 훨씬 크게 공포의 대상으로 받아들이는 것이다. 이것을 고전적 조건형성이론에 따라 설명하면, 동물에 대한 공포증이 있는 사람은 처음에는 동물이 중립적 대상이었으나 자신이 동물에게 물리거나 남이 공격당하는 것을 보는 경험으로 고통과 공포를 겪은 후에 그 동물에 대한 필요이상의 두려움을 보이는 것이다.

그러므로, 행동이론과 심리 역동적 이론은 이상행동의 원인에 대하여 근본적인 입장의 차이를 갖는다. 행동이론에 의하면 이상행동은 행동자체로서 문제인 것이지 그 증세를 산출해 내는 내면적이고 근본적인 원인은 없다. 반면에 심리 역동적 모델은 이상행동의 원인은 내면에 존재하는 유년기에 겪은 심리적 갈등-흔히 성적이거가 공격적인 -이라고 보는 것이다.

행동주의적 모델에 입각한 치료적 접근은 이상행동의 원인을 보는 시각을 그대로 반영하고 있다. 다시 말해서 이 모델은 이상행동이 그자체로서 존재할 뿐이며 어떤 근본적인 병리를 반영하는 것이 아니므로 문제가 되는 증상만 치료하면 사라진다고 보는 것이다. 예를 들면 정서적 장애도 학습된 정서적 반응이므로 실험에 의해 그러한 조건화된 정서적 반응을 소거시킬 수 있다고 밝혀진 기법을 적용해서 그 정서적 문제를 치료할 수 있다는 것이다. 고전적 조건형성이론에 입각한 이상행동의 치료적 기법은 홍수법과 체계적 둔감화이다. 홍수 법은 공포증 환자를 여러 시간 두려워하는 상황(조건자극)에 머물면서 처음에 경험했던 고통스러운 사건이 일어나지 않는 것을 스스로 확인하게 함으로써 공포증이 사라지도록 하는 기법이다.

(2) 조작적 조건형성이론

조작적 조건형성이론 은 학습에서 반복의 중요성과 행동결과의 역할을 강조한다. 즉, 최초의 자극은 알 수 없으나 특정한 반응을 가져오게 되고 이 반응은 반응 뒤에 주어지는 강화자극에 의하여 통제된다. 그러므로 상과 벌의 적절한 조작을 통해서 이상행동을 통제하고 바람직한 행동을 증가시킬 수 있다.

조작적 조건형성이론은 이상행동의 다음과 같은 측면들을 이해하고 그에 대한 대책을 세우는데 적용된다(Rosenhan, & Seligman, 1989:114).

① 어떤 이상행동에 환자가 빠져 있는가?
② 어떤 강화자극이 이러한 문제가 되는 반응을 지속시키고 있는가?
③ 어떤 환경적 변화-강화 자극의 변화-가 이 부적응 적 행동을 적응적 행동으로 바꿀 수 있겠는가?

조작적 조건형성이론에 입각한 치료적 기법들이 여러 가지 유형의 이상행동 치료에 사용된다. 선택적 긍정적 강화란 치료자가 증가시키기를 원하는 표적행동을 선택해서 그 행동이 일어날 때 긍정적 강화를 체계적으로 해줌으로써 그 행동을 증가시키는 방법이다. 예를 들면, 식욕부진 신경증은 주로 젊은 여성들에게서 볼 수 있는 치명적인 이상행동으로서 이러한 사람들은 음식을 먹지 않으려는 이상한 식습관에 빠져서 체중이 급속히 줄게 되고 생명이 위태롭게 된다. 이들은 음식을 먹이려는 시도에 응하지 않는데 이때에는 환자가 먹는 것보다 훨씬 더 원하는 강화물을 사용해서 음식을 먹으면 그 강화물을 갖거나 누리게 해주는 선택적 강화가 효과적인 방법이다. 그러나 그러한 강화물을 물어도 결코 대답하지 않으므로 관찰을 통하여 그 사람이 좋아하는 행동을 분간해 낸 후에 먹을 때에만 그 행동을 할 기회를 준다. 선택적 처벌은 클라이언트의 문제행동을 표적 행동으로 선택하여 이 행동이 일어날 때마다 그 사람이 싫어하는 사건을 적용함으로써 그 행동이 일어날 확률을 감소시키는 방법이다. 예를 들면, 자폐증 어린이들은 흔히 자기학대 행동을 하는데 자신을 때리거나 학대할 때마다 매 또는 찬물과 같은 혐오스러운 충격을 준다. 그러면 자기학대 행동이 벌을 가져온다는 것을 학습하게 되고 그러한 행동의 횟수가 줄어든다.

4) 인지적 모델

행동주의적 모델이 환경과 행동 간의 직접적 관계를 강조하고 정신적 과정을 부수적인 것으로 보는데 반해 인지적 모델은 인간의 생각하고 믿고 기대하는 능력을 중요시한다. 그리고 잘못된 인식과정을 이상행동의 원인으로 간주하며 이러한 잘못된 인식을 바꿈으로써 이상행동이 치유될 수 있다고 본다. 그러므로 인지적 접근에서는 인간의 사고가 일차적인 중요성을 갖는다.

인지적 모델의 기본전제는 정신적 사건-기대, 믿음, 기억-이 행동을 일으킨다는 것이다. 따라서 이러한 정신적 사건이 변화되며 행동의 변화가 뒤따르게 된다. 그러므로 인지적 모델에서는 심리적 장애의 원인을 잘못된 사고에서 찾는다. 예를 들면 어떤 사람이 우울증이라 고할 때에 그 원인을 그의 신념이나 사고에서 살핀다. 아마도 그 환자는 자신의 삶에서 일어나는 사건에 대해 자기가 전혀 통제력이 없다고 생각하기 때문에 수동적으로 되고 결국은 병적인 우울증에 빠지게 되었을 지도 모른다. 그러므로 인지적 치료의 초점은 왜곡된 사고를 바꾸는 것이다. 다시 말해서 인지적 치료자는 심리적 문제를 가진 사람에게 절망적 감정을 일으킨 부정적 사고를 찾아내어 그것과 대조되는 과거의 긍정적 증거들을 직시하게 함으로써 그 부정적 사고를 바꾸도록 이끌어 가는 것이다.

인지적 모델에서 다루는 사고의 유형은 기대, 평가, 귀인, 신념 등이다(Rosenhan, & Seligman, 1989:118-124). 기대란 미래에 일어날 사건을 명확하게 예측하는 인지적 과정으로서 미래에 대해 부정적 기대를 가지면 우울증에 빠지게 된다. 또한 사람들은 항상 자신에게 일어난 사건이나 자기가 하는 행동을 의식적 또는 무의식적으로 평가하는 경향이 있다. 인지적 모델은 이러한 자동적인 평가과정이 감정을 일으킨다고 본다. 베크에 의하면 특정한 감정은 특정한 평가적 사고에 의하여 이끌어지는데, 슬픔은 자신에게 가치 있는 것을 상실했다는 사고에 뒤따라 일어나고, 불안은 자신을 해칠 위협이 존재한다는 사고에 따라 일어나며, 분노는 자신의 영역이 침해당했다는 사고에 뒤이어 일어난다. 즉 슬픔, 불안, 분노라는 감정의 본질은 상실, 위협, 침해의 평가라는 인지과정을 포함하는 것이다. 이러한 자동적 사고의 빈도를 측정하는 도구가 있는데 이것을 여러 가지 질문에 클라이언트가 대답하면서 자신에 대하여 부정적인 평가를 얼마나 자주 내리는가를 기록하도록 한다. 그리고 이러한 부정적인 사고를 수정함으로써 감정의 변화를 이끌어내고자 한다.

귀인이란 어떤 사건이 왜 자신에게 일어났는가에 대한 개인적인 해석이다. 즉, 자신이나 타인에게서 일어나는 사건이나 행동의 원인을 어디에 돌리는가에 관한 사고이다. 사회적 상호작용에 참여하는 사람들은 타인의 행동이나 사건에 대하여 자신이 가지고 있는 인과 관계적 추론의 틀에 비추어서 그 원인을 이해하고자 하는 경향이 있다. 여기서 중요한 것은 그 행동이나 사건이 실제로 환경적 요인에 의해 일어났는가 아니면 그 사람의 개인적인 속성에 의해 일어났는가 하는 것이 아니라 그것을 관찰하거나 수행한 사람이 그것을 둘 중의 어떤 원인으로 해석하는가이다.

인지적 모델에서 사건이나 행동에 대한 귀인은 다음의 세 가지 차원의 원인에 돌려진다(Heider, 1959: Kelly, 1967).

첫 번째 차원은 외부적 또는 내부적 원인이다. 외부적 원인은 환경적 측면을 그리고 내부적 원인은 개인적인 속성을 반영한다. 가령 시험에 실패했을 때 시험이 불공정해서 그렇게 되었다고 생각한다면 외부적 원인에 귀인하는 것이고 반면에 머리가 나빠서 그렇게 되었다고 생각하면 내부적 원인에 실패의 이유를 돌리는 것이다. 두 번째 차원은 일시적 또는 지속적 원인으로서, 감기가 들어서 시험을 망쳤다고 생각하면 이것은 일시적 원인에 귀인하는 것이고 원래 시험 보는 능력이 부족해서 이번에도 실패했다고 느끼면 지속적 원인에 돌리는 것이다. 세 번째 차원은 전반적 또는 부분적 원인이다. 실패가 여러 가지 서로 다른 과제에 걸쳐서 일어났을 때에 전반적 원인에 귀인하는 반면 단지 한 과제에만 실패했을 때에는 부분적 원인에 실패의 이유를 돌릴 수 있다.

만일 부정적인 사건을 당한 사람이 자기가 못나서 그렇게 되었다고 생각하면 이것은 내부적, 지속적, 전반적 원인에 귀인하는 것이다. 그에 반해 이번에 운이 없었다고 느낀다며 외부적, 일시적, 부분적 원인에 불행의 원인을 돌리는 것이다. 인지적 모델에 의하면 자기존중도가 낮은 사람들은 실패했을 때 보통 그 원인을 내부적, 지속적, 전반적 원인에 돌린다. 즉, 자신이 바보 같고 능력이 없기 때문에 실패했다고 믿는다. 이러한 부정적 귀인은 낮은 자아개념과 우울증을 초래한다.

신념은 장기긴에 걸처 진행되는 인지적 과정이나. 많은 심리적 장애가 비합리적인 신념에서 비롯된다. 완전 주의적 신념을 가진 사람은 항상 좌절감을 느낄 수밖에 없다. 이러한 신념의 예를 들면 사람의 자신의 환경에 존재하는 모든 중요한 사람들로부터 사랑과 인정을 받아야한다. 가치 있는 존재가 되려면 모든 측면에서 철저하게 유능하고 성공해야 한다. 자신이 의도했던 바대로 성취하지 못했다면 그것은 파국이다. 인간의 문제에 대해서는 완전한 해결책이 있으며 그러한 최선의 방법을 찾아내지 못한다면 끝이다. 일면 이러한 신념들은 바람직한 것으로 보일 수도 있으나, 어떠한 노력도 항상 이러한 기준을 충족시킬 수 없기 때문에 좌절과 낮은 자부심을 초래한다.

인지적 모델에서는 환자의 왜곡된 사고과정의 변화를 통하여 이상행동의 치료를 추구한다. 클라이언트의 인지적 과정 중에서 평가에 개입하는 경우에 치료자는 환자로 하여금 부정적인 평가가 일어날 때마다 그것을 붙잡아서 비판하고 통제하게 함으로써 부정적인 감정이 일어나는 것을 막는다. 또한 인지적 치료자는 흔히 잘못된 귀인을 바꾸기 위해서 과제를 사용한다. 예를 들면 지난주에 일어난 다섯 가지 부정적인 사건에 대하여 기록하고 각각의 사건을 외부적 원인에 귀인 하라는 것과 같은 과제를 통하여 치료적 접근이 이루어진다. 과제를 수행한 사례를 보면 어제모임에서 남편이 내게 화를 냈는데 그것은 내가 사교적 기술이 부족해서가 아니라 그 사람의 기분이 좋지 않았기 때문이다. 이러한 과제의 목적은 부정적인 사건이나 외부적 요인에 귀인 하도록 바꾸는 것이다. 이렇게 계속하면 몇 주 후에 클라이언트는 자신의 실패에 다른 원인들이 있을 수 있다는 것을 볼 수 있게 되며, 내부적 원인에 귀인함으로써 형성된 낮은 자부심과 우울증이 감소된다.

클라이언트의 비합리적인 신념에 개입할 경우에 치료자는 환자에게 정면으로 반박하고 공격함으로써 완전무결을 성취하고자 하는 왜곡된 신념을 깨뜨리고자 시도한다(이인정 외, 2002).

4. 이상행동의 증상

이상행동(abnormal behavior)은 크게 정신병, 신경증, 경계선장애로 나눌 수 있다. 정신병이란 중증(重症)의 '마음의 병'을 총칭해서 말하는데, 여기에는 정신분열증이나 조울증(양극성 우울증)이 그 대표적이며, '심리장애'와는 구분된다. 심리장애는 정신의 이상(異常)이나 편협한 상태를 총칭하는 개념으로 사용되고 있지만, 정신병은 일반적으로 심리장애보다는 중증(양적 차이)이며, 환시나 환청 등 기묘한 증상(질적 차이)을 보이는 것을 말한다. 정신병의 대표적인 것으로는 정신분열증, 조울증을 들 수 있으며, 심리장애로는 신경증(노이로제), 인격 장애, 심신증(心身症), 심적 외상 후 스트레스 장애(PTSD : Post Traumatic Stress Disorder), 다중인격 등이 있다.

1) 정신분열증이란

정신분열증(Schizophrenia)은 1911년 스위스의 정신의학자 Bleuler에 의해 처음 소개되었다. 그 이전에는 Kraeperin이 명명한 '조발성(早發性) 치매'라고 하는 병명으로 널리 알려져 있었는데, 그 이유는 사춘기나 청년기에 종종 발생하여 치매증상(인격 황폐)으로 끝나는 병으로 보았기 때문이다. 그러나 Bleuler는 정신분열증은 반드시 치매로 끝나거나 청년기에만 발생하는 것이 아니며, 이 병의 핵심은 '정신의 분열'에 있다고 보았다. 즉 환자의 사고, 감정, 체험에 관한 통합성이 보이지 않고, 이들이 각각 '분열된 상태'를 보이기 때문에 '정신분열증'이라고 하거나 '통합실조증(統合失調症)'이라 불리고 있다.

정신분열증의 원인에 대해서는 이제까지 수많은 정신의학자나 임상심리학자들에 의해 지속적인 연구가 이루어져 왔지만, 아직 명확한 원인 규명은 안 된 상태이다. 전통적인 정신의학에서는 정신분열증을 내인성(內因性) 정신장애로 분류하고 있는데, 내인성이란 유전적·생득적 원인에 의해 발생하는 것으로 가정한다는 것을 의미한다. 이를 뒷받침하는 대표적인 연구로는 가계 연구나 쌍둥이 연구가 있다. 가계 연구에서는 정신분열증의 가계는 정신분열증 환자가 나타날 확률이 일반 가계보다 높다는 것이다. 쌍둥이 연구에서는 한 쪽에서 분열증이 나타나면 다른 한 쪽의 형제도 분열증이 나타나는 비율(일치율)에 대한 분석을 한 것과, 일란성 쌍둥이의 일치율이 이란성보다 훨씬 높다는 것이다. 그러나 여기에 대한 반론도 있다. Jackson(1960)은 일란성 쌍둥이는 유전적으로 동일하여 동일한 성(性), 동일한 어굴, 동일한 경향성을 갖고 태어나기 때문에 주위 사람들이 동일한 방식으로 대하는 경향이 강하고, 또한 일란성은 마치 자신을 바라보듯이 또 한 사람을 계속 바라보기 때문에 자아발달에 장애가 발생하기 쉽다는 것이다. 만일 이런 문제를 그 원인으로 규정한다면 정신분열증은 내인성보다는 심인성(心因性)으로 분류하게 된다.

한편 정신분열증의 출현 율은 평균적으로 인구의 0.73~0.85% 정도이며, 이 수치는 세계 어느 나라에서도 크게 다르지 않다는 것이다. 그러나 비교 문화 연구에 의하면 이런 수치를 나타내는 곳은 서구화된 사회뿐이며, 서로 다른 문화가 통합되지 않고 섞여 있는 지역이나 사회, 예를 들어 뉴기니아에서는 그 출현 율이 훨씬 높다는 것이다.

정신분열증의 원인에 대해서 이제까지 신경학적·생리학적 연구에서부터 가족역동적 연구까지 다양한 연구가 이루어져 왔지만, 이런저런 이유로 정신분열증을 내인성으로 가정하고 있으면서도 아직 명확한 원인 규명의 단계에는 이르지 못하고 있는 실정이다.

2) 정신분열증의 증상과 진단

현재 정신분열증의 분류와 진단으로 사용되고 있는 기준을 크게 2가지이다. 하나는 WHO(세계보건기구)가 제정한 것으로서 1973년에 개정(9판)된 국제 질병 분류 ICD-9(International Classification of Diseases)가 사용되고 있다. 또 하나는 DSM-Ⅲ으로 불리는 것으로 미국정신의학회가 정한 정신질환질병 분류 및 진단 기준(Diagnostic and Statistical Manual of Mental Disorders, DSM)의 3판(1980)이다.

ICD-9에서는 전통적인 일차적 분류법을 사용하여 정신장애로 분류하고 있지만, DSM-Ⅲ에서는 다원적인 분류를 사용하고 있다. DSM-Ⅲ의 진단 기준에는 다음과 같이 A~F까지의 6가지가 있다.

한편 Bleuler는 정신분열증의 증상으로서 다음 4가지의 기본 증상을 제시하였다. 그 내용은 연합 이완(사고가 정리되지 않고 기묘하고 비합리적임), 자폐(자신의 내적·망상적 세계에 머무름), 감정적 부조화(감정이 단조롭거나 극단적으로 민감함), 언밸런스(애정과 증오 등 모순된 양가 감정을 동시에 갖고 있음)이다. 여기에다 환각이나 망상 등의 부작용이 나타나기도 한다. 독일의 정신의학자 슈나이더는 정신분열증의 진단을 위해 일련의 증상으로서 「일급(一級) 증상」이라고 하는 것을 제안하였다. 이것은 사고화성(思考化聲 : 자신이 생각하고 있는 것이 소리가 되어 들리는 현상), 환청(주로 자기 자신에 대한 부정적인 이야기), 피영향 체험(누군가에 의해 신체나 사고가 조작되고 있다고 느낌), 사고 전파(생각하고 있는 것이 타인에게 알려지고 있다) 등의 내용을 담고 있는데, 이 진단 기준은 오늘날에도 널리 사용되고 있다.

3) 신경증

신경증(neurosis)이란 심리적인 원인에 의해 발생되는 심신의 기능적 장애를 말하며, 해부조직학적 원인이나 기질적인 질환은 아니다. 이 병의 특징은 현실 인식은 떨어지지 않아 인격의 붕괴 현상까지는 나타나지 않지만 환자 본인은 현재 놓여 있는 상태를 자각하면서 자신이 무언가 문제가 있다는 것을 의식하고 있지만, 일상생활의 적응을 힘들게 하는 다양한 증상을 보인다. 신경증은 독일어로 노이로제라 하며 18세기 후반 Cullen이 처음으로 의학 용어로서 사용하였다. 그는 이 용어를 신경계 일반의 질환의 의미로 보면서 기질적 장애를 포함하는 보다 광범위한 개념으로 사용하였다. 그 이후 Charcot, Janet 등의 히스테리와 최면에 관한 연구, 프로이드의 정신분석 연구 등에 의해 그 기초가 성립되면서 오늘날은 신경계에는 명백한 기질적 장애가 보이지 않고, 기능적 장애로 인정되는 것을 의미하는 개념으로 사용하고 있다.

신경증(Neurotic Disorders)은 미국정신의학회의 DSM-Ⅲ(Diagnostic and Statistical Manual of Mental Disorders, 3th Edition)에 의한 기준에 따르면 다음과 같이 10가지로 분류되고 있다.

- 불안신경증(Anxiety neurosis)
- 히스테리(Hsteria)
- 강박신경증(Obsessive-compulsive neurosis)
- 공포 상태(Phobia states)
- 신경증적 우울 상태(Neurotic depression)
- 신경쇠약(Neurasthenia)
- 대인이탈증(Depersonalization syndrome)
- 심기증(Hypochondriasis)
- 그 밖의 특수한 신경증 상태
- 기타

이러한 분류의 바탕에는 환자의 마음속 깊은 곳에 '병적 불안'이 존재하며, 병적 불안이 그대로 나타나게 되면 불안 상태가 되고 이것이 가공되면 다양한 정신상태(예 강박신경증)나 신체적 증상으로 나타난다고 하는 병인론적(病因論的) 견해가 있다.

이런 병인론적 발상을 거부하고, 신경증을 기술적(記述的)으로만 보아야 한다고 주장하는 견해도 있는데, 여기에서는 다음과 같이 정의하고 있다.

① 정신적 장애가 있으며, 이것이 그 환자를 괴롭게 하여 본인이 수용할 수 없는 정도로 자아와 이질적인 것(ego-dystonic)으로 인식되는 증상이다.
② 현실을 이해하는 데는 어려움이 없다.
③ 환자의 행동에는 사회 규범을 파괴하는 것은 없지만, 사회적 기능은 현저하게 떨어진다.
④ 장애가 비교적 지속적이며 반복된다.
⑤ 명확한 기질적 요인은 존재하지 않는다. 신경증(노이로제)에는 히스테리, 불안신경증, 강박신경증 등 다양한 종류가 있다. 이것들은 정신병으로는 분류하지 않으며, 정신병보다는 증상이 가벼운 정신적 장애의 하나라고 본다. 그리고 그 원인은 매우 다양하며, 대개는 심리적 요인에 의한 경우가 많다고 보고 있다.

(1) 히스테리

히스테리는 신경증의 가장 대표적인 증상의 하나로서 여성에게 많이 나타난다고 하여 그리스어로 자궁이라는 의미를 지닌 hysteria라는 용어가 붙여져 사용되고 있다. 증상의 특징은 신체적인 이상이 없음에도 불구하고 운동 마비나 감각 마비, 실신, 경직, 통증을 느끼게 된다. 아동의 경우에는 아침에 갑자기 두통이나 복통을 호소하여 일어날 수가 없거나 등교할 수 없는 상태, 수업 중 갑자기 선생님의 소리가 들리지 않거나 시야가 좁아서 특정의 사람밖에 보이지 않거나 특정의 소리밖에 들리지 않는 현상, 좋아하는 연예인을 보면 자신도 모르게 그 앞에서 실신하는 현상 등은 모두 히스테리 현상의 하나로 의심이 되는 경우도 적지 않다.

이런 증상은 결코 신경계의 기질적 이상이나 생리적 이상에 의한 것은 아니기 때문에 의학적으로는 문제가 없다. 그렇다고 환자가 특정 장면에서 어떤 목적을 갖고 의도적으로 보이는 꾀병이나 의도된 행동은 결코 아니다. 그러나 이런 현상은 예를 들어 등교 시 복통이나 두통을 호소하게 되면 학교에 가지 않아도 비난받지 않기 때문에 환자는 이런 증상에 의한 질병이득(疾病利得), 즉 어떤 심리적 이익을 추구하는 것처럼 보여 의심을 받기도 한다. 이처럼 히스테리 증상에는 질병 이득이 수반되는 경우가 많다. 그러나 Freud는 정작 환자 자신은 '질병 이득에 대한 욕구'라고 하는 의식은 전혀 없으며, 오히려 환자 자신이 이런 무의식적 욕구를 의식하게 되면 이 증상은 사라지게 된다고 주장하고 있다.

치료법으로 정신분석적 접근에서는 최면이나 꿈, 자유연상법 등을 통해 환자의 무의식적 욕구를 의식하도록 하면 해결된다고 본다. 그러나 무의식적 욕구의 의식은 환자에게 강한 심리적 고통을 경험하게 만든다. 왜냐하면 히스테리 증상이란 사회적으로 수용할 수 없는 무의식적 욕구의 변형이며 이런 자신의 무의식적 욕구가 의식이 되면 사회적인 비난이나 거부를 감당해야 한다는 두려움이나 양심적 가책을 느껴야만 하기 때문이다. 그러므로 심리치료사나 카운슬러는 환자의 문제행동에 대한 비난이나 거절이 아닌 그들의 세계를 지속적으로 수용하고 공감하는 자세가 환자의 행동 치료를 위해 필요하다고 본다.

(2) 불안신경증

불안신경증은 의학적 진단에서는 아무런 이상이 없음에도 불구하고 심장 박동이 빨라지거나 고통스럽고, 땀이 많이 나며 심하면 호흡 곤란 증세를 보이는 현상을 말한다. 이외에도 어지럼증, 구토 증세, 손발의 떨림, 화장실에 자주 가는 등의 증세가 보이기도 한다. 이와 같이 불안신경증은 신체적 이상은 없지만, 비현실적인 사고에 의해 불안을 느끼는 상태이기 때문에 일종의 심기증(心氣症)이라고 할 수 있다. 다른 사람이 볼 때는 전혀 불안을 느낄 필요가 없는 상황이나 대상임에도 불구하고 환자 본인은 그 상황이나 대상에 대한 불안감을 자신의 힘으로 도저히 떨쳐버릴 수 없는 상태라고 할 수 있다. 그러므로 불안신경증 환자에게 "불안해 할 필요가 전혀 없어. 안심해"라고 격려를 해도 오히려 불안만 가중시킬 뿐 대개는 소용이 없다. 사실 이 병에 대한 이해가 부족한 일반 사람이나 의사들 가운데 「성격 탓이다, 신경과민이다, 소심하다」 등의 말을 함부로 함으로써 불안 신경 환자를 경시하거나 모욕을 주는 일이 적지 않다. 가족들도 신체적 질환이나 특별한 문제가 없음에도 불구하고 일도 하지 않고 빈둥빈둥 놀기만 한다고 화를 내거나 비난을 하는 경우도 있다. 이런 식으로 환자에게 접근하게 되면 오히려 증상이 악화되어 상대방을 공격하거나 자폐적 증상을 보일 수도 있다. 바람직한 대응 법은 환자의 불안을 수용하고 공감해 줌으로써 불안을 완화시켜 주거나 행동 치료 기법의 하나인 체계적 감감법(systematic desensitization)으로 접근한다.

(3) 공포증

공포증(phobia)이란 공포를 느낄 만한 대상이나 상황이 아님에도 불구하고 본인에게는 견디기 힘든 공포를 느끼게 되는 현상을 말한다. 그렇기 때문에 이것도 신경증의 일종이라 볼 수 있다. 공포증 환자는 자신의 이런 공포감이 불합리하고 다른 사람의 입장에서는 전혀 공포 자극이 되지 않는다는 사실을 알고 있으면서도 자신의 의지로 공포감을 억제하지 못해 특정의 인물이나 사물, 또는 상황을 회피하려는 행동 경향을 보이게 된다.

공포증의 종류는 공포를 느끼게 하는 대상이나 상황에 따라 예를 들어 공간공포증(광장공포증·고소공포증·폐쇄공포증·외출공포증 등), 특정의 병이나 동물에 대한 공포증, 불결공포증 등 다양하다.

치료법으로는 일반적으로 행동 치료 기법의 하나인 체계적 감감법(sys-tematic desensitization)이나 용암법(fading), 그리고 Modeling 기법이 널리 소개되고 있다.

(4) 강박신경증

의식하지 않으려고 하여도 도저히 의식에서 사라지지 않는 것을 소위 강박관념이라 부르는데, 이로 인해 일상생활에 현저하게 방해를 받으면서 상당히 고통을 느끼게 되는 것을 강박신경증(obsessive compulsive neurosis)이라 부른다. 이 증상은 신경증의 하나로서 자기 자신의 의지와는 상관없이 불합리한 행동이나 관념이 반복적으로 나타난다. 이처럼 환자 본인은 자신의 이런 행위가 무의미하다는 것을 알고 있으면서도 자신의 부자연스런 행동이나 사고를 도저히 떨쳐버릴 수가 없는 상태이다.

이런 증상과 관련해서 프로이드는 다음과 같은 사례를 소개하고 있다.

한 젊은 변호사는 자신의 아버지와 존경하는 한 여성에 대해 무언가 불길한 일이 생기지 않을까라는 생각이 머리를 떠나질 않아서 몇 년이나 무의미한 시간을 보내게 된다. 그런데 그는 이런 불길한 예감이 들 때마다 이 불안감을 떨쳐버리려는 생각에 손을 흔들대었던 것이다. 사실 그의 아버지는 몇 년 전에 사망하였음에도 불구하고 그는 이런 강박관념에 얽매여 있었던 것이다. 그의 마음을 이렇게 구속한 것은 아버지의 의지에 따라 유복한 사촌 동생과 결혼할 것인가, 아니면 유복하지는 않지만 존경할 만한 여성과 결혼할 것인가라는 것이었다. 이런 갈등이 그 변호사에게 강박신경증으로 나타났던 것이다.

이처럼 정신분석학에서는 강박신경증을 불안이나 갈등으로부터의 회피 내지 변형된 증상으로 보고 있다.

강박신경증을 보이기 쉬운 성격(강박 성격)으로는 엄격하고 원리원칙주의자, 꼼꼼하고 자신의 주장이 강하며 완벽주의자적 성격의 경향성이 강하다고 보고 있으며, 여기에는 유전적 요인도 관여하고 있다고 보고 있다.

강박관념에 의해 나타나는 행위(강박행위)는 젊은 변호사가 불안감을 떨쳐버리려고 손을 흔들어대는 행위처럼 의식(儀式)적인 행위로 표출된다. 예를 들어 횡단보도를 짝수의 걸음으로만 건너야 된다든지, 문을 잠갔음에도 불구하고 불안해서 몇 번이고 확인한다든지(외출 중에 다시 집으로 돌아오는 경우도 있다), 불결한 느낌을 불식시키지 못해 몇 번이고 반복해서 손을 씻는 등의 행위를 볼 수 있다. 소위 '징크스'라고 하는 것과는 달리, 평소 그런 행위가 무의미하다는 것을 본인은 인식하고 있으면서도 그것으로 인해 고통을 느끼고 있는 것이 강박신경증이다. 만성화된 강박신경증은 치료가 곤란한 경우도 있다.

(5) 그 밖의 신경증

이밖에도 신경증에는 열등감이나 절망감 등에 의해 우울해지면서 무기력 상태다 수면장애를 일으키는 신경증적 우울증이 있는데 일반 우울증과 구별하기가 쉽지 않다. 그리고 신체적 이상이 없음에도 불구하고 병을 두려워한 나머지 조그마한 신체적 변화에도 과민하게 반응하여 신체적 이싱을 호소는 심기진(Hypochondriasis)도 있다.

정신분석학에서는 어떠한 신경증일지라도 그 증상의 중심에는 '불안 반응'이라고 하는 문제가 관여하고 있다고 보고 있으며, 그렇기 때문에 문제의 해결은 이불안을 약화시키는 데 있다고 보고 있다.

4) 경계선 인격 장애

오늘날 정신과 진료에서 「경계선 인격 장애(Borderline personality disorder)」로 진단되는 환자가 늘어나고 있다. 이 병은 DSM-Ⅳ에 의한 인격 장애의 분류 가운데 속하는 하나의 유형으로 대인관계나 감정이 상당히 불안정하고 다양한 충동성을 보이는 것이 특징이다.

이 증상에 대한 문제가 본격적으로 다루어지기 시작한 시기는 대략 1940년대부터이다. Fenichel(1945)의 경계선 사례(borderline case) 개념의 소개가 그 단초가 되었는데, 처음에는 이 증상의 본질을 분열증으로 보았다. 1950년에 들어서서 Knight(1953)는 분열증과 신경증의 경계 영역, 즉 중간 상태에 있는 사례로 보았다. 그러다가 1960년대 Kernberg는 분열증도 신경증도 아닌 중증의 인격 병으로 보면서 '경계 인격 구조'라 명명하였다. 이 경계 인격 구조와 DSM에서 말하는 경계선 인격 장애는 엄밀하게 말하면 일치하지는 않지만, 오늘날 거의 동의어로 사용하고 있다.

경계선 인격 장애 환자는 정서가 불안정하여 끝없이 안절부절 못하며 갑자기 분노를 폭발하거나 심각한 절망감에 빠지기도 한다. 타인에게 버림받을 지도 모른다는 두려움으로 인해 상대방이 약속 시간에 조금이라도 늦게 오면 격노한다. 또한 한 번 만난 사람일지라도 이상화(理想化)하지만 상대방이 자신을 수용하지 않는다는 사실을 알게 되는 순간부터는 상대방을 비난, 공격한다. 자아가 불안정하여 학교를 중퇴하는 등 행동이나 목표의 변화가 심하다. 그리고 과식, 낭비, 약물 남용, 불안정한 성행위 등의 자기 자신에 대한 충동적 위해(危害) 행동을 하며, 자해행동(신체에 상처를 내거나 화상을 내기도 한다)이나 자살 계획 내지 시도를 반복한다.

발생 비율은 여성(환자의 약 75%)이 남성에 비해 훨씬 높으며, 유아기때 모자 관계의 문제가 인격 장애의 형성에 영향을 준다고 보고 있다. 청년기에서 성인 초기에 걸쳐 만성적인 불안정 상태가 계속되면서 자살의 위험성도 높아지지만, 연령 증가와 함께 안정을 찾아가는 것이 일반적이다.

5. 사회복지와의 연관성

이 분야는 사회복지실천에서 임상사회사업과 밀접한 관계를 가진다. 임상사회사업은 개인, 가족 그리고 소집단들의 심리사회적 기능을 향상시키고 유지시키는 모든 사회사업실천의 목적을 공유하고 있다. 임상사회사업 실천은 정서적·정신적 부조화를 포함하는 장애, 손상, 심리사회적 역기능에 대한 치료와 예방을 위한 사회사업이론과 방법을 전문적으로 적용하는 것이다. 그리고 임상사회사업 실천은 심리사회적인 맥락 안에서 인간발달 이론에 대한 하나 혹은 그 이상의 이론적인 지식을 기초로 하는 것이다.

현재 우리나라도 다양한 정신적 문제가 발생하고 있는데 체계적으로 접근하지 못하고 있는 실정이다. 그리고 이런 문제를 단순히 의학적인 방법으로 접근하려는 경향이 많다. 그러나 이런 다양한 정신 문제를 해결하기 위해서는 사회복지실천 차원에서 다양한 원조 체계를 구축해야 할 것이다.

인간과 상황에 대한 관점은 임상사회사업 실천에 핵심적인 개념이다. 임상사회사업은 대인 관계적 상호작용, 정신 내적인 역동성, 그리고 생활을 지원하고 관리하는 문제 등을 지향하는 개입들을 포함한다. 임상사회사업 서비스는 심리 치료와 카운슬링, 클라이언트 중심의 대변, 즉 자문 평가를 포함하는 사정, 집단, 치료로 구성된다. 임상사회사업의 과정은 사회복지사의 목적, 그리고 NASW의 윤리 강령 속에 포함된 원칙과 가치의 범위 안에서 시도되는 것이다. 구체적으로 사회복지실천의 영역을 살펴보면 다음과 같다.

비행소년의 교정 서비스나 정신재활 서비스와 같이 사회복지 실천적 배경에서 사회복지실천과 깊은 관련을 가지고 있다. 클라이언트에 대한 존엄성과 긍정적인 인식, 자기결정의 존중, 관계의 강조, 정서적 관여, 정체적 모습의 통찰, 객관적 사정, 실천을 지향하는 현실적인 계획, 선택을 중심으로 한 개인의 의지와 이에 따르는 책임감의 강조, 클라이언트의 환경에 대한 고찰과 같은 현실 치료의 많은 가치와 개념들이 사회복지실천과 익숙한 개념임을 발견하게 된다.

또한 사회복지사가 클라이언트를 돕는 과정과 흡사하여 손쉽게 사회복지사가 이 모델에 접근할 수 있을 것이다. 특히 학교사회사업, 교성사회복지, 정신보건 및 정신재활, 아동 및 청소년복지, 가족 상담, 집단 상담, 산업 상담 등의 분야에서 이 치료 모델이 적용되고 있고, 감정의 통찰이나 말하기보다는 행동하려는 성향을 가진 클라이언트에게 더 적절한 모델이라 할 수 있으며 그 적용 분야와 대상도 계속 확대될 것이다(현정환, 2006).

제3부

사회체계와 사회복지

CHAPTER

14

사회체계이론

인간의 행동을 이해하고 분석하는데 있어서 사회 환경은 매우 중요하다. 체계론적 사고는 von Bertalanffy(1971)의 일반체계이론(general system theory)에 바탕을 두고 있다. 사회체계 이론은 학문간의 상호의존성을 높여주고 환경과의 상호관계에 보다 많은 문호를 개방하도록 만들어 주었고 여태까지 있던 현대 사회학에서 가장 광범위하고 포괄적으로 사용되는 분석모형이라고 할 수 있다.

1. 체계의 개념

체계(System)란 서로 관련을 맺고 상호작용하는 요소들의 집합이다. 또한 사회체계란 우리가 살고 있는 사회적 환경 안에 존재하는 다양한 형태의 인간 공동체에 적용할 수 있는 사회조직의 모형이라고 할 수 있다(장인협 외, 1991:23).

체계는 상호의존적이고 상호작용하는 부분들로 구성된 전체, 즉 '부분들 간에 관계를 맺고 있는 일련의 단위들'로 정의된다(Bertalanffy, 1968:38). 그리고 체계는 인과적인 관계 속에서 직접 또는 간접으로 구성요소들의 복합체이며, 이때 각 구성요소는 어떤 특정한 기간 내에서 다른 구성요소와 안정적으로 관련되어 있다(Buckley, 1967:41).

사회체계(social system)는 우리가 살고 있는 사회적 환경 안에 존재하는 다양한 형태의 인간 공동체에 적용할 수 있는 사회조직의 모형이다. 구성 부분들이 서로 상호작용하여 하나의 특수한 단위를 이루고 있는 집합체로서 가족, 조직, 지역사회, 문화 등이 포함되며 단일 개체를 함께 구성하고 있는 경계 지어진 일련의 상호관련 활동들이다. 사회체계의 한 예를 든다면 가족을 들 수 있는데 가족구성원은 개체로서 작용하며 일정한 속성을 가지고 서로 상호작용을 하는데 한다. 또한 우리 주위에 존재하는 체계의 유형은 가족이나 학교와 같이 구체적인 경우도 있고, 신념체계나 법률체계와 같이 추상적인 경우도 있으며, 종교체계나 신분체계와 같이 추상적 요소와 구체적인 요소를 함께 갖는 경우도 있다.

체계 이론에서 사회체계 이론(social system theory)은 다양한 체계들과 끊임없이 인간과 환경 사이의 상호작용을 하고 체계를 하나의 전체로서 바라보는 체계수준이다.

체계 내에서 혹은 체계들 사이에서 발생하는 스트레스와 이에 대처하는 인간의 균형에 관심을 둔다는 것이다. 즉 인간행동에 영향을 미치는 다양한 체계 수준으로 개인, 가족과 조직을 포함하는 소집단, 지역사회와 같은 보다 복잡하고 넓은 사회체계에 관심을 둔다.

체계론적 사고는 von Bertalanffy(1971)의 일반체계이론에서 시작되었고 모든 유기체는 체계이며, 하위체계로 구성되어 있으며 동시에 상위체계의 부분이라고 보는 관점은 생물학적 이론에서 비롯된 것이다.

이와 같이 인간은 사회의 일부분이며 순환계와 세포 등과 같은 것들로 구성되어 있으며 더 작은 소립자들로 이루어진 원자들로 구성되어 있는 것이다. 이 이론의 사회체계 측면은 생물체계나 기술체계보다 발달이 되어 있는 상황은 아니다. 하지만 생물체계뿐 아니라 집단, 가족, 사회 등과 같은 사회체계에도 적용이 된다.

성격이론에서는 인간행동을 이해하는 데 있어 원인과 결과라는 관점을 가지고 접근하지만, 사회체계이론에서는 한 체계와 다른 체계의 관계성에 초점을 두고 접근한다(최순남, 2005).

사회체계이론의 개념은 환경 속에 인간행동을 이해하는데 있어서 체계가 성장 혹은 끈임없이 변화하면서 안정성을 유지해 가는 방법을 설명하는 이론으로, 다양한 체계들과의 상호작용을 강조하며 포괄적인 상징의 의미를 가진다. 즉 개인과 집단, 조직과 지역사회간의 관계를 강조하고 포괄적인 시각을 갖는다.

2. 사회체계이론의 특성

사회체계란 첫째, 규칙적인 상호작용이나 상호의존성에 의해 통합된 조직이다. 둘째, 외부환경과 지속적인 상호교류를 통하여 다양한 수준에 걸쳐 존재하면서 안정적인 구조를 지닌다. 셋째, 사회체계를 변화시키는 것은 하나의 체계 변화가 전체

환경의 체계 변화도 가져온다. 넷째, 성장과 발달을 유지하기 위해서는 적절한 수준에서 개방적이어야 하고 건전한 체계는 반투과성 경계를 잘 유지한다. 다섯째, 사회체계는 부분성과 전체성이라는 속성을 모두 갖고 있다. 일곱째, 가족의 갈등이 관심사로 대두될 때는 가족이 바로 대상체계라고 할 수 있다.

체계들 간에는 일정한 경계가 있고 모든 체계가 원칙적으로 개방적인 속성이 있지만 연속선상에 위치하며 완전한 개방체계나 폐쇄체계는 존재하지 않는다. 경계란 일종의 테두리를 의미하고 형체가 없으며 체계를 구성하는 사람들이 외부사람들에 대하여 행동하는 방식에서 드러난다.

1) 개방체계와 폐쇄체계

체계는 그 경계를 넘는 에너지나 정보의 교환에 대해 수용할 수도 있고 수용하지 않을 수도 있다.

체계의 구조적 특성으로는 개방체계와 폐쇄체계로 나누어진다. 개방체계와 폐쇄체계를 구분하는 것은 그 체계를 둘러싸고 있는 경계의 속성이다.

가족과 관련된 경계들을 예로 든다면 대가족, 핵가족, 부부, 부모, 형제자매 등을 나누는 관념적 경계들을 들 수 있다. 학교체계에서의 경계들의 예로서는 학급, 교수요원, 행정요원 등을 구분하는, 보이지는 않지만 우리들의 관념 속에 존재하는 경계들을 들 수 있다. 경계는 명확성, 투과성, 유연성(엄명용 외, 2005)등의 다양한 속성을 가지고 있다. 개방체계(open system)는 어느 정도 높은 경계를 갖고 있다. 이러한 체계는 외부로부터 성장 및 발달에 필요한 정보나 에너지를 자유롭게 받아 들여서 체계 자체의 기능을 유지하고 발전시키면서 다른 체계와 에너지, 정보, 자원 등을 상호 교류하는 체계로서 체계 내 정보를 자유롭게 교환한다. 체계의 조직과 질서를 유지하는 힘, 조직의 원동력이 되는 힘이 작용하고 있는 상태를 부적 엔트로피(negative entropy) 혹은 네겐트로피(negentropy)상태라고 한다. 어떤 체계가 성장, 발달하기 위해서는 외부로부터의 정보나 에어지가 원활히 투입될 수 있을 만큼 체계의 경계가 적절히 개방되어 있어야 한다. 따라서 성장이 왕성한 체계는 비교적 명확하면서도 반투과적(semipermeable)인 경계를 갖고 있으면서 동시에 그러한 경계를 우연성 있게 유지하기 위한 장치를 갖고 있다(Compton & Gallaway, 1999). 이러한 개방체계(open system)는 반투과성의 경계를 가지므로 경계가 상대적으로 느슨하여서 에너지, 정보, 자원을 다른 체계들과 교환한다.

폐쇄체계(closed system) 는 다른 외부체계들과 교류할 수 없는 체계로서 상호교류가 없는 체계이다. 체계 안의 에너지, 정보, 자원 등이 외부로 유출되거나 방출되는 일이 없으며, 외부로부터의 상호작용이나 상호작용을 하지 않기 때문에 유입도 없는 상태이다. 외부와의 접촉이 단절된 가족의 경우가 폐쇄체계에 속한다. 외부와의 접촉이 단절된 가족의 경우도 이에 해당한다. 외부와의 접촉을 단절하고 살아가는 부부관계, 부모와 자녀관계, 형제간에도 외부로부터 충고나 간섭, 도움 등을 차단하면서 살아가는 사람들은 내부로부터 기능이 쇠퇴되어 역기능이 일어날 경우 기능이 회복되거나 회생할 가능성이 희박하다. 교도소와 같은 조직에서도 정보나 에너지의 투입이 엄격히 제한된 상태에서 일상생활이 일어나기 때문이다.

체계가 폐쇄적이면 시간이 지나면서 모든 요소들이 비슷해지기 시작하여 결과적으로 조직과 효과적인 기능이 상실되는 엔트로피(entrophy) 속성이 나타나게 되는데, 사회체계가 건전하게 성장하고 발달하려면 상호작용하는 다른 체계들의 투입이 어느 정도 개방적이어야 하며 나름대로 경계를 유지하는 방법을 가지고 있어야 한다.

그러나 현실에서는 어느 체계도 완전한 개방 상태 혹은 완전한 폐쇄 상태로 존재하지 않고 모든 체계는 개방체계와 폐쇄체계의 연속선상에 존재 한다. 즉 환경과 상호작용을 하면서 살아가는 인간은 불가피하게 어느 정도의 개방성을 갖고 있기 때문에 중요한 것은 얼마만큼 개방적이고 폐쇄적인지를 알아보는 것(채옥채 외, 2008)이 체계의 구조적 특성이라 할 수 있다.

2) 경계와 공유영역

① 경계(boundary)

- 경계는 외부환경으로부터 대상체계(subject system)를 구분해 주는 일종의 테두리로서 전체와 부분, 상위와 하위 체계를 구분하는 것도 경계에 의해서 이루어진다.
- 체계와 체계 사이에 이루어지는 상호교류의 특징을 구분해 주기 때문에 체계의 독특성과 정체성을 유지하는 기능을 한다.
- 경계를 통해서 에너지, 정보, 자원 등이 체계 내에서 외부로 나가거나 외부로부터 안으로 돌아오는데 이때 경계는 삼투막과 같이 에너지, 정보, 자원의 흐

름과 피드백을 조절하고 통제하는 역할을 수행 한다.

- 또한 물체는 눈으로 경계가 보이지만 추상적 의미를 갖는 체계는 경계가 눈에 보이지 않는데 예를 들면 가족은 규칙에 의해서 다른 가족과 구분되며 이때 가족규칙은 눈에 보이지 않는다.

즉, 사회체계의 경계는 형체는 없지만, 단지 그 체계를 구성하는 사람들이 서로에 대해서나 혹은 외부 사람들을 대할 때 행동하는 방식에서 드러난다. 사회체계의 경계는 사회적 구조로서 물리적 구조가 아니므로 경계를 유지하는 행동을 통해서만 드러난다.

경계란 한 체계 내에서 관계를 특징짓고 그 체계에 특정한 독자성을 부여하도록 반복적으로 일어나는 행동의 형태를 의미한다. 경계는 체계 내부로의 에너지 흐름(투입)과 외부로의 에너지 유출(산출)을 규제한다.(김동배, 권중돈, 2005). 예를 들어, 경계는 부모와 자녀 긴에 존재힐 수 있는데, 가족의 겅우 경세는 명확하년서도 융통성이 있어야 하는데, 경계가 지나치게 경직되어 있거나 혼란스러운 경우에는 가족 내에 문제가 발생할 가능성이 높다.

사회체계의 두 가지 경계의 주요 기능은, 그 체계의 정체성을 규정해 주고, 주위 환경과의 내적, 외적 교환을 통제하는 한편, 부분적인 침투가 가능하며, 에너지와 정보의 전달이 가능하다.

② 공유영역(interface)

- 두 개의 체계가 함께 공존하는 곳이며 체계간의 교류가 일어나는 곳이다.
- 어떤 대상체계가 상위체계나 하위체계와 교류하면서 만들어지는 독특한 상호작용의 유형, 혹은 공유된 경계이기도 하다.
- 경계와 공유영역이 다른 점은 경계가 체계의 정체성을 유지하기 위해 필요한 것이라면, 공유영역은 서로 다른 두 체계가 공통의 이익이나 관심을 추구하기 위해 필요하다는 점이다(Norlin & Chess, 1997 : 68-69). 예를 든다면 결혼하여 가족이 생기면 자신이 가지고 있던 원가족과의 교류에서 공유영역이 생기고 두 체계 간에 심리적으로 합의된 관계유형(채옥채 외, 2008)을 공유영역이라 할 수 있다.
- 또한 직장동료, 종교집단, 정치집단, 친구와 이웃, 치료자와 내담자, 가족원

등 사람들 사이의 접촉과 관계를 통해 나타난다.

- 두 체계 사이의 상호작용의 의미뿐만 아니라 상호간에 미치는 영향까지를 고려해야 하는 것이 공유영역이다.

3. 체계의 진화적 특성

체계가 변화하거나 유지하려는 속성이 있다. 결코 서로 상반된 개념이 아니고 어떤 체계된 완전한 변화나 완전한 현상 유지의 상태로 존재하지 않기 때문이다. 체계는 항상 일정부분 자신을 변화시키고 있을 뿐 아니라 유지하고 있는데 이것을 체계의 진화적 속성이라 한다. 진화적 속성을 나타내는 개념에는 균형, 항상성, 안정상태, 호혜성 등이 있다. 진화과정에서의 에너지 흐름을 엔트로피와 넥엔트로피, 시너지의 개념으로 설명한다((장인협 외, 1991).

1) 체계(system)

체계란 서로 연관되어 질서 있게 하나의 기능적인 전체를 만드는 요소들의 집합이다. 국가, 보건복지부, 신혼부부 등이 모두 체계의 예가 될 수 있다. 특히, 사람들로 구성되어 있고 사람들에게 영향을 미치는 체계들을 사회체계라고 일컫는다(Zastrow & Kirst-Ashmam, 2004).

2) 하위체계(subsystem)

그 자체가 하나의 체계이면서 어떤 체계의 구성 요소가 되는 것을 의미하는데, 이는 큰 체계 안에 들어 있는 작은 체계로 볼 수 있다. 예를 들면, 가족이라는 체계에는 부모 하위체계와 형제 하위체계가 있을 수 있다.

3) 균형(equilibrium)

균형은 폐쇄체계로서 나타난다. 체계가 고정된 구조를 가지고 주위환경과 수직적인 상호작용을 하기보다 수평적인 상호작용을 하면서 거의 교류를 하지 않는 상태라 할 수 있다. 예를 들면, 폐쇄적인 관료조직이나 엘리트집단은 변화하기보다는 현상 유지를 가장 바람직한 상태로 여기면서 다른 조직이나 집단과 거의 교류를 하지 않는다. 또한 균형은 마치 시소와 같다. 평형은 성취될 수 있지만 그 범위가 좁다. 평형이 이루어진 시소에서의 운동은 불가능하다. 평형을 유지하기 위해서 바람이나 외부 방해물과 같은 환경으로부터의 보호가 필요하다(채옥채 외, 2008: 162) .

4) 항상성(homeostasis)

항상성은 균형보다 일정한 수준의 개방체계를 전제로 하고 체계가 계속적인 균형상태 또는 상대적으로 안정적인 상태를 유지하려는 경향성을 말한다. 만약 무엇인가가 균형을 방해한다면 체계는 그 자체를 다시 조절하여 안정성을 되찾으려고 한다. 가족체계는 항상성을 가지고 있기 때문에 함께 모여 계속적인 기능을 할 수 있는 방향으로 작용하는 것이다. 일반적으로 우리의 피부조직도 항상성을 가지기 때문에 살갗에 흠이 생긴 후 얼마 있지 않아서 상처 난 자리에 새살이 돋아남을 보게 된다. 이것은 일관성을 갖으려는 기능이다. 항상성이 갖는 기능은 체계의 일관성을 유지함으로써 외부로부터 정보를 적절히 통제하고 체계의 혼란과 무실서로부터 보호하려는 기능을 가지고 있다. 교실의 의자에 앉는 행동을 보는 것도 누가 그 자리에 가서 앉아야 된다는 지시를 하지 않았음에도 불구하고 늘 그 자리, 처음부터 앉았던 자리에 가서 앉게 되는 것도 체계의 변화를 주기에 앞서 유지의 속성이 있음을 알 수 있다. 따라서 체계의 일관성을 유지하기 위해서는 체계가 일정한 범위 안에서만 변화를 가져오게 된다는 것이다.

5) 안정 상태(steady state)

안정 상태는 개방체계로서 환경과의 교류뿐 아니라 환경에 적응하기 위해 체계의 구조를 변화시키는 상태로서 기능한다. 안정 상태는 건강한 상태로서 보편적으로 안녕상태를 의미한다. 사회체계에서 안정 상태는 인간이 갖는 기본속성이며, 체계의 목표라고도 할 수 있기 때문에 정체성을 갖고 생활 속에서 사회복지 실천을 하기 위해서 노력하고 수정하려고 한다. 이러한 안정 상태는 고도의 조직성, 복잡성, 환경에 대한 개방성이 특징(채옥채 외, 2008: 164)을 가지고 있다.

안정상태의 한 예로, 에릭슨의 정체성 개념을 들 수 있는데, 이때 정체성은 성격체계의 안정 상태에 해당한다. 따라서 안정 상태는 체계의 지속적인 정체 유지이며, 체계가 거쳐 오기 이전의 연속 상태를 의미한다(Anderson & Carter, 1984 : 38-

39). 안정 상태는 균형이나 항상성에 비해 더욱 개방적이고 역동적이다. 즉, 체계의 일관성을 유지하기 위해 일정한 범위 내에서만 변화하려고 하는 반면, 안정 상태는 체계 자체를 변화시키는 노력을 통해서 외부 자극을 받아들인다. 이러한 변화의 원리를 형태변형성이라고 한다. 형태 변형성(morphogenesis)은 체계 변화의 과정과 결과 모두를 지칭하는 개념이다. 환경의 요구에 반응할 뿐만 아니라 적응을 위해서 체계 안에 존재하는 항상성 원리를 평가하고, 그 평가결과에 따라 스스로를 변화시키게 된다(Broderick & Smith, 1979 : 122). 항상성 원리에 따라 체계는 일정기간이나 범주까지 생존할 수는 있다. 그러나 시간이 흐르면서 기존의 틀은 더 이상 유용하지 않게 된다. 이러한 경우에 체계는 스스로 변화해야 하는데, 그렇지 않고 계속해서 항상성의 원리만을 고집한다면 체계 안에는 역기능이 증가하게 될 것이다(김용태, 2000:78-93).

이를테면 지식을 남에게 전달할 때도 자신이 알고 있는 기존의 지식이 옳다고 고집한다면, 기존의 틀에서 벗어나지 못하는 항상성 체계가 새로운 지식을 수용하지 못하여 심리적으로 변화를 가져온다. 이러한 변화는 스스로 변화하려고 하는 체계속 에서 새롭게 검토하고 수정하는 작업을 거치면서 자신의 지식구조를 바꾸면서 안정 상태를 유지하게 된다. 균형이나 항상성에 비해 더욱 개방적이고 역동적이다.

6) 호혜성

호혜성(reciprocity)이란 한 체계에서 일부가 변화하면, 그 변화가 모든 다른 부분들과 상호작용하여 나머지 부분들도 변화하게 된다는 개념이다(Payne, 2001).

호혜성은 체계 내에서 구성요소들은 서로에게 상호작용하여 영향을 주고받게 되는 것을 의미한다. 호혜성의 원리에 따라, 체계 내 부분들은 시간이 지나면서 다양한 방식으로 상호작용하게 되는데 이 같은 개념이 다중종결성과 동등종결성이다. 다중종결성이란 체계를 구성하는 요소들의 상호작용 성격에 따라 유사한 조건이라도 각기 다른 결과를 초래하는 경우를 말한다. 다중종결성의 예는 자격증시험을 쳤는데 두 사람이 똑같이 불합격의 통지를 받았다. 한사람은 합격을 향해 더 열심히 공부하고 다른 한사람은 자신의 환경을 탓하고 포기하는 경우이다. 또한 동등종결성의 예로는 주위에 불합격한 친구들이 있다고 할 때 결과적으로 시험에 불합격한 사람들의 상황은 비슷하지만 그 원인은 다를 수 있다는 것이다. 공부를 게을리 했거나 건강이 좋지 않아 좋아서 책을 볼 수 없었거나 환경적인 요소가 각기 다를 수 있다는 것이다.

인간은 고립적 개인도, 추상적 개체도 아니고 늘 관계성 가운데 있는 존재하며, 서로 주고받는다는 호혜성(互惠性) 원칙 아래 행동하며 사회를 형성한다. 거기에 인간의 사회성과 주체성의 융합일체와 개인과 사회의 융합일체관계가 있다.

7) 관계(relationship)

관계는 둘이나 그 이상의 사람들 혹은 체계들 사이에서 상호작용한다. 많은 감정과 정서교환, 역동적인 상호작용, 감정적·인지적·행동적 문화적 연결까지도 의미한다. 예를 들면, 교사는 학생과 전문적인 관계를 맺을 수 있고, 그들은 학생의 욕구를 충족시키기 위하여 의사소통하고 상호작용한다. 개인과 개인, 개인과 국가, 사회와 국가 국가와 국가 등 관계는 체계의 크기에 상관없이 존재한다. 학생은 학교와의 관계를 맺을 수 있고, 학교는 다른 기관과 학교와 관계를 맺을 수 있으며, 개인과 사회, 나라 등 연계하여 맺을 수 있다.

4. 엔트로피와 넥엔트로피

사회체계 내의 사람들이나 집단들 사이에 에너지가 발생하고 교류된다. 이 때 에너지는 직접 관찰 할 수는 없지만 에너지의 존재는 체계와 그 부분들에 미친 효과를 통해서 추론할 수 있는데 사회체계에서 사용하는 에너지란 '행동역량', '행동', '변화 발생력'을 말한다. 다시 말해서 행동할 수 있는 체계의 능력, 즉 체계 자체를 유지하고 변화시킬 수 있는 힘을 의미한다.(장인협 외, 1991 : 31) 이 에너지는 운동능력, 신체적인 활동, 공유하는 감정, 공통의 가치관등의 내적으로 발생하는 자원뿐 아니라 환경적 요소와 문화적 배경까지도 외부에서 유입된다. 즉, 이 에너지는 내부와 외부의 자원들은 정보와 아이디어, 물리적 요소와 인적 요소를 제공한다.

이러한 체계의 에너지와 깊은 관련이 있는 엔트로피(entropy)와 넥엔트로피(negentropy), 시너지(synergy)를 알아보기로 한다.

1) 엔트로피(entropy)

엔트로피는 체계 구성요소들 간의 상호작용이 감소함에 따라 유용한 에너지도 감소하는 상태를 말한다. 체계 내에 질서, 형태, 분화가 없는 무질서한 상태로서 폐쇄체계의 특징과 관련이 있다. 체계가 서서히 무질서와 혼돈의 상태를 향해 나아가는 것이다, 또한 체계 내에 유용하지 않은 에너지의 정도(채옥채, 2008 : 166)를 나타내기도 한다. 모든 체계에서 어떠한 요소이던지 간에 완전한 폐쇄체계가 존재하지 않듯이 완전한 엔트로피 상태는 존재하지 않는다. 예를 들어 가족 중에 누군가가 오랜 투병 생활을 하고 있으면 가사가 힘들어지고 그에 따른 생활고로 인하여 가족과의 관계가 악화되는 경우가 있다. 이때 가족 간의 불화로 가족이 불안해지고 위계질서가 무너지기도 하고, 보이지 않는 냉대감으로 상호작용의 감소와 역기능적인 행동의 증가로 인하여 엔트로피 상태로 된다.

즉, 엔트로피는 체계 내부의 비 조직화 또는 수행도의 감소 성향을 의미한다. 영원히 존재하는 것은 아무것도 없다. 사람도 나이를 먹고 결국 죽게 되며, 새로운 가족들은 세월이 지나면서 오래된 가족이 되고 자녀들은 자신의 가족을 이루어 떠나게 된다. 시간이 지남에 따라 오래된 기관이나 체계들은 결국 새로운 기관이나 체계들로 대체된다. 부정적인 엔트로피(negative feedback)는 엔트로피의 반대 개념으로 한 체계가 성장하고 발달하는 과정을 의미한다. 개인은 성장함에 따라 신체적·지적·정서적으로 발달하고, 사회복지 서비스 기관들도 새로운 프로그램과 클라이언트를 계발하며 성장(손병덕 외, 2008: 53)하고 사회와 국가도 국민의 욕구에 따라 성장 변화 한다.

2) 넥엔트로피(negentropy)

넥엔트로피는 체계 내에 질서, 형태, 분화가 있는 상태를 말하는데 부정적인 의미가 아니라 체계 외부로부터 에너지를 유입함으로써 체계 내부에 유용하지 않은 에너지가 감소되는 것을 말한다. 넥엔트로피의 증가는 체계 내에 질서와 법칙이 유지되며 정보의 필요성이 높아지게 된다. 이는 체계외부로부터 받은 새로운 자원으로 넥엔트로피가 증가되는 것을 말한다. 예를 든다면 비행청소년이 상담을 받은 후 학교생활과 교우관계가 개선이 되었다면 관계개선과 함께 위계질서와 회복으로 인하여 새로운 생활의 리듬을 찾게 되는 것이다. 따라서 외부 도움으로 역기능적인 관계가 개선되고 비행청소년의 공격적 행동이 감소되었다면 이때가 넥엔트로피 상태인 것이다.

[그림 14-1] 체계유형과 에너지 교환

폐쇄체계				개방체계
높 다	←	엔트로피	→	낮 다
낮 다	←	넥엔트로피	→	높 다
낮 다	←	질서	→	높 다
높 다	←	혼란	→	낮 다
낮 다	←	법칙	→	높 다
적 다	←	정보의 필요성	→	많 다

자료 출처: 가족치료, 김유숙. 2004. P 35, 학지사

3) 시너지(synergy)

시너지는 개방적이고 움직이는 체계에 적합하다. 그 이유는 시너지란 체계 내에 유용한 에너지가 증가하는 것을 말하는데 이는 체계 구성요소들 사이에 상호작용이 증가하면서 나타게 되고 에너지를 고갈시키지 않고 구성요소들의 상호작용을 촉진함으로써 계속해서 에너지를 생성해 내기 때문이다. 예를 들어 비행청소년이 잦은 결석과 공격성을 일삼고 있었다면 상담을 통하여 공격성이 완화되고 출석하여 학교의 행사에 관여하게 되는 긍정적 행동의 변화를 보인다면 이러한 변화는 시너지효과인 것이다.

5. 체계의 기능적 요건

파슨즈는 사회체계를 적응, 목표달성, 통합, 형태유지 네 가지 요소를 필수적으로 충족시켜야 한다고 주장하였다.

[그림 14-2] 체계의 네 가지 기능적 요소

	도구적	완성적
외적	적응 기능	목표 달성
내적	형태 유지	통합

1) 적응(adaptation)

인간과 환경이 서로에게 영향을 미치고 반응하면서 인간과 환경이 상호교환하면서 하나의 단위 안에서 이루어지는 과정이다.

체계 안에서 인간은 때로 자신의 욕구에 적합하도록 환경을 변화시키고 환경의 변화에 적응할 수 있어야 한다. 인간은 새로운 환경에 직면하여 그 환경의 요구에 적응하고, 도한 상황은 인간으로 이하여 구조적 변화를 경험하게 된다. 인간은 끈임없이 창조하고 재구조화하며, 환경이 인간에게 어떤 영향을 미친다고 해도 환경에 적응해 나간다. 이러한 측면에서 적응은 인간의 영향력과 생태적 환경의 영향력에 의해서 이루어지는 의종적인 과정인 것이다(Meyer, 1983).

전통적인 이장은 클라이언트를 문제를 가진 사람으로 병리적 관점에서 그들을 대하였다. 그러나 사회 체계적 관점은 인간의 적응문제를 병리나 문제로 보지 않고 환경과 상호교류를 수행하는데 성공적 영향을 미치는 환경요소에 초점을 둔다. 즉, 클라이언트의 환경과 상호 교류를 성공적으로 수행하는데 영향을 미치는 다양한 체계요소들을 평가한다. 다라서 체계적 관점에서 볼 때 클라이언트의 부적응은 개인의 욕구와 대처능력, 그리고 환경적 자원이나 지지 사이에 일치가 이루어지지 않은 상태를 의미한다(Germain, 1979). 예를 들면 경제제도로서 체계가 환경으로부터 자원을 얻어 이를 분배하는 활동이다. 적응은 상위체계를 조정한다는 점에서 도구적이며, 상위체계의 변화를 시도한다는 점에서 외적이다.

2) 목표 달성(goal attainment)

목표달성은 체계가 목표의 우선순위를 정하고 그 목표를 달성하기 위해 체계의 구성 부분들을 동원하는 활동으로 그 예는 정부이다. 구성원의 욕구를 충족하거나 기회를 모색한다는 점에서 완성적, 그 욕구나 기회가 상위체계에 있다는 점에서 외적이다.

3) 통합(integration)

통합은 체계가 부분들의 상호작용을 조정하고 유지하는 활동으로 법을 말한다. 체계 자체의 욕구충족이라는 목적에 관련된다는 점에서 완성적, 체계 자체의 욕구라는 점에서 내적이다.

4) 형태 유지(pattern maintenance: latency)

형태유지는 체계 내에 발생하는 긴장을 다루는 활동으로 종교라고 말할 수 있다. 체계가 완성적 차원인 목표 달성과 통합을 성취하도록 핵심적인 기조를 유지해야 한다는 점에서 도구적 차원, 체계 내 구성원간의 관계의 핵심인 구조적 특성이라는 점에서 내적이다.

6. 체계의 행동적 특성

체계의 행동적 양상은 보다 짧은 시간과 빠른 속도를 특징으로 체계를 둘러싼 상호작용은 역동적이며 쌍방적인 과정이다. 체계의 행동적 특징의 개념은 투입, 전환, 산출과 피드백의 개념과 적합성, 스트레스, 대처, 유능성의 개념이 있다.

1) 투입, 전환, 산출의 과정 및 피드백

(1) 투입, 전환, 산출의 과정

모든 사회체계는 투입(input)-전환(though-put: conversion operation)-산출(output)이라는 교환과정을 통해서 사회 환경과 교류한다(Norlin & Chess, 1997 :69-68).

① 투입

환경으로부터 에너지와 정보를 받아들이는 것을 말하고 모든 체계는 과업 관련 투입, 유지 관련 투입을 필요로 하는데 과업관련 투입은 대상체계가 관심을 갖는 지각된 욕구, 문제나 기회에서 발생한다. 투입을 유지하고 체계가 지각된 욕구를 충족시키거나 문제를 다루거나 기회를 모색하기 위해 필요로 하는 자원이다. 예를 들면, 사회복지실천에서 클라이언트는 과업 관련 투입이 되고, 사회복지사나 사회복지기관이 갖고 있는 프로그램은 유지 관련 투입이 된다. 즉, 투입은 다른 체계들로부터 에너지나 정보가 유입되는 것을 말한다. 예를 든다면 부모는 교사로부터 자녀의 언어영역 점수가 떨어졌다는 소리를 전화로 투입을 받을 수 있고, 사회복지기관은 보건복지가족부로부터 기금활용의 형태로 투입을 받을 수 있다.

② 전환

투입을 산출로 변환시키기 위해 체계가 갖고 있는 구조적 배열을 말한다. 이 구조적 배열은 구조, 기능으로 구성되는데 구조란 체계들 사이, 체계 내의 사회적 기능 수행에 영향을 미치는 공식적·비공식적 형태를 말한다(채옥채 외 2008: 168-169). 기능이란 체계가 목표 달성을 위해 상호작용하는 실제행동으로서 체계 내에서 일어나는 상호작용을 수평적 상호작용이라 하며 경계를 넘어 두 체계 사이에 발생하는 상호작용을 수직적 상호작용이라고 한다. 예를 들어, 가족 내 부모, 자녀는 수평적 상호작용이며 자녀와 학교교사, 부모와 직장상사는 수직적 상호작용이다.

③ 산출

산출이란 과업산출, 유지 산출, 소모로 분류된다. 산출에서 투입된 자원을 전환과정을 통해 내놓은 결과물로서 과업 관련 투입은 유지 관련 투입으로 가동되는 전환과정을 통해 산출을 보인다. 과업산출은 과업 투입이 처리된 결과로 목표달성 과정의 결과물로서 원조를 요청한 클라이언트의 문제가 종결된 결과이다. 유지 산출은 체계의 통합기능과 관련하여 클라이언트가 사회복지기관과의 접촉으로부터 습득한 대인관계에 관한 지식과 기술을 말한다. 소모는 과업산출과 유지 산출을 생성하는 과정에서 자원을 비효과적, 비효율적, 부적절하게 사용한 것을 소모라고 한다. 예로는 클라이언트의 중도탈락이나 사회복지사의 프로그램 포기, 소진을 들 수 있는 데 산출은 피드백 과정을 통하여 재투입된다. 체계는 체계 내부로 투입된 에너지를 변형시켜 재 조직화하는 전환(through-put) 과정을 거치며 적극적으로 외부 환경에 반응함으로써 어떤 결과를 산출하게 된다. 예를 들어, 약물중독이 된 클라이언트를 위한 산출에는 얼마간의 개인상담, 집단상담, 약물에 관한 교육 등이 포함될 수 있다(손병덕 외, 2008: 53).

(2) 피드백

피드백은 순환적 체계의 성격을 가장 잘 나타내 주고 있으며 체계의 흐름을 점검하고 수정하며 적응적 행동이 필요한지를 판단한다. 피드백에는 과업피드백과 유지 피드백으로 나뉘는데 과업 피드백은 체계와 관련하여 외부적이며 대상체계와 상위체계 상호의 관계에 영향을 미치며 체계로 하여금 목표달성의 기능을 수행하도록 도운다. 유지 피드백이란 체계와 관련하여 내부적이며, 체계 내부의 상태에 영향을 미치며 체계가 통합의 기능을 수행하도록 도운다((Norlin & Chess, 1997 :85).

피드백의 종류로는 긍정적 피드백, 부정적 피드백이 있는데 차이는 내용의 차이가 아니라 체계가 상호작용하는 방향과 관련이 있다.

① 긍정적 피드백

체계가 한쪽 방향으로 계속 이탈되어 가는 것으로 교우관계의 싸움이 심각해져서 그 어느 친구도 결과를 통제할 수 없는 상태에 도달한 경우에는 자주 화를 내는 친구가 자신의 분노를 통제하기 위해 상담교사에게 도움을 요청한 경우에 분노나 공격성이 해결되지 않고 분노나 공격성의 빈도가 증가한 경우를 들 수 있는데, 이 때 긍정적 피드백은 엔트로피가 증가하고 있는 체계에서 나타나기 때문에 이러한 상황이 변화되지 않는다면 체계는 안정 상태를 위협받게 된다.

② 부정적 피드백

부정적 피드백은 체계의 이탈을 수정하거나 변화시키는 것으로서 기존의 좋지 않은 행동을 감소시키거나 지속하지 못하도록 상호작용의 형태를 바꾸거나 목표를 수정하는 것이다. 예를 들어 공격성이 심한 청소년이 자신의 분노를 통제하기 위해 학교복지사(상담가)에게 도움을 요청한 경우, 학교복지사(상담가)의 도움으로 공격성이 나타나는 분노의 빈도와 횟수가 상당히 줄어든 경우이다. 부정적 피드백은 행동 감소가 어느 정도 나타났는가보다는 어떤 방향으로 달라졌는가에 일차적인 관심을 둔다.

2) 적합성(goodness of fit)

적합성은 전 생애를 거쳐 성취되는 것으로서 인간의 적응욕구와 환경자원이 부합되는 정도를 말한다. 이 적합성은 인간과 환경 사이의 상호교류에서 서로에게 유익한 효과를 가져 올 때는 적합성이 이루어진 것이지만, 어느 한쪽의 희생을 기반으로 생존과 발달이 이루어진 경우에는 부적합성이 초래된 것으로 보고 적합성이 적응적이거나 부적응으로 나타날 수 있다.

3) 스트레스, 대처기술, 유능성

(1) 스트레스(stress)

개인과 환경 사이의 상호교류 할 때 발생하는 것은 다양한 생활 스트레스가 발생하기도 하는데 개인이 지각한 요구와 이러한 요구를 충족시킬 수 있는 자원을 활용할 수 있는 능력 사이의 불균형에서 발생한다(Germain & Gitterman, 1986). 개인과 환경사이의 상호교류에서 나타나는 불균형에 의해 야기되는 생리·심리·사회적 현상으로 이 스트레스가 항상 병리나 문제로 나타나지는 않는다. 자신이 긍정적이고 자존감이 높을 때는 스트레스의 반응을 받지 않는다. 이런 경우에는 부적스트레스가 아닌 정적스트레스로서 개인의 성장과 발전을 돕는 동기가 될 수 있다. 이 때 사회복지사(상담가)는 개인과 환경 사이의 부적응으로 인하여 스트레스가 초래되는 상황을 정확히 사정할 필요가 있다.

(2) 대처기술(coping skills)

대처기술은 살아가는데 있어서 자신의 생활문제를 완화할 수 있도록 원조하는 적응적 전략을 제공한다.

스트레스를 경험할 때 자연적으로 발생하게 되는 것으로 이는 정서적 고통을 통제하기 위해서 개인이 수행하는 행동이다. 대처기술에는 내적 자원과 외적 자원이 필요한데 내적 자원이란 자아존중감과 문제해결 기술을 말하고 외적 자원에는 가족, 사회적 관계망, 조직의 지원, 국가 등을 포함한다.

(3) 유능성(competent)

유능성은 인간발달에 필수적인 요건이기도 하다. 이 유능성은 사람들의 생활문제를 완화시키는 적응전략으로 개인이 환경과 효과적으로 상호작용하는 능력(white, 1959)을 말하는데 이는 개인이 환경과의 관계에서 성공적으로 상호 교류하는 과정에서 성취된다. 영아기에는 울면서 양육자와의 관계를 형성하고 뒤집고, 기고, 일어서고 걷기까지 모든 행동을 통해 애착을 형성시키면서 적극적인 상호작용을 하면서 자존감이 발달하게 되고 성취감이 생기면서 유능성이 되기도 한다.

확신을 바탕으로 의사결정을 할뿐 아니라 자신의 판단을 믿으며 환경 안에서 자신이 원하는 바가 실현될 것이라고 받아들이고 환경적 자원이나 사회적 지지를 계획성 있게 활용하는 능력 등이다.(Green, 1999: 272-273).

7. 사회체계이론의 접근법(권육상, 1998: 379-380)

인간이해에 대한 접근법은 사회학자들에게 있어서 찾아보게 되는데 사회를 하나의 실제로 보느냐, 아니면 단순한 하나의 명목으로 보느냐에 따라 이론의 접근법이 달라진다. 사회체계 이론자들 사이의 양극적인 두 견해로 한쪽은 개인들을 사회체계 내의 단위들로 개인들의 행동이 사회체계에 의해 결정되는 것으로 보는 거시적인 것이며, 다른 쪽은 체계를 개인들의 누적된 행위들로 보는 미시적인 것이다.

1) 거시적 접근법

뒤르깽(Durkheim)처럼 사회를 실체로 볼 경우에는 사회현상 분석에서 분석의 대상이나 출발점을 개인에게 두지 않고 사회 그 자체에 두는 접근법을 사회적 접근법 이라 한다. 이 거시적 접근법에서는 개인은 사회·문화의 영향을 받아 움직이는 피동체로 역사는 사회 자체의 흐름에 의해 움직이며 개인은 역사창조의 주체가 아니라 역사의 창조물이다. 그렇기 때문에 개인은 사회가 부여하는 운명으로부터 벗어날 수 없는 존재로 시사한다. 거시적 기능주의자들은 전체 체계인 사회를 가장 중요한 초점으로 보고 체계 각각의 성분들이 가진 행동들을 전체 체계의 욕구와 목표들이 결정하는 것으로 본다. 개인들을 사회체계 내의 단위들이나 개인들의 행동이 사회체계에 의해 결정되는 것으로 본다.

2) 미시적 접근법

미시적 접근법은 막스 베버(Max Weber)의 접근법이 뿌리를 두고 있다. 베버는 사회를 단순한 명목으로 보기 때문에 사회란 개인을 떠나서 독립적으로 존재할 수 없는 것으로 사회는 개인들의 집합체라고 본다. 사회를 이해하기 위해서는 그것이 개인의 사회적 행동이든 개인의 본질이든 간에 개인부터 먼저 파악해야 한다는 개인적 접근법과 심리학적 접근법을 시사한다. 사회적 행동주의자들은 개인에게 일어나는 일들을 가장 중요하게 여기고 모든 것이 체계의 최소단위인 개인행동에서부터 출발하고 있다고 보고, 개인의 본질, 특성이 사회의 기반을 형성하기 때문에 개인의 본성이 선하면 그 사회는 선한 사회로 형성될 것이며 개인의 본성이 탐욕적이거나 악하면 그 사회는 악한 사회가 될 것임을 시사하고 있다.

8. 체계적 관점에서의 환경체계

1) 미시체계(microsystem)

(1) 정의

미시체계는 '환경 속의 개인(person-in-environment)'이 처한 가장 인접한 수준(proximal)의 환경으로 정의한다. 이것은 친밀한 사회 환경 안에서 겪게 되는 상황과 직접 접촉하는 사회적·물리적 환경 내에서 대면적인 상호작용이다. 가족과 직접적인 환경 내에서 이루어지는 활동, 역할, 그리고 대인관계의 유형으로 끊임없이 변화하며 개인이 성장하면서 차츰 상호작용이 약화된다.

(2) 종류

가족, 놀이터, 학교, 동아리, 또래친구, 서클친구, 형제자매, 선생님, 종교단체나 다른 사회집단에서 만나는 사람들, 이웃 사람들 등 사회생활에서 1차적으로 맺는 대인 관계 등을 포함한다. 미시체계는 개인의 발달 특성과 성장 시기, 환경에 따라 달라진다.

(3) 특징

건강한 미시체계는 상호 호혜성에 기반을 두고 있다. '상호 호혜성'이란 예를 들어 부모와 자녀가 서로에게 합리적인 요청을 들어주고, 서로의 요청 사항을 긍정적으로 받아들이고 존중함으로써 화답하는 관계의 원활함을 말하며 미시체계의 질은 이러한 호혜성의 성립 여부에 따라 달라진다. 개인에게 가장 인접한 환경인 미시체계가 효과적으로 기능하면 그 이외의 체계에서도 성공할 기회가 높고 다른 체계에도 영향을 미친다.

2) 중간체계(mesosystem)

(1) 정의

중간체계는 상호작용 중에 있는 여러 개의 미시체계를 말한다. 개인을 둘러싸고 있는 두 가지 이상의 환경에서 일어나는 과정과 연결성을 말한다. 예를 들면 가정과 학교와의 관계, 학교와 직장와의 관계 등

(2) 특징

사람들이 서로 다른 환경에서 서로 다른 역할을 수행한다는 중요한 견해가 포함되어 있다.

예를 든다면 가정에서 아내의 역할과 학교에서 학생의 역할에 있어서 각 개인은 두 미시 체계에서 아내와 학생이라는 두 역할을 수행해야 하는 것이다. 각각의 미시체계에 존재하고 있는 발달을 촉신하거나 저해하는 특징이 가지고 있는 그러한 미시체계 환경에서 일어나는 과정들이 서로 작용하면서 생성해내는 상승효과에 초점을 맞춘다. 가족이라는 미시체계와 학교라는 미시체계가 상호 호혜적이고 효과적인 의사소통 체계를 가진다면 개인에게 있어 중간체계의 내용도 광범위해질 것이다. 중간체계의 내용적 결정은 그들이 공유하는 연결점의 유무와 가치관의 양과 질에 따라 달라진다. 또한 가장 인접한 체계들 간의 상호 효과는 보다 넓은 환경이 주는 효과보다 강하게 작용한다. 예를 들어 가족과 학교가 호혜적이고 효과적인 의사소통을 체계를 가진다면 적응력과 성적이 향상되어 주도성과 독립적으로 된다는 것이다. 여기서 가족과 학교의 상호작용 영향력이 사회경제적 지위나 인종보다 더 크다.

3) 외체계(exosystem)

(1) 정의

외체계는 개인이 직접 참여하고 있지는 않지만 그 개인의 발달에 영향을 주는 환경체계이다. 두 가지 이상의 환경 사이에서 일어나는 과정과 연결성으로서 이 중에 최소한 한가지 체계는 자녀와 부모의 직장과 같은 관계로 그 개인을 직접 둘러싸고 있지는 않는 체계를 말한다. 예를 들면 자녀와 그 부모의 직업 환경인데 부모의 소

득, 근무조건, 등이다.

(2) 특징

외부체계는 개인의 생활을 차지하며 개인의 행동과 그 개인의 발달에 강한 영향력을 끼칠 수 있는 외체계적 요소를 가진다. 예를 든다면 부모의 수입이 감소한 가정의 자녀들은 다른 조건이 동일 할 경우 경제적으로 안정된 가정의 자녀보다 더 많은 문제 행동을 보이는 경우이다. 어떤 사회 문제에 있어서 한 외체계가 문제를 발생시키는 원인이 되기도 하지만, 반면 이러한 문제를 예방하고 감소시키는 기능도 한다. 예를 들어 부모의 만성적 빈곤이라는 외체계에 의해 발생한 아동 학대라는 사회적 문제를 복지관의 지원이라는 다른 외체계의 기능으로 문제를 해결하는 것이다.

4) 거시체계(macrosystem)

(1) 정의

거시체계는 일반적인 문화, 정치, 사회, 법, 종교, 경제, 교육정책과 같은 광범위한 사회적인 맥락을 의미한다. 보편적이고 일반적인 발달 연구에서의 거시체계는 주로 사회구조와 같은 환경변수를 규정하는 것으로 한정한다.

(2) 특징

거시체계가 사회구조적인 맥락을 포함하고 있기 때문에 개인의 삶에 직접적으로 개입하고 영향을 미치지는 않지만 간접적으로 상당한 영향을 준다. 예를들어 역사적, 정치적, 사회적, 문화적 세력에 의해서 형성되고 수정되는데 전쟁, 조약, 선거, 입법 등이다. 또한 거시체계는 사회 습관과 유행 등으로 스스로의 가치관을 만들어 낸다. 언론 등을 통하여 그 시대에 맞는 생활양식을 제공하는데 산업화, 도시화, 민주화, 세제개혁, 시민권 운동, 양성평등 운동, 등은 사회의 거시체계를 변화시키는 요인으로 작용하고 의학적 지식의 확산은 건강습관에 영향을 미치기도 한다.

9. Pincus와 Minahan의 사회복지실천 기초 체계와 필요한 기술

Pincus 와 Minahan의 사회복지실천 기초 체계4가지를 표1에 규정했다. 사회복지실천이 명확하게 얻을 수 있다면 사회복지사는 자신들이 다루고 있는 사람들이 어떤 체계에 해당되는지를 분석해 낼 수 있게 된다.

〈표 14-1〉 Pincus and Minahan's 사회복지실천 기초 체계

체 계	설 명	상 세 설 명
변화매개체계	사회복지사와 그들의 직장내 조직들	
클라이언트체계	원조를 구하는 사람, 집단, 가족, 지역사회 그리고 변화매개체계와 함께 일함	실제 클라이언트는 원조를 받는데 동의하고 스스로 참여 한다; 잠재적 클라이언트는 사회복지사가 관여하고 싶어 한다(예를 들면, 보호관찰중인 사람들 또는 아동학대로 조사를 받는 경우).
표적체계	변화매개 체계가 목적을 달성하기 위해 변화시키고자 하는 사람들	클라이언트와 표적체계는 일치 할 수도 있고, 않을 수도 있다.
행동체계	변화매개 체계가 목적을 달성하기 위해 함께 일하는 사람들	클라이언트, 표적과 행동체계는 일치 할 수도 있고 않을 수도 있다.

자료 출처: Pincus와 Minahan(1973)

사회복지사와 다른 사람들 간의 관계는 다음과 같다:

- *협조적 관계* 목적을 공유할 경우
- *협상관계* 합의에 도달하기 위해 필요할 경우
- *갈등관계* 그들의 목적이 반대가 되는 경우

다시 말해, 각 체계와 관계 본질을 분석하고, 적절하고 정직하게 관계를 맺는 데 있어서 명확성이 더해지는 것이다. 사회복지실천과정은 각 과정에 필요한 기술들과 함께 〈표 14-2〉에 요약되어 있다.

〈표 14-2〉 사회복지실천 단계와 관련기술

단 계	활 동	기 술 및 방 법
문제사정	문제 진술하기	각 문제는 세 부분 사회적 상황, 상황이 문제라고 판단하는 사람, 그렇게 판단한 이유로 구성되어 있는데, 이를 모두 진술해야 한다.
	체계분석	체계들이 사회적 상황에 어떻게 영향을 미치는지를 고려한다.
	목표정하기	주된 목표를 정하기 위한 단계들이 포함된다. 가능성과 중요성 가운데서 결정한다.
	전략정하기	4개 기초체계 각각을 중심으로 누구를 포함 시킬 것인가? 그 체계들과 자원들에 접근할 시점과 필요한 관계, 기대되는 어려움
	변화노력 안정화하기	변화로 인해 클라이언트에게 일어나는 문제들을 확인해보고 그것을 예방하도록 한다.
자료수집	질문하기	언어적, 서면으로 또는 투사적 검사를 이용한다.
	관찰하기	집에서, 또는 모의상황(예를 들면, 아동학대사례 경우 인형을 해부학적으로 수술하며 노는것) 사용하여 클라이언트를 관찰한다.
	기록확인하기	기록, 문서, 구두의
초기접촉	가용성	클라이언트 체계에 해당하는 사람들중 접촉이 가능한 사람이 있는지 알아본다.
	접촉하기	전에 만난 적이 있는 다른 부분들과 접촉한다.
	양가감정 극복하기	도움을 받는 것에 대한 저항을 없앤다.
	촉진하기	기관 개입활동이 클라이언트 체계 목적 달성을 위해 어떤 의미가 있는지 설명해준다.
계약협상	1차	사회복지사와 클라이언트간
	2차	사회복지사와 다른 체계간
	내용정하기	각자의 중요한 목적, 각자가 수행하게 될 과제, 변화과정을 기술한다.
	좋은 관계 형성하기	계약의 목적을 설명하고 용어를 분명하게 하고 불일치 되는 점을 논의한다.
	저항다루기	체계의 다른 성원들이나 다른 체계들을 포함시키고(예를 들면 그들의 반응에 대한 두려움을 없애거나 그들이 도움이 될 것이라는 입증을 위해서) 저항을 인정하고 수용하고, 새로운 정보를 제공하고, 격려하여 희망을 갖게 하고, 시도할 수 있는 목표를 정하고, 집합적인 영향을 위해 집단을 활용한다.
행동체계 형성	크기와 구성정하기	예를 들면, 클라이언트와 사회복지사, 클라이언트와 가족과 사회복지사, 사회복지사와 다른 기관, 클라이언트와 사회복지사와 다른 기관
	절차진행하기	접촉기간, 만나는 시간, 빈도, 장소, 행동규칙 (예를 들면, 허용적일 것인지 통제할 것인지)
행동체계유지 및 조정	체계의 엔트로피 피하기	관계를 잘 형성하고 역할, 의사소통, 힘, 충성, 태도, 가치 및 목적을 일관 되게 하고 역할변화를 피하고, 활동체계, 체계변화를 진행시키고, 혹은 역할 변화가 있을 때 분명히 해준다.
행동체계의 영향	다귀결성(체계의 일부의 영향을 주면 다른 모든 부분들이 영향을 받는 것)	지식과 경험, 물질적 보상과 서비스, 합법적 권위, 기존의 관계, 지위, 카리스마 그리고 개인적 권위, 정보에 대한 통제력을 활용한다.
변화, 노력 종결	평가하기	위 활동을 통해 진전된 것을 함께 평가한다.
	관계로부터 분리하기	
	변화노력 인정화하기	

자료 출처: Pincus와 Minahan(1973)

CHAPTER

15

생태학적 체계이론

생태학(ecology)과 일반체계이론(general system theory)은 생태체계적인 관점(ecosystems perspecive)을 구성하고 있다(Grief, 1986). 그러나 체계이론과 생태학적 이론에서 사용하는 용어는 대부분 중복되어 사용되고 있는데, 이 두 이론은 사회복지사들이 세상을 바라보는 유용한 수단이다. 이 이론은 모두 환경 속의 체계들과 그 체계들이 어떻게 사람들과 상호작용하고 영향을 미치는지에 대해 초점을 맞추고 있다. 생태학적 접근은 사회복지 관점에서 볼 때 세상을 보는 보다 구체적인 방식을 제공한다. 생태학적 이론은 개인과 개인적 가족체계를 더 강조하는 경향이 있는 반면, 체계 이론은 더 넓은 관점을 전제로 한다. 따라서 체계 이론은 사회 서비스 조직 안에서의 역동성이나 가족의 기능 등을 서술하는 데 사용될 수 있다.(Zastrow & Kirst-Ashman, 2004).

또한 "환경속의 인간"(Person-in-environment : PIE)을 기본관점을 두고 행동을 개념화하고 분석하는 데 도움을 준다. 즉, 각각의 관점은 인간이 왜 그렇게 행동하는지를 좀 더 명백하게 이해할 수 있도록 상황을 분석하는 방식이나 틀을 제공해 준다.

1. 생태체계학의 배경

생태체계 정립에 기여한 중요한 이론으로서 일반체계이론은 1930년대에 Von Bertanffy에 의해 형성되었다. 생물학자로서 Von Bertanffyms 생물의 조직과 생물이 어떻게 유지되고 그 기능이 조절되는지를 설명하였는데 그는 일반체계이론은 체계내에서 그리고 체계 사이에서 정보가 교환되는 방법과 관련된 모델정립과 추상적인 일반화에 대한 무수한 시도를 통해 발달되었다고 볼 수 있다(박명숙, 사회복지리뷰 제 4집 :128-129)

1950년대에 이르러 생태체계적인 관점은 사회학의 관심을 끌었으며, 그것은 지역사회와 환경에 대한 인간의 집합적인 적응(collective adaptation)으로부터 초래되는 기능적인 상호의존성(functioal mutural interdepen-dence)를 교정하는 역할을 수행했다(Minar & Teune, 1978). 이러한 생태학적 관점은 가족문제에 적용되었으며, Auerswald(1968)는 가족의 생활을 규정하는 거대한 체계에 의해 영향을 받는다는 주장을 설면하기 위해서 "생태체계적인 체계접근(ecological systems approach)"이라는 용어들을 만들었다.

Auerswald는 가족치료의 생태학적 모델을 개발하는데 있어서 중요한 기여자로서, 그의 생태학적인 접근은 확대가족, 지역사회, 제도를 포함해서 문제의 전체적인 영역에 있어서 방향을 제시했다고 평가된다(Hoffman, 1981).

2. 생태체계이론의 개념

생태체계이론의 기본적인 개념은 인간의 행동을 이해하기 위해서는 그들이 존재하고 있는 사회체계의 설명이 필요하다는 것이다. 즉, 인간의 행동을 적절하게 설명하기 위해서는 전체체계와 그것의 영향을 함께 이해해야 한다는 것이다. 체계이론가들은 어떻게 복잡한 체계의 모든 부분이 함께 가능하는지, 그리고 어떻게 전체체계로서만이 유기체가 이해될 수 있는지를 보여주기 위해서 생태학적 체계 또는 살아있는 생물체에 대한 분석을 하고 있다(Slife & Williams, 1995).

체계(system) 그 자체는 보이지 않는 것으로 그것은 표면 밑에 존재하며, 직접적으로 접근할 수도 없다. 그러나, 그것은 체계를 구성하고 있는 가시화된 현상을 제시하는 데 있어서 강력한 힘을 가진다(Slife & Williams, 1995). Fagon의 체계에 대한 정의는 널리 사용되고 있는데 그에 따르면, "체계란 대상과 그 대상의 속성사이의 관계를 통합하는 대상체들이다. 그 대상체들은 체계의 구성요소가 되고, 그것의 속성은 대상의 특성이고, 관계는 그 체계를 함께 묶는 역할을 한다"고 설명하고 있다(Vetere & Gale, 1987).

생태체계이론은 체계이론과 생태학적 관점을 통합하는 관점에서 인간과 다른 생물체계와 그들 간의 교류를 설명하고 분석하기 위해 사용되는 체계이론이다. 또한 개인과 환경과의 적합성과 상호교류, 적응을 지지하거나 방해하는 요소를 중요하게 여긴다. 이는 유기체가 환경 속에서 어떻게 유지하고 성장해 가는지, 인간을 비롯한 다양한 문제를 개인에게 초점을 두지 않고 환경과의 영향에 바탕을 두고 접근하는 이론이다. 따라서 이 이론은 사회복지사들에게 특정 문제에 대한 원인적 설명을 제시하는 단일이론이라기 보다 한 개인이 속해 있는 복잡한 상황을 체계적으로 사정하고 평가하도록 도와주는 관점 혹은 인식의 틀로 받아들여지고 있다. 또한 이 이론은 다양한 수준의 체계에 관심이 있으며, 체계를 하나의 전체로서 바라보며, 체계 내에서 혹은 체계들 사이에서 발생하는 스트레스와 이에 대처하는 인간의 균형에 관심을 둔다(DeHoyos & Jenson 1985).

또한 생태체계 이론은 사회복지실천에 많은 영향을 주었다. 이 이론은 사회복지사(상담가)들로 하여금 인간행동을 이해할 때 원인과 결과의 관계를 중시하는 단선적인 견해에서 벗어나 인간을 둘러싼 다양한 환경을 고려하도록 하였다. 과거에는 많은 사회복지사들이 정신분석과 같은 특정 심리학 이론에 기초하여 클라이언트가 경험하는 문제의 단일한 원인을 찾고자 하였다. 그러나 생태체계 이론에서 클라이언트의 문제와 관련한 다양한 맥락을 강조하기 때문에 사회복지사들로 하여금 클라이언트가 처한 상황을 다양한 체계 수준에서 사정하고 설명할 수 있도록 해 주었다(Greene, 1999:217-218).

생태체계적관점은 인간과 물리적·사회적·문화적 환경의 상호작용과정, 자원의 상호 보충적인 교환과정으로 이해해야 한다고 제시한다. 따라서 생태체계 관점은 인간과 환경이 어떻게 서로 영향을 주고 받는지를 보는 준거틀을 제공(Siporin, 1980)해 준다. 그러기 때문에 한 개인의 문제를 상황적, 환경적 맥락에서 개인의 체계를 보기 때문에 사정과 계획 단계에 매우 유용하게 적용할 수 있는 이점이 있다.

생태체계 관점에 근거한 인간관과 특징, 부적응 및 변화에 대한 관점을 중심으로 알아보기로 한다.

1) 인간관과 특징.

(1) 인간관

생태체계 관점은 인간을 단순한 인간관계를 규명하는 것이 아니라 인간과 환경

간의 복잡한 존재로 본다. 인간은 사고, 감정, 행동을 가진 생물학적, 심리학적, 영적, 사회적, 문화적 존재로서 환경을 구성할 뿐 아니라 환경에 의해 상호작용하며, 영향을 주고 받으며 상호 교환적인 위치에 있다. 따라서 생태학적 관점에서의 인간관은 '환경속의 인간'이라는 전체적 인간관을 가지며, 이 관점은 인간에 대해 낙관론적 시각을 가지고, 인간과 환경은 지속적인 상호작용과 상호교환을 통하여 서로에게 영향을 미치고 서로를 형성하며 상호적응하는 호혜적 관계를 유지한다고 본다(김동배 외, 1998). 또한 생태체계 관점에서 인간의 발달은 진화적 시간에 따른 유전적 변화 뿐 아니라 성숙 및 선택과정에 의해 인간이 형성된다고 본다.

(2) 특징

인간은 개인과 환경간의 적합성과 상호교류(transaction)의 적응을 지지 혹은 방해하는 유전적 잠재력을 가진 것으로 보며, 인간행동은 성장하는 개인과 환경사이의 상호작용의 산물로서 이해한다. 즉, 인간이 접하는 환경에 관심을 두는 것이 아니라 인간과 환경을 분리하지 않고 지속적인 상호교류 안에서 존재하는 체계로 본다는 것이다. 인간과 환경 간의 복잡한 상호보완성을 설명하는 데 있다. 또한 환경과 타협하는 개인의 능력에 초점을 두고, 체계이론은 체계능력을 강조한다.

2) 기본 가정

생태체계에서 부분과 전체는 서로 상호적이다. 따라서 인간생활은 환경을 떠나서 생각할 수도 없고 서로 의존적 관계이므로 분리해서 생각할 수 없다.

이론적 기본가정을 보면 전체는 부분의 총합보다 크다고 보며 모든 현상은 상호작용을 통한 총제적 입장에서 이해되어야 한다.

3) 적응과 부적응에 대한 관점

생태체계적 이론은 인간이 환경의 모든 요소와 지속적인 상호교환을 하는 존재로 보는 적응적, 진화적 관점을 지니고 있다(Germain & Gitterman, 1980). 인간과 환경은 분리될 수 없으며, 동시에 고려하여야만 한다는 것이 생태학적 이론의 기본 가정이다(Bronenbrenner, 1989). 이렇듯 인간은 지속적으로 자신의 환경을 형성하고 또 그 환경에 의해 형성되어 가는 과정에 있다. 인간의 모든 면이 형성, 변화되어

가는 과정에 처하므로 변화를 위한 다양한 전략과 환경이 제공되어지는 것이다. 생태체계적 관점에서의 '부적응적'이나 '역기능적'이란 상태는 전통적 관점과는 구별된다. 왜냐하면 전통적 관점에서는 고정적, 불변적이었다면, 생태체계적 관점에서는 변화가능하고 상호의존적인 상태이기 때문이다.

생태체계적 이론의 실천적 모델인 "유능성"(competence model)에서는 유능성의 성취 정도에 따라 개인의 적응과 부적응을 사정한다. 이를테면 개인이 환경과의 상호작용에서 스스로 선택하고 결정할 수 있는 능력을 갖고 있으며, 자신에 대한 긍정적 시각과 진취적인 능력에 대한 신뢰감을 지니고 있을 때 적응적 삶을 영위할 수 있다고 본다.

만약에 개인의 욕구와 능력이 환경적 자원 사이에서 만족하지 못하고 불일치가 발생할 때, 심리사회적 스트레스를 경험하게 되며, 이 때 개인의 생활문제가 발생한다. 생활문제를 첫째 생활전이 또는 새롭게 부과된 발달상의 요구와 역할 둘째, 조직적 자원과 사회관계망의 자원 또는 물리적 및 사회적 환경내에서의 어려움을 포함하는 환경적 압력 셋째, 가족 또는 다른 일차집단에서의 의사소통과 관계유형에서의 장애를 포함하는 부적응적인 대인관계과정이라는 상호관련된 세 가지 생활영역이 포함되어 있다고 하였다.(Germain과 Gitterman, 1980)

생태체계 관점에서 한 개인이 하는 행동은 개인과 환경 사이에서 상호 이익을 추구하는 과정에서 나타나는 것으로 본다. 즉 모든 개인과 사회체계가 자원과 욕구 사이의 상호이익을 달성하려고 하는 욕구의 균형점에서 개인은 행동의 동기가 유발되어 행동이라는 실체로 구체화된다는 것이다.

인간이 환경과의 적응적인 조화를 이루고자 하는 이러한 활동적인 노력을 'goodness-of-fit'라고 부른다. 따라서 생태체계 관점에서 부적응이란 존재하지 않는다. 모든 인간행동은 내적인 욕구와 환경적인 욕구 사이의 조화를 찾기 위한 적응과정으로 보고 있기 때문에, 어떤 행동도 부적응 행동으로 규정할 수 없다. 그러므로 부적응적인 결과 혹은 수용되기 어려운 행동이 나타난다고 할지라도, 적어도 그 환경 안에서는 적응적인 것이며, 모든 행동은 그 상황 안에서는 의미가 있는 것이다. 이러한 시각은 부적응자를 일탈자로 낙인화함으로서 개인과 환경의 상호책임성을 간과하고, 개인적 관점에서 클라이언트가 비난의 대상이 되었던 전통적인 부적응적 관점과는 명백히 구분되는 것이다(Germain, 1979).

그러므로 생태학적 관점에서 '문제'란 환경적인 자원과 관련된 것으로서, 환경적인 자원의 양과 수에 따라 부적응적인 행동은 환경 안에서의 체계와 자원 조정을 통하여 변화될 수 있다고 본다. 따라서 이 관점에서 부적응에 대한 개인의 문제나 병리를 낙인 혹은 비난을 할 수 없으며, 문제 행동은 물리적, 사회적 환경과 클라이언트간의 상호작용의 산물이기 때문에 변화 가능한 것으로 본다. 즉, 개인은 환경과의 상호작용과정에서 적합성을 성취하면 건강한 삶을 영위할 수 있다.

4) 변화에 대한 관점

생태체계 관점은 변화에 대해 매우 개방적이고 융통성이 있다. 클라이언트의 문제행동이 환경과의 상호작용 특히 개인의 내적 욕구와 환경과 자원간의 불일치에 의해서 비롯된다고 보고 있다. 이러한 개인과 환경과 자원과의 불일치는 변화를 위한 다양한 가능성이 존재하는 것으로 본다. 따라서 개인이 가진 어떠한 문제도 개인 자신의 책임으로 보지 않고 개인을 둘러싸고 있는 환경과 상호작용의 산물로서 본다.

생태체계적인 접근은 행동 변화절차를 개념화하고 사람과 그들의 물리적, 사회적 환경사이의 역기능적인 교환을 강조함으로서 치료와 변화를 통합한다. 이 모델은 내적 그리고 외적 요소들 모두에 관심을 가지며, 그것은 인간을 환경에 대해 수동적인 반응자로서 보는 것이 아니라, 오히려 인간이 환경에 대해 역동적이고 상호작용적으로 개입하고 있다고 본다. 이 모델은 사람들의 대처방식(coping patterns)을 향상시킴으로써 인간의 욕구와 환경사이에 보다 나은 조화가 이루어 질 수 있다고 본다. 이러한 개념을 가지고, 생태체계이론은 세 가지 분리된 영역에 초점을 두고 있다. 첫째, 그것은 인간에 초점을 두고, 자심의 문제해결, 대처(coping), 발달적인 능력을 개발할 것을 추구하며, 둘째, 그것은 인간과 그 자신이 상호 작용하는 체계 사이의 관계에 초점을 두고, 인간을 필요한 자원, 서비스, 기회와 연결 시킨다. 셋째, 그것은 체계에 초점을 두면서 그 체계가 개인의 욕구를 보다 효과적으로 충족하도록 변화를 추구한다(Zastrow, 1993 : 박명숙, 사회복지리뷰 제 4집: 133 재인용)

그렇다고 해도 사회복지사가 모든 체계에 동시에 개입 시도할 필요는 없으며 인간체계 혹은 환경의 어느 일부분에 대한 개입 혹은 변화의 시작이 다른 부분의 상호교류에 영향을 미침으로서 전체 체계의 변화를 초래할 수 있다는 것을 인지헤야 한다. 전체 체계 모두가 변화의 객체 혹은 주체로서 기능할 수 있기 때문이다. 이는 개인의 문제를 해결함에 있어 어떤 개인의 체계에 국한해서 문제를 바라보지 않고, 더 큰 체계와의 역동적인 상호작용에 대한 충분한 이해를 가지고 더 큰 맥락 안에서 문제를 사정하고 개입틀을 제시해야 한다. 이 때 사회복지사에게 있어 모든 수준의 사회적 체계가 개인일 수 있고, 이들 체계 수준은 클라이언트 개인 체계의 변화라는 목표달성을 위해 모두 선택되어질 수 있다. 그러므로 생태체계관점을 가진 사회복지사는 문제나 병리보다는 강점에 초점을 두고 클라이언트와 동반자적인 파트너십을 형성하여 개인과 환경간의 상호작용에 개입함으로써 변화를 위한 가능성을 확대하여야 한다.

3. 주요개념

1) 적합성, 적응성, 유능성

(1) 적합성(goodness of fit)

개인의 적응적 욕구와 환경의 속성간의 조화를 이루는 정도를 의미한다.

적합성은 개인의 적은적 욕구와 환경의 질이 어느 정도 부합되는가와 관련된 개념이다, 적합성은 다른 종의 경우에는 진화에 의하여, 인간의 경우에는 일생을 통하여 성취된다(Germain & Gitteman, 1987).

인간과 환경사이의 상호교류를 통하여 성취되는데 그 상호 교류는 적응적일 수도 있고 부적응적일 수도 있다. 인간에게 환경은 적응적일 수도 있고 부적응적일 수도 있다는 말이다. 이것이 적응적일때 지속적 발전을 도모하고 사회적 기능을 만족시키고 환경을 유지하거나 강화하므로 나름대로 적합성의 상태를 나타낸다고 할 수 있다. 적합성은 인간과 환경의 계속적 교류를 반영하며 고정되어 있지 않고 상호교류의 변화에 따라 바뀐다. 따라서 부정적 교류가 거듭되면 인간발달과 심리적, 건강, 영적, 사회적 기능은 손상된다.

다시 말해 개인의 욕구나 집단의 욕구, 권리, 목표, 능력과 특정한 문화적, 역사적 맥락 속의 환경 간에 작용하는 실제적인 적합성을 말한다. 대부분의 개인과 환경 사이의 상호작용이 성곡적이고 적응적일 때, 주요 타인, 사회적 조직 그리고 정치경제적 구조와 정책, 물리적 환경이 개인의 성장, 발달 그리고 물리적 정서적 안녕을 지지할 때 적합성이 이루어진다(Germain & Gitteman, 1987).

환경과 개인의 힘이 공동으로 발휘할 때 개별적 힘의 총합보다 더 큰 효과를 생산한다(synergy 효과발생).

(2) 적응성(adaptiveness)

적응은 개인과 환경 사이의 활발한 상호교환을 포함한 개인과 환경이라는 단위 내에서 이루어지는 과정이다,

적응성은(adaptability)은 현상유지와 변화사이에서의 균형을 요구한다. 명백하게 대조적인 이러한 기능들의 상호교환은 불안정성에 의한 성장과 변화의 기회를 가지고 일시적인 균형상태에서 체계를 유지한다(Vetere & Gale, 1987). 평형(equilibrium)은 자연적인 체계가 환경의 도전에 반응하여 스스로를 창조하는 것을 의미한다. 생태체계이론은 또한 순환성의 개념을 가지는데, 그것은 유기체와 환경 사이의 상호적인 관계를 강조한다. 즉, 이러한 관점에서는 행동을 인과적으로 보는 것이 아니라, 현재의 상황에서부터 발생되어지는 것으로 이해한다(Grief, 1986).

인간이 환경에 대한 적응수준을 유지하고 높이고자 사용하는 것이다. 적응성은 지속적이고 변화지향적이며, 인지적, 감각적-지각적, 행동적인 과정이다. 적응성은 환경의 변화를 위한 행동이나 인간이 자기 스스로 환경변화에 적응하는 것을 포함하고 적응상의 문제를 병리적으로 보지 않는다. 개인적 욕구와 대처가 환경적 자원이나 혹은 지지와 일치되지 못한 것으로 간주한다.

그래서 인간은 환경이 자신의 욕구에 적합하도록 변화시키고 자신도 그 환경에 적응할 수 있도록 변화되어야 한다.

적합성과 적응을 도와주는 환경적 요소는 "사회관계망"(social network), "자원"(resource), "지지"(support), "사회적 지지망"(social support network) 등이 있다.

(3) 유능성(competence)

유능성은 개인이 환경과 효과적으로 상호작용할 수 있는 능력으로, 환경과 성공적인 상호작용을 경험하는 데서 형성되는 것으로 일생에 걸쳐 확대될 수 있는 능력이다. 자신의 환경 속에서 효과적으로 기능할 수 있는 능력은 환경과의 성공적 상호

작용을 통하여 형성된다. 유능성의 개념에는 확고한 결정을 내리고, 자존감을 가지고 자신의 판단을 신뢰하고, 자신감과 자기확신을 갖고, 환경에게 바람직한 영향을 미칠 수 있는 능력이 포함되어 있다. 인간과 환경은 호혜적 관계를 통해 역동적 형평을 유지, 상호성(mutuality)을 확보할 수 있는 정도와 관련된 개념을 말한다.

이러한 적합성과 적응을 도와주는 환경적 요소는 "사회관계망"(social network), "자원"(resource), "지지"(support), "사회적 지지망"(social support network) 등이 있다.

2) 상호교류

상호교류(transaction)와 상호작용(interaction)을 다른 개념으로 구별하는 것이 중요하다. 상호작용은 물리학에서 물질현상을 설명하는 기본적인 방법 중 하나로 물체 상호간에 힘이 작용하여 서로의 원인과 결과가 되는 현상을 가리킨다. 즉 개인과 환경이라는 두 요소가 서로 영향을 미치나 분리된 정체성을 보유하는 반면 상호교류는 개인과 환경이 한단위, 관련, 체계로 합쳐질 뿐만 아니라 개인과 환경간의 영향을 상호관계를 의미한다. 상호교류적 관점은 과정 혹은 시간이 지남에 따라 혹은 만나면서 발생하는 관계를 강조한다.

3) 생활스트레스 요인, 스트레스, 대처

스트레스는 사회적 혹은 발달적 변화, 충격적 사건, 다양한 생활문제 등의 요구가 자신이 활용할 수 있는 인적 자원 혹은 환경자원을 감당하기 힘들 때 초과하는 상황에서 야기된다. 즉 개인과 환경간의 상호교류에서의 불일치나 불균형이 야기하는 현상인 것이다. 개인의 욕구, 환경, 경제적, 물질적, 인적자원, 문화적, 영적 차이에 따라 어떤 사람들은 자신의 성장을 방해하는 생활문제를 스트레스 요인으로 경험하는 반면 다른 사람은 같은 문제를 도전으로 경험한다.

(1) 생활스트레스

생활스트레스 요인에 대한 내적인 반응으로 불안한 감정이나 생리적 상태로 표출되는 것이 스트레스이다. 불안, 죄의식, 분노, 두려움, 우울, 무기력감, 혹은 절망이며 일반적으로 사회적 관계, 자신감, 자긍심, 자율성 측면에서 빈약 또는 부족을 수

반한다. 하지만 때로는 스트레스가 개인의 성장발달의 동기유발을 일으키기도 한다.

생태학적 이론에서는 환경의 지지정도나 스트레스 유발정도에 초점을 둔다(Germain, 1978). 개인과 환경 사이의 상호교류는 생활스트레스를 야기할 수도 있다. 스트레스(stress)는 개인이 지각한 요구와 이러한 요구를 충족시킬 수 있는 자원을 활용할 수 있는 능력 사이에 불균형이 일어난 것이라 할 수 있다(Germain & Gitterman, 1986). 그리고 스트레스는 개인과 환경 사이의 상호교류에서 나타나는 불균형에 의해 야기된 생리심리사회적 현상이라고 할 수 있다(Lazarus, 1980; Searles, 1960; Seyle, 1956).

(2) 대처(Coping)

대처는 생활스트레스에 의해 발생되는 욕구를 해결해 나가기 위해 고안된 새롭고 특별한 행동들이다. 성공적 대처는 내적, 외적 자원에 달려 있는데, 내적 자원은 자부심과 문제해결 기술 등을 말하고 외적 자원은 가족, 사회적 관계망, 조직 차원의 지원 등을 포함한다. 성공적 대처는 인간과 환경의 질을 향상시키고 보다 높은 수준의 사회적 관계, 능력, 자긍심, 자율성의 획득으로 적응수준을 향상시킨다. 즉, 내적 자원에는 자존감과 문제해결기술이 포함된다. 외적 자원에는 가족, 사회적 관계망 그리고 조직의 지원이 포함된다. 생활경험을 통하여 유능감을 증진시키는 것 또한 생태학적 관점의 적응전략이다. 성격의 진보적 힘을 강화하고 환경적 장애를 제거할 수 있도록 원조하는 것이 적응력과 생활만족도를 증진시키는 중요한 수단이 된다(Bandier, 1963; Maluccio, 1979; Oxley, 1971).

4. 용어의 개념

1) 유기체

개별적이고 통제적이며 살아 있는 체계로 에너지와 정보를 필요로 한다. 가족, 조직, 사회는 유기체로 구성된 생활체계의 예라고 할 수 있다 인간 유기체는 그들의 환경과 상호작용하면서 인간 생태체계를 구성한다(이소희 외, 2005).

2) 환경

체계 경계선 외부의 모든 것을 의미한다(김동배, 권중돈, 2005). 환경은 유기체를 외적으로 둘러싸고 유기체와 일정한 접촉을 유지한다. 이소희 등(2004)에 의하면 '환경은 구체적으로 인간의 생존을 위한 물리적·생물학적·사회적·경제적· 정치적·심미적·구조적 배경이며 인간행동과 발달을 위한 맥락의 총체'다. 이 중 사회적 환경은 인류를 둘러싼 여건, 상황, 그리고 인간의 상호작용을 포함한다. 개인은 생존하고 번성하기 위해서 환경과 효과적으로 상호작용하여야 한다(손병덕 외, 2008).

3) 상호작용

서로 영향을 주고받는 역동적인 관계를 의미하는 것으로 체계 사이 또는 체계성원들 사이의 정보나 자원의 교환이다.

4) 자원창출 및 사용과 관리

자원은 목표달성을 위해 특정한 형태로 전환된 물질에너지이나 정보를 말한다. 목표달성과 가치 실현을 위해서는 자원과 사용, 창출되는 자원간의 균형을 유지하는 것이 필요한데 이러한 자원창출과 사용을 관리하는 것을 자원관리라 한다.

5) 인간발달

인간이 환경과의 관계에서 지각, 개념화, 행동력을 통해 지속적이고 상호연관적으로 변화하는 과정을 말하는데 전 생애에 걸친 인간발달 연구에 인간생태학 이론이 적합하다고 보고 있다.

6) 인간생활 및 환경의 질

인간생태학이 추구하는 최종목표는 인간생활과 환경의 질 향상이다. 따라서 결과물은 환경과 상호작용에서 투입에서 관리를 거쳐 생성되므로 이러한 과정의 조건들이 결과물의 질을 결정한다고 할 수 있다.

5. 인간생태학 이론의 모형(Bubolz와 Sontag의 모형)

인간생태학을 개념화하고 정리한 Bubolz등은 환경을 인간행동적 환경과 인위적 환경, 자연적 환경으로 구분하였고 이를 다시 분석적이고 명확하며 상호관련되는 인공적환경, 사회문화적환경, 자연물리, 생물학적 환경으로 나누었다. 인간유기체는 이 세 가지 종류의 환경과 상호작용하며 각각의 환경간의 경계선은 유동적이고 서로 영향을 주고 받는 것으로 보고 있다.

1) 인간유기체

인간생태학 이론의 모형에 인간유기체는 분석단위로 환경에 둘러싸인 개인과 개인이 모인 집단이 될 수 있다.

2) 인공적 환경

인위적으로 인간이 만든 환경으로 인간의 생존, 생계 및 다른 목적달성을 위해 자연 물리, 생물학적 환경을 변경, 변형시킨 것으로 도로, 공예품, 오염된 물이나 공기, 건물, 인공적, 물리적 환경 등을 들 수 있다.

3) 사회문화적 환경

자연물리, 생물학적 환경과 인간행동이나 영적인 가치관에 큰 영향을 미친다.

4) 자연물리, 생물학적 환경

살아가는데 가장 필수적인 자원을 제공하는 것으로 불변하고 변형되지 않은 상태로서 자연에 존재하는 물리적, 생물학적 성분을 말한다.

이것들은 인간유기체 〈 인공적환경 〈 사회문화적환경 〈 자연물리, 생물학적 환경의 형태로 넓혀져 간다(Carol H. Meyer, Mark A. Mattaini 사회복지실천이론의 토대 이필환 외, 1999 : 41-50 재인용).

알아 둘 용어

• **심리사회적 관점(psychsocail perspective)**

전문가와 개인, 가족, 집단, 또는 지역사회 간에 일어나는 관계를 중심으로 특별한 정서적, 사회적 문제를 극복하고 복지(well-being)를 성취하려는 관점이다. 이는 클라이언트와 그 환경간의 공유영역을 강조하며, 정신내부(intrapsychic)에 대한 관심과 함께 인간 상호관계 또는 사회관계 문제에 초점을 맞춘다. 따라서 심리하쇠관점은 인간행동과 사회환경이라는 별개의 이론을 통합하려고 시도한다. 인간과 상황의 총체를 이해하기 위해 이 관점에서는 일반체계이론과 경제적 관점에서 도출된 많은 개념들을 사용한다. 심리사회적 관점에서 가장 중심이 되는 개념은 '환경-내-인간'이다. 사회복지실천에서 '환경-내-인간'에 초점을 맞추려면, 사회복지사는 최적의 기능수행의 특성, 다양한 부적응의 유형, 경제적 사회적 손실, 억압을 조장하는 시람과 상황, 이들간의 상관관계를 이해할 수 있도록, 다양한 이론들을 사용하여야 한다. Francis J. Turner에 의하면 개인의 행동, 퍼스낼리티, 환경 등을 수정하기 위해 가용자원을 동원하거나, 필요한 자원을 발굴하여 개인, 집단, 가족 관계를 결합시켜 주는 것을 모색한다.

• **환경 내 인간(person in enviroment)**

사회복지사가 다른 전문가들 가운데서 클라이언트를 환경체계의 일부로 간주하는 것, 이는 개개인, 관련된 타인, 물리적 환경 및 사회적 환경 간의 호혜적인 관계와 기타 영향들을 포함한다.(이 관점을 처음 주창한 사람은 Mary Richmond로, 본 장에서는 사회복지실천에서 '환경-내-인간' 관점의 독특성을 인정하면서도 그 개념이 갖는 한계, 즉 '-'(hyphen) 으로 인해 환경과 인간을 분리하여 사고하는 오류에 대해 지적하고 있다. 이후 '-'(hyphen)을 제거하고 '환경 내 인간'이란 표현으로 환경체계 안에 존재하는 인간이라는 개념을 더욱 강조한다)

• **생태체계관점(ecosystems perspective)**

인간과 다른 생물체계 그리고 그들간의 교류를 설명하고 분석하기 위해 사용되는 체계이론이다. 이 관점에 따르면, 김리과정은 생물학적, 대인관계적, 문화적, 경제적, 그리고 정치적 요인 사이의 복합적인 상호작용의 결과로 나타낸다. 이러한 요인들은 상호작용하면서 일생을 통해서 인간행동에 영향을 미친다. 따라서 사회복지사는 하나의 개념적인 렌즈(lens)를 통해 사례변수(요인들간의 체계적인 관계에 주목할 수 있다. 생태체계관점은 개입에 대한 어떠한 규정도 하지 않으나, 여러 이론들을 적용하여 살현상의 연계(connectedness)와 복합성(complexity)를 묘사할 수 있도록 한다. 따라서 이러한 관점은 복합적인(multiple)이론들과 접근방법, 사회복지사의 역할을 허용한다.

• **개별화(individualization)**

클라이언트를 어떤 부류의 전형적인 특징을 가진 사람으로 이해하기 보다는 하나의 독특한 개인이나 집단으로 이해하도록 하는 사회복지나 다른 원조 전문직의 윤리적 가치 예를 들면, 이 원칙에 따르는 사회복지사는 어떤 젊은 미혼모의 배경이나 욕구, 가치기준은 그만의 것이며, 유사한 상황에 있는 다른 미혼모와 반드시 같지 않다는 생각을 가지고 그 미혼모를 대하는 것이다.

• **동등결과(equifinality)**

체계이론의 한 용어이다. 두 개의 각각 다른 체계들이 초기에는 각각 다른 체계투입(input)이 같은 경우에는 비슷한 안정상태테 도달할 것이라는 것을 의미한다. 하나의 예로, 두 아동이 처음에는 각각 다르게 자라난다고 하더라도, 즉 처음에 한 아동은 지나치게 그리고 한 아동은 모자라게 자란다고 하더라도 그들에게 비슷하고 적절하게 영향이 공급된다면 나중에는 정상의 건강한 성인이 된다는 사실과 유사하다.

• **생태학모델(ecological model)**

생태학모델 도는 생태학적 관점, 사람들이 업무수행과 관련하여 환경에 여러 관계를 강조하는 사회복지 및 기타 직업에서 갖는 견해, 중요한 개념으로는 적응(adaptation), 교류(transaction), 상호교환성(reciprocity), 상호성(mutuality) 등이 있다. 전문적 개입에서 개입초점(unit of attention)은 개인(또는 집단, 가족, 지역사회)과 직접 관련된 환경과의 경계면이라고 여겨진다.

• **인지치료(cognitive approach)**

개인이 정보를 받아 들이고, 처리하고, 반응하기 위한 지적인 능력을 개발시키는 방법. 이 개념은 dsrks의 정서와 행동은 세상을 보는 그들의 인지(cognition)와 지각(perception)에 의해 영향을 받는다는 가설에 근거를 둔다. 다라서 인지치료의 목적은 정서적 곤란, 행동적 곤란, 대처상의 애로점들의 뿌리가 되는 인지와 인지도식(shemas)을 클라이언트가 잘 파악하고 검토하여 시험해 보고 바르게 교정하도록 도와주는데 있다. 이러한 과정은 다양한 인지적 기법으로 성취될 수 있는데, ① 클라이언트틔 생각을 감시하고 ② 정서와 행동에 대해 클라이언트가 갖고 있는 인지의 영향을 인정하고 ③클라이언트가 가진 인지의 타당성을 평가하고 ④ 세계를 바라보는 보다 객관적인 방법을 배우고 ⑤ 역기능적인 태도, 신념 및 가정들을 수정하기 위해 가르치는 것을 포함한다. 주요 인지치료기법은 클라이언트의 참여와 협력을 허용하는 '협력적인 경험치료(collaboratiove sm-piricism)', '교육(client education)', '습관적인 생각의 모니터링(mon-itoring automatic thoughts)', '부정적인 인지의 검증(testing negati-ve cognition)', 목적을 달성하기 위해 단계적인 과제를 수행하게 하는 '등급과제부여(graded task assignments)' 등이 있다.

• **일반체계이론**

(general systems theory;GST)-생물과 무생물은 모든 형태에 있어서 체계로 간주될 수 있으며, 체계는 체계로서 연구될 수 있는 어떤 별개의 성질을 가지고 있다는 가정에 기초를 두고 있다. 체계의 구성요소들과 이것들의 하위체계(subsystem)들을 평형상태(eq-uilibium)로 유지하고 안정시키려는 통제수단 간의 상호작용을 인지함으로써 사람과 사회집단의 행동을 전체론적으로 설명하려는 개념상의 정립을 말한다. 그것은 경계(boundaries), 역할(role), 관계(relationship) 및 사람들 사이의 정보교환의 통로화 관련되어 있다. 일반체계이론은 미생물로부터 사회집단에 이르기까지 생존물에 초점을 둔 체계이론(system theories)의 한 부류이다. 따라서 개인, 가족, 조직을 포함한 소집단들, 그리고 근린지역, 지역사회와 같은 더욱 복잡한 인간 조직들, 즉 사회복지 실천에서 일반적으로 관여하는 모든 실체들은 어떤 공통적인 성질을 갖고 있는 체계로 간주된다.

• 엔트로피(entropy)

작업으로 전환될 수 없는 에너지의 양을 말한다. 엔트로피는 체계의 '쇠약해지는(run down) 경향성을 나타내는데, 이느 ㄴ에너지를 되는 대로 분배해서 에너지의 이용 가능성이 적어지게 되고 다라서 그 체계는 더욱 무질서해져서 조직된 작업을 할 수 있는 능력이 더욱 적어진다. 폐쇄체계에서만 일어나는 현상이다.

• 넥엔트로피(negentropy)

Negative entropy의 약어로 체계 외부로부터 에너지를 가져옴으로써 이용 불가능한 에너지가 감소되는 것을 말한다.

• 항상성(homeostasis)

개방체계의 고정된 평형을 말한다. 이는 환경과의 상호교환과 체계구조의 유지를 특징으로 한다.

• 평행상태(equlilbrium)

힘을 부과하여 요소들간의 균형을 찾도록 할 때 체계이론(system theory)에서 사용되는 개념. 이는 폐쇄체계에 있어서 고정된 균형상태를 말하는 것으로, 환경과의 상호작용과 장애에 대한 회피가 거의 없는 것이 특징이다. 개방체계에서는 각 변수가, 다른 변수에서 어떤 상쇄나 동등한 변화를 요구하고, 따라서 곧 끊임없이 변화하기 때문에 진정으로 이룰 수 없는 상태나 조건이 된다.

• 폐쇄체계(closed system)

체계의 경계를 넘나드는 에너지 교환이 결핍된 체계이다. 즉, 다른 체계로부터 영향을 받거나 주는 일이 없이 외부로부터 완전히 단절되어 있는 체계. 개방체계에 비하여 안정과 균형을 유지하기는 쉬우나 변화와 발전은 어렵다.

CHAPTER 16

가족체계, 집단체계

1. 가족체계

1) 가족체계의 특성

우리나라 민법 친족편 제 779조에서는 "호주의 배우자, 혈족과 그 배우자, 기타 본법에 의하여 그 가(家)에 입적한 자는 가족이 된다"로 정의하고 있다. 이것은 부부와 자녀 이외에 다세대 또는 호주에 입적한 자를 가족으로 인정하는 것으로 가족의 범위를 확대하고 있다. 가족은 인간 사회에 있어서 모든 다른 체계들과 불가분의 관계를 갖고 있는 하나의 사회 단위이다.

전통적으로 가족은 부부와 그들의 자녀로 구성되는 혈연관계 집단이라는 개념에서 점차 결혼, 혈연, 입양과 같은 법적 계약뿐만 아니라 구성원들이 연대감을 가지고 함께 오랫동안 생활하고 살아가면서 상호작용을 기대하는 집단까지 포함하는 견해로서 대치되고 있다.

근래에 '가족(family)'이라는 획일적 형태보다 가족의 다양성을 인정하는 '가족들(families)'라는 용어가 대두되고 있다. 가족은 문화의 사회화에 일차적 책임을 지고 있거나, 위임받고 있어서 인간의 생존을 보장하는 주요한 책임을 맡고 있다. 그리고 합법적 자녀 출산을 가능하도록 하는 유일한 제도이며, 사회화 기능이 학교와 같은 다른 사회제도에 일부 이양되긴 했지만 가족은 인간의 성격 형성에 가장 큰 영향력을 미치고 있다.

(1) 가족의 기능

가족기능이란 가족이 수행하는 역할로서 문화의 차이나 시대의 변화에 따라 그

질적인 영향력이 다를수 있다. 즉 가족의 기능이란 가족 개개인의 면과 가족이 속한 사회의 사회적인 면 모두를 포함하는 의미이다

가족의 생활주기는 모든 단계에서 사회의 기대를 규정하고 성장에 필요한 자원을 공급하는데 중요한 의미를 갖는다. 가족체계의 특성을 구조적 특성, 행동적 특성, 진화적 특성에서 설명하면 구조적 특성은 가장 최소 단위의 사회적 인간체계를 갖는 가족은 그 구성원 간의 상호 의존성이 강하다. 즉 가족은 하나의 단위이며 어떤 구성원의 행위라도 다른 구성원에게 영향을 미친다. 가족조직의 유효성은 목표 성취의 정도에 따라 달려 있다.

가족의 행동적 특성은 가족 성원 간의 또는 외부로부터 받는 상호 작용에 따라 빈번하게 부딪히는 데에서 오는 강력함을 의미한다. 그리고 분화와 전문화의 개념 등이 가족에 적용될 수 있다. 가족분화의 결과로 가족의 기능이 축소되고 있으며, 소득보장, 건강보호, 정서적 지지, 탁아사업 등을 제공하는 사회복지 서비스와 가족기능을 지원하는 제도의 발전이 이전의 확대가족의 기능을 전문적으로 맡게 되었다.

또한 가족의 구조는 고유 영역을 가진다. 가족의 고유 영역 확보와 유지란 가족 간의 성취하고자 하는 목적을 중심으로 결합하며, 이를 통해 일체감을 갖게된다.

가족의 행동적 특성으로는 첫째, 사회통제와 사회화는 가족의 특징적 기능이다. 가족은 항상 소속사회의 하위체계이며 그 사회의 사회화 과정에 참여한다.

둘째, 가족간의 상호 작용의 모체는 의사소통이다 어느 가족이든 특징적 의사소통 방식이 있으며, 이는 가족범주 내의 외부 체계와 상호 작용한다. 부부간의 친밀함은 언어적 비언어적 표현을 기초로 하며, 이 표현 방식이 반복되면서 부부간의 의사소통방식이 결정된다. 효과적인 의사소통 방법을 이해하는 것은 부부관계의 질을 향상시킨다 새티어(Satir, 1991)는 5가지 의사소통 유형을 분류하였는데, 그것은 회유형(placate), 비난형(blame), 초이성형(super-reasonable), 산만형(irrelevant), 일치형(congruent)의 개념을 제시하였다(송정아, 최규련, 1997), 이중에서 일치형을 제외한 네가지 유형은 역기능적인 의사소통에 해당된다.

셋째, 가족은 사회변화에 대한 순응체계로서 환경의 변화에 적응할 수 있도록 구조와 기능을 바꾸는 능력이 있다. 가족체계는 구성원들에게 의사전달을 통한 단합된 힘을 요구하며 그 에너지를 교환한다. 적응은 가족 기능에 있어서 필수적이다. 가족은 사람이 긴장을 풀게하고 스스로 밖으로 적응할 수 있는 역할 행동의 부담을

줄여주어 자신을 찾게 해 준다.

가족체계의 진화적 측면은 안정 상태에서 유지되는 특성을 가진다. 가족체계는 변화하는 동시에 같은 상태로 유지될 필요가 있다. 가족은 생활주기를 통해 그 구성원들과 사회로부터 계속 변하는 요구 조건들에 의한 대처를 한다.

로즈는 가족체계의 특성을 다음과 같이 설명하였다(이인정·최해경, 2003 : 393).

① 가족 구성원은 가족 내에서 상호 의존 상태에 있는 다양한 위치를 가진다. 위치, 지위, 행동 또는 한 구성원의 역할 변화는 다른 구성원들의 행동을 변화시킨다.
② 가족과 가족 외부체계를 구분하는 경계의 장벽은 그 엄격함과 침투성의 정도에 따라 다양하다.
③ 가족은 시간이 지나면 반복되는 상호 작용 패턴을 나타내는 적응과 균형을 추구하는 단위이다.
④ 가족은 더 큰 사회체계를 대표하는 외부체계의 요구와 가족 구성원들의 내적 욕구와 요구를 모두 충족시켜야 하는 과업 수행 단위이다.

2) 가족의 형태

가족의 변화는 외형적으로 가족구조의 변화로 나타나며 전통적이고 단조로왔던 가족의 형태가 매우 다양해 지고 있다. 가족수의 감소와 부부중심으로 구성된 핵가족화의 양상은 노부모 부양기능의 감소와 조손가정과 같은 조부모와 손자녀간의 기능약화, 자녀양육문제, 한부모가정, 등 여러 가지 가족적 사회적 문제를 증가시키고 있다.

가족 형태적 측면으로는 첫째, 현대사회에서의 가족의 형태는 확대가족에서 핵가족, 소인수 가족으로 변화되고 있다.

둘째, 현대 가족은 친척들과의 접촉이 감소되었으며 상호부조의 정신이 약화되어 가고 있다. 즉 가족이 불안정하다.

셋째, 배우자 선택에 있어서 결혼은 두 당사자 사이의 문제로 한정되고 이성을 만날 수 있는 기회가 많아짐에 따라 자유연애 결혼의 형태로 되어 가고 있다.

넷째, 살림의 형태는 두 사람이 새로이 건설하는 단가살이인 독립생활의 경향으로 되어 가고 있다. 그러나 우리나라에서는 표면적인 단가살이인 경우도 많아 이에 따른 갈등이 발생하고 있다.

다섯째, 남녀평등사상에 따라 가계계승에 있어서 부계단일제도에서 양계제도로 변모되어 가고 있다. 가족의 안정 면에서 핵가족은 고립된 단위인 만큼 인간관계의 범위가 부부와 자녀와의 관계로 좁아졌다. 따라서 가족의 안정은 부부생활의 감정 조절과 인간적 융합에 의존하게 되었다. 부부 사이의 강한 감정적 유대는 오히려 불만과 실망을 낳게 하여 애정의 냉각을 초래하기 쉽고, 인격적으로 성장으로 이러한 위기를 극복하지 못하게 될 때 결혼생활의 문제는 이혼과 같은 파탄의 경지에 도달하게 된다.

(1) 핵가족

핵가족은 현대 산업사회의 사회경제적 구조에 가장 적합한 가족 형태로서 우리 사회에서도 직장에 따른 지역적 이동, 주택형태, 독립된 생활형태의 선호 등의 이유로 핵가족이 지배적인 가족 형태이다. 가장 보편적인 가족 형태이며 부모와 자녀 2세대로 한정된다. 핵가족이 가지는 가족 내적 문제점은 가족 기능의 축소, 가족 결합의 약화, 가족 구성원 생활 태도의 개성화, 가족 구성원 상호간 사회적 관심과 생활 태도에서의 차이로 인한 갈등 증가가 두드러진다 가족의 외적 문제점은 사회문화적 배경이 다른 배우자 선택으로 인하여 가족 성립 조건에 대한 서로간의 이해가 부족하여 불안정하고 주위 친족 및 지역사회에서의 자원이 없으므로 위기 시에는 가족이 쉽게 해체되어 버리는 문제점이 있다.

(2) 확대가족

확대가족은 핵가족이 종적 혹은 횡적으로 연결되어 형성되며, 자녀가 결혼 후에도 부모와 함께 사는 가족을 말한다. 직계가족은 종적으로 확대된 것으로 가부장과 배우자, 장남과 그 배우자, 미혼의 자녀 등이며, 방계가족은 횡적으로 확대된 것으로 같은 세대의 형제들이 결혼 후에도 부모와 함께 사는 것 이다. 직계가족은 우리나라에서 가장 이상적인 전통적 가족유형이다.

(3) 노인가족

노인가족이란 노인이 포함된 가구 형태를 의미하며 노인이 혼자사는 단독가구노인 또는 노부부만 생활하면서 가족들의 지원을 받는 유형과 노인 부부와 미혼 자녀 그리고 기혼 자녀 가족으로 이루어진다.

산업화로 인한 사회구조와 가치관의 변화에서 비롯된 핵가족화 경향은 노인만으로 구성된 가족의 증가를 가져오게 되었다. 전반적인 노인 인구의 급증과 자녀와의 동거를 원치않는 노인 및 부모와의 동거를 원치 않는 자녀의 증가로 노인가족이 늘어나는 것이다. 노인의 자녀와의 별거 선호율은 점점 높아지고 있어, 앞으로 노인가족은 점점 더 늘 것으로 전망되고 있다.

1994년 우리나라 노인가족의 특성을 보면 전체 노인가족 중에서 가장 높은 비율을 차지하고 있는 가구형태는 3대 직계가족으로 48.8%이며 노인 핵가족형이 33.0%, 독신노인가족이 12.7%로 나타나고 있으나(김태현 1996:131) 해를 거듭할수록 직계노인가족이 점차 감소하고 독신노인가족이 증가하고 있는 추세이다.

그리고 노인이 자녀와 별거하여 손자, 손녀를 돌보는데 시간을 뺏기지 않으려는 통크족(TONK, two only no kids)(자녀가 있으나 자녀의 효심에 의존하지 않고 취미, 운동, 여행등의 여가를 즐기며 부부만의 생활을 즐겁게 보내는 노부부)도 선호하고 있다.

(4) 재혼가족

재혼은 배우자 한쪽이나 양쪽 모두가 재혼 이상의 결혼을 하는 것을 의미하고 재혼 가족은 결혼한 부부와 각 배우자에게 자녀가 있고, 함께 살기를 원할 경우 그 자녀를 포함하여 하나의 가구를 형성하고 유지하는 것을 의미한다.(송성자, 2003 : 83).

재혼가족은 가장 복잡한 가족형태를 이루고 있어서 이전 결혼해서 자녀가 없는 사람들이 재혼하는 경우는 구조적으로 일반적인 핵가족과 차이가 없다. 그러나 일반적으로 재혼가족에게는 자녀가 포함된다.

재혼가족의 부부는 계모로서의 기능, 자녀양육관, 금전 관리에 대한 계획을 미리 고려해보아야 한다. 이러한 영역들에서 재혼한 부부와 그 자녀들이 가치의 차이를 이해하며 좁혀 주지 못하면 일상생활이 힘들게 된다.

우리나라도 이혼율의 급격한 증가로 재혼가족이 증가하는 추세이다. 재혼율은

1991년부터 2000년 사이에 8.1%에서 13.1%로 증가하였고, 여자의 경우 7.1%에서 14.5%로 거의 2배가 증가하였다. 그리고 남녀 모두 재혼인 경우가 1980년 1.2%에서 2000년 4.9%로 증가하고 있다.(통계청, 2001). 남녀를 불문하고 이혼자의 90% 이상이 재혼을 원하고 있으므로 많은 한부모 가족이 언젠가는 재혼가족으로 형성 된다. 재혼가족은 복잡한 가족관계, 자녀문제와 관련된 전 배우자의 개입, 여자의 재혼에 대한 우리 사회의 이중 기준 등으로 인하여 가족 구성원이 되는 개인에게 적응에 어려움을 줄수있는 가족형태임을 이해해야 한다.

(5) 다문화가족

다문화 가족이란 한국인과 외국인의 혼인으로 이루어진 가정을 일컫는 표현으로 다문화 가정의 개념은 크게 세 가지로 압축된다.

① 서로 다른 인종 사이에서 태어난 자녀에 초점을 맞춘 '혼혈인가정'.
② 말 그대로 국경을 넘나드는 결혼의 형태를 의미하는 '국제결혼가정'
③ 한부모가정·독신가정 등과 같은 다양한 가족의 형태 중 하나로 정의하는 '다문화가정'으로 볼 수 있다.

'다문화가정'이라는 용어는 국제결혼이라는 용어가 내포한 내국인 간의 결혼과 외국인과의 결혼을 구분하는 국적에 따른 차별성 대신, 한 가족 내에 다양한 문화가 공존하고 있다는 의미로 해석될 수 있겠다. 이러한 다양성이 있는 다문화가정의 증가는 결국 과거부터 우리사회가 갖고 있는 단일민족에 대한 자긍심과 신념 등 오랜 고정관념의 성격을 변화시키고 있는 것을 볼 수 있다.

이제 한국 사회는 더 이상 단일문화 내지 단일민족으로 구성된 사회가 아니라 한 국가의 구성원 또는 다양한 인종과 그들의 고유문화가 어우러지는 다민족국가 내지 다문화주의를 인정하는 다문화사회로 나아가게 되는 계기를 마련하고 있다.

이러한 다문화주의는 한 사회 내의 여러 문화의 존재를 인정하며, 문화 간의 격차와 이질성에 의한 차별과 편견, 일부 문화를 평가절하 하는 것을 전략적으로 방지하고 문화에 따른 사회·정치·경제적 갈등을 해소하려는 사회적 실천이라고 볼 수 있다.

다문화가족은 어떤 유형 이든 간에 한국 사회내의 소수자로서 총체적인 문제에 봉착해 있다. 따라서 노동권적 문제, 사회권적 문제, 시민권적 문제, 인권적인 문제에 따라 상담할 필요가 있으며 더구나 이주여성에 대해서는 다문화가족의 부부 간, 고부간 문제를 비롯해서 폭력이나 자녀의 교육문제 등 불합리적이고 반인권적인 일상에 노출되어있기 때문에 상담의 필요성이 절실하다. 따라서 다문화가족의 자녀에 대한 교육과 다문화 가족 및 이주여성에 대한 상담은 필수적인 요소이다

(6) 동거가족

미혼의 남녀가 법적인 혼인을 맺지않고서 지속적인 관계를 맺고 있는 가족을 의미하는 것이다. 아직까지 우리나라에는 사회적으로 잘 받아들여지고 있지는 않지만 법적으로 보호받을 수 있는 근거는 마련되어 있다. 미국 사회에서는 주로 대학생집단에서 이루어지고 있으며 결혼 부부의 약 4%가 동거부부이다(Lamanna & Reidman, 1988 : 368).

동거의 이유로는 생활의 독립에 대한 불안감이나 결혼의 책임으로 부터의 도피, 부모의 간섭으로 부터의 탈피, 경제적 협력이나 역할분담 등의 편의도모성, 결혼 가능성의 탐색 등을 들수있다.

라스웰은 이들 동거가족의 형태를 네가지로 나누었는데, 비교적 젊은 계층에서 3개월 미만의 짧은 동거로 끝나는 경우, 결혼에 대한 불확실성 때문에 비교적 오랜기간 동거만 하는경우, 결혼의 시험기간으로서의 동거, 자녀양육 등의 정상적인 결혼생활을 하면서 동거가 결혼의 형식적 대안이라고 생각하는 경우 등이 있다고 하였다.

(7) 한부모가족

한부모가족(Single parent family)이란 부모 중 어느 한쪽이 사망하거나 이혼, 유기, 별거로 인하여 편부 편모로 이루어진 가족을 의미한다.(Giovannoni & Brillingsley), 1995 :398).

이혼율 증가와 결혼율 감소는 한부모가족의 증가를 초래하였다. 1985~1990년에 60세 미만 사별가구 수가 16.5% 증가하여 가구 증가율 18.6%에 미치지 못한 데 반해 60세 미만의 이혼가구 수는 65.3% 증가한 것으로 나타났다. 사별로 인한 편부모가족은 줄어드는 반면 이혼에 의한 한부모 발생이 크게 늘고 있음을 시사한다.(최경

석외, 2001 : 394).

한부모 가족의 유형은 네 가지로 구분할 수 있는데, 배우자 선택이 소극적이어서 결혼이나 재혼을 미루는 데서 생기는 자발적이며 일시적 유형, 결혼이나 재혼을 계속적으로 원치 않는 자발적이며 장기적인 유형, 결혼을 원하여 배우자를 탐색하는 과정에 있는 비자발적이며, 일시적인 유형, 나이가 들어 혼자된 후 재혼이 쉽게 이루어지지 않거나 결혼을 원하면서도 결혼 경험이 없는 비자발적이며 장기적인 유형이 있다.

한부모 가족에 있어서는 한부모가 자녀에게 부모 역할을 모두 다 해 주어야 한다는 역할부담, 특히 한부모가족에서 나타나기 쉬운 빈곤가정의 어려움, 가족에 대한 자녀의 책임감 등 정신적 갈등을 극복해야 하는 문제, 미래에 대한 불안과 결혼 또는 재혼의 의사결정 문제 등의 제반 어려움이 발생하게 된다.

(8) 자발적 무자녀 가족

결혼을 하게되면 자녀를 갖는것이 당연시 되었던 시대에 비해서 현재 사회에 적응하기 위한 방법으로 피임법의 보급, 여성의 주도적 역할변화, 개인주의적 사고의 다양성 등은 점차 자발적 무자녀 가족을 증가시키고 있다.

자발적 무자녀 가족은 신체적 문제없이 의도적으로 자녀를 갖지 않는 형태를 의미한다. 여성의 학력, 생활수준, 초혼 연령 등이 높을수록 선택하는 경향이 높게 나타난다. 또한 여성이 30세 이후 또는 결혼 후 10년 이상 무자녀인 경우 이러한 상태가 계속되며, 30~34세 무자녀 여성의 93%가 영원히 무자녀를 원하고 있는 것으로 나타난다. 저학력 여성들에게는 자녀양육이 자아존중감에 중요한 영향을 주지만 성취 지향적 여성의 경우에는 어머니 역할에 대한 부담을 많이 느끼며, 과거에 동생 등의 양육 경험이 많은 여성일수록 무자녀를 선택하는 경향이 높다.

그러나, 앞으로 자녀 없이 부부의 결혼만족도를 유지 하며 결속을 강화시킬 수 있는 방법등이 모색되어야 한다. 자발적 무자녀 가족으로 결심하는데 영향을 주는 요인으로는 교육, 직업참여, 자치권, 준거단체의 지지등 이며, 무자녀로 인한 보상으로는 자녀의 양육과 관련된 경제적 비용의 회피, 직업참여에서 얻어지는 경제적 보수증가, 직업참여로 수반되는 여러 가지 보상의 증가가 있다(한국가족관계학회 편, 2000 : 143)고 지적하고 있다.

(9) 집합가족

독신자, 노인가족, 한부모 가족 등 가족의 기능수행에 장애가 있는 가족이 증가함에 따라 가족의 생활 형태를 유지하면서 집단 속에서의 경제적 문제, 육아문제 등을 극복하기 위한 대안으로 집합가족 형태가 제시되었다.

이스라엘의 키부츠는 가정 널리 알려진 안정된 집합가족의 형태로 일부일처제를 지켜 가면서 소득과 소비를 공유하는 형태이다. 대부분의 집합가족에는 아동양육을 집단적으로 시행하고 그 책임도 공유하는 경향도 있으며 이들의 집합가족 생활이 장기적인 경우도 있지만, 2~3년 정도 참여 후 이탈하거나 다른 집합가족으로 이동하는 경우도 있다. 이러한 농촌에서는 계절적인 집합가족이 발생하기도 한다.

집합생활은 장단점이 있는데 예로써, 편모의 경우 양육권에 관한 협조를 얻을 수 있지만 양육 주권을 상실할 가능성도 있다. 또한 사생활 존중이나 가사노동 분담, 사유재산 범위 등에 있어 갈등이 나타날 수 있다. 독신자들에게는 가족의 의미나 애정 등을 느낄 수 있는 기회가 된다.

(10) 동성애가족

동성애를 비정상적 애정 형태로 보고 사회적으로 거부하는 경향이 있어 왔으나, 동성애에 대한 선택적 개념이 발달하므로서 생리적으로 이성애에 부적응적인 경우가 있음을 수용하게 되면서 동성 커플을 가족의 또 다른 한 형태로 인식하는 경향이 있다.

남자 동성애자의 20%, 여성 동성애자의 33%가 결혼의 형식을 거쳐 동거하고 있으며 이성과의 이전 결혼에서 태어난 자녀를 동반하기도 하며, 동성애 가족은 아직까지 보험이나 상속, 세금제도 등에서 불이익을 받고 있는 경우가 많다. 이는 동반자녀에게 피해를 줄 우려가 높다. 동성애 가족은 일반적으로 역할 분담에 있어 평등지향적이어서 갈등의 소지가 적지만 사회적 거부로 인하여 안정성이 낮아서 대개 2~3년정도 지속 기간을 갖는 경우가 많다.

현대사회는 그 어느 때보다도 빠르게 변화하고 있으므로 사회적 변화와 위기에 민감하게 영향 받고 반응하는 가족 또한 그 어느 때보다도 신속한 적응 능력이 필요하다.

공동체 구성의 기본단위인 가족의 중요성은 가족이 건강하지 못할 때 그 가족이 수행해야 할 기능을 충분히 수행하지 못하고, 그것이 개인에게 충분한 인식을 주지 못하며 그러한 개인은 사회에서 건전하고 올바른 생활을 할 수 없을 것이기 때문이다.

우리 사회가 격변하는 환경에서 다가오는 미래를 향해 성공적으로 발전해 나가기 위해서는 가족의 외형적 형태보다는 공동체 기초 단위로서의 변화하는 가족의 새로운 개념들을 받아 들여서 사회구성원들이 각각의 형편에 맞는 가족을 형성하고 유지, 발전시키도록 적극 도와야 할 것이다. 이제 이러한 도움은 구체적 행동과 체계적인 계획으로 실현되어야 한다.

3) 가족체계와 인간행동

인간은 가족 내에서 출생하여, 건강하고 건전한 가족 구성원들이 신체적, 심리적, 도덕적으로 건강한 하나의 체계로 기능하여, 외부의 자극이나 변화에 성공적으로 대처한다. 가족체계가 인간행동에 미치는 영향에 대해서 리즈는 가족은 성격형성의 생물학적 측면과 문화적 측면을 연결하는 사회제도이며 동시에 아동이 적응하고 성숙하는 데에 필요한 기본적 수단, 제도, 역할 등을 배우게 되는 사회체계라고 하였다(장인협 외, 1990 : 204-205).

체계적 관점에서 가족의 중요한 과업은 가족 구성원의 사회화와 사회통제가 되며 이와 같은 과업을 통해 가족은 개인의 성격발달에 가장 큰 영향을 주는 사회환경이 된다.

미누친은 가족체계 내의 경계선의 침투성 정도에 따라 가족 구성원의 성격과 행동에 큰 영향을 미친다고 보았다. 경계가 적절하게 설정되어 있는 부부 하위체계에서는 각자의 출생 가족과 명백하게 독립되고 가족의 간섭을 통제한다. 상대방의 완벽한 지지나 인정이 없이도 각자 개별적 행동을 할 수 있게 개별 경계는 부부 하위체계의 경계 내에서 각자 지배할 수 있는 영역을 제공한다.

자녀의 출생과 같은 가족원의 증가는 가족 내의 상호 작용에 변화가 일어나며 부모 하위체계를 형성한다. 즉 자녀 출산 전의 부부관계의 균형은 변화되어 부부와 자녀에게 새로운 경계가 수립되는 것이다, 자녀가 성장해서 개별성을 추구하게 되면 부모의 역할은 보다 어려워지게 되고, 동시에 부모 하위체계에 통제와 허용의 기능이 작용하게 된다.

부모-자녀 하위체계에서 부와 자녀 또는 모와 자녀는 경계 내에서 기능적 단위로 상호 작용을 하면서 서로 다른 세대로 구성된 하위체계에 역기능적일 수 있다.

하위체계의 경계가 부적절하게 경직되어 있지 않고 다른 가족 구성원의 개입을 허용한다면 건강한 가족이지만 어머니와 자녀가 아버지를 배척하는 방식으로 결속하게 되면 이런 체계는 역기능적이 된다. 개인행동에 역기능적 가족이 미치는 영향에 관한 연구가 다양하게 이루어 지고있다.

정신분열증 환자와 그 가족에 관한 한 연구는 환자의 증세가 호전되면 가족원들이 환자의 병을 지속시키기 외해 압력을 가하는 것으로 보고하고 있으며(Bareson, 1959), 또한 회복된 환자의 상황에서는 다른 가족원이 증상을 보이는 한 예를 보면. 이는 항상성의 상태를 유지하려고 하는 가족체계이다 즉, 가족 구성원의 증상을 유지시키려고 하기 때문이다.

미누친은 개인의 문제는 그 가족체계에 원인이 있다고 보는 관점을 제시하였다. 가족 내 하위체계 간 경계선의 기능으로 가족구성원의 문제를 진단하고 있다. 가족구조의 속성을 속박된 경계선(enmeshed boundary)과 유리된 경계선(disengaged boundary)으로 구분한다. 대부분의 가족체계가 갖는 경계선의 기능은 이 양극의 연속선상의 어느 지점에 있다고 본다. 속박된 경계선이란 가족 구성원 간의 상호 작용에서 그 관계가 지나치게 밀접하고 강력해서 서로의 생활에 지나치게 관여하고 과잉염려를 하는 것을 의미한다.

가족 구성원 간의 경계선이 개방적이고 거리감이 없으며 결속력이 강하면 한 가족 구성원의 행동은 다른 가족 구성원에게 바로 영향을 미치게 된다. 극단적인 경우는 가족 구성원 간의 구분이 없어져 구성원 중 하나가 가족으로부터 독립적 태도를 취하면 이를 배신행위로 간주하게 된다. 또, 이러한 지나친 일체감과 소속감 때문에 가정 내에 사생활이 없으며, 이런가정에 대한 소속감이 절대적이어서 가족 구성원 개개인의 독립적 자아의식은 발달하기 어렵다.

유리된 경계선을 가진 가족은 경계선이 폐쇄적이고 가족 구성원들 간의 상호 작용이 없다. 따라서 유리된 가족의 구성원은 가족에 대한 소속감을 거의 갖고 있지 않으며 가족 구성원 간에 서로 독립되고 분절된 감정을 갖고 있으며 경계는 경직되어 있어서 반응이 필요한 반응에도 반응을 보이지 않는다. 이러한 사람들은 가족 내에서 다른 사람과 의사소통이 원활하지 못하므로 밖에서도 대인관계가 원만하지 못한 생활을 한다.

2. 집단체계

1) 집단체계의 특성

집단이란 서로 동일한 집단에 소속되고 있다는 집단의식이 있으며 공동의 목적의 관심사가 있고 목적을 성취함에 있어서 상호의존적이며, 의사소통과 인지능력 그리고 반응을 통하여 상호작용하고 단일한 행동을 할수 있는 능력의 2인 이상의 집합체이다. 소집단은 20명이하의 성원으로 구성되는 것이 바람직하다. 인간은 사회적 동물이므로 군집을 이루며 살아간다. 인간이 집단을 이루어 살아가는 이유는 여러 가지 이익과 편리한 점이 있기 때문이다. 각 개인들은 가족 또래집단, 여가집단 등 다양한 유형의 집단들과 관계를 형성함으로써 사회화를 이루어 나가며, 바람직한 기술을 습득하며, 고통스런 시기에 남으로부터 지지를 받게된다. 집단은 구성원들의 생각, 행동, 그리고 태도에 막강한 영향력을 행사한다.

또한 집단이란 상당한 기간 동안 서로 대화하는 다수를 말하며 간접적으로 다른 사람을 통해서가 아닌 직접 대면을 통해 서로 대화가 가능한 정도의 적은 수의 사람들로 구성된 집합체이다.(Homans, 1950 :1). 그리고 집단이란 어느 정도 분명한 지위와 서로에 대한 역할관계를 가지는 다수의 개인들로 이루어져 있고 적어도 집단에 중요한 결과를 초래하는 일에서는 개인 구성원들의 행동을 규제하는 가치와 규범으로 이루어진 사회단위이다. 이와 같이 집단에 대한 정의는 학자들마다 다양하지만 다음과 같은 몇 가지 공통점이 있다.

① 3인 이상의 집합체로서 일정한 구성원을 가져야 한다.
② 성원들이 소속감을 가져야 한다.
③ 성원들이 공통의 목적이나 관심사를 가져야 한다.
④ 성원끼리 정서적 결속과 함께 상호 의존적이며, 상호 작용이 이루어져야 한다.
⑤ 성원의 기능과 역할을 규제하는 규범을 가져야 한다.

따라서 집단을 정의하는 주요 요소는 크기, 목표, 그리고 상호 작용이다. 집단이 형성되면 그 성원들 사이에 행위의 패턴이 생기게 되고, 직무가 분화되고, 성원 각자에게는 역할이 주어지게 된다. 집단의 역할관계의 틀이 집단의 구조이며 집단구조는 규범과 역할로 구성된다. 집단구조와 관련된 중요한 또 하나의 관심은 집단 구성원의 지위의 차이이다. 대부분의 사회체계 내에서의 위치는 위신과 권위에서 차이를 보인다.

집단은 시간이 흐름에 따라 변화, 발전한다. 집단발달에 관한 이론은 주기모형과 연속적 단계이론이 있다. 주기모형은 집단의 상호작용을 지배하는 중심적 문제가 시간이 흐르면서 순환적으로 반복되는 점을 강조하며 베일스(Bales, 1965)가 대표적인 이론가이다. 그는 집단 성원간의 보다 나은 관계를 형성하기 위해서 직무 지향적 작업과 감정적 표현 사이의 형성이 존재한다고 하였다. 베일스는 집단이 발달하는 과정에는 세 단계가 있다고 하였으며 첫째 단계는 집단 성원들 간의 대화, 활동을 통해 정보를 수집하고, 둘째 단계에서는 이 정보들을 평가하며 마지막 단계에서는 서로를 묶을수 있는 규범을 정하게 된다고 하였다.

연속적 단계이론은 집단발달 단계가 전형적 연속순서를 갖는다고 보며, 다섯단계, 즉 형성, 동요, 규범화, 수행, 산회의 단계를 거쳐 집단이 발달한다고 이 이론의 대표적 학자 터크만이 주장했다. 동요한계에서는 갈등과 이의 처리 문제가 중심적 관점이 되며, 규범화 단계에서는 역할구조와 규범이 성립되면서 응집력이 강해주고 수행단계에서 공동의 목표를 위해 직무 수행을 하고 나면 마지막으로 산회 단계에서는 집단이 해산하게 된다.

이와 같이 집단의 개념, 구조, 그리고 집단발달에서 나타나듯이 집단체계의 특성은 다음과 같다.

① 집단 구성원들이 서로 대면적 상호 작용을 할 수 있도록 되기 위해 집단의 크기가 제한된다.
② 집단은 최소한의 역할 분화가 특징이다.
③ 모든 집단 구성원은 공통된 집단의 청체성을 가지며 집단을 하나의 실체로 지각한다.
④ 집단은 구성원들에게 중요한 사회화 미치 사회통제 기능을 수행하며 그 하위문화를 가진다.
⑤ 집단 구성원들 간의 관계와 상호 작용은 구성원의 내적 또는 자연적 상태를 토대로 이루어진다.

한편 와이즈만은 집단의 발전과정을 다음 다섯 가지 특징으로 설명하였다

① 집단은 환경에 적응하며 외적 체계이다.
② 집단은 목표 지향적 행동을 통해서 필요로 하는 적응적 행동을 능가하는 활동, 감정, 및 상호 작용을 발전시킨다. 이것이 내척 체계이다.
③ 피드백으로 인한 집단의 적응은 환경과 더불어 발달하는 내적 체계에 의해 영향을 받는다.
④ 집단은 집단 구성원들의 기능을 수정한다.

집단은 대인관계와 목표 추구의 장이되며, 다양한 인간 욕구를 충족시킬 수 있지만 집단이 구성원들에게 아무영향력이 없거나 오히려 구성원들이나 사회에 파괴적인 강력한 영향력을 행사할 수 있는 사회환경도 된다. 또한 집단은 대인 간의 갈등을 야기하거나 부적적할 지도자 선발을 할 수도 있다.

2) 집단의 형태

집단의 유형은 집단의 크기, 성원 간의 상호 작용, 정서적 결속 정도, 집단 구성방법 그리고 집단이 성취하고자 하는 목적에 따라 분류한다.

(1) 전통적 분류

쿨리(cooley, 1990)는 성원 간의 정서적 결속 정도에 따라 1차 집단과 2차 집단으로 분류하여 사회적 상호작용 관계를 유형화시켰다.

1차 집단은 성원들이 직접적 상호 작용을 하면서 관계를 맺고 있는 소규모의 집단을 의미하며, 가족, 친구, 또래 등이 이에 속하는 집단이다.

반면에 2차 집단은 정서적 결속이 미약하고, 특별한 목적 성취를 위하여 상호작용하는 집단을 의미한다. 이 집단에서는 개인 자체보다는 집단 내에서 수행하는 개인의 기능과 역할을 중시한다. 집단 성원 간의 관계는 단지 작업이나 노동 활동에 근거를 두고 이루어진다, 관계를 맺는 목적은 효율성을 높이는 데 있다.

(2) 집단 구성 방법에 따른 분류

① 자연발생적 구성집단

자연발생적으로 일어난 사건, 대인관계상의매력 또는 구성원의 욕구 등에 근거하여 자연발생적으로 구성된 집단으로 공식적 후원체계가 없는 것이 특징이다. 가족, 또래집단, 갱집단 등이 포함되며 이 집단은 쿨리의 1차 집단과 비슷하다.

② 인위적 구성집단

치료집단, 위원회, 클럽, 팀 등을 포함하는 인위적 구성집단은 어떠한 외부의 영향력이나 전문가의 개입을 통하여 의도적으로 구성된 집단으로 특정한 목적을 위해 만들어 졌으며 후원이나 외부의 협력없이는 구성될 수 없는 집단이다.이 집단은 공식적 규칙과 일련의 과업을 가지므로 구조화 되고 지위에 의해 층화되었다는 특징을 가지고 있다. 인위적 집단은 치료집단(구성원의 교육, 성장, 행동 변화, 사회화에 대한 욕구충족)과 과업집단(과업 성취를 위해)으로 분류되기도 한다.

(3) 집단 목적과 활동에 따른 분류

① 수단적 집단 대 표현적 집단

수단적 집단 대 표현적 집단은 과업 대 감정, 목표 달성 대 집단 유지, 집단 지향 대 개인 지향, 권위적 행동 대 사교적 행동의 양상과 같은 용어로 구분되기도 한다. 수단적 집단은 집단의 목표달성이나 과업 성취를 주목적으로 하는 집단을 의미한다. 표현적 집단은 성원들이 상호 작용을 통한 정서적 만족을 주목적으로 하는 집단이다.

② 치료집단 대 과업진단

(가) 치료집단

성원들 스스로 자신의 행동을 바꾸고 개인적 문제를 완화하거나 거기에 대처하여, 사회적 외상이나 건강상의 외상 이후에 원상복귀할수 있도록 돕는 집단으로써 치료집단의 주요 목적은 교육, 성장, 치유, 사회화등이다. 특히 집단지도방법실천에서는 위의 네가지 기본 목적들 중 한가지 이상의 목적을 동시에 성취하고자 하는 변형된 형태의 치료집단도 많지만 이러한 네 가지 기본적 목적을 중심으로 다음과 같이 치료집단을 분류한다.

A) 교육집단

성원들 자신과 사회에 대해 배우는 교육집단의 일차적 목적은 성원들이 자기 자신과 자신이 속한 사회를 잘 이해할 수 있도록 교육을 통해 원조하는 활동을 하는 것이다. 모든 교육집단에서는 성원들이 보다 많은 정보나 기술을 획득하게 하며, 전문가들이 이러한 정보와 기술, 지식을 가르친다. 이러한 집단은 병원, 학교, 교정기관 등에서 많이 활용되고 있다. 교육집단은 대체로 소수집단이며 자기 표출보다 교육의 욕구가 더욱 중시되는 경향이 있다.

B) 성장집단

성장 집단의 기본 목적은 성원들이 자아향상을 증진시키며, 자신의 사고를 변화 발전시키는 것이다. 그러므로 집단은 성원들이 자신의 능력을 최대한 발휘하기 위한 하나의 도구로서의 의미를 지닌다. 따라서 성장집단은 사회정서적 질병의 치료보다는 사회정서적 건강증진에 초점을 둔다. 성장집단을 구성 할 때에는 서로 다양한 속성을 지닌 성원들로 구성하는 것이 좋은데. 그것은 서로 다른 특성이 집단 성장의 밑거름이 될 수 있기 때문이다. 대부분의 성장 집단에서는 성원들의 자기표출 정도가 높은편이다.

C) 치유집단

치유집단의 일차적 목적은 성원들 스스로 자신의 행동을 바꾸고 개인적 문제를 완화하거나 이에 대처하고 재활을 원조하는 것이다. 이 집단은 성원들의 개인적 목적을 성취할수 있도록 원조하는 과정에서 전통적 의료모델의 사회조사-진단-치료의 과정을 따르는 경우가 많다. 치유집단에서 성원들은 자신의 문제를 해결하기 위하여 집단활동을 하는데, 집단 사회복지사는 전문가, 권위적 인물 또는 변화 대리인으로서의 역할을 수행한다. 집단의 공동 목적과 성원 각각의 증상이나 문제를 해결해야 하기 때문에 이에 유의해야 한다. 집단 성원의 자기표율 정도는 일반적으로 높은 편이지만, 성원들이 경험하고 있는 문제에 따라 그 정도는 다르다.

D) 사회화 집단

사회화 집단은 일차적 목적은 성원들이 사회적 기술을 습득하고, 사회적으로 수용되는 행동 유형을 학습함으로써 지역사회의 생활에서 효과적으로 기능할 수 있도록 원조하는 것이다. 집단토의보다는 게임, 역할극, 야회활동 등의 프로그램을 통하여 공동 목적과 개인적 목적을 성취하는 경향이 있다. 사회화 집단은 사회기술훈련집단, 자치집단, 여가집단으로 나눌 수 있다.

사회기술훈련집단의 전형적인 예로는 자기주장 훈련집단을 들 수 있다. 이 집단은 효과적으로 의사소통을 하지 못하거나 만족할 만한 사회적 관계를 맺지 못하는 사람들에게 매우 유용하다. 자치집단은 치료적 지역사회에서 원용한 것으로 병원이나 시설 거주자들이 참여함으로써 서로간에 신뢰하여 자신들에게 긍정적인 영향을 받는다. 여가활동에 초점을 두는 집단으로 클럽활동 스카우트, 캠핑, 스포츠 등에서 이러한 집단의 근원을 찾아볼 수가 있다. 이러한 여가집단은 지역사회의 거주자들끼리 결속하게 해 주어 문제의 발생을 예방하거나 이웃 간의 관계를 증진시킬 수 있게 된다.

(나) 과업집단

집단에서의 규범은 여러 가지의 직접적 방법이나 간접적 방법으로 전달되고 강화되어 그 집단의 형태가 형성되어 간다 규범의 작용은 3가지 기본적 내용을 갖고 있다 첫째는 규범과 관련되는 태도와 행동을 규정. 둘째는 멤버가 규범에 동조하는 정도를 감시하고 셋째는 규범에서 상이나 제재를 가하는 것이다. 과업집단의 1차적 목적은 조직적 욕구의 해결과 성원의 욕구 충족이며 조직적 욕구의 해결을 수행하는 집단은 위원회, 행정집단, 협의체 등 성원의 욕구 충족의 목적을 수행하는 집단은 팀, 치료회의, 사회행동집단 등이며, .과업집단은 조직과 기관의 조직문제에 대한 해결책의 모색, 새로운 아이디어의 개발, 의사결정 등에 주로 활용되고 있다.

A) 위원회

과업집단 중 가장 보편적인 형태로 다한 과업 성취가 위원회의 목적이다 위원의 욕구는 밀접한 관련성을 지니고 있으므로 위원회에서 산출된 결과는 기관과 성원 모두에게 이익이 된다.

B) 행정집단

기관이 조직의 목표를 수행할 수 있도록 원조하고, 조직의 행정과 절차는 이 집단에 의해 수립되는 경우가 많다. 기관은 행정집단과 정보를 교환하고 협력하여, 기관의 기능 증진을 위해 모임, 회의를 개최한다. 행정집단은 위원회가 건의 및 자문의 기능을 갖는 점과는 달리 결정권과 행동권을 지닌다.

C) 협의체

협의체는 협의회보다 소규모의 조직 또는 집단이다. 협의체의 성원들은 후원기관의 이익을 대변하는데, 기관 간의 의사소통과 협력 방안을 모색하고, 사회문제를 조사하고, 집단적 사회행동을 하기도 한다. 협의체의 성원들은 후원기관에 의해 임명되거나 선출된다. 협의체는 기관 간 또는 부서 간의 효과적 의사소통을 가능하게 하는 장이 되며 일반적으로 대다수의 기관에 영향을 미치는 광범위한 문제나 기관들의 공동의 관심사에 관심을 많이 갖는다.

D) 팀

팀은 각자의 독특한 지식과 경험, 기술을 갖추고 있는 요원들이 모여서 특별한 목적을 성취하기 위해 자신이 가진 전문성을 타 성원들과 공유하는 집단이다. 팀 성원들은 특별한 성원으로서 업무를 조정하고 공동으로 업무를 수행한다. 팀 지도자는 팀 기능과 운영에 대한 책임을 지게되며, 회합을 주관하고, 팀 성원을 동기화하고, 각 성원간의 원조 내용을 조정한다. 따라서 팀 지도자는 촉진자, 조정자의 역할을 수행한다.

E) 치료회의

치료회의 의 주요한 목적은 클라이언트나 성원들에 대하여 토론하는 것으로, 클라이언트의 욕구에 초점을 둔다. 이들이 수행해야 할 과업은 성원의 상황을 고려하여 각 성원들이 개별적으로 클라이언트에게 치료를 위해 개입할 때에 수행해야 할 모든 행동 노선의 결정이다. 치료회의에서 참여자들은 가장 효과적인 치료방법을 도출해 내어야 하며. 치료회의의 주요활동은 의사결정, 문제해결 및 성원 간의 행동 조정이다.

F) 사회행동집단

사회행동집단의 구성은 변화 대상과 환경의 특성에 따라 달라지기도 한다. 이 집단의 의사소통 요형은 공개적이므로 전체 성원의 활발한 참여가 이루어 질 수 있다. 사회행동집단은 집단 성원과 양자에게 모두 혜택이 돌아가는 공동선을 추구한다.

치료집단과 과업집단의 전체특성을 비교하면 〈표 16-1〉과 같다.

〈표 16-1〉 치료집단과 과업진단의 비교

집단특성	치료집단	과업집단
결속력	집단구성원의 개인적 욕구에 근거	집단의 성취해야 할 과업 목적에 근거
역할	집단 상호 작용을 통해 발달	상호 작용이나 집단내 임명을 통해 발달
의사소통	개방적 의사소통	특별한 과제에 대한 토론에 초점
절차	집단에 따른 융통성이 있거나 공식적으로 정해져 있음	공식적 일정이나 규칙에 규정되어 있음
구성	공동 관심사, 문제, 집단의 일반적 특성에 근거	요구되는 재능, 전문성 또는 노동 분화에 근거
자기표출	자기 욕구, 감정, 관심사 등에 대한 가치 표출이 많음	과업 성취에 따라 국한됨
비밀보장	사적 수준에서 처리되거나 집단 내부에서 유지	사적으로 처리될 수 있지만 때때로 필요에 따라 공개됨
평가	성원의 치료적 목표의 성취 정도에 근거하여 성공 여부 평가	성원이 성취한 과업, 의무 사항 또는 시기에 따른 산출에 근거하여 평가

G) 집단 응집성

집단응집성은 구성원들로 하여금 그 집단에 남도록 하는 힘을 뜻한다. 페스팅거(L, Festinger)는 "집단 응집성이란 멤버를 그 집단에 머물게 하려고 하는 모든 힘의 합성력이다" 라고 하였다. 또한 카트라이트(D, Cartwright)와 잰더(A, Zander)는 집단 응집성이 한 집단 전체의 한 특징으로서 몇가지 정적 영향을주고 있다고 하였다.

① 하나의 핵심적인 정적 힘은 집단 구성원들 간에 존재하는 대인 매력으로서 집단 구성원들이 서로 좋아하고 교우관계의 유대들로 연결될 때, 응집성은 높아진다.
② 집단에 남으려는 사람들의 동기는 그 집단의 수단적 목표들에 의해 영향을 받고 목표의 성공적 달성에 달려 있다.
③ 집단이 효과적으로 조화롭게 상호작용하는 정도에 따라 남게 된다.

3) 집단체계와 인간행동

집단이란 어떤 문제를 해결하려는 목적으로 사람들이 모여서 상호 작용을 하는 체계이다. 집단은 집단이 해결해야 할 수단적 문제에 초점을 둔 행동인 과업활동과 집단 내의 대인관계 문제를 포함하는 사회 정서적 문제를 해결하는 행동인 사회정서적 활동을 주로 한다고 볼 수 있다. 집단이 생존하기 위해서는 두 활동 간에 역동적 평형을 유지해야 한다. 집단에서 집단 구성원의 개인적 역할은 주도자, 정보 수집가, 의견 수집가, 정보 제공자, 의견제공자, 상세한 설명자, 조정자, 방향 제시자, 평가자, 활력원, 절차 전문가, 기록원 등이며 특히, 활력원은 집단의 활동이나 결정을 하도록 자극하고 질적, 양적으로 우수한 활동을 하도옥 자극하거나 환기시키는 역할을 한다. 사회정서적 역할로서의 개인 역할은 격려자, 조화자, 타협자, 감독자, 촉진자, 기준설정자, 집단 관찰자 및 논평가, 추종자 등이다. 개인적 역할로는 공격자, 방해꾼, 인정받고 싶어 하는 사람, 원조 추구자, 국외자, 독재자 등이다. 집단체계는 그 구성원인 개인의 동기, 태도, 행위 등에 영향을 미치며 개개인들은 집단을 통해 사회화된다. 개개인들이 사회화하는 유형에는 세 가지가 있다.

① 추종하는 유형은 무조건 따른다.
② 동일시하는 유형은 집단을 자기 자신의 정체성의 일부로 만들어 집단의 견해를 채택한다.
③ 내면화하는 유행은 집단이 그를 위해 문제를 해결해 주기 때문에 집단의 견해를 채택한다.

집단이 기능하기 위해서는 집단 구성원들의 적절한 정도의 순응과 복종이 이루어 져야 가능하다. 그러므로 집단의 결속력을 형성하고 유지하기 위해서는 사회적 질서와 안정이 필수 조건이 된다. 그리고, 사회통제가 너무 강하면 집단매력이 줄어들고 집단 내의 갈등과 불만을 야기시킨다. 그러므로 사회체계로서 집단이 인간행동에 영향을 주는 것은 집단 역동성이라고 할 수 있다.

노든(Northen)은 집단의 역동성을 다음 일곱 가지로 설명하였다. 첫째, 역동적 합의 작용인 사회적 상호 작용은 사람간의 접촉을 통하여 참여자의 태도와 행동을 변화시킨다는 것을 의미한다. 둘째, 모든 집단은 목적을 가지고 있으며 집단 구성원들이 갖고있는 소망과 욕구가 사회적 상호작용을 통해 집단 목적으로 발전하게 된다. 셋째, 집단 내에서의 대화를 통해 의견이나 사실 그리고 긍정적이거나 부정적인 감정이 전달된다. 넷째, 사람들이 알게 되고 긍정적·부정적 감정을 전달하면서 관계의 구조가 발달한다. 즉, 지위와 역할이 분화되며 하위집단이 형성된다. 다섯째, 집단 규범은 집단이 기대하는 행동의 기준인데 이 규범이 발달하는 과정은 집단이 무엇에 가치를 부여하고 수용하는지에 대한 집단 구성원들의 동일시에서 시작된다. 여섯째, 긴장은 인간의 발달에 본질적이다. 갈등이 집단관계에서 건설적인 힘이 되고 상호 작용에 대한 자극과 토대가 되기 때문이다. 일곱째, 응집력은 구성원들이 상호간에 그리고 집단에 대해 끌리는 것을 의미한다. 보통 집단의 매력은 구성원의 욕구를 충족시키는 정도에 따라 결정된다. 집단은 개인의 사회적 기능을 향상시키기 위해서 또는 개인의 사회적 역기능을 치료 내지 돕기 위해서 의도적으로 조직된 공동체이다. 크노프카(Konopka, 1972)는 집단사업은 의도적 집단 경험을 통해서 개인의 사회적 기능을 향상시키며, 또한 개인, 집단, 지역사회의 당면 문제에 대해서 보다 효과적으로 대처해 나갈 수 잇도록 도움을 주는 것이라고 하였다.

인간은 집단생활에 의해 성숙하면 중요한 사람으로부터 인정과 사랑을 받음으로서 비로소 안정감을 갖게 된다. 그러므로 친밀한 인간관계를 경험 할수 있는 기회를 제공해 주는 것은 바람직한 인간관계 기술과 인격 성숙에 좋은 계기가 될 것이다. 다른 사람의 행동은 내 속에서 신중히 해석되고 그 해석은 나의 다음 행동에 영향을 준다는 말과 같이 집단 내의 집단 구성원들의 상호관계는 인간이 너와 나의 만남에서 너를 이해하게 되고 또 나는 그런 관계와 더불어 성숙해 감을 의미할 수 있다.

CHAPTER

17

조직체계, 지역사회체계, 문화체계

1. 조직체계

1) 조직체계의 특성

(1) 조직에 대한 정의

조직이란 2인 이상의 집합체로서 특정한 목적을 달성하기 위한 사회적 단위이다 이러한 정의에 따라 조직의 특성을 보면 첫째, 조직은 목표를 달성하기 위하여 존재한다. 둘째, 조직은 2인 이상의 협동체이다. 셋째, 조직은 사회적 단위이다. 사회체계로서의 조직은 환경의 변화에 적응하고 쇄신하며 안정과 계속성을 유지해 나간다.

전통적 조직이론가로서의 관료제 분야의 대가인 베버(M. Weber)는 조직을 다른 사회조직과 달리 구별지으면서 협동집단이라는 개념을 통해 조직을 정의하고자 하였다. 즉 특정한 목적을 가지고 그 목적을 달성하기 위해 구성원들 간에 상호 작용을 하는 인간들의 협동집단이 조직이라는 것이다 협동집단 내부 규칙에 의해 외부인의 가입이 제한적이거나 폐쇄되어 있는 사회관계로서 조직의 장이라든지 행정보서의 우두머리와 같은 특정인들에 의해 질서가 유지된다고 보았다. 이러한 조직 정의를 통해서 조직의 공식적 구조와 체제를 강조하였고 조직의 특성을 몇 가지로 정리하고 있다.

우선 조직은 경계를 가지고 있어야 하며 조직 내의 권한의 위계와 분업이 존재하여야 한다. 또한 조직 내에서 조직 구성원들에 대한 연합적 상호 작용이 빈번하게 일어나서 조직의 활동을 규정하는 제도와 절차 및 이를 관리할 책임을 맡은 사람들에 의해 유지된다는 것이다. 베버의 조직관은 다른 많은 사람들에게 이론적 토대를 제공하였다.

결론적으로 베버는 조직이란 특정 목적을 가지고 있다. 그 목적을 달성하기 위해서 조직 구성원 간에 합법적 상호 작용을 하는 인간들의 협동집단이라고 정의하였다.

에치오니는 조직이란 특정 목표 추구를 위하여 의도적으로 구성되고 다시 재구성되는 사회적 단위로 정의 내린다. 즉 조직을 사회적 단위로 보면서 조직의 환경과의 상호 작용을 하는 실체라는 것이다. 에치오니의 정의 따르면 회사, 군대, 학교, 병원, 교회, 교도소 등은 조직으로 간주될수 있지만 종족, 사회계급, 가족 등은 조직이라 보기 어렵다. 에치오니는 조직의 구성 요소로서 세 가지를 제사한다. 첫째, 노동권한 및 커뮤니케이션 책임이 특정한 목표를 달성하기 위해 의식적으로 제한되어야 하고, 둘째, 목표 달성을 위해 조직의 공동 노력을 통제하고 평가하며 필요할 때 조직의 구조를 개편하여 능률을 제고시키는 역할을 수행하는 핵심 권력층이 존재하며 셋째, 만족스럽지 못한 조직 구성원은 대체할 수 있고 승진이나 이직의 방법을 이용하여 조직의 인원을 재편성할 수 있어야 한다는 것을 제시하였다(이장현 외, 1983 :176-177).

카츠와 칸은 시스템 이론을 바탕으로 조직 현상을 분석한 사람들이다. 이들은 조직이란 공동의 목표를 가지고 조직 내부관리를 위하여 각종 규제 장치를 갖고 조직 외부 환경 관리를 위하여 적응 구조를 발달시키는 인간의 집단이라고 정의하였다. 조직은 유기체와 같아서 조직 외부 환경에 개방적이며 생존을 위해 적절한 적응구조를 가져야 한다는 것을 강조하였다.

와익은 조직은 인간의 뇌와 같아서 학습, 지능, 창조성, 정보처리 능력을 위한 각종 장치를 가지고 있다고 보았다. 따라서 조직 외부에서 애매 모호성이 높은 사건이 발생했을 때 그 사건들을 해석하여 조직 구성원들에게 그것의 의미와 그에 대한 대응 방안을 알려 주어야 한다고 주장한다. 즉 조직이란 환경탐색, 해석 그리고 학습의 과정으로만 이해해야 한다는 입장을 설명한다.

(2) 조직체계의 특성

조직체계의 특성은 첫째, 공동의 목표이다. 모든 조직은 그 자체의 목표를 가지고 있으며 그 목표에 따라 조직 내의 질서를 유지하며 조직 구성원들을 그 목표하에 결집시키고 통제하고 관리한다. 조직의 목표를 상실할땐 조직으로서 생존할 수 없는 것이다.

둘째, 체계화된 구조를 가지고 있다. 조직은 체계로서의 특성을 갖는다. 여기에서 체계란 각 부분이 그 체계 내에 포함되는 다른 모든 부분과 상호 의존적으로 관련되어 있으므로 전체로서 다루어져야 한다는 것을 의미한다. 조직의 협동체계는 단순히 그 구성 요소의 집합만을 의미하는 것이 아니다. 전체는 부분을 종합한 것 이상이며 또 부분에 고유하지 않은 특성이 체계로부터 생겨날 수 있다.

셋째, 인간에 의해 창조된 집단이다. 인간없는 집단은 조직이 될 수 없다. 즉 인간없는 사회란 있을 수 없다. 사회란 본래 인간이란 어원에서 온 것이다. 건물, 공장, 사무실, 회사 간판등 그 자체는 조직이 아니다. 무인로보트, 무인공장, 무인 시스템은 조직이 아니라 조직 목표달성을 위해 이용된 하나의 자원이다. 또한 조직을 구성하는 인간은 계속성을 갖고 존속한다는 개념도 매우 중요하다.

넷째, 조직의 경계이다. 조직은 환경과 끊임없이 자원을 주고 받는데 이때 조직 자체가 경계가 있어야 다른 조직이나 환경과 구별이 이루어 진다.

다섯째, 환경과의 교류이다. 환경이란 조직 외부에 존재하는 모든 영향력이라 할 수 있는데 조직은 이러한 환경으로부터 직·간접적 영향을 받게 되어 있다. 환경과 지속적 교류를 해야만 생존할 수 있는 것이다.

에치오니의 세 가지 종류의 조직을 소개하면 다음과 같다.

강제적 조직이란 감옥이나 군대와 같이 조직 구성원의 의사와는 관계없이 물리적 힘을 사용하여 음식이나 주거를 박탈함으로써 강제적으로 조직에 참여케 하고 강제적으로 조직의 목적을 이동하도록 하는 조직체이다.

자발적 조직이란 종교나 정치, 또는 전문지 단체 등과 같이 자유롭게 가입할 수 있고, 또한 자유롭게 탈퇴할 수 있는 조직을 의미한다. 자발적 조직체에서는 구성원이 조직체가 바라는 행위를 할 경우 존경과 명예와 같은 보상이 주어지는 특징이 있다.

공리적 조직이란 회사나 기업체와 같이 구성원들이 실리적 목적을 위해서 소속되게 되며, 이러한 조직에 소속된 구성원은 자신의 이익을 위해서 조직체에 가입하게 된다. 따라서, 자신의 기본적 욕구 충족의 정도에 의해서 조직에 머무르거나 탈퇴할 수 있다.

2) 조직의 개발

조직개발이란 조직전체의 변화가 일어 나도록 계획된 전략 또는 노력(계획된 변동전략)이다. 구체적으로 설명하면 계획된 변동전략이란 조직의 체계적인 진단, 조직개선을 위한 전략계획의 개발, 이 계획을 수행하기 위한 자원의 동원을 포함한다.

조직의 효율성 증가를 가져오는 특성은

① 전체조직과 조직의 하위부분 요소, 개개인이 갖는 각자 그들의 목표달성을 위해 노력하지 않고 조직 전체 목표를 위해 노력한다.
② 기능을 위해 목표를 짠다. 다시 말하면 문제, 과제, 사업이 인적자원을 조직화하는 방법을 결정한다.
③ 의사결정은 정보와 기술지식을 가지고 있는 정보의 원천지에서 또는 가까운 곳에서 이루어 진다.
④ 보상의 체계는 단기이익, 생산활동, 성장과 발전, 생동성에 근거하고 있다.
⑤ 조직구성의 모든감정이 수직적 수평적으로 비교적 방해받지 않고 자유로히 교류될 수 있는 의사전달 체계가 있다.
⑥ 개인과 집단간에 적절치 못한 성공을 위한 활동이 적다. 또한 갈등의 문제를 조직문제로서 어느 계층에서든 취급할 수 있는 노력이 있다
⑦ 조직과 조직 구성부문 요소간에, 또는 외부환경간에 상호작용이 이루어 지고 있는 것을 자각할수 있다 그러므로 개방체계이다
⑧ 상호의존적인 조직구성, 개개인의 존엄성과 유일성을 서로가 유지하도록 돕고, 조직관리 전략이 이러한 분위기를 지지한다.
⑨ 조직과 그 구성원이 업무수행과 조사연구에서 서로 연결되어 활동하도록 되어 있다. 개인과 집단이 자신의 경험에서 학습할수 있는 환경장치가 형성되어 있다.
⑩ 인재의 충족과 개발을 위해 효과적인 계획을 가지고 있다.

3) 조직체계의 유형

조직이란 인간에 의해 창조된 집단으로 공통의 목표, 체계화된 구조를 가지고 있으며 조직자체의 경계를 가지고 환경과 지속적 교류를 하는 움직이는 체계이다.

인간집단인 조직체계는 조직 내의 인간들의 서로 다른 성격을 가지고 있다. 이러

한 성격들은 개인 행위에 영향을 주고 나아가서 조직의 여러 활동에도 영향을 미친다. 조직구조과 조직인의 성격, 욕구, 인간관 그리고 심리 상태 따라 영향을 주고받는다고 할 수 있다.

조직의 구조는 크게 관료제와 애드호크라시가 있다. 관료제는 근대사회가 산업사회로 발전되어 가는 과정에서 만들어진 개념으로 근대사회의 구조가 복잡해지고 기술이 고도화되면서, 사무의 질적 변화 및 양적 확대에 의해서 합리적·합법적 지배가 제도화된 조직을 의미한다.

초기의 관료제는 관료에 의한 지배라는 뜻으로 사용되었는데 이는 왕의 지배, 귀족의 지배, 국민의 지배와는 대립되는 개념이다. 후일 독일의 사회학자 베버는 이들 간의 협동체제의 이념형으로 관료제 모형을 제시하였으며, 오늘날에는 조직현상을 관료제의 이념형으로 관료제 모형을 제시하였으며, 오늘날에는 조직현상을 관료제로 설명하려 하는 경향은 여전하지만 이에대한 비판도 매우 거세게 일고 있다.

베버는 관료제 연구 등으로 20세기 최고의 사회과학자의 한 사람으로 인정받았다. 그는 근대 자본주의의 발달에 따라 근대사회의 목적을 달성하기 위한 가장 좋은 수단으로 관료제를 제시하였다. 즉 그는 합리적이고 작업능률을 극대화할 수 있는 조직을 관료제라고 하였다. 베버는 권위의 정당성을 근거로 지배유형을 전통적 지배, 카리스마적 지배 그리고 합법적 지배로 구분한다. 그는 현대사회에서 관료제적 지배의 가장 순수한 유형을 합법적 지배로 본다. 즉 그는 조직 내에서 상관과 부하와의 지배와 복종 간에 내재하는 질서의 근거를 합법적 지배로 보았다. 그리고 베버는 합리적·합법적 지배가 제도화되어 있는 관료제의 구조적 특징을 다음과 같이 제시하였다.

① 법규를 위한 직무기능의 조직화.
② 관할 범위의 규정.
③ 계층제 원리에 의한 조직화.
④ 직무행위를 규율하는 규칙은 기술적 규칙이나 규범.
⑤ 직원은 생산 및 관리 수단을 소유할 수 없으며 공직상의 지위를 독점할 수 없다.
⑥ 직원의 행위, 의사결정 및 규칙은 문서로써 기록.
⑦ 직원은 인격적으로 자유롭고 공적인 의무만을 준수.
⑧ 직원은 계약에 의해 임명되고 선발되며, 승진은 재직 연수나 실적.

⑨ 직원들의 엄격하고 체계적 교육.

베버의 관료제 모형은 인간은 합리적이며, 예측 가능하고 질서 정연한 측면에 착안 한 합리적·공식적 모형이다. 그의 관료제 모형은 기계적 조직관에 입각한 것으로 기능적 합리성을 강조한다. 즉 목표 달성의 수단으로 조직을 강조한다. 이모형은 공식적 조직구조, 폐쇄적 조직관을 강조하며, 조직의 역기능을 고려하지 않은 이론 모형이다.

애드호크라시는 관료제의 반대 개념이며 관료제 조직과는 달리 유연성, 적응성, 대응성, 혁신성이 높은 유기적 조직이다. 베니스는 에드호크라시를 다양한 전문기술을 가진 비교적 이질적인 전문가들이 모여 프로젝트를 중심으로 집단을 구성하여 문제를 해결하는 빠르고 적응적이며 일시적 조직구조라고 정의한다. 애드호크라시는 구조적으로는 조직구조의 기본 변수에 따라서 복잡성, 공식성, 그리고 집권성이 낮은 조직구조의 형태를 띠고 있다. 애드호크라시의 특징은 한마디로 관료제 조직구조가 경직성을 띤 기계적 조직구조라고 한다면 애드호크라시는 융통성이 있는 유기적 조직구조이다.

애드호크라시의 장점은 첫째, 이조직은 유기적구조로서 환경변화에 신속히 적응할수 있다. 둘째, 이조직은 전문가들이 상호작용에 의하여 조정과 창의성을 발휘할 수 있다. 셋째, 이조직은 과업이 복잡하고 전문적이어서 프로그램하기 어려운 일을 처리하는데 효과적이다. 넷째, 이조직은 구성원의 참여와 자율성을 보장하므로 조직의 민주화에 기여한다. 단점은 첫째, 이조직은 다양한 전문가들로 구성되어 권한 책임의 한계가 불명확하여 항시 갈등이 존재한다. 둘째, 이조직은 이질적인 전문가들로 구성되어 있어서, 조정과 통합과 커뮤니케이션에 소요되는 비용이 크다. 셋째, 이조직은 여러 구성원이 공동으로 업무를 처리하게 되므로 책임의식이 부족하다. 넷째, 이조직은 기계적 구조인 관료제의 정확성과 능률성을 결여하고 있다. 애드호크라시는 작업을 구획하고 세분화하기 어려우며, 정확성이나, 편리성이 결여되어 있어 비능률적이다.

다운즈는 행정 관료들이 달성하려는 목표의 유형에 따라 다섯가지의 유형, 즉 출세가형, 현상 유지형, 열중형, 창도자형, 경세가형 등으로 구분한다.

출세가형은 권력, 수입, 신망을 중요시하고 이를 획득하기 위해 노력한다. 현상

유지형은 주로 기존 이익의 보전을 중요시 한다. 열중형은 특정 분야의 정책이나 사업의 수행에 전념하는 낙천적·정력적 성격을 가진 사람들이다. 경세가형은 사회 전체의 복지를 위해 노력하는 사람들이다.

아지리스는 한 사람이 어린이에서 어른이 되는 성장과정에서 성격의 변화를 거치게 되는데 어린이의 성격이 미성숙한 상태라면 어른의 성격은 성숙한 상태에 해당한다고 보고, 이러한 변화는 하나의 연속선상에 있으며, 고전적 조직설계가 인간의 성숙한 상태를 저해한다고 주장하였다. 직무확대, 부하중심적 리더십을 통해서 조직이 인간의 성숙한 상태를 조성해 주어야 한다고 하였다.

메슬로우는 인간의 욕구에는 5단계, 즉 생리적 욕구, 안전욕구, 소속과 애정의 욕구, 자존감 욕구, 자아실현 욕구가 있으며 이 욕구들은 순차적으로 상승하여서 발현된다고 했다. 생리적 욕구가 가장 하위의 기본적 욕구라면 자아실현 욕구는 가장 상위의 인간이 추구하는 욕구이다. 그리고 일단 충족된 욕구는 동기 유발 요인으로서 의미가 상실된다.

허즈버그는 조직에서 불만족 요인과 만족요인으로 구분하였는데. 불만족 요인 또는 위생 요인은 조직 구성원의 불만을 야기하는 작용을 하는 요인으로 대체로 그들이 일하는 근무환경에 관련되며, 구체적 예로는 정책, 임금, 근로조건, 감독자와의 관계, 동료와의 관계등이다. 만족 요인 또는 동기부여 요인은 그들이 담당하는 직무책임, 인정에 따른승진, 직무의 성취, 업무자체, 등에 관련된 것으로 직무에 흥미를 느끼고 몰입하때 그것을 통해서 자아실현이나 성취를 해야만 만족에 이른다는 것이다. 불만족스러운 요인이 해소되었다고 해서 꼭 만족의 상태에 이르는 것이 아니고, 불만족 요인을 위생 요인으로 만족 요인을 동기 부여 요인으로 지칭하는 이 이론은 동기위생요인이론이라고 부르기도 한다.

맥그리거(D. McGregor)는 관리자가 조직 구성원을 관리하는 근거로서 이론적 가정이 무엇인지에 따라 조직의 성격이 결정된다고 전제하고 이 가정을 X이론과 Y이론이라고 명명하였다.

X이론에서는 인간에 대한 가정은 대부분의 인간은 일을하기 싫어하고 책임을 회피하며 안전을 추구하고 수동적으로 다른 사람이 명령해 주기만을 바란다.

Y이론은 인간은 원래 일을 좋아하며, 자아실현적 욕구충족에 의해 동기가 유발된다는 것이다. 따라서 Y이론에서는 인간관리 전략은 조직인이 스스로 문제를 해결

하고 자아실현 욕구를 동기화하며 충족시킬수 있도록 여건을 조성시켜 주는 것이다고 하였다. 이것은 아지리스의 성숙인에 대한 방법과 유사하다고 보았다.

샤인은 기존의 조직내에 인간에 대한 가정들에 관한 이론들을 네가지 관점, 즉 합리적·경제적 인간관, 자아실현적 인간관, 복잡한 인간관으로 분류하면서 이 중 가장 현실적인 인간관은 복잡한 인간관이라고 하였다.

합리적·경제적 인간관은 스스로 이익을 극대화하기 위해 행동하는 인간관으로 인간은 조직에 의해 조작되고 통제되며, 인간의 감정은 비합리적인 것이므로 통제되어야 한다는 것이다.

사회적 인간관은 인간의 사회적 동물성을 강조한 것으로 조직에서 사회적 욕구나 귀속(혹은 애정)욕구를 강조한 인간관이다. 인간은 조직 속에서 자연스럽게 비공식적 인간관계를 형성하고 거기서 심리적 안정과 위안을 얻으며 조직과 자신을 일체화시킨다.

자아실현적 인간관은 인간의 자아실현, 자지성취 또는 자기 완성을 강조한 인간관으로 이런 인간들에 대한 관리 전략으로 직무 충실, 자기개발, 내적 보상, 참여적 방법등이 있다.

복잡한 인간관은 위의 세 가지 인간관들이 지나치게 인간을 단순화하거나 일반화 했기 때문에 현실적 인간에게는 적용하기가 부적합하며 또한 인간은 그의 연령등의 개인적·사회적 배경에 따라서 차이가 많으며, 그가 담당하는 직무와 소속된 조직의 성격에 따라 다르고, 그의 욕구와 조직의 관리 전략이 상호 작용하면서 변화한다는 것이다. 이런 복잡한 인간들에 대한 관리 전략으로는 개인차를 진단하고 이에 의거하여 조직인을 관리하는 상황 조건적 관리 전략이 요구된다.

4) 조직체계와 사회복지실천

조직인의 심리 상태에는 긍정적 심리와 부정적 심리상태가 있다. 긍정적 심리 상태에는 직무만족, 자기성취나 자아실현 그리고 조직 몰입 등이 있고, 부정적 심리상태에는 조직에서의 스트레스, 소외감 그리고 역할 갈등과 역할 모호성 등이 있다

직무만족이란 자신이 담당하는 직무와 관련하여 느끼는 전반적인 만족의 정도를 말한다. 한편 사기는 욕구충족이나 직무만족에서 연유되는 것으로 직무 만족과 함께 조직인에 의해 경험될 수 있는 긍정적 감정의 상태로, 직무만족이 개인적·현재

적 상태라면, 사기는 집단적·미래적 상태라고 볼 수 있다.

자아실현 또는 자기성취는 자기의 잠재력을 최대한 이용하고 발휘하며 조직에서 현재 자신의 능력을 최대한 발휘하여, 미래에 자신의 능력을 발휘할 수 있도록 자신의 잠재력을 개발하는 것이다.

조직 몰입이란 자신이 속한 조직에 대한 동일시, 몰입, 일체감, 애착심을 나타내는 것을 의미하는데. 이는 조직이 추구하는 가치나 목적에 대해 신뢰의 정도가 강하며 수용정도가 크다. 그리고 조직 몰입은 조직을 위해 애쓰려는 의사가 강하고 조직의 구성원으로서 남아 있으려는 의도도 강하다. 조직 몰입은 조직전체에 대한 태도라는 점에서 직무 자체에 대한 태도인 직무만족도와 구분된다.

조직에서의 스트레스는 조직인이 느끼는 부정적 심리 상태의 일종으로, 환경의 요구가 어떤 개인의 능력이나 그가 가진 자원을 초과하거나, 개인의 요구하는 것을 환경에서 마련되어지지 않을 때 느끼는 심리적 압박감이다. 스트레스는 직무 불만족과 깊은 상관관계가 있기는 하지만 이들은 서로 구분되며, 스트레스가 심하면 심리적 불안과 초조는 물론 질병에까지 이른다. 그러나 현대사회조직에서의 일상생활은 스트레스의 연속이지만, 적절한 스트레스의 부담은 오히려 조직 생활의 촉진제가 되기도 한다.

조직에서의 소외감은 무력감, 무의미성, 무규범성, 고립, 자기소원을 포함한다. 특히 조직에서의 소외감은 대규모 조직, 공식적 조직의 전형인 관료제 조직에서 두드러지게 나타난다.

역할 갈등이란 어떤 역할 담당자에게 서로 상반된 역할이 주어졌을 때 이들은 동시에 수행할 수 없기 때문에 느끼는 심리적 부담이다. 예를 들면 다양한 명령 체계에 의해 지시받을 때 느끼는 역할갈등, 전문적 능력과 일반 관리자로서의 능력이 동시에 요구되는 역할갈등, 부하들에게 동기를 부여해야하고 동시에 상관의 지시를 철저하게 이행해야할 때의 역할 갈등, 대외적 봉사와 대내적 조직 능률을 지켜야 할 때의 역할 갈등 등이 있다.

한편 역할 모호성은 어떤 역할 담당자가 수행해야 할 임무, 책임, 권한 그리고 업무 처리 방법에 대한 정확한 정보가 주어지지 않을때 느끼는 심리적 부담의 정도라 할 수 있다.

사회복지실천에서 역할을 담당하는 사회복지사는 서비스전달을 위해 조직의 문제를 규정하는데, 유용성이 높은 대상자중심의 서비스와 기관이 갖는 특수한 성격과 집행방법을 이해하고, 다양한 방법의 해결책을 제시해야 한다.

변화를 위해 전략적인 계획으로 개별적으로 개입하는지, 아니면 협력적, 중재적, 갈등적전략을 사용하여야 한다

전략의 평가와 수정에는 상사의 참여유지, 과업집단의 구성원보충, 다른조직과 업무연계, 발생하는 새로운문제의 처리, 필요에 따라 기관과 프로그램을 바꾸는 것, 절차의 표준화방법등을 연구하여 관리해야 한다.

2. 지역사회체계

1) 지역사회체계의 특성

지역사회란 사람과 지역, 또는 지리적 집합체를 의미한다.

사회학에서의 지역사회 개념을 마키버와 갈판은 다음과 같이 정의하고 있다.

마키버는 지역사회란 공동생활권이며, 지역성과 지역사회의식에 기초한다고 하였다. 지역사회의식은 동료의식, 역할의식, 의존의식이 구성 요소이며 공동성이란 사회적 유사성, 공동된 관습, 공동 소속감, 공통된 규범, 풍속, 예의에서 나타난다고 하였다.

갈핀은 지역사회란 교역권이라고 하며 지역사회 범위는 분산된 토지에 거주하는 농가가 교역 중심지의 주민과 상호 작용하면서 교역관계를 맺고 있는 시장권을 의미한다고 하였다. 즉 시골 농가에서는 필요한 물건을 읍이나 면에서 구매하고 생산한 물건 역시 그곳에서 판매하는 지역적 범위를 농촌지역사회라고 하였다.

사회복지에서는 지역사회를 지리적 조건으로 형성된 지역집단과 지배적 생활 이익으로 형성된 이익집단 으로 보고 있으므로 가족, 동족, 종친회와 같은 혈연집단도 사회적 지역 집단으로 보고 있다.

독일의 사회학자인 퇴니에스는 인간의 의지를 본질 의지와 선택의지로 구분하고 이에 대응하는 두 가지 유형의 사회가 더 있다고 주장하였다. 공동사회라고 번역되는 게마인샤프트란 본질 의지에 의해 형성되는 사회이고 이익사회라고 번역되는 게젤샤프트란 본질 의지에 의해 형성되는 사회이고 이익사회라고 번역되는 게젤샤프

트는 선택의지에 의해 형성되는 사회이다.

본질 의지란 인간이 본래적으로 가지고 태어나는 실제적·자연적 의지로, 이와 같은 본질 의지에 의해 구성된 사회가 게마인샤프트로서 이 사회의 구성원들은 서로가 친숙하여 사랑하기 때문에 서로 간의 마음을 터놓고 즐겁게 대화하며 교류할 수가 있는 것이다. 가족, 사회, 촌락, 우정을 기반으로 하는 도시 등이 게마인샤프트에 해당된다.

게젤샤프트는 선택 의지에 의해 형성되는 사회이며 선택의지란 작위적이고 관념적인 의지로서 자연적으로 형성되는 것이 아니고 인위적으로 조직하는 사회를 의미한다.

이 사회의 구성원들은 각자의 활동 범위가 엄격히 구분되어 있으며 서로간의 교류에 있어서는 반대급부를 요건으로 해서 이루어진ㄷ. 반대급부가 없으면 결코 남을 위해 있어서는 반대급부를 요건으로 해서 이루어진다. 반대급부가 없으면 결코 남을 위해 무엇을 하거나 주려하지 않으며 이러한 사회는 협약이나 정관, 정치적 고려, 여론 등에 의해서 유지된다

퇴니에스는 본질 의지에 의해 형성되는 게마인샤프트와 선택의지에 의해 형성되는 게젤샤프트라는 두 가지 개념을 가지고 모든 사회의 현상을 설명하였다. 촌락, 국가, 가정, 학자공화국, 세계 등을 설명하고 그에 해당하는 농업, 예술, 상업, 공업, 학문 등의 직업에 관해서도 설명하였다 게마인샤프트적인 것에서 게젤샤프트적인 것으로 옮겨 가는 과정을 근대화라고 한다.

지역사회란 장소의 개념으로부터 나오며 상호 작용을 통해 서로의 생활에 도움을 주고 같은 전통, 관습 및 규범 그리고 가치를 공유하는 것이다. 체계로서 지역사회의 특징은 다음과 같다.

① 물리적 또는 지리적 장소에 근거한 하나의 사회적 조직이다.
② 공통된 지역에 살거나 동일시된 사람들을 중심으로 지역사회가 추구하는 최상의 목적은 지역사회구성원들의 삶의 질을 향상시키는 것이다.
③ 공통된 욕구, 공통된 문제 그리고 성장과 발전을 위하여 상호 의존하고 있다.
④ 지역사회는 사회와 개인 사이에 중간체계로 개인을 전체 사회에 연결하며 또한 전체 사회를 개인에 연결하는 역할을 한다. 결과적으로 지역사회는 전체 사회의 하위체계이다.

2) 지역사회의 기능

지역 사회란 사람들이 단순하게 일정한 지역에 거주하는 것이 아니라 서로의 이익을 위해 상호 작용하면서 생활하는 공동체이다. 그러므로 지역사회가 유지되고 발전되기 위해서는 지역사회가 수행해야 할 제 기능이 있어야 한다.

지역사회가 수행해야 하는 제 기능이란 것은 자녀양육, 물자의 생산·분배·소비, 여가 등 모든 인간활동을 의미한다. 그러나 모든 지역사회가 공통으로 수행하는 주요 기능에 대해서 길버트와 스펙트는 존슨과 워렌의 이론을 다음과 같이 다섯 가지 기능으로 나누어 설명하고 있다(Johnson, 1960 : 51-66 ; Warren, 1963 : 9-11).

첫째는 생산, 분배, 소비의 기능이며 지역사회 주민들이 일상생활에 필요한 물자와 서비스를 생산하고 소비하는 과정과 관련된 기능을 의미한다.

생산이란 필요한 자원을 얻고 재화를 만들어 내는 과정으로 사람들이 이를 위해 일을 하도록 동기화 하며 그 일을 나누어 맡아 해 나가는 분업을 마련한다.

분배란 누가 무엇을 얼마나 어떻게 갖도록 하는지를 규정해 주는 사회보장적 기능이다. 각자가 전문직에 종사하면서 생산을 하면 그것을 나누어 가져야 일한 보람이 있으므로 생산의 분배는 현대사회에서 사회보장제도나 세법에 의해 이루어지고 있다.

소비란 인간이 욕구 충족을 위해 생산 분배한 재회와 용역을 소모하고 이용하는 과정이다. 인간의 물질에 대한 욕망은 단순한육체적 욕구 충족 이상의 것으로서 사회가 조성할 수 있는 특징을 지니고 있다. 특히 현대사회에서는 광고, 신용카드 등이 소비를 자극한다.

둘째는 사회화의 기능이며 사회가 향유하고 있는 일반적 지식, 사회적 가치, 그리고 행동 양태를 그 사회의 구성원들에게 전달시키는 과정을 의미한다. 사회화란 사람들이 태어나면서부터 그 사회의 문화를 알고 배우며 그 사회의 가치를 내면화시키는 과정이다. 사람은 사회화됨으로써 비로소 사회의 성원으로 기능하게 된다.

사회화의 최초의 장은 가족이며 친구, 학교 그리고 지역사회가 된다. 이러한 사회화의 장에서 그들은 사회유산의 전승과 성격을 형성한다.

셋째는 사회통제의 기능이며 지역사회가 그 구성원들에게 사회규범에 순응하도록 행동을 규제하는 것이다. 지역사회로 하여금 사회규범의 위반을 예방하고 사회통합을 유도하기 위하여 사회규범을 집행하려는 노력이 사회통재이다. 일탈을 막고 일탈이 일어나면 그것을 제재하고 또 나아가서는 일탈자를 재사회화하는 사회적 노력이 통제라는 기제를 통해 이루어진다. 그런데 이러한 사회통제의 방법에는 기본적으로 세 가지, 즉 규범의 내면화, 비공식 사회통제 그리고 공식적 사회통제가 있다.

규범의 내면화(interalization of norms)는 개인이 그 규범을 자기 것으로 만드는 것이다. 규범의 내면화는 어린 시절에 가정에서 형성된 도덕성에 바탕을 두고 있는데, 사람들은 사회가 원하는 것과 규제하는 것을 대부분 자신의 도덕성에 기초하여 규범에 따른다.

비공식(informal) 사회통제란 사람들의 행동에 대해서 법이나 제도로서 다스리지 않고 사적으로 규제하는 것을 의미한다. 공식적(formal) 사회통제는 이질적이고 복잡한 사회일수록 친숙한 인간관계나 연대의식이 부족하고 이기주의화되므로 자연히 공식적 통제가 필요하게된다. 이러한 구체적 행위로서 국가는 법을 제정하여 범법자를 권위로 다스리게 된다. 이 같은 공식적 사회통제의 접근은 두 가지가 있는데 그 하나는 일탈자를 고립시키거나 처벌함으로써 사회를 그로부터 보호하는 것이고, 다른 하나는 일탈자를 재사회화 내지 갱생시켜 사회에 복귀시키는 것이다. 후자는 사회사업적 접근 방법으로서 교정사업이라고 한다.

넷째는 사회통합(social intefration)의 기능이며 사회체계를 구성하는 사회 단위조직들 간의 관계와 관련된 기능을 의미힌다. 특정 제도의 구성원이나 전 사회체계의 구성원들은 상호간에 충성하여야 하며 사회체계가 정상적 기능을 하기 위해서는 어느 정도의 결속(solidarity)과 사기(morale)를 갖지 않으면 안 된다. 사회통제의 기능이 지역사회구성원들에게 사회의 규범에 순응하게 하는 것이라면 사회통합은 어떤 법이 강제로 행해지거나 누가 끌고 가는 것이 아니라 지역사회 주민들이 스스로 법을 준수하고 관습과 문화를 존중하며, 평등한 위치에서 지역사회를 위하여 기꺼이 참여하는 것이다.

워렌은 사회통합이라는 용어 대신 사회참여(social participation)란 용어를 사용하는데 이는 지역사회가 제공하는 제반 활동에 그 구성원들이 자발적으로 참여하게 하는 것으로서 이러한 기능을 수행하는 가장 대표적인 종교제도를 들고 있다. 그러나 다른 사회적 기능에서와 마찬가지로 사회적 통합에 필요한 사회적 가치와 규범을 만들어 내는 사회조직으로서 가정, 학교, 사회단체 등을 들 수 있다. 사회통합의 과정에서 성원들이 기꺼이 이에 헌신할 수 있도록 사기를 북돋아 주고, 문화의 유형을 유지, 존속시킬 필요가 있다. 뿐만 아니라 사회적 긴장을 관리함으로써 사회적 통합을 지킬 수 있어야 한다.

다섯째는 상호부조(mutual support)이며 주요 사회제도에 의해서 사회구성원들이 자기들의 욕구를 충족할 수 없는 경우에 필요하게 되는 사회적 기능을 의미한다. 개인과 가정은 누구나 질병, 사망, 실업, 사고 등의 개인적 차원에서 또는 경제적·사회적 제도가 부적절하여 인간다운 삶을 영위할 수 없을 때 정부나 민간사회복지기관, 종교기관을 통해 인간의 문제를 해결하고 서로서로 도와 가며 생활하는 사회적 분위기를 조성해야 한다.

3) 지역사회의 유형

지역사회를 유형화하는 방법은 다양하지만, 가장 흔히 사용되는 기준으로서는 다음과 같은 것들이 있다.(Dunham, 1970 : 28).

첫 번째, 인구의 크기에 따른 구분이다. 대도시, 중소도시, 읍 지역과 같은 작은 부락 등의 구분에서 볼 수 있는 지역사회 형태이다. 이러한 구분은 사회조사의 경우 응답자들의 성장지를 파악하는 데 가장 많이 사용되고 있다.

두 번째, 경제적 기반에 따른 지역사회 구분이다. 강원도의 장성과 태백 지역 등의 광촌, 산촌, 어촌 등에서 불 수 있다. 이러한 분류는 주민들의 경제생활과 사회문화적 특성을 파악하고자 하는 인류학적 조사 연구에서 사용되고 있다.

세 번째, 정부의 행정구역에 따른 구분으로 특별시, 광역시, 도, 시, 군, 구, 읍·면·동 등으로 지역사회를 구획하는 것이다.

네 번째, 인구 구성의 사회적 특수성을 기준으로 한 지역사회의 구분으로 도시의 저소득층 지역, 외국인촌, 장애인 밀집 지역, 미국의 할렘가나 차이나타운, 유태인 거주 지역 등에서 불 수 있다. 이는 지역사회구성원 대다수의 경제적·인종적 특성을 중심으로 지역을 유형화한 것이다.

린데만(Lindeman)은 복지를 위하여 경제, 사회 또는 문화에 초점을 두어 지역사회를 11개로 구분하고 있다.

① 인구가 50만명 이상의 대도시 지역으로 산업, 상업, 문화가 중심인 지역사회이다.
② 산업지역으로 다양한 산업을 중심으로 한 지역과 광업, 제철, 자동차 공업등의 한

가지 산업을 중심으로 한 지역사회 이다.
③ 1차적인 교역 중심의 상업 지역의 지역사회이다.
④ 정부의 행정관서가 집중된 연방과 주, 지방정부의 수도와 같은 정부행정 중역사회이다.
⑤ 대학교, 교원양성기관, 기타 학교시설이 중심이 된 교육중심 지역인 지역사회이다.
⑥ 기관 미치 시설 중심인 지역사회로 주민의 생활 중심인 병원, 보건소 등의 기관이 하나 또는 그 이상이 중심인 지역사회이다.
⑦ 도시 근교에 있는 거주 지역인 교외 지역이며 많은 주민이 도시로 통근하는 지역사회이다.
⑧ 해변이나 산간의 휴양지, 사냥, 낚시, 스키 등의 지역과 국립공원이나 자연 명소에 인접해 있는 유흥 사회이다.
⑨ 농산품이 거래되고 농촌 주민의 친교가 이루어지는 농업 중심의 지역사회이다. ·
⑩ 학교, 교회, 백화점 주유소 또는 이와 같은 시설들이 어우러져 형성된 공개된 지역이며 고객을 유인하기 위한 지역이다.
⑪ 종교, 이념, 예술 등이 같은 사람들이 의도적, 협력적으로 형성한 지역으로 퀘이커교, 모르몬교 그리고 우리나라에서의 예술인 마을 등이있다(Lindeman, 1921 : 40-57 재인용).

한편 데이비스(Davis, 1949 : 312)는 현대 지역사회는 그 자체만으로는 완전히 이해 될 수 없으며 지역사회의 어떤 부분들은 내부보다 외부에 더 큰 관련이 있으므로 지역사회를 개방체계로 보고 있다. 거대체계인 문화의 영향으로 지역사회의 규범과 가치가 변화되기도 하며 사회적·경제적·정치적 힘이 지역사회에 작용하여 지역사회가 그 기능을 수행하는 데 필요로 하는 자원의 제공 여부에 영향을 주고 있다.

지역사회의 복지를 위한 조직적 노력으로 구분되는 유형으로 농촌지역사회와 도시지역사회가 있다. 농촌지역사회는 게마인샤프트의 특성과 유사한 성격을 가지고 있으며 도시지역사회는 친족집단, 빈민 지대, 교외지대 등의 하위 지역사회로 인해 반도시적 편견이 있지만 일반적인 거주지는 역시 게마인샤프트 성격이 있다(이장현 외, 1983 : 299, 315).

도시지역사회는 다섯 단계의 진화과정이 있다.

첫 번째 단계는 5만 명 이내의 인구를 수용하는 사방 2Km의 지역으로 중심지에서 변두리까지 도보로 10분 이상 걸리지 않는다.

두 번째 단계는 5만 명 이상의 인구를 수용하는 사방 6Km의 지역이다. 그 예로는 고대로마, 콘스탄티노플, 북경과 같은 제국의 수도를 들 수 있다. 도보로 걸리는 지간은 30분이 넘지 않았으며 마차로 사람들을 운반하였다. 이 단계의 도시들은 통치하기가 어려웠으며 빈민가가 생겼고 때로는 폭도들이 도시를 지배한다.

세 번째 단계는 도시는 지하철이나 고가 철도에 의존하여 영역을 넓힌다. 이런 단계의 도시는 잠시 동안은 만족하지만 불편이 심해서 자동차 교통수단에 적응하기 위한 초고속 도로가 건설된다.

네 번째 단계는 수많은 도시문제들로 시달리고 있는 현대 도시이다.

다섯 번째 단계는 네 번째 단계들의 문제들을 해결하지 못하고 그대로 남아 있는 병리를 안고 있는 거대도시이다(장인협 외, 1990 :113-114).

4) 지역사회체계와 사회복지실천

지역사회를 유지 및 발전시키기 위해서는 지역사회의 기능, 즉 생산, 분배 소비의 기능, 사회화 기능. 사회통제기능, 사회통합의 기능 그리고 상부상조의 기능이 있다. 이와 같은 지역사회기능 수행으로 인간행동은 사회화되고 사회규범을 내면화하고 사회통제력을 증진시키게 된다. 또한 지역사회에서 인간은 개인적 차원, 즉 질병, 사망, 실업, 사고 등이나 경제적·사회적 제도의 부적절성으로 인간다운 삶을 영위할 수 없을 때에는 서로 서로 도움을 주어야 한다.

따라서 지역사회구성원들 사이에 사회연대와 지지로 소외감을 극복하는 동시에 이타성을 습득하게 되고 지역사회는 인간의 삶을 영위하는데 필요한 많은 자원과 기회를 제공한다. 그러므로 지역사회는 인간들의 삶의 터전으로 삶을 영위하고 유지 및 발전시키는 장이다. 농촌지역사회는 지역의 고립성으로 인간관계가 친밀하게 이루어지는 반면 토착화된 전통문화를 내면화 하고 있으므로 비슷한 성격, 사고방식 그리고 행동 유형을 가지게 된다. 다른 한편 도시지역사회는 대규모성으로 인해 집단유대감의 약화로 농촌지역사회를 결속시켰던 협동과 비공식적 관계를 경쟁과 공식적 관계로 대치시킨다.

랜드(K.E. Land)는 복지의 측정영역(measurement domain)을 세가지로 분류하고 있다. 첫째는 주관적인 가치체계(개인의 신념, 기대, 열망)이며, 둘째는 객관적인 여건(개인의 물질적, 사회적생활여건)인바, 이 두가지 사이의 정도에 따라 만족 또는 욕구불만의 감정이 곧 주관적인 복지가 된다고 하였다. 가장 중요한 것은 복지의 주관적 측면이며 그것의 최소화는 주관적 욕구수준의 감소 혹은 객관적 여건의 향상을 통해서 추구될수 있다는 것이다

지역사회는 사회복지실천의 대상이 된다. 지역사회는 클라이언트 체계로서 사회복지사의 개입이 필수적이다. 지역사회는 개인을 위한 환경이 된다 따라서 사회복지사가 도와야할 클라이언트의 환경적 요소로서 중요한 위치에있다.

지역사회는 사회복지실천의 현장으로서 활용되고 있다. 지역사회는 공식적 비공식적 자원의 창고로서 대상자를 위한 사회복지실천을 한다.

3. 문화체계

1) 문화의 개념

문화는 인간의 생활양식으로 세대간에 전승되면서 사회구성원들에게 내면화되어 인간행동에 영향을 미치는 사회체계이다. 문화에 대한 이해는 사회복지실천에서 다양한 종교, 문화, 인종, 민족 등의 배경을 가진 클라이언트와 일하는 사회복지사에게 그들에 대한 이해를 촉진할 수 있다. 또한 이것은 클라이언트의 행동을 예측하여 대처할 수 있게 하며, 그들에게 적절한 서비스를 제공할 수 있도록 한다.

민족학 관점은 클라이언트들이 여러 민족 집단으로 구성되어 있을 때, 그들의 다양한 인종적·문화적·종교적 배경에 세심한 관심을 갖고 개별화하여 그들의 특정한 상황과 문제를 이해하고 수용하며 그들의 욕구와 문제를 해결하는 방법이다. 이와 같이 문화는 사회복지실천에서 다양한 문화적 배경을 가진 사람들과 함께 일하는 데 유용하게 활용된다(이근홍, 2007: 24).

인간의 행동양식, 문화, 가치관, 언어 등은 우리가 사회 속에 태어나서 다른 사람들과 상호 작용을 통해서 학습되는것으로서 문화라는 용어는 다양한 의미를 내포하고 있으나 일반적으로 두 가지로 표현되고 있다. 그 하나는 취미로서의 문화이며 다른 하나는 서구문화, 동양문화 등의 어떤 사회와 관련된 것을 지칭하는 의미로 사용된다. 문화를 인간집단의 생활양식의 총체론으로 본 대표적인 사람은 영국의 인류

학자 테일러(Talor, 1958)이며, 그는 문화란 지식, 신앙, 예술, 도덕, 법률, 관습 그리고 사회구성원으로서 인간이 습득한 모든 능력과 습관을 포함하는 복합체라고 하였다.(권희안 외, 1996 : 36). 문화와 사회는 상호 의존적이고 상호 작용관계를 맺고 있다.

사회는 문화를 공유하는 지속적이고 자립적인 그리고 그들 스스로 하나의 의미 있는 단위라고 생각하는 사람들의 공동체이다. 문화는 이러한 사회의 성원들이 학습한 행동양식, 전통, 의식, 그리고 믿음의 총체이다.(Hodge, 1971 : 35-33). 그러므로 문화는 한 사회의 구성원들을 위해 고안된 생활 설계이며 개인은 그 사회의 성원으로 태어나 그 사회의 문화를 학습하고 영향을 받으며 삶을 영위하는 것이다. 이와 같이 문화는 인간생활의 본질이며 문화를 통하지 않고는 인간 사회나 인간행동을 이해하기가 불가능하다. 이와 같은 문화는 다음과 같은 특성이 있다.(이장현 외, 1983 : 73-75)

① 개인의 특유한 생각이나 행동 유형은 개인적 습관이지 문화로 간주되지 않으며 그것들이 사회의 다른 성원들에 의해 공유되었을 때 문화라고 부른다.
② 문화는 사회성원들에 의해 공유되는 특질이 후천적으로 학습 된 것이어야 한다. 즉 문화는 사회적 상호 작용을 통하여 학습되는 것이다.
③ 문화란 한 세대에 의해서 학습, 공유되는 것이 아니고 한 세대에서 다음 세대로 전승되는 사회역사적 소산이다. 새로운 지식과 생활양식이 축적되면서 문화는 이어져 간다. 그러므로 우리의 문화는 우리조상들의 축적된 지혜의 소산이라 할 수 있다.
④ 문화는 인간에 의해 창조된 것이지만 일단 형성된 문화는 인간으로부터 독립된 자기체계를 가진 독자성을 띠고 있다.
⑤ 문화는 하나의 체계를 이루고 있으므로 문화의 각 부분들은 복잡하고 미묘한 방식으로 상호 관련되어 있다.
⑥ 문화는 한 사회의 생활양식이므로 문화를 갖지 않는 사회는 없다. 문화는 인간 사회에서 보편적 현상이므로 문화들은 서로 구조적 유사성을 보이지만 동시에 그 내용 면에서는 다양성을 나타낸다.

2) 문화의 특성

문화는 국가, 조직, 인종에 따라 매우 다르게 나타난다 문화가 갖는 일반적인 특성을 보면

(1) 학습성

문화의 특성은 문화가 인간의 출생과 함께 선천적으로 타고난 것이 아닌 후천적으로 학습에 의해 획득된다는 점이다(노길명 외, 1999: 83-84; 이명재 외, 2006: 454).

문화는 일시적으로만 나타나는 현상이 아니라 언제나 특정한 부류들에 의한 '사회적인 상속'으로서 전승되어 온 전통 혹은 유산이 되어 온 것이다(고병익, 1989: 2; 이명재 외, 2006: 454).

개인의 문화가 크게 영향을 미치는 것이 환경이라고 할 수 있는데, 어린이집과 유치원 그리고 각급 학교에서 교육을 통해 학습된 문화를 들 수 있다.

(2) 보편성

문화는 모든 사회에 공통적인 가치와 믿음이 존재한다는 보편성을 지니고 있다. 문화 형태가 모든 사회에 존재하는 복잡한 체계의 언어, 부부와 자녀 사이에 관련된 가치나 규범이 포함된 가족체계, 혼인 제도, 종교 등은 각 나라가 형성하고 있는 보편적인 문화의 유형들이다(노길명 외, 1999: 85; 이명재 외, 2006: 455).

사람들은 독특한 개인으로 존재하지만 그 개인은 국가, 조직, 가족 등의 구성원들이 추구하는 문화를 수용함으로써 공통의 문화를 지닌다. 예컨대 한국인의 유교문화, 대학생의 대학문화, 청소년의 총소년문화 등은 각각 한국인, 대학생, 청소년들이 일반적으로 지니는 문화로서 보편성을 띤다(이명재 외, 2006: 455).

(3) 상징성

문화는 모든 문화가 외형으로 드러나는 것 외에 속으로 품고 있는 의미가 따로 있음을 뜻하는 상징성이 있다. 그래서 문화를 "사람들의 경험을 해석하고 행동을 유도·규제하는 의미와 상징의 체계"로 정의하기도 한다(전경수, 1999: 127-128; 이명재 외, 2006: 455). 이와 같은 문화의 특성은 인간이 다른 동물과 비교해 자유롭게

의미를 창작하고 이를 사물과 행동에 부여하는 능력을 가졌다는 점이다(노길명 외, 1999: 81; 이명재 외, 2006: 455). 예컨대 각 지방자치단체의 특정 꽃, 프로야구 팀의 특정 동물, 각급 학교의 교표 등은 그들의 문화를 상징한다.

(4) 역동성

문화는 고정되어 존재하는 것이 아니라 특정 문화 내에서뿐만 아니라 문화 간 움직임이 매우 강하게 이루어지는 역동성을 지니고 있는데, 문화의 역동성은 문화 갈등(culture conflict), 문화 변화(culture change)라고 일컬어지는 용어에서 엿볼 수 있다. 문화는 시간이 흐름으로부터 영향을 받아 새로운 문제를 제기하며, 이 새로운 문제는 변화된 행동과 신념에 적응해야 하기 때문에 문화는 역동적인 수밖에 없다(이명재 외, 2006: 456).

(5) 다양성

인간 사회의 문화 형태는 매우 상이한 다양성을 지니고 있다. 문화의 차이를 의미하는 문화의 다양성은 국가·지역·개인별로 지니는 다양한 문화에서 찾아볼 수 있다. 예컨대 인도에서 소를 우대하는 풍습, 한국이나 중국에서 개고기를 먹는 행위, 이스라엘이나 이집트에서 돼지고기를 삼가는 풍습 등은 문화의 다양성을 보여주는 것이다. 뿐만 아니라 같은 문화권 안에서도 계층 간의 문화, 남성과 여성의 문화, 노인과 청소년의 문화 등이 다양하게 형성되고 있다(이명재 외, 2006: 456).

3) 문화의 유형

문화의 유형은 분석 목적과 의도에 따라 여러 형태 로 구분할수 있다. 소로킨(P.A.sorokin, 1948)은 문화를 물질적 문화, 행동적 문화, 그리고 이데올로기적 문화 등으로 구분하였고, 이와 유사하게 볼드릿지(Baldridge, 1975)는 경험적 문화, 규범적 문화, 심미적 문화 등으로 구분하였다. 이 책에서는 일반적인 용어로 물질적 문화, 규범적 문화, 그리고 관념적 문화로 구분하였다. 물질적 문화는 우리에게 생활수단을 주고 규범적 문화는 절차와 과정을 그리고 관념적 문화는 의미와 목표를 제공할 수 있다.

(1) 물질적 문화

문화는 물질적 측면과 비물질적 측면으로 나눌 수 있다. 사람이 만들어 내고 사용하는 물질적인 모든 것을 물질적 문화라 하며 사회의 성원들에게 자연환경에 적응하는 직접적 수단을 제공하는 문화를 의미한다. 즉 물질적 문화의 내용에는 기술이 포함된다.

(2) 규범적 문화

규범적 문화는 사회유지를 위해 사람들에게 준수할 것을 기대하는 행동의 기준에 관한 문화이다. 문화는 행위의 규칙, 즉 규점을 규정함으로써 어떤 것이 옳고 그른가와 해야만 하고 해서는 안 되는가의 기준을 설정해 준다. 규범은 크게 관례, 관습 그리고 법 등이 있다.(Sumner, 1969).

① 관례

관례란 사람들이 일상행활에서 거의 무의식적으로 따르는 습관이나 전통적 행위지침을 의미한다. 식사할 때에는 수저와 젓가락을 사용하며 하품을 할 때에는 손으로 입을 가리는 것 등이 그 예이다. 이와 같은 관례는 한 사회 집단에 오랜세월을 거친 시행착오의 경험을 통하여 형성되고 받아들여져서 수세대에 걸쳐 전승되어 그 사회집단의 성원들에게 인습적이고 일괄적인 행동양식으로 정착되는 것이다.

이와 같은 관례를 따르지 않는 사람이 있을 경우에 이에 대한 강력한 처벌이나 제재를 가하지 않는다. 그러므로 관례를 대수롭지 않은 규칙이라고 하기도 하지만 이런 관례로 인하여 사회는 사람들 간에 무궤도한 개인행동이 억제되고 질서가 잡히며, 서로 조화로운 상화 작용이 가능케 됨으로써 사회생활이 원활해지게 된다.

② 관습

관례와는 달리 관습에 대한 위반은 강렬한 반응을 일으킨다. 관습은 사회의 안녕을 유지하는 가장 중요시되는 가치의 수호를 위해 매우 중요하다고 간주되는 규범이다. 우리 사회에 있어서 근친상간, 도둑질, 살인, 중혼 등의 금지가 관습의 예이다.

이와 같은 관습은 우리 사회의 질서에 직접적이고 중요한 영향을 끼치므로 위반시에는 사회적 고립, 구타, 구금, 추방 또는 사형과 같은 강력한 처벌과 제재가 따른다. 이와 같은 정당화가 반드시 타당한 것만은 아니다. 예를 들면 중혼제는 현재의 가족구조에 부정적 영향을 끼치지만 사회 자체가 파괴된다고는 할 수는 없다. 다만 사람들이 그것을 확고히 믿고 이러한 관습에 복종한다. 그러므로 관습의 내용은 사회에 따라 달라질 수 있다.

③ 법

대부분의 사회에서는 규범을 공식화하여 법으로 제정한다. 법의 특성을 보면, 첫째, 법은 국가에 의하여 공식적으로 규정되므로 법의 정당성은 이러한 공식적 규정에 근거하고 있으며. 둘째, 법은 합리적 이해가 가능하도록 성문화되며 엄격한 법률적 해석에 따른다. 셋째, 법은 경찰, 판사, 검사, 변호사 등의 집행 대행인들에 의하여 강제력을 갖고 집행하며. 넷째, 법은 분명하고 구체적인 형벌 규정을 갖는다. 법은 관례를 공식화하기도 하고 관습을 지지하기도 하지만 법과 관습은 일치한다. 예를 보면 법과 관습 모두 살인과 간통을 규제한다. 그러나 관습이 뒷받침하지 않는 법도 있다. 그래서 도박의 금지는 관습의 뒷받침이 없는 법이므로 이러한 법은 자주 위반된다. 항상 그런 것은 아니지만 법은 관습에 의해 뒷받침될 때 더욱 효과적이며 관습은 법에 의해서 강조될 때 더욱 큰 힘을 갖게된다.

(3) 관념적 문화

관념적 문화는 특정집단이나 사회체계가 존속하기 위하여 현실을 이해하고 혹은 합리화하기 위하여 갖는 표상, 인식, 확산, 전망, 환상 등의 관념의 복합체이다. 이와 같은 관념문화는 가치체계, 신화체계, 교의체계, 그리고 상상체계로 구성되어 있다.

가치체계란 사회의 성원들이 무엇이 좋고 올바르고 현명하고 또 유익한지를 결정 짓는 데 관여한다. 즉 인간이 나아가야 할 목표나 방향을 제시하는 데 관여하므로 규범이 구체적 상황에 관련된 구체적 규칙이라면 가치는 그 규범을 판단할 수 잇는 더 높은 차원의 기준이라 할 수 있다.

신화체계는 사실 검증의 방법으로는 확증할 수 없는 과거, 현재, 미래에 대한 상상적 해석이며, 대중의 원망, 기대, 신념등을 자극해서 특정 행동을 유도하는 기능을 하고 있다. 현실 사회에서는 종교가 이 역할을 담당하고 있다.

교외체계는 관념적 문화에 이론적 일관성을 부여하고 현실을 철학적이거나 과학적으로 분석하여 사회체계를 합리화 시키고 행동 계획에 체계성을 부여하는 것이 교외체계이다.

사상체계는 이데올로기라고도 하며 사회체계의 미래를 예견하고 행동화의 방법을 명시하는 일련의 주의, 주장을 의미한다.

4) 문화체계와 인간행동

문화는 개인이 습득해야 하는 기존의 적응양식을 제공해 줄 뿐만 아니라 개인에게 일상생활의 구체적인 행동지침을 제공해 준다, 개인의 자아를 풍부하게 해 주고 자아실현의 길을 열어 주는 기능을 한다. 그리고 문화가 사회통합의 기회를 제공하기도 하지만, 문화갈등으로 인하여 대인관계상의 긴장이나 갈등의 단초를 제공하고, 특정계층에 대한 억압이나 인간 소외의 원인적 요소가 되기도 한다.

인간에 대한 문화의 영향력을 중시하는 관점은 White(1959)의 문화결정론적 시각이다. 그는 인간은 문화의 산물이며, 인간행동은 문화에 대한 반응이라고 하여 문화에 의해 개인이 어떻게 생각하고, 느끼며, 행동할지가 결정된다고 보고 있다. 개인은 사회화의 과정에서 특정 사회에서 바람직한 것으로 인정되는 역할과 태도, 행동양식과 가치들을 학습하게 된다. Kardiner(1967)는 특정 문화의 모성인물의 양육태도, 성교육, 일과 결혼에 대한 태도, 사회통제, 종교와 민속, 현실생활에 필요한 기술, 생산양식 등이 개인의 성격발달에 영향을 미치게 된다고 하였다(권중돈·김동배, 2008: 69).

특정 사회의 문화를 공유한 사람들은 개인적 차이가 있긴 하지만 공통된 문화의 영향으로 인하여 유사한 성격을 지니게 된다. 이와 같이 동일 문화권에 속하는 성원의 대다수가 갖는 성격구조를 사회적 성격(social character)이라고 한다. 한국문화에서는 ① 무의식적인 정서적 유대감인 정(情), ② 부당한 처우나 고통을 당했을 때 남게 되는 마음의 상처인 한(恨), ③ 사회적으로 바람직하다고 생각되는 가치로 구성된 이미지인 체면(體面), ④ 타인과의 관계를 손상시키지 않으려는 소망에서 발달된 눈치, ⑤ 개인보다 가정을 중시하는 가족주의의식, ⑥ 혈연, 지연, 학연 등의 연고주의, ⑦ 나보다는 너와 나, 즉 우리를 중시하는 동료의식, ⑧ 자존감을 유지하고 실패에 대한 책임을 회피하고자 하는 핑계, ⑨ 사실과는 관계없이 상대의 입장과 심정을 배려한 의례성이라는 특성이 강하게 나타난다(최옥채 외, 2003; 권중돈·김동배, 2008: 69). 이러한 우리 고유의 문화는 개개인의 사고, 감정, 행동뿐만 아니라 일상생활에도 지대한 영향을 미치며, 유사한 문화적 경험을 가진 한국인들의 사회적 성격형성에도영향을 미치고 있다.

Nisbett(2003)은 어떤 문화권의 사고방식이든 그 문화권에 속한 사람들에게는 정당한 것으로 어떤 문화의 사고가 옳고 그르다고 할 수 없다고 하였다. 또한 그는 동양문화와 서양문화 간의 차이가 더 심해질 것이라는 관점이나 동양문화가 서구문화로 통합될 것이라는 주장보다는 상호 간에 교류가 넓어지면서 서로 수렵되어 감으로써 두 가지 문화를 동시에 지닌 이중문화적 속성을 지니게 될 것이라고 하였다. 이러한 Nisbett의 주장에서 보듯이 현대 한국인들 역시 동양과 서양의 두 가지 문화의 속성을 동시에 지니고 있는 관계로, 어떤 경우에는 한국인처럼 행동하고 어떤 경우에는 서양인처럼 행동하는 경향이 점차 강해지고 있다(권중돈·김동배, 2008: 69).

5) 문화와 사회복지실천

사회복지실천에서는 접촉하게 되는 개인, 가족, 집단, 지역사회 등은 다양한 문화를 지니고 있으며, 이들의 문화는 사회복지사 자신의 문화와는 다른 문화수 있다. 그러므로 사회복지사는 자신이 경험하고 자신에게 재재되어 있는 문화를 정확히 이해하고 자신의 문화와 다른 문화에 대해서도 수용적 태도를 취할 수 있어야 한다. 그럴 때만이 사회복지사 자신만의 문화를 고집하지 않고 내담자의 문화적 특성을 내담자의 관점에서 이해할 수 있게 되고, 문화적 차이에서 오는 윤리적 딜레마를 해결해 나갈 수 있다(최옥채, 2003; 권중돈·김동배, 2008: 70).

서구의 경우에는 서로 다른 인종, 민족집단으로 구성되어 있는 관계로 이질 문화가 혼재해 있어 교차문화적 연구와 실천이 매우 중시된다. 그러나 우리나라는 단일민족국가로서 동일한 문화를 소유하고 있는 관계로 사회복지실천에서 문화적 영향을 비중있게 다루지 못하고 있다. 다만 문화적 기반이 다른 서구의 사회복지 지식과 기술을 우리 문화에 적합한 형태로 변용하는 데 관심을 기울이고 있으나이데 대한 연구나 실천은 매우 부족한 상황이다. 그리고 한국인이 처해 있는 문화적 속성을 충분히 이해한 후에 개입과 원조가 이루어져야 한다는 점에는 모두가 동의하고 있으나, 우리 특유의 문화가 애인에게 미치는 영향을 규명하기 위한 노력과 거의 이루어지지 않고 있다. 따라서 더 이상 서구의 사회복지실천 이론과 기술들을 현장에 적용하는 데에 머물지 않고, 우리 고유의 사회복지실천 이론과 기술을 개발하기 위해서는 가장 우선적으로 우리의 고유사상에 대한 사회복지적 관점에서의 재해석과 이의 적용방안에 대한 연구가 지속적으로 이루어져야 할 것이다(권중돈·김동배, 2008: 70

(1) 개인문화와 사회복지 실천

개인에 관한 이해는 개인이 만들었으면서 또한 영향을 받는 개인의 문화를 이해할 필요가 있다. 왜냐 하면 개인이 가지고 있는 문화가 바로 그의 삶의 원동력 혹은 그 원동력의 주요 배경이 될 것이기 때문이다.

실제로 사회복지 실천에서 사회복지사가 접하는 개인은 다양한 문화를 지니고 있다. 특히 사회복지사는 자신과 다른 문화를 가지고 있는 개인을 수용할 수 있어야 한다. 예컨대 종료고 인한 서로 다른 가치관을 양육 환경으로 인한 서로 다른 생활 습관을 비롯해 언어, 의복, 신체 치장 등을 이해하고 수용해야 한다. 사회복지사가 개인의 문화를 이해하고 나아가 수용함으로써 인간 관계 형성에서 문화 차이로 인한 부정적 갈등 관계를 피하고 긍정적이고 신회할 수 있는 관계를 형성할 수 있기 때문이다(이명재 외, 2006: 458).

(2) 가족문화와 사회복지 실천

가족은 인간의 사회화를 위해 중요한 역할을 한다. 가족 내에서 개인은 자신의 독특한 문화를 형성한다. 따라서 사회복지사가 개인을 클라이언트로 삼거나 독특한 문화를 형성한다. 따라서 사회복지사 개인을 클라이언트로 삼거나 가족 자체를 위해 개입할 때 한국 고유의 가족문화는 물론 그 가족이 독특하게 지니고 있는 문화를 사회의 흐름 속에서 이해할 필요가 있다. 예컨대 이혼가족이 늘어나는 이유로서 문화 충돌을 들 수 있다.

사회복지사는 이와 같은 가족의 독특한 문화를 이해함으로써 가족문제의 대처 방안을 마련할 수 있다(이명재 외, 2006: 458).

(3) 집단문화와 사회복지 실천

집단은 집단 구성원 전체가 공통으로 지니는 고유한 문화가 있다. 한국의 집단문화를 이해하기 위해서는 집단의 '원초적 단위인 가족'의 문화를 이해할 필요가 있다(한석규·최상진, 2000: 186; 이명재 외, 2006: 458).

한국 사회는 상하의 신분 서열 의식이 지배해 왔는데, 그것은 가족주의에 뿌리박고 있다. 그러므로 한국에서는 집단을 파악하는 기본 척도로 가족을 사용했다(최재석, 1994: 117; 최준식, 2000: 61; 이명재 외, 2006: 458).

한국인의 사고방식은 서구인의 사고방식에 비해 집단에 순응하는 집단지향적 경향이 강하다(민문홍, 1999: 105; 이명재 외, 2006: 459). 따라서 한국인은 집단주의를 지향함으로써 집단 내 구성원 간 관계를 중심으로 화목을 중시하는 관계 주의적 특성을 지닌다(한규석·최상진, 2000: 186; 이명재 외, 2006: 459). 집단의 개인은 집단 구성원의 눈치를 보면서 가능하면 집단 구성원의 입장을 지지하고, 동료의식을 발동하여 동조행위를 하는 성향이 강하다.

사회복지사는 이와 같은 집단의 문화를 고려하여 집단을 위한 효과적인 프로그램을 적용하는 것이 필요하다(이명재 외, 2006: 459).

(4) 조직문화와 사회복지 실천

조직은 그 구성원들의 주관적인 문화적 욕구에 적합하도록 구조화된다(차재호·나은영 역, 1996: 211; 이명재 외, 2006: 459). 그러므로 사회복지사가 사회복지 실천에서 조직을 활용하거나 조직화할 때 조직 구성원의 문화적 특성과 조직의 문화를 철저히 이해할 필요가 있다. 예컨대 정치에서 지역주의가 강하게 나타나는 것을 단순히 지역이기주의로만 보면 조직을 온전하게 이해할 수 없다. 정당을 조직의 한 형태로 간주할 때 동료의식이 강한 우리나라에서는 조직내 조직원간 혈연, 학연, 지연 등과 같은 인맥의 영향이 고려되어야 한다. 특히 한국 사회의 조직은 분열이 잘 되는데 이는 조직의 구조가 수직적이고 권위적 성향이 매우 강해 조직 대표의 카리스마에 절대적으로 의존하기 때문이다(최준식, 2000: 93; 이명재 외, 2006: 459).

(5) 지역사회문화와 사회복지 실천

진정한 의미의 개인주의를 용납하지 않는 가족주의를 바탕으로 한 한국인의 공동체 지행 의식은 공동체로부터 미분화된 개인을 낳게 한다(최재석, 1994: 207; 이명재 외, 2006: 459). 이 미분화된 개인은 생활의 모든 영역에서 다른 구성원과 상호 관련 의식을 갖게 하여 이성과 감정, 정치 생활과 사회 생활, 공적 생활과 관련 의식을 갖게 하여 이성과 감정, 정치 생활과 사회 생활, 공적 생활과 사생활을 혼동하게 한다. 뿐만 아니라 공공선(公共善)의 확립이라는 목표는 호소력이 약하기 때문에 공적인 뜻을 위해 만나는 모임이 활성화되지 않고 있다(정수복, 1999; 이명재 외, 2006: 459).

사회복지사가 지역사회를 클라이언트 삼아 활동하거나 지역사회 자원을 동원하고 활용하고자 할 때 지역사회에 영향을 미치는 한국인의 문화적 요인을 간파해야 한다. 예컨대 사회복지사는 실천에서 지역사회 주민 모임을 운영할 때 성숙한 놀이문화를 적용시킴으로써 효과를 기대할 수 있다. 지역사회 주민이 친목을 비롯한 다양한 모임활동에 사회복지사가 자발적으로 참여하여 성숙한 놀이문화를 조성하면 지역공동체를 위한 주민모임을 유지하고 발전시키는데 큰 도움이 될 수 있다(이명재 외, 2006: 460).

인간행동과 사회환경

| 참 | 고 | 문 | 헌 |

1. 국내문헌

강봉규(1994), 발달심리학, 정훈출판사.
강선경(2006), 인간행동과 사회환경, 서강대학교사회복지학과 자료집.
고지희 외(2005), 인간행동과 사회환경, 나눔의 집.
권민균 외(2005), 아동발달, 창지사
권육상·이명재(2002), 인간행동과 사회환경, 대영문화사.
______(2000, 2005), 인간행동과 사회환경, 유풍출판사.
권중돈 외 5인(2002), 치매와 가족, 학지사.
______(2004), 치매환자를 위한 프로그램의 실제, 학문사.
______·김동배(2006), 인간행동과 사회환경(제2판), 학지사.
권희안 외 13인(1996), 현대사회화의 이해, 이화여자대학교출판부.
김규수 외 6인 공저(2002), 인간행동과 사회환경, 나눔의 집.
김동배·권중돈(2001), 인간행동과 사회복지 실천이론, 학지사.
____________(1999, 2003), 인간행동이론과 사회복지실천, 학지사.
____________(2005), 인간행동이론과 사회복지실천(증보판), 학지사.
김만두 외 감수(1999), 사회복지대백과사전, 나눔의 집.
김선아 외(2006, 2007), 인간행동과 사회환경, 대왕사.
김수정 외 10인 공역(2001), 성인발달과 노화, 시그마프레스.
김영모(1993), 사회 복지론, 한국복지정책연구소출판부.
김영호 외 3인 공저(2006), 인간행동과 사회환경, 양서원.
김용태(2000), 가족치료 이론, 학지사.
김유숙(1998), 가족상담, 학지사.
김익균(2002), 노인복지론, 대학출판사.
김종욱·권중돈(1997), 집단사회사업방법론, 홍익제.
김춘경 외(역)(2004), 상담 및 심리치료의 이해, 학지사.
김태련·장휘숙(1998), 발달심리학(제2판), 박영사.
김학주(2006), 중용, 서울대학교출판부.
남세진 · 조흥식(1995), 한국사회복지론, 나남출판사.
노안영·김신영(2003), 성격심리학, 학지사.

대한노인정신의학회 편(2004), 노인정신의학, 중앙문화사.
문영희(2005), 학교와 사회복지, 유풍출판사 .
민성길(1995), 최신정신의학, 일조각.
박경순(2003), 고령화 사회 이미 진행된 미래, 의암출판문화사.
박명숙(1999), 생태체계이론에 대한 이해와 사회사업에의 적용에 관한 연구, 사회복지 리뷰 제4집.
박미은 외(2005), 인간행동과 사회환경, 양서원.
박상규(2007), 마약류 중독치료에 있어서의 동양적 수행법의 활용, 한국심리학회지: 건강, 제12권 제4호.
박재간 외 8인(2006), 노인상담론, 공동체.
박차상 외(2004), 한국노인복지론, 학지사.
서봉연·이순형(1986), 인지발달이론, 적성출판사.
서진환 외(2001), 현대 사회복지실천이론, 나남출판사.
손병덕 외(2007, 2008), 인간행동과 사회환경, 학지사.
_____ 외 5인 공저(2008) 인간행동이론과 사회복지실천, 학지사.
송명자(1995), 발달심리학, 학지사.
송성자(2003) 가족과 가족치료, 도서출판 법문사.
신종우·윤경원·이우언(2008) 인간행동과 사회환경, 동문사.
신종우 외(2007), 인간행동과 사회환경, 동문사.
엄명용 외(2005), 사회복지실천의 이해, 학지사.
엄신자(2008), 인간행동과 사회환경, 인간과 복지.
유영주·김경신·김순옥(1996), 가족관계학, 교문사.
윤가현 외 15인(2005), 심리학의 이해, 학지사.
윤순임 외(1995), 현대상담·심리치료의 이론과 실제, 중앙적성출판사.
윤 진(1985), 성인.노인심리학, 중앙적성출판사.
이근홍(2006), 인간행동과 사회환경, 공동체.
이동식(2003), 현대인과 노이로제, 도서출판 한강수.
이소우(1998), 청소년 위기와 상담개입, 청소년 위기상담체제 개발 연구, 1998년 청소년상담연구, 제61호, 청소년대화의 광장.
이소희 외 다수 공저(2006), 인간행동과 사회환경, 학현사.
_____ 외 7인(2003), 현대가족복지론, 양서원.
_____(1997), 보육정보화의 과제, 미래유아교육학회지, 제3호.
_____(2000), 인간행동과 사회환경-인간복지의 전망과 과제, 형설출판사.
_____ 외 13인(2004), 인간행동과 사회환경, 현학사.
_____·손홍숙·홍숙자(2005), 인간행동과 사회환경, 현학사.
_____________(2005), 인간행동이론과 사회복지실천, 현학사.
이윤경 외 11인(2003), 유아교육개론, 창지사.

이윤로(2006), 인간행동과 사회환경, 창지사.

이인정·최해경(1995, 2001, 2002, 2003, 2004, 2005, 2008), 인간행동과 사회환경, 나남출판사.

이장현 외(1983), 사회학의 이해, 법문사.

이장호·김영경(2006), 노인상담 : 경험적 접근, 시그마프레스.

이팔환(2005), 사회복지실천이론의 토대, 미국사회복지협회, 나눔의 집.

이해영(2006), 노인복지론, 창지사.

이현수(1990), 이상행동의 심리학, 대왕사.

이호선(2005), 노인상담, 학지사.

이효선 외(2006), 인간행동과 사회환경의 이해, 공동체.

임규혁·이차숙(2001), 발달심리학, 집문당.

장인협 외(1990), 인간행동과 사회환경, 집문당.

_____ 외(1991), 인간행동과 사회환경(개정3판), 집문당.

_____(1989, 1995), 사회사업실천방법론, 서울대학교출판부.

_____(1990, 1999), 사회사업실천방법론(하), 서울대학교출판부.

장현갑 외 6인 편역(1999), 심리학 입문, 시그마프레스.

장휘숙(2001), 전 생애 발달 심리학 : 인간발달, 박영사.

_____(2004), 청년심리학(제3판), 박영사.

_____(2006), 성인심리학: 성인발달, 노화, 죽음, 박영사.

전재일·김상규(1997), 개별사회산업, 형설출판사.

정범모(1998), 정신건강이 아쉽다: 잇따른 집단자살을 걱정하며, 청소년의 동반자살, 청소년대화의 광장.

정옥분(2004), 발달심리학: 전생애 인간발달, 학지사.

조복희 외(1999), 인간발달, 교문사.

중앙일보, 2008. 01. 17일자.

채옥채 외 3인(2002), 인간행동과 사회환경, 양서원.

최경석 외 5인(2001), 한국사회복지의 이해, 인간과 복지.

최경숙(2001), 발달심리학: 아동·청소년기, 교문사,

최선화 외(1999), 사회문제와 사회복지, 양서원.

최성재·장인협(2002, 2003), 노인복지학, 서울대학교출판부.

최순남(2002), 현대노인복지론, 학지사.

_____(1994, 1997), 인간행동과 사회환경, 한신대학교출판부.

_____(2002, 2005), 인간행동과 사회환경, 법문사.

최옥채·박미은·서미경·전석균(2004, 2005), 인간행동과 사회환경, 양서원.

____________________(2002), 인간행동과 사회환경, 양서원.

_____(2006), 사회복지실천론 개정판, 양서원.

최윤미 외(1998), 현대청년심리학, 학문사.

최일섭·류진석(1997), 지역사회복지론, 서울대학교출판부.

______·최성재(1996), 사회문제와 사회복지, 나남출판사.

최재석(1976), 한국인의 사회적 성격, 개문사.

최해연(2008), 한국인에게는 억압이 적응적인가? 억압 측정의 타당성 논의, 한국심리학회지 일반, 제27권 제1호.

통계청(2000, 2002a), 인구동태 통계 연보.

______(2002b), 2002년 혼인·이혼통계.

______(2008), 사회통계조사보고서.

표갑수(2000), 아동청소년복지론, 나남출판사.

한국가족관계학회 편(2000), 가족학, 도서출판 하우.

한국가족복지학회(2001), 청소년상담, 춘계학술대회자료집.

한국사회복지연구회(1991), 사회복지의 사상, 이론과 실천.

________________(2003), 인간행동과 사회환경, 나눔의 집.

한국사회학회(1991), 한국 사회와 세대 갈등, 나남출판사.

한국아동단체협의회(2001), 통계로 본 한국의 아동상황 2001.

한국임상사회사업학회(2004), 노인복지론, 양서원.

한국청소년학회 편(1999), 청소년학총론, 양서원.

한규석(1995), 사회심리학의 이해, 학지사.

한덕웅 외(2001), 인간은 어떤 과정을 거쳐서 발달하는가? 인간의 마음과 행동, 박영사.

한동세(1968), 정신과학, 일조각.

한상복·이문웅·김광억(1997), 문화인류학개론, 서울대학교출판부.

한인영 외 공저(2003), 학교와 사회복지, 학문사.

현정환·김익균(2006), 인간행동과 사회환경, 창지사.

홍숙기(2000), 성격심리, 박영사.

홍숙자(1999), 노년학 개론, 하우.

홍창희(2007), 현대사회학, A. Giddens(2000), 을유문화사.

______ 외 3인 역(2006), 이상심리학, Alloy, L.B., Riskind, J.H. & Manos, M, J, 박학사.

2. 국외문헌

Adler, A.(1926), *Understanding Human Nature, New York: Garden City Publishing Co.*

________(1931), *What Life Should Mean to You*, Boston: Little, Brown.

________(1939), *Social Interest: A Challenge to Mankind*, New York: *Putnam.*

________(1956a), The Individual Psychology of Alfred Adler, NY: Baskc Books.

________(1956b), *The Individual Psychology of Alfred Adler: A Systematic Presentation in Selection from His writing, H.R. Ansbacher*(ed.), *New York: Basic Books.*

________(1956c), *Understanding Human Nature, New York: Garden City Publishing Co.*

Adorno, T.w.(1950), *The Authorian Personality, New York: Harper and Row.*

Allport, G(1961), *Pattern and Growth in Personality, New York: Holt, Rinehart and Winston.*

Anderson, R.E.and Carter, Irl(1984), Human Behavior and Social Environment.

Ansbacher, H.L. & Ansbacher, R(1995), Alfred Adlers Individual Psychologie, Emst Reinhardt Verlag Muenchen Basel.

Ashford, J.B. lECROY, C.W. & Lortie, K.L(2001), *Human behavior in the social environment,* 2nd ed., Brooks/Cole, Thomson Learning.

Assagiolly, R(1973), *Psychosynthesis, New York: viking penguin.*

Auerswald, E.H(1968), "Interdisciplinary versus ecological approach", *Journal of Mental Health Counseling,* pp. 6-21.

Baldridge, J.V(1975), *Sociology: A Critial Approach to Power, Conflict and Change.*

Baldwin, A.L(1980), *Theories of child development*(2nd ed.), New York: John Wiley & Sons, Inc.

Bales, R.F(1965), The Equilibrium problem in Small Group, *New York: Knopf.*

Baltes, P.B. & Smith, J(1990), *The Psychology of Wisdom and It's Ontogenesis, New York: Cambridge University Press.*

Bandier, B(1963), The Concept of Ego-supportive Psychotherapy, In H. Parad, & Miller (eds.).

Bandura, A(1982), *Self-efficacy: Mechanism in human agency,* American Psychologist, 37(2), pp. 122-147.

__________(1971), *Analysis of Modeling Process, Chicago: Atherton, Aldine.*

__________(1977), *Social Learning Theory, Englewood Cliffs, N.J: Prentice-Hall.*

Barabas, G. & Taft, l.T(1986), The early signs and differential diagnosis of cerebral palsy, Prediatric Animals, 15(3).

Barker, R.L(1995), *The Social Work Dictionary*(3rd ed.), *Washington, DC: NASW Press.*

Beaver, M.L(1983), Human Service Practice with the Elderly, Engelwood Cliffs, NJ: Prentice-Hall.

Bee, H.L(1997), *The Developing Child, New York: Longman.*

Berk, L(1994), *Infants and Children: Prenatal thought Middle Childhood, MA: Ally & Bacon.*

Bertalanffy L(1968), General System Theory, Human Relations New York: Braziller.

Botwinick, J(1984), *Aging And Behavior: A Comprehensive Intergration of Research Finding, New York: Springer.*

Brehm, S.S. & Brehm, J.W(1981), Psychological Reactance: A Theory of Freedom and

Control(New York: Academic Press.

Breuer, J. & Freud, S(1895), *Studies and Hysteria, New York: nervous and Mental Diese Publishing Co.*

Broderick Carlfred Smith James(1979), "The General System Approach to the Family" Contemporary Theories about the Family Vol II Ed by Wesley R Burr, Reuben Hill F Ivan Nye Ira L Reiss New York and London: The Free Press.

Bronfenbrenner, U.(1979), *Ecological of Human Development, MA: Harrard University press.*

__________(1989), Ecological System Theory, Annals of child Development, 6, 187-249

__________(1989), *Ecological Systems Theory, In R. vasta*(Ed.), *Annals of child Develoment. Greenwich, CT: JAI Press, 187-251.*

__________ & Crouter. A.C.(1983), *The Evolution of Enviromental Model in Developmental Research, New York: Willey.*

__________(1995), *The Ecology of Human Develoment: Experiment by Nature and Design.*

Brown, R.(1988), *Group Processes: dynamics with and Between Group, New York: Blackwell.*

Brown, M.Y(1983), *The Unfolding Self: Psychosynthesis and Counselling, Los Angeles, CA: Psychosynthesis Press.*

Brrus-bammel, L.L. & Bammel, G.(1985), *Leisure and Recreation, New York: Van nostrand Reinhold.*

Buckley W(1967), "Systems and Entities" W Buckley ed., Sociology Morden Systems Theory Englewood Cliffs NJ: Prenrice-Hall pp 42-46.

Burger, J.M(2000), *personaity, Belmont, CA: Wadsworth/Thomson.*

Cain, D.J.(1987), *Carl Roger's Life in Review, Person-Centered Review, 2, 476-506.*

Canda, E.(1988), "*Conceptualizing Spirituality for Social work: In Sight Diverse Perspectives", Social Thought, 13(1), 30-46.*

Cavanaugh, J.C & Blanchard-Fields, F.(2006), Adult Development and Aging, 5th ed., Wadsworth.

Chess, S, & Thomas, A.(1986), *Temperament in Clinical Practice, New York: guilford.*

Chess, W.A. & Norlin, J.m(1988), *Human Behavior and the Social Enviroment: A Social System Model, Boston, H.A: Allyn and Bacan.*

Coles, R(1970), *Erik H. Erikson: The Growth of His Work, Boston: Little Brown.*

Compton B.R and Galaway B(2005), Social Work Processes(7ed.), Belmont: Wadsworth Pubishing Company.

Corsini, R.J.(1979), *Current Psychotherapies, IL: F.E. Peacock Publishers, Inc.*

Costanzo, P.R. & Shaw, M.E.(1966), *Conformity as a Function of Age Level:, Children Development, 37, 967–975.*

Cox D.(1985), "*The Missing Dimension in Social Work Practice", Austalian Social Work, 38(4), 5–11.*

Crain, W.C.(1980), *Theories of development*: Concepts and applications, Englewood Cliffs, N.J.: Prentice Hall, Inc.

Davis, K.(1949), *Human Society, New York: Macmillan Co.*

DeHoyos, G. and Jensen, C.(1985), The systems approach in American social work, Social Casework, October, 490–497.

Dention .R.(1990), "*The Religiously Fundamentalist Family: Training for Assessment and Treatment", Journal of Social Work Education, 20(1), 6–14.*

Dunham, A.(1970), *The New Community Organization, N.Y: Thomas Y. Crowell, Co.*

Duursma, S .A. *Raymaker, J.A, Boereboom, F.T.J & Scheven, B.A.A.(1991). "Estrogen and Bone Metabolism.", Obstetrical and Gyneciligical Survey, 47, 38–44.*

Eitzen, S. & Zim, M.(1994), Social problems, Boston: Allyn and Bacon.

Ellis, A.(1962), *Reason and Emotion in Psychotherapy*, NY: Lyle Stuart.

Erikson, E.H.(1959), *Identity and The Life Cycle, New York: International University Press.*

__________(1963), Childhood and Society, 2nd ed., New york: W.W. Norton.

__________(1968), *Identity and The Life Cycle, New York: W.W. Norton.*

__________(1971), Identitaet und Lebenszyklus, Frankfurt: Suhrkamp Verlag.

Evans, R.I.(1967), *Dialogue with Erik Erikson, New York: Harper & Row*

__________(1969), *Dialogue with Erik Erikson, New York: Dutton.*

Fergusson, Horwood, & Lynskey(1993), Maternal smoking before and after pregnancy: Effects on behavioral outcomes in middle childhood, Pediatrics, 92.

Field, T.(2000), Infant massage therapy, In C.H. Zeanah, Jr.(ed.), Handbook of infant mental health(2nd ed.), New York: The Guilford Press.

Freud, S.(1905), *Three Contribution to The Theory of Sex, New York: The Modern Library.*

__________(1923), *The Ego and The Id, New York: W.W. Norton & Co. Inc.*

__________(1949), *An outline of psychoanalysis*, New York: Norton.

Fried, P.A. & Watkinson, B.(1990), 36–and 48–month neurobehavioral fellow–up of children prenatally exposed to marijuana, cigarettes, and alcohol, Journal of Developmental and Behavioral Pediatrics, 11.

Gelfand, D.M.(1969), *Social Learning in Childhood. Belmont, Califonia: Brooks/Cole.*

Germain(ed.)(1979), Social Work Practice: People and Environments. Social Service

Review, 565–580.

Germain, C.B(1978), Space an Ecological Variable in Social work Practice Review, 519–522.

___________ & Gitterman, A.(1980), The Life Model of Social work Practice. New York: Columbia University Press.

___________(1991), *Human Behavior in Social Enviroment: An Ecological View, New York: columbia University Press.*

___________ and Gitterman A(1986), The Life Model of Social work Practice New York: Columbia University Press.

___________(1987), Ecological Perspectives.In A. Minahan et al.(eds.), Encyclopedia of Social Work, MD: National Association of Social WorkS, 488–499.

Ginsburg, E.(1990), *Career Choice and Develoment, San Francisco: Jossey–Bass.*

Ginsburg, H.P.(1985), Jean Piaet: In H.I. Kaplan & B.J. Sadock(eds.), *Comprehensive textbook of psychiatry*(Vol. 4), Baltimore: Williams & Wilkins.

___________ & Opper, S.(1979), Piaget's theory of intellectual development(2nd ed.), Englewood Cliffs, N.J.: Prentice–Hall, Inc.

Giovannoni, J.M. & Brillingsley, A 1995), *Family one–Praent Encyclopedia of social Work, National Association of Social Workers.*

Green, R.R.(1999), *Human Behavior Theory and Social Work* Practice, New York: Walter de Gruyter Inc.

Hall, C.(1954), *A Primer of Freudian Pstchology, New York: Mentor Book.*

Hamilton, G.(1971), *A Theory of Personality: Freud's Contribution to social Work, in H.J. paraid(*ed.*), Ego Psychology and dynamic Casework, New York: FSAA, pp. 21–24.*

Harighurst, R.J.(1972), *Develoment Tasks and Education(3rd ed.), New York: Hparper & Row.*

Hartfield, E. & Rapson, R.(1993), *Love, Sex and Intimacy, New York: Harper Collins.*

Havighurst, R.J.(1972), Developmental tasks and education, New York: Longman.

Hayachi, Y. & Ende, S.(1982), "*All–night sleep Polygraphic Recofdings of healthy Aged Person: REM and Slow Wave Sleep*", *Sleep, 5, 277–283.*

Heider, F.(1958), The Psychology of Interpersonal Relationships(New York: Wiley).

Hetherrington, E.M.(1981), Children of Divorce, New York: Academic Press.

___________& Cox, R.(1978), *The Aftermath of Divorce, Washington, DC: National Association for the Education of Young Children.*

___________& Parke, R.D.(1993), Child Psychology: A Contemporary Viewpoint (4th ed.), NY: McGraw–Hill.

Hillery, G.A.(1955), "Definition of Community: Areas of Agreement", Rural Sociology, 20.

Hjelle, L.A. & Ziegler, D.J.(1976, 1981, 1992), Personality Theories, McGraw-Hill International Book Company.

Hodges. H.M.(1971), conflict and consensus: An Introduction to society, McGraw-Hill harper & Row.

Hoffman, L.(1981), *foundations of family therapy, New York.*

Horton, P.L. & Larson, P.(1997), The Socioogy of social Problems(12th ed.), Englewood Cliff, New York: Prince-Hall.

Jelle, L.A. & Zegler, D.J, Personality Theories, New York: McGraw-Hill inc.

Jordan, Catheleen & Franklin, Cynthia.(1995), Clinic Assessment for social Workers, IL: Lyceum Books, Inc.

Kaplan, P.S.(1998), *The human odyssey life-span development*, Brooks/Cole Publishing Company.

Kazdin, A.E.(2001), *Behavior modification in applied settings*, 6th ed. Waveland Press, Inc.

Kelley, D.H.(1979), Deviant Behavior: Readings in the Sociology of Deviance, New York: St, Martin's Press.

Kirst-Ashman, K.K.(2000), *Human behavior, communities, organizations and groups in the macro social environment: An empowerment approach*, Pacific Grove, CA: Brooks/Cole.

Kohli, M. Gather, C. Kuehnemund, H. Muecke, B. Schuerkmann, M. Voges, W. Wolf, J.(1989), je frueher-desto besser?: Die Verkuerzung des Erwerbens am Beispiel des Vorruhenstandes in der chemischen Industrie, Berlin: edition sigma.

Koltko-Rivera, M.E.(2006), Rediscovering the later version of Maslow's hierarchy of needs: Self-transcendence and opportunities for theory, research, and unification, *Review of General psychology, 10(4),* 302-317.

Kuypers, J.A. & Bengtson, V.L.(1973), *Competence and social breakdown: A social-psychological view of aging*, Human Development, 16(2), pp. 37-49.

Lazarus, R.S.(1980), The Stress and Coping Paradigm, In L.A. Bond, & J.C. Rosen(eds.), Competence and Coping during adultbood, NH: University Press of New England, 28-74.

Lehr, U.M. Weinert, F.E hrsg.(1975), Entwicklung und Persoenlichkeit, Stuttgart/Koeln/Berlin/Mainz: Kohlhammer.

Looft, W.(1977), Animistic thought in children understanding of "living" across its associated attributes, *The Journal of Genetic Psychology*, 124.

Maluccio, A.(1979), Competence and Life Experience.In C.G, Germain(ed.), Social Work Practice: pelple and Environments, NY: Columbia University Press, 282-302.

Maslow, A.(1970), *Motivation and personality*, NY: Harper & Row.

__________(1971), *The farther reacher of human nature*, NY: Viking.

Masters, W.H. Johnson, V.E. & Kolodny, R.C.(1995), Human sexuality(5th ed.), New York: HarperCollins.

Meyer, C.(1995), The ecosystems perspective: Implications for social work practice, In Carol Meyer & Mark Mattaini, *The Foundations of Social Work Practice*(pp. 16~27).Washington, D.C.: NASW Press.

Miller, P.H.(1993), *Theories of developmental psychology*, New York Freeman.

Minar, Z. & Teune, H.(1978), Social ecology at the crossroads, In *The social ecology of change*(pp.5–29), Beverly Hills, CA: Sage Publication.

Moncost, Meyer C, H.(ed.)(1938), Clinical social Work in the Ecosystem Perspective, New York: Columbia University Press.

Muuss, R.E.(1996), *Theories of Adolescence*(6th ed), NY: McGraw–Hill.

Newman, B.M. & Newman, P.R.(1991), Development through Life: A Psycho–social Approach, 5th ed.(California: Brooks/Cole Publishing Co.

__________________________(1999), *Development Through Life*, Wadsworth Publishing Company.

Norlin, J.M., Chess, W.A. Dale, O. & Smith, R.(1997), *Human Behavior and the social Environment: Social Systems Theory*(3re ed.), MA: Allyn & Bacon.

Norlin, J.M. and Chess, W.A.(1997), Human Behavior and the Social Environment: Social System Theory Boston: Allyn and Bacon

Oxley, G.(1971), A Life–modelappoach to Change, Social caseWork, 52(10), 627–633.

Paget, J. & Inhelder, B.(1969), *The Psychology of the Child*, NY: Basic Books.

Pervin, l.A.(2006), Cervone, D. & John, O, P.

Phillips, J.L.(1975), The origins of intellect Piaget's theory(2nd ed.), San Francisco: W.H. Fressman & Co.

Rogers, C.R.(1959), A theory of therapy, Personality and interpersonal relationship as developed in the client centered framework, In S. Koch(Ed), *Psychology: A study of a science: Formulations of the person and social conext(Vol. 3)*, New York: Mcgraw–Hill.

___________(1961), *On becoming a persons*, Boston: Houhton Miffin.

Rosenhan, D.L. & Seligman, M.E.P.(1989), Abnormal Psychology, 2nd ed.(New York: W.W. Norton.

Schlei, M. Brueck, D.(1976), Wege zur Selbstbestimmung: Sozialpolitik als Mittel der Emanzipation, Koeln–Frankfurt: Europaeische Verlagsanstalt.

Schriver, J.M.(2001), Human Behavior and social Environment, Massachusetts: Allyn & Bacon.

Searles, H.F.(1960); The Nonbuman Environment, NY: Intermatinal University Press.

Seyle, H(1956), The Stress of life, NY: McGraw-HILL.

Siporin, M.(1980), Ecological Systems Theory in Social Work, Journal of Sociology and Social Walfare, 7, 507-532.

Slife, B.D. & Williams, R.M.(1995), *What's behind the research?: Dis-covering hidden assumptions in the behavioral sciences*, thousand Oaks, CA: Sage Publications.

Specht, R. & Craig, G.J.(1987), Human Development: A Social Work Perspec-tive, 2nd ed.,(Englewood Cliffs, NJ: Prentice-Hall.

Sweet, M.J. & Johnson, C.G.(1990), Enhancing empathy: The interpersonal implications of a buddhist meditation technique, *Psychotherapy, 27, Spring.*

Turner, F.J.(1989), Child Psychopathology : A Social Work Perspective(New York: Free Press.

Vetere, A. & Gale(1987), *Ecological studies of famiky life*, New York: John riley & Sons.

Weiss, R.S. & Bass, S.A.(2002), Challenges of the Third Age: Meaning and Purpose in Later Life, Oxford Univ, Press.

Zastrow, C.H. & Kirst-Ashman K.K.(2001), Understanding Human Behavior and the Social Environment Belmont: Wadsworth/Thomson Learning.

____________________(2004), Understanding Human Behavior and the Social Environment(6th ed.), Belmont, CA: Brooks/Cole.

저/자/소/개

- ❖ 박영숙 성산효대학원대학교 사회복지학과 교수
- ❖ 천정환 동서대학교 경찰행정학과 교수
- ❖ 김주연 EARIST대학교 원격대학 교수
- ❖ 박상규 꽃동네대학교 사회복지학부 교수
- ❖ 강영실 전 한국성서대학교 사회복지학과 교수
- ❖ 신소정 대구외국어대학교 사회복지학과 겸임교수
- ❖ 김수정 디지털서울문화예술대학교 사회복지학과 교수
- ❖ 황희숙 한북대학교 사회복지학과 교수
- ❖ 문영희 서울기독대학교 사회복지학과 교수

도서출판 **그린**

인간행동과 사회환경

인쇄일 ▶ 2013년 12월 25일
발행일 ▶ 2013년 12월 31일
저 자 ▶ 박영숙, 천정환, 김주연, 박상규, 강영실, 신소정, 김수정, 황희숙, 문영희
발행처 ▶ 도서출판 **그린**
발행인 ▶ 윤 덕 우
출판등록 ▶ 제8-161호(1995. 5. 3.)
주소 ▶ 서울시 서대문구 연희동 219-20 (우)120-828
전화 ▶ 02)333-2574
Fax ▶ 02)333-2561
E-mail ▶ greenpress@greenpress.co.kr
Homepage ▶ http://www.greenpress.co.kr

정가 : 19,000원

ISBN : 978-89-5727-204-6 (93330)